만들어진 예수

참 사람 예수

만들어진 예수, 참 사람 예수

지은이/ 존 쉘비 스퐁

옮긴이/ 이계준

펴낸이/ 홍인식

초판 1쇄 펴낸날/ 2009년 3월 20일

초판 3쇄 펴낸날/ 2018년 11월 25일

펴낸곳/ 한국기독교연구소

등록번호/ 제8-195호(1996년 9월 3일)

경기도 고양시 일산동구 고봉로 32-9, 양우로데오시티 331호 (우 10364)

전화 031-929-5731, 5732(Fax)

E-mail: honestjesus@hanmail.net

Homepage: http://www.historicaljesus.co.kr.

표지 디자인/ 정희수

인쇄처/ 조명문화사 (전화 498-3018)

보급처/ 하늘유통 (전화 031-947-7777, Fax 031-947-9753)

이 책의 저작권은 HaperSanFrancisco사와의 독점계약으로 한국기독교연구소가 소유합니다. 저작권법에 따라 국내에서 보호받는 저작물이므로 무단전재와 무단복제를 금합니다.

Jesus for the Non-Religious: Recovering the Divine at the Heart of the Human
by John Shelby Spong

Copyright ⓒ 2007 by John Shelby Spong

All rights reserved. Korean Translation copyright ⓒ by Korean Institute of the Christian Studies. The Korean translation right arranged with the author c/o HarperSanFrancisco. Printed in Seoul, Korea.

ISBN 978-89-87427-83-6 94230

ISBN 978-89-87427-06-4 (세트)

값 16,000원

만들어진 예수
참 사람 예수

- 인간의 가슴에 신성을 회복시키기 위해 -

존 쉘비 스퐁 지음

이계준 옮김

한국기독교연구소

John Shelby Spong 주교의 다른 저술들

별표(**)는 한국기독교연구소에서 이미 번역 출판한 책들입니다

Honest Prayer

Dialogue in Search of Jewish-Christian Understanding **

Christpower

Life Approaches Death - A Dialogue in Medical Ethics

The Living Commandments

The Easter Moment

Into the Whirlwind: The Future of the Church

Beyond Moralism

Survival and Consciousness: An Interdisciplinary Inquiry into the Possibility of Life Beyond Biological Death (Editor)

Living in Sin?: A Bishop Rethinks Human Sexuality

Rescuing the Bible from Fundamentalism: A Bishop Rethinks the Meaning of Scripture **

Born of a Woman: A Bishop Rethinks the Virgin Birth and the Role of Women in a Male-Dominated Church

This Hebrew Lord: A Bishop's Search for the Authentic Jesus

Resurrection: Myth of Reality?: A Bishop Rethinks the Meaning of Easter

Liberating the Gospels: Reading the Bible with Jewish Eyes **

Why Christianity Must Change or Die: A Bishop Speaks to Believers in Exile **

The Bishop's Voice: Selected Essays (1979-1999)

Here I Stand: My Struggle for a Christianity of Integrity, Love, and Equality

A New Christianity for a New World **

The Sin of Scripture: Exposing the Bible's Texts of Hate to Reveal the God of Love **

나의 손자 손녀들

캐써린 쉘비 캐틀렛

존 볼드윈 캐틀렛 3세

존 래니어 힐튼

리디아 앤 힐튼

캐써린 일레인 바니

콜린 데이빗 바니

모두의 성실함과 희망찬 미래를 기원하며

이 책을 바칩니다.

일러두기

1. 모든 인명, 지명, 한글성경 인용은 『표준새번역 개정판』(2003)을 따랐습니다.
2. 각주는 원서에 표기된 대로 간략하게 표기하였으며, 자세한 내용은 참고도서를 참조하도록 하였습니다.

Jesus for the Non-Religious

Recovering the Divine at the Heart of the Human

by

John Shelby Spong

New York: HarperSanFrancisco, 2007.

Korean Translation

by

Lee Ke Joon

이 책은 신반포교회의 출판비
후원으로 간행되었습니다.

2009

Korean Institute of the Christian Studies

차 례

〈21세기 기독교총서〉를 발간하면서 · 9
머리말 · 17
프롤로그: 유배된 신자의 애가 · 31

제1부 예수의 신화들로부터 인간 예수를 분리시키는 작업

1장　서론: 새로운 탐구의 문을 열며 · 37
2장　베들레헴 상공에 별은 없었다 · 49
3장　예수의 부모는 소설적 합성물 · 63
4장　열두 제자의 역사성 · 81
5장　복음서의 기적 이야기들은 필요한가? · 97
6장　자연 기적: 해석적 표징이지 역사적 사건이 아니다 · 117
7장　치유 기적: 하나님 나라 비전 · 131
8장　예수는 문자 그대로 죽은 자를 살렸는가? · 147
9장　십자가 처형 이야기: 역사로 둔갑한 예배 · 159
10장　십자가: "성경대로" 만들어진 이야기 · 171
11장　부활과 승천 신화 속의 영원한 진리 · 183

제2부 예수의 원래 이미지들

12장　서론: 예수의 원래 이미지 탐구 · 203
13장　구전: 예수가 기억된 곳은? · 211

14장 새로운 유월절로 이해된 예수 · 223

15장 속죄일의 상징들 아래서 이해된 예수 · 235

16장 인자 예수 · 251

17장 부차적인 이미지들: 종, 목자 · 263

18장 예수: 유대인의 모든 절기를 위한 사람 · 279

제3부 비종교인들을 위한 예수

19장 서론: 예수는 실제로 살았다 · 297

20장 예수 안에서 만난 하나님은 누구인가? · 305

21장 종교적 분노의 근원에 대한 인식 · 323

22장 예수: 부족 경계선의 파괴자 · 341

23장 예수: 편견과 상투성의 파괴자 · 355

24장 예수: 종교적 경계선의 파괴자 · 377

25장 십자가는 하나님의 사랑에 대한 인간의 초상 · 393

에필로그: 그리스도 능력(Christpower) · 413

참고문헌 · 416

〈21세기 기독교 총서〉를 발간하면서

　이 땅의 민초들은 20세기 전반부를 식민지 치하에서 수탈당했으며, 20세기 후반부는 냉전 분단체제 아래에서 숨죽이며 통곡하였다. 역사의 구비마다 바람 따라 눕히고 채이면서도 소처럼 묵묵히 일만 해 온 민초들은 이제 21세기 문턱에서 신자유주의라는 새로운 레비아탄으로 인해 신음하며 죽어가고 있다. 외세의 제국주의적 팽창주의 앞에서 권력자들이 보여준 무능과 야합, 부패의 결과가 사회적 혼란을 초래하고 민초들의 숨통을 조이는 역사가 오늘도 여전히 되풀이되고 있는 현실이다. 아니, 21세기는 이 땅의 민초들에게 더욱 혹독한 시련의 세기가 될 것으로 보인다. 전 세계적으로 죄 없는 생명체들을 대량 학살하는 악의 세력들이 그 마각을 더욱 분명히 드러내었기 때문이다.

　다시 말해서, **IMF** 관리체제가 가져다 준 충격과 고통을 통해 우리는 "세계화 시대"의 허위와 타락을 은폐시키는 문화적 중독에서 깨어나, 한국 사회의 구조적 모순뿐 아니라, 세계경제의 구조적 모순, 더 나아가 인류문명의 절박한 위기에 대해 눈뜨게 되었다. 세계경제의 구조적 불평등과 생태계 파괴로 인해 전 세계의 약자들이 현재 "멸망의 벼랑 끝"에 서 있음을 분명히 깨닫게 된 것이다. 반 만 년 민족사에서 처음으로 보릿고개를 극복하자마자, 우리는 자본의 전략에 말려들어 재물과 소비에 눈이 멀게 되었고, 결과적으로 이웃과 역사, 민족의 미래와 꿈은 물론이며 자신의 삶에 대한 반성, 생명의 신비와 하늘의 음성을 잊어버림으로써 국가 부도의 위기를 맞이했지만, 악의 세력과의 싸움은 이제부터 단지 시작이며, 그 승패는 우리들의 각성과 치열한 연대투쟁 여하에 달려 있음을 깨닫게 된 것이다.

세계인구 가운데 상위 20%가 1998년 현재 전 세계 소득 총액의 86%를 움켜쥐고 있는 반면에, 나머지 80%의 인구는 전 세계 소득총액의 14%를 나눠먹기 위해 아귀다툼하는 현실에서 기독교는 과연 누구의 편인가? 가진 자들은 세계 곡식 총생산량의 36%를 가축의 사료로 사용하여 고단백질 육류 음식으로 배를 채우는 반면에, 다섯 살 미만의 굶주리는 어린이만 해도 2억 명이나 되며, 매일 4만여 명의 어린이들이 굶주림으로 죽어 가는 현실에서 "자비와 정의의 하나님"은 어디에 계신가? 또한 각종 공해와 오염으로 하늘과 땅, 강과 바다가 죽어가고 있을 뿐 아니라, 매년 5만 종 이상의 생명체 종자들이 이 우주에서 영원히 멸종되며, 35억 년 동안의 생명의 역사상 평균 멸종율의 4만 배나 빠르게 멸종이 진행되고 있는 상황에서, 지질학적으로 지난 6천5백만 년 동안 생명체들이 가장 아름답게 꽃피워왔던 신생대가 끝나 가는 상황에서 우리는 어떻게 "생명의 하나님"을 찬양할 수 있는가?

초국적 금융자본을 머리로 하는 세계 자본주의 체제라는 새로운 레비아탄이 "만인의 만인에 대한 투쟁"을 독려하면서 실직과 임금삭감이라는 무기를 통해 노동자들끼리 서로 싸우도록 만들고 오늘날 가난한 사람들의 생사여탈권을 휘두르는 전능한 신으로 군림할 뿐 아니라, 교회와 성직자들을 포위하고 세계 제패를 위한 심리적 전술로 교회를 이용하는 현실에서 기독교의 "복음"이란 무엇인가? 복음이란 여전히 현실의 고통을 잊게 만들며, 세계의 모순들이 존재하지 않는 것처럼 감쪽같이 은폐시키는 허위의식인가? 저항이 싹틀 수 있는 비판적 사고와 부정적 사유를 그 뿌리부터 제거하는 전략인가? 제국주의자들이 토지와 천연자원과 노동력을 착취하는 동안에, 그들과 함께 들어온 식민지 선교사들은 하늘과 땅, 영혼과 육체, 정신과 물질을 분리시키고, 땅과 육체와 물질은 무가치한 것이며 대신에 영혼구원과 저 세상(하늘)의 보상을 바라보도록 가르치며, 가난도 하늘의 뜻이며, 재물은 신의 축복의 증거이며, 국가와 교회에 대해서는 무조건 복종할 것을 요구했던 것처럼, 오늘날에도 기독교는 여전히 선교사들이 물려준 식민주의 신학을 가르쳐 세계시장의 충실한 시녀로 남아 있을 것인가? 더 이상 "세속적 금욕"(막스 베버)이 아니라 "세속적 낭비"(헬무트 골비처)에 의해 유지되는 오늘날의 자본주의 체제가 "무한 경쟁"이라는 이름으로 인간의 이기심과 경쟁심, 소비주의와 향락주의를 부추기고, 도덕적 심성과 협동정신을 파괴시키는 오늘날에도, 예수는 여전히 우리의 모든 문제들에 대한 "해답"인가?

 기존의 착취 구조를 지속시키기 위해 자본은 매스컴과 교육 제도를 통해 인간의 영혼을 팔아 넘기도록 만들며, 자신에 대한 긍지와 자신감, 이웃들과의 협동과 연대보다는 수치심과 경쟁심을 조장하는 현실에서, 예수의 복음마저 우리로 하여금 우리의 운명에 대한 주체성과 책임성을 양도하도록 만드는가? 더군다나 앞으로 50년 내지 60년 후 세계인구가 현재보다 두 배로 늘어날 것을 예상한 사탄의 세력은 세계 인류의 80%에 달하는 "잉여 인구"를 처리하기 위한 전략으로 이미 선진국 어린이들에게 온갖 잔인한 컴퓨터 게임들을 통해 "죽이는 것은 신바람 나는 것"(Kill and Enjoy!)이라는 장난감의 복음을 철저히 세뇌시키는 현실에서, "십자가에서 흘리신 피의 공로를 통한 대속적 구원"은 우리의 책임성과 주체성을 일깨우고 사탄의 세력에 맞서 치열하게 저항하도록 만드는가, 아니면 신의 섭리와 은총에 모든 것을 맡긴 채, "심령의 평안"에 만족하며 악의 현실을 수동적으로 받아들이고 폭력을 체념하도록 만드는 매저키즘을 불러일으키는가? "구원"과 "부활", 그리고 "영생"과 "재림"은 개인주의와 이기주의를 부채질하는가(egological), 아니면 우주와 생명의 신비 앞에 감사하고 겸허하게 만들며(ecological) 정의를 위해 예수처럼 당당하게 칼날 위에 서도록 만드는가? 지구 전역에 걸쳐 가난한 생명체들의 숨통이 나날이 더욱 조여드는데, 기독교는 무엇을 소망으로 가르치며, 무슨 대안을 갖고 있는가?

21세기는 인류의 생존과 평화를 위한 문명전환의 마지막 기회가 될 것으로 보인다. 인간중심주의, 개인중심주의, 소유중심주의를 극복하고, 생명중심주의, 우주중심주의, 존재중심주의로 패러다임을 전환시키지 않는다면, 21세기는 짐승화(animalization)의 세계가 되고, 인류문명은 파국을 피할 수 없을 것으로 보인다. 그리고 기독교는 이런 문명전환의 핵심이 되는 "생명에 대한 우주적 각성과 자연에 대한 생태학적 각성, 그리고 사회에 대한 공동체적 각성"(한살림선언)을 통해 "지속가능한 미래"를 보장하는 생명중심의 가치관과 비전을 제시함으로써 "생태대"(토마스 베리)를 향해 출애굽해야 할 과제를 안고 있다.

그러나 21세기의 문턱에서 한국교회는 양적으로 점차 쇠퇴하고 있으며, 질적으로는 사회적 신뢰성을 잃어 가고 있다. 한국 갤럽의 <1997년 한국인의 종교와 종교의식>(1998)에 따르면, 한국의 비종교인들은 전체 인구(18세 이상)의 53.1%로서 세계에서 가장 높은 수준이지만, 이들 비종교인들 가운데 과거에 개신교 신자였다가 비종교인으로 이탈한 사람들이 73%에 이른다(불교 23.6%, 천주교 12%). 특히 젊은층과 고학력자 가운데 개신교를 이탈하여 비종교인이 되는 비율이 가장 높은 것으로 나타났다. 또한 비종교인들이 종교를 택할 경우 선호하는 종교는 불교 40%, 천주교 37%인 반면에, 개신교를 택하겠다는 사람은 22%에 불과한 것으로 조사되었다. 이런 사실은 한국교회가 21세기에는 유럽과 미국의 많은 교회들처럼 심각한 쇠퇴의 위기에 직면할 가능성이 매우 높다는 염려를 갖게 한다.

한국 개신교회가 이처럼 교회를 찾아온 사람들의 종교적 요청에 대해서조차 충분히 응답하지 못하여 많은 사람들이 교회를 떠날 뿐만 아니라, 대부분의 비종교인들로부터 가장 호감을 얻지 못하는 종교가 된 직접적 원인은 오히려 교회 내부에 있는 것으로 지적되고 있다. 즉 위의 갤럽 조사에서 "대부분의 종교단체는 참 진리를 추구하기보다는 교세확장에 더 관심이 있다."는 질문에 대해 "그렇다."고 응답한 사람들이 79.6%에 이른다는 사실은 위기의 원인이 교회 자체 안에 있음을 보여 준다.

특히 젊은층과 고학력자들이 교회를 떠나는 이유는 첫째로, 한국교회가 지난 30년 동안 교회성장에만 몰두하여, 하나님의 뜻과 진리를 가르치고 실천하는 일은 소홀히 한 채, 개체교회 성장제일주의라는 자폐증을 앓고 있기 때문이다. 한국 개신교회가 평균석으로 선제 재정 가운데 3.88%만을 불우 이웃돕기 등 교회 밖의 사회봉사비로 사용하고 있다는 사실은 그 자폐증이 얼마나 심각한 상태인지를 여실히 보여준다.

둘째로 교회성장을 위한 반지성적 분위기와 비민주적인 구조를 갖고 있기 때문인 것으로 지적할 수 있다. 이것은 본질적으로 교회를 인간과 세계의 총체적 해방을 위한 하나님 나라 운동(movement)으로 이해하기보다는, 영적 구원을 위한 기관(institution), 혹은 조직으로 이해하는 경향이 크기 때문이다. 자기반성과 비판 없는 개인이나 단체는 타락할 수밖에 없다.

셋째로 한국교회가 사회적 신뢰성을 잃게 된 것은 기복적(祈福的)이며 내세지향적인 신앙으로 인해 개인의 영혼 구원에 치중함으로써, 이 세상에서의 책임과 공동체적 의무가 약화된 때문이다. 한국교회가 하나님은 악을 미워하신다고 고백하면서도 일반적으로 사회적 모순과 구조악에 대해 무관심한 채 내면적 유혹과의 싸움에 몰두하는 이유는 바로 이 때문이다.

넷째로 오직 믿음으로만 구원받는다는 교리를 내세워, 맹목적으로 믿을 것을 강요할 뿐, 성서와 기독교의 진리에 대해 정직하게 이해하고 실천하기 위해 질문을 제기하는 것 자체를 불신앙적 태도로 매도하고, 반성적 사색과 지적인 정직성을 억누르는 경향이 주체성을 확립하려는 젊은층과 고학력자를 교회로부터 떨어져 나가도록 만드는 주요 원인으로 풀이할 수 있을 것이다. "머리가 거절하는 것은 결코 가슴이 예배하지 못한다."(존 쉘비 스퐁 주교)는 진실 때문이다.

다섯째로 예수 그리스도는 영혼 구원을 위해 십자가에 달리심으로써 모든 죄를 용서하시는 분으로 경배될 뿐, 우리도 이 세상 속에서 그리스도를 따라 살아가야 하는 삶의 모델로는 이해되지 않고 있기 때문이다. "믿음을 통한 구원"(以信稱義)의 교리가 그 본래의 역사적 맥락에서 벗어나, 마치 불교에서 힘겨운 고행 대신에 손쉬운 염불을 택한 구원의 수단처럼 되어 버린 때문이다. 칭의(justification)의 목적은 정의(justice) 실천이다(로마서 6장).

여섯째로 지난 30년간 국민들의 교육 수준이 급격히 높아짐으로써 교인들의 지적인 욕구도 더욱 왕성해졌지만, 한국교회는 일반적으로 아직도 교회 문턱에서 이성을 벗어 놓고 교회 안에 들어올 것을 요구하고 있는 형편이다. 또한 "교리 수호"라는 미명 아래 성서에 대한 문자주의와 아전인수격 해석이 횡행하고 있다. 한국교회의 영성 운동조차 이처럼 개인주의적이며 비이성적이며 비역사적인 성서 해석에 기초함으로써, 성서와 기독교의 진리를 그 역사적 맥락과 단절시켰고, 우리의 신앙도 역사적 현실로부터 도피하도록 만드는 근본주의 신앙을 배태시키고 있는 실정이기 때문이다.

더군다나 21세기 한국사회는 자본주의의 세계화와 과학 기술의 발달로 인한 치열한 경쟁과 고실업 사회, 생태계의 파괴로 인하여 더욱 비인간적인 사회 문화 환경 속에 자리잡게 될 것이 분명하다. 이런 점에서 21세기에는 고통스런 현실로부터 도피하려는 근본주의가 더욱 기승을 부릴 것으로 예상되기 때문에, 한국교회가 교회 중심주의와 개인의 영혼구원 중심주의, 기복적 신앙과 근본주의 신학을 극복하고, 인간성과 공동체성을 회복하여 한국 역사 속에서 사회적 형평성을 확보하며 민족 통일을 위해 공헌할 것인지, 아니면 역사의 뒤안길로 물러날 것인지가 판가름날 것으로 예상된다.

이런 상황에서 <21세기 기독교 총서>를 발간하는 이유는 첫째, 인구의 절반이 넘는 비종교인들과 전체 인구의 70%가 넘는 비기독교인들에게, 그리고 자신들의 종교적 욕구가 충족되지 않고 있지만 아직 교회 안에 남아 있는 사람들에게 성서와 기독교의 진리를 정직하게 소개함으로써, 기독교 신앙에 대해 새롭게 이해하도록 이성적 발판을 마련하기 위함이다. 둘째로, 예수에 대한 이미지, 특히 그의 가르침의 의미를 정확하게 밝힘으로써, 21세기 한국의 기독교인들이 하나님의 뜻에 합당하게 살 수 있도록 돕기 위함이다. 우주 저편으로부터 들려오는 하늘의 선율에 따라 춤추면서 생명의 선물들에 대해 감사하며, 생명사의 창조적인 전개과정 속에 나타난 하늘의 뜻에 철저히 순종하여, 개인과 공동체의 잠재력을 극대화시키며 정의와 평화, 기쁨의 신천지를 위해 헌신하도록 우리를 부르는 예수는 우리가 본받을 "존재의 영웅"(에릭 프롬)이기 때문이다. 셋째로, 로마 제국의 억압과 착취 밑에서 신음하던 식민지 백성들을 해방시키기 위해 "식민지의 아들"(son of the colonized) 예수가 바라보았던 하나님 나라의 비전(vision)과 전략은 오늘날 세계 금융자본의 횡포 아래 신음하고 있는 이 땅의 민초들을 위해 교회가 무엇을 해야 하는지를 보여 주기 때문이다. 지금과 같은 소비와 낭비의 시대에 한국교회가 예수를 믿는 것이 곧바로 예수처럼 자기를 비우고 나눔과 섬김을 실천하는 길임을 온몸으로 살아 내지 않는다면, 인간의 영성과 주체성, 연대성을 파괴시키는 세속적 자본주의 문화와 근본주의 신학에 밀려, 점차 더욱 많은 젊은이들이 교회를 떠나게 되어, 한국교회는 붕괴를 자초할 것으로 예상되기 때문이다.

<21세기 기독교 총서>를 통해 비기독교인들이 기독교의 진리를 정직하게 이해하고, 한국교회는 신화적-문자적 신앙단계나 비분석적-관습적 신앙단계를 넘어 주체적이며 반성적인 신앙단계, 더 나아가 접속적 단계나 보편적 신앙단계(제임스 파울러)로 질적인 성숙을 이룩함으로써, 한국 사회 전반의 저주와 죽임의 역사를 극복하고 생명과 축복의 새로운 세상을 만들어 가는 일에 크게 공헌하여 하나님께 영광을 돌릴 수 있게 되기를 기도한다.

"진리는 오로지 진리 그 자체의 힘으로만 인정을 받으며,
그 힘은 강하면서도 부드럽게 정신에 스며든다."
- 교황 바오로 2세의 회칙 "세 번째 천년을 맞이하며"에서 -

1999년 성령강림절 기간에
한국기독교연구소에서   김 준 우

머리말

디트리히 본회퍼는 한때 기독교를 종교로부터 분리할 것을 기독교계에 촉구하고 소위 "종교 없는 기독교"(Religionless Christianity)라는 것에 대해 언급한 적이 있었다.... 나는 본회퍼의 사상에 기초하여 인간 예수를 통해 길을 찾는 동시에 종교의 한계를 넘어서 지금 내가 믿는 바 "하나님"이란 말의 뜻에 이르게 되기 바란다.[1]

    내가 평생 동안 이 책을 쓰게 된 데는 이유가 있다. 나는 평생 동안 내 속에서 각각 따로 떨어져 흘러 내려왔던 두 개의 강력한 생각의 물줄기를 마침내 내 인생의 마지막 10년 동안 통합할 수 있게 되었다. 첫째 물줄기는 나의 신앙 전통의 중심에 항상 자리잡고 있는 나사렛 예수에 대한 진적인 헌신에 의해 형성된 것이고, 둘째 물줄기는 여러 시대를 거치면서 이 예수의 의미를 전한 전통적 상징들과 형식들로부터 나 자신이 철저히 소외됨으로써 만들어진 것이다. 이 두 흐름 모두 나의 개인생활과 목회활동에 심각한 긴장을 초래했다.

    나를 매혹한 예수는 항상 유대인 예수였다. 그는 철저하게 실재하는 분이며 극히 인간적이면서도, 또한 영원하고 초월적인 무엇과 연

---

[1] 각 장의 첫머리에 인용하는 문장에서 그 출처를 밝히지 않은 경우는 모두 그 장에 나오는 문장 가운데서 발췌한 것이다. 또한 이 책에서 각주는 간략하게 처리했으므로 참고도서를 참조하기 바란다. 또한 본문에 인용되는 한글 성서는 『표준새번역 개정판』을 이용했다.

관된 분이다. 내가 지난 수십 년 동안의 연구와 목회활동을 통해 확신하게 된 사실은 이 예수를 이해하는 비밀은 그를 낳고 기르고 형성한 유대인의 맥락에서 찾아야 한다는 것이었다. 그러나 교회의 예배를 보면, 예수의 유대인 신분과 그의 인간성은 무시되거나 또는 완전히 부정되는 것 같았다.

나는 이처럼 근본적으로 유대인이었던 예수에 관해 1974년 발행한 책 『이 히브리 주님』(*This Hebrew Lord*)에서 소개한 바 있다. 그 책은 내 마음에 깊은 감동을 주었고 내 청중에게도 분명히 그랬을 것이다. 그것은 세 번의 수정판을 거쳤고 네 번의 새로운 표지와 인쇄를 여러 번 거듭했으며 33년이 지난 지금도 계속 출판되고 있다. 하퍼콜린스 출판사는 지금 그 책을 "고전"이라고 하는데, 이것은 아마도 그들이 어떻게 처리하면 좋을지 모른다는 뜻일 것이다. 즉 책은 낡았지만 판매가 여전하니 절판시킬 수 없다는 말이다.

『이 히브리 주님』이 출간된 지 1년 후 그 책은 내가 유대교 랍비 잭 대니얼 스피로(Jack Daniel Spiro)와 가진 대화의 촉매제가 되었다. 그는 당시 버지니아 주 리치몬드에 있는 베드 아하바 성전의 영적 지도자였고 지금은 버지니아 코몬웰스대학교 유대학연구소의 책임자다. 랍비 스피로와의 토론은 *Dialogue in Search of Jewish-Christian Understanding*(김준우 역, 『그리스도교 신앙의 뿌리와 날개』)이라는 제목으로 출판되었다. 그 랍비와의 만남에서 유대인 예수에 대한 나의 관심은 새롭고 심오한 차원으로 확대되었다.

그 후 나는 영국 버밍험대학교의 탁월한 신약학 교수인 마이클 도날드 굴더(Michael Donald Goulder)의 영향을 받아 기독교의 유대교적 뿌리를 보다 깊이 파고들었다. 나는 그 연구를 통해 *Liberating the Gospels: Reading the Bible with Jewish Eyes*(최종수 역, 『예수를 해방시켜라』)를 출간했다.

거기서 내가 입증하려고 한 것은 초기 기독교 교회는 회당에 속한 운동으로서 처음 50~60년 간은 회당 안에서 존속했다는 사실이다. 기독교는 기원후 88년경에 유대교로부터 분리되었다. 이것이 뜻하는 것은 신약성서 속에 들어있는 네 권의 정경(正經) 복음서들 중에서 마가와 마태는 유대교로부터 분리되기 전에 기록되었다는 것, 또한 아마도 88년 이후에 기록되었을 누가는 마가의 영향을 크게 받았으므로 그 분리 이전의 마가의 구조가 누가복음에 그대로 작용하고 있다는 사실이다. 그러므로 요한복음만이 그 분리 이후에 기록된 것이 틀림없고, 따라서 그 분리와 그 비통함을 적나라하게 반영하고 있다는 것이다.

기독교와 회당이 이렇게 긴밀한 관계에 있었기 때문에 예수의 초기 추종자들이 예수와 함께 가진 체험을 표현하려고 할 때 그들에게 익숙한 유대교의 하나님 언어를 사용한 것은 불가피한 일이었다. 우리는 이 체험의 표현 과정을 연구하면서, 예수의 신성(divinity)에 관한 이야기에 영감을 준 것은 바로 예수의 인간성(humanity)이라는 사실을 발견하게 된다.

나의 목회활동과 저작활동 속을 흘러 내려온 둘째 물줄기를 통해 깨달은 사실은, 나의 과학적인 지식이 확장됨으로써 성육신, 속죄 및 삼위일체와 같은 기독교의 핵심적 신조로 표현된 전통 교리들이 현대인들에게는 터무니없거나 기껏해야 무의미하게 들린다는 것이었다. 교회가 한때 "계시된 불변의 진리"(revealed and unchanging truth)라고 외치던 것이 새로운 과학적 발견과 충돌하게 되었을 때, 그 방어전에서 교회가 패배한 것을 나는 거듭 목격했다. 그 "진리"는 계시된 것이 아닐 뿐만 아니라 영원한 것도 아니라는 사실이 입증된 것이다!

내가 이 문제를 해결하려는 과정에서 깨닫게 된 것은 기독교의 전통 교리들을 무너뜨리는 이 세속적 및 과학적 지식이 확장된 것은 다름 아닌 기독교 자체 안에서 일어난 또 하나의 지식혁명에 힘입었다는 사실이다. 지난 200년 동안 성서는 새로운 비평적 학문의 핵심적 주제가 되었고, 이 성서비평학은 가장 전통적인 기독교 사상의 성서적 근거를 문자 그대로 파손시켰다. 기독교 학자들은 연구를 통해서 신조들에 도전하고 교리를 상대화시켰으며 교의(dogma)를 폐기처분했다. 이런 성서비평학이 처음에는 기독교 대학 안에 한정되어 있었으나, 1834년에 D. F. 슈트라우스가 『예수의 생애』(Leben Jesus, 영어판 The Life of Jesus, Critically Examined)[2]라는 기념비적 저서를 출간함으로써 드디어 일반인들에게도 알려지게 되었다. 이 책은 예수의 생애를 기록한 복음서의 중요한 내용들에 대해 그 정확성, 진정성(眞正性) 및 신빙성의 문제를 공개적으로 제기했다. 이것은 결국 가톨릭과 개신교를 포함한 근본주의자들을 매우 분노하도록 만든 첫 번째 사격이 되었고, 더욱 더 그들을 교육적 권위의 확실성 또는 성서의 무오성(無誤性)에 대한 광적인 주장으로 치닫게 했다. 동시에 이런 성서비평학 지식은, 자신들의 하나님이나 예수에 대해 앞으로 어떻게 표현해야 좋을지 모르는 주류(mainline) 교회의 전통주의자들의 사기를 완전히 저하시켰다.

이런 성서 해석상의 혁명이 사실이 아니라고 생각할 사람은 오늘날 아무도 없다. 이미 여러 세대를 지난 비평적 성서 연구는 기독교 학문에 필요한 생각의 틀을 형성했고, 다양한 교회에 속한 평신도들의 억측들로부터 성서를 극적으로 분리시켰다. 그러나 학문적으로 교육받은 목사들은 목회 현장에서 이런 성서비평 지식을 억제하기 위해 침묵의 술책을 쓰는 것 같다. 이것은 평신도들이 그런 학문적인 논쟁의 내용을 간파한다면 그들의 신앙이 손상될 것이고, 이보다 더 중요한 것은 제도적 기독교에 대한 그들의 지지도가 급감하리라는 우려

---

[2] 자세한 것은 참고문헌을 보라.

때문일 것이다.

나의 첫 신학교 교수였던 클리포드 스탠리(Clifford Stanley) 교수가 "죽일 수 있는 하나님은 죽여야만 한다"(any God who can be killed ought to be killed.)고 한 말을 나는 항상 기억하고 있다. 또한 우리는 어떤 학문에서 얻은 진리에 맞서서 신을 방어할 필요가 있다면, 그 신은 이미 죽었다는 사실을 직시해야 한다. 하나님과 진리는 서로 모순되는 것일 수 없다. 나는 이 새로운 성서연구와 씨름하면서 그것이 나에게 제기한 문제들을 다음의 여러 책에서 공개적으로 개진했다. 그 책들은 『성경을 해방시켜라』(Rescuing the Bible from Fundamentalism, 한성수 역), 『기독교 변하지 않으면 죽는다』(Why Christianity Must Change or Die, 김준우 역), 『새 시대를 위한 새 기독교』(A New Christianity for a New World, 최종수 역), 『성경과 폭력』(The Sins of Scripture, 김준년·이계준 역) 등이다.

내가 점차 유대인 시각을 통해서 본 예수에 대한 나의 한결같은 헌신과 성서에 대한 새로운 지식으로 인해, 나는 부득이 기독교의 전통적인 상징들을 재구성할 수밖에 없었는데, 이것은 나에게 상당히 고통스런 작업이었다. 내가 아무리 진심으로 교회를 사랑했다고 할지라도 교회의 신조들과 예전(禮典)들은 내가 너 이상 액년 그대로 받아들일 수 없었다. 예수는 나에게 점점 더 진정한 모습으로 다가왔으나 내가 예수에 대해 사용해왔던 신학 언어는 그렇지 않았다.

이런 긴장이 해소되기 시작했을 때 비로소, 이 책 "비종교인들을 위한 예수"(Jesus for the Non-Religious)가 하나의 가능성으로 다가왔다. "하나님이 그리스도 안에 계셨다"는 바울의 말을 통해서 교회가 선포했던 것이 무슨 뜻이었는지에 대해 나의 눈을 뜨도록 해준 것은 바로 1세기의 완전히 인간이었던 나사렛 예수에 대한 유대적 초상(the Jewish portrait)이었음을 깨닫게 되었다. 예수의 완전한 인간성(full humanity)이 그의 제자들로 하여금 예수 속에서 신성(神性)을 감지하게 한 것이다. 인성(人性)과 신성은, 교회가 그 역사상 처음 500년 동안 고전분투한 것처럼 화해가 절실한 두 개의 이질적 개념은 아니었다. 그 화해를 설정한 전제 전체가 단순히 잘못된 것이었다. 정의상 "바른 사상"을 뜻하는 "정통"(orthodoxy)은 항상 자연과 초자연, 육체와 영혼, 인성과 신성을 분리시키는 이원론적 세계를 전제했다. 그런 세계관은 더 이상 존재하지 않으며, 따라서 인간적인 것과 신적인 것을 화해시키려는 시도는 불필요하게 되었다. 예수의 인간성을 상실하게 만든 것이 바로 이 "정통"이었다. 그 다음 인간 예수가 "신격화"(divinized)됨으로써 남은 모든 것 곧 신적인 그리스도(the Divine Christ)는 과학적 지식의 폭발과 새로운 성서연구에서 나온 통찰력의 합작으로 인해 파괴되었다. 나는 이제 기독교가 절실히 필요로 하는 새로운 출발점은 신자들을 더 이상 예수에 관한 신성과 인성 논쟁에 개입시키지 않는 것이어야만 한다는 것을 깨닫게 되었다.

나는 이 책에서 그 새로운 출발점을 설정하려고 한다. 나는 기독교의 학문연구를 통해 성서의 문자화된 이야기들이나 혹은 나사렛 예수에게 덧씌워진 신학적 구조물들을 해체시키는 작업을 하는 데 주저하지 않을 것이다. 나는 진리가 인도하는 대로 따를 뿐이다. 교회의 전통적인 신학적 구조물들이 붕괴되면, 이미 그렇게 붕괴되었고 또한 그렇게 될 것이지만, 나는 남은 것 즉 유대인 예수(the Jewish Jesus)를 가지고 그의 생애를 새롭게 보기 시작할 것이다. 이것은 1세기 유대인들로 하여금 예수의 삶 속에 거룩한 하나님께서 어떤 방식으로든 나타나셨다고 주장하게 만든 그의 인간성이 무엇이었는지를 파악하려는 것이다. 나의 작업은 아는 것에서 모르는 것으로, 인간적인 것에서 신적인 것으로, 땅에서 하늘로 향할 것이지, 그 반대 방향으로 움직이는 것이 아니다. 나는 초자연적인 세계를 지향하는 데서 유래된 해석 재료, 즉 신화와 기적에 대한 주장들 곧 신화의 예수(Jesus of myth)로부터 인간 예수 곧 역사의 예수(Jesus of history)를 분리시키려고 할 것이다. 나는 예수 이야기에 대한 이런 신화적 부분들이 대체로 예수의 본래적 의미의 일부가 아니라, 나중에 덧붙여진 해석적 첨가물이라는 점을 밝힐 수 있다고 생각한다. 내가 추구하는 질문은 이것이다. 즉 예수를 통해서 하나님의 의미가 무엇인지를 체험할 수 있는 완전한 인간이 예수라고 봄으로써 예수에 대한 완전한 이해에 도달할 수 있을까? 만일 내가 믿는 대로 이 질문에 대한 답변이 긍정적이라면, 내 안에 흐르는 두 개의 물줄기는 통합되고 하나가 될 수 있을 것이다. 만일 그것이 이 연구의 결과가 될 수 있다면, 나는 수백 년 간 보지 못했던 기독교의 새로운 활력과 힘이 솟구치는 무대를 새롭게 설치하게 될 것이다.

기독교가 선택해야 할 것은 명백하다. 우리는 문자화되고 한시적이고 무효화된 우리의 신앙 언어를 어떤 변화 없이 계속 사용하는 것이 별 문제 아닌 것처럼 가장할 수는 있다. 그러나 결과적으로 기독교는 죽게 될 것이다. 또 하나의 선택은 기독교의 철저한 재구성을 위해 그 기초가 될 새로운 예수 이해와 하나님 이해의 방법을 개발하는 것이다. 나는 이 책에서 어느 것이 나의 선택인지 분명히 밝힐 것이다.

과거의 죽어가는 낡은 교리들에 헌신했던 전통 크리스천들은 이 책이 난해하고 그들의 시각에는 부정적으로 보일 것이 확실하다. 새로운 진리는 항상 낡은 세계에서 유용했던 안전장치들을 위협하기 마련이다. 그러나 만일 그것이 진리라면, 그것은 궁극적으로 자유하게 하는 것이고 공포 때문에 타협되어서는 안 되는 것이다. 나는 한 평생 전문직에 종사하면서 나의 신학교 좌우명을 견지했다. 즉 "진리가 어디에서 오든지, 그 대가가 무엇이든지 개의치 말고 진리를 모색하라."3)

전통주의적인 신자들에게 드리는 간곡한 부탁은 이 책을 끝까지 독파하기까지는 중단하지 말라는 것이다. 비록 고통이 극심하다고 할지라도 이 연구는 매우 중요하기 때문에 새로운 결론에 도달하기 전에 포기해서는 안 되는 것이다.

전통적인 기독교 신앙에 헌신하지 않으면서도 여전히 "초월적인 것"과 "거룩한 것"을 모색하며 재구성된 새로운 기독교를 전망하는 사람들은 이 책에서 참신함과 희망을 찾기 바란다. 그들은 누군가 말한 것처럼, 아무것도 채우지 못하는 소위 "하나님이 만든 구멍"(God-shaped hole)이라는 공허함을 안고 살아가는 사람들임을 스스로 알고 있는 사람들이다. 나는 그들을 "유배당한 신자들"(believers in exile)이라고 부른다. 그들은 이 책에서 미래지향적인 생동적인 기독교로 가는 길을 발견하게 되기 바란다.

이 책에 대해 생각하고 집필하는 과정은 나에게 개인적으로 나의 신앙을 깊은 차원에서 통합시키는 것이었다. 그 이유 때문에 나는 과거의 낡은 초자연적인 형태의 기독교는 죽었다는 인식에서부터 새로운 기독교가 생성하리라는 강렬한 희망을 갖고 있다. 우리가 종교에 관한 낡은 정의를 넘어설 때 우리와 함께 동행할 수 있는 분을 나는 "비종교인들을 위한 예수"(Jesus for the Non-Religious)라 부른다. 디트리히 본회퍼는 한때 기독교를 종교에서 분리하라고 기독교계에 촉구했고 소위 "종교 없는 기독교"(religionless Christianity)에 대해 언급한 적이 있었다.4) 그는 1945년 플로센부르크 형무소에서 나치에 의해 처형당함으

---

3) 1823년에 버지니아 주에 설립된 Protestant Episcopal Theological Seminary의 교훈으로서 William Sparrow 학장이 제정한 것이다.

4) 이런 생각은 본회퍼가 친구 Eberhard Bethge에게 처음 말했으며, 나중에 베트게가 편집한 *Letters and Papers from Prison*에서 표현되었다.

로써 이 애매한 개념을 선명하게 발전시킬 기회를 갖지 못했다. 나는 본회퍼의 사상을 근거로 삼고, 인간 예수를 통해 길을 찾는 동시에 종교의 한계를 넘어서 내가 지금 믿는 "하나님"이란 말의 뜻에 이르게 되기 바란다.

나는 이미 "인생의 칠십 고개"를 넘어선 마당에 성서가 우리에게 위임한 또 하나의 저술 과제를 완수하고 싶다. 나는 인간 예수가 만난 비유신론적(non-theistic)이면서도 독보적으로 진정한 하나님의 개념을 가지고, 그 관점에서 죽음에 대해, 그리고 교회가 유구한 역사를 통해 영생(eternal life)에 대해 언급하려고 했던 주제를 논하고 싶다. 나는 죽음과 영생에 대한 이런 통찰들을 사람들이 아직도 비존재(non-being)라는 궁극적 위협으로 생각하는 것과 대비시켜 그 유의미성을 실험해 보고 싶다. 죽음은 모름지기 어떤 것보다도 자의식을 지닌 인간을 전율하게 만든다. 사람들 대부분이 아직 받아들이지 못하는 것은 유신론적 신(the theistic deity)을 처음 만든 것은 죽음의 공포였으며, 또한 이 유신론적 신 개념은 예수 체험(the Jesus experience)을 사로잡은 개념이었다는 점이다. 오늘날 우리 주변에서 등장하는 비유신론적 하나님(a nontheistic God), 인간 예수(a human Jesus)와 새로운 기독교는 우리가 의미의 궁극적 장애물인 죽음에 직면하게 될 때 우리에게 무엇이라고 말할 것인가? 이것은 내가 그것을 실존적으로 사는 시점에 이르기 전에는 쓸 수 없었던 책이다. 만일 나의 하나님 개념과 내가 새롭게 정의한 예수의 비전(vision)이 죽음의 불안에 대해 대답할 수 없다면, 내가 추구하는 예수 이야기의 새로운 출발점이나 살아남을 이야기를 찾았다고 말할 수 없다. 나는 이 마지막 책을 쓰고 나의 주장을 발표할 때까지 살 수 있으면 좋겠다. 이 책은 내가 78세가 되는 2009년에 출판하도록 기획되어 있다! 이런 야심찬 목표에 대한 성공 여부는 오직 시간만이 말할 수 있을 따름이다.

　이 책이 빛을 보도록 도와준 분들에게 감사의 말씀을 드리고 싶다. 먼저 이 책에 반영된 생각들을 우선 강연에서 발표할 기회를 제공한 분들에게 감사드린다. 그들은 나에게 이 작업을 계속 하도록 독려해 주었고 다른 사람들과의 대화를 통해 새로운 생각들을 다듬을 수 있는 기회를 갖게 했다.

　그 명단 첫 머리에는 웨일스 하워덴에 있는 성 데이니올 도서관 관장인 피터 프랜시스와 그의 부인 헬렌 및 그들의 훌륭한 빨간 머리 딸 루시가 있다. 성 데이니올 도서관은 본래 윌리암 글래드스톤 수상이 수집한 개인 도서를 소장하고 있었다. 그러나 해를 거듭하면서 그 도서관은 수만 권의 도서를 기증받았다. 오늘날 그것은 또한 내가 여러 번 주도했던 회의장소이기도 하고 나의 "다음" 저서를 구성할 자료를 항상 제공하고 있다. 내가 피터 프랜시스와 그의 가정 그리고 나의 모임에 참여한 사람들이 보낸 격려와 우정으로 인해 이 도서관은 내 아내 크리스틴과 나에게 각별한 곳이 되었다. 수 년 전, 성 데이니올 센터 이사회가 캔터베리 대주교인 로완 윌리암스의 극심한 반대에도 불구하고 나를 그 기관의 "연구원"으로 선정한 것은 나에게는 말할 수 없는 영광이었다. 이 책은 사실상 그 곳에서 출생한 것이다.

　그 후 나는 에드몬튼, 피터보로, 토론토, 마크함 및 굴프같은 곳에 있는 캐나다 연합교회 여러 회중들에게 이 책의 내용 일부를 강연했다. 내 생각은 오하이오 주 데이턴에 있는 감독교회와 뉴욕 주 실버베이, 캘리포니아 주 산디아고, 콜로라도 주 콜로라도 스프링 및 플로리다 주 네이풀스 등과 같은 곳에 있는 조합교회, 장로교회, 유니테리안 교회, 유니티 및 종교과학교회 등을 거치면서 발전했다. 이 책의 내용에 관한 다음 강연들은 노스캐롤라이나 주 하일랜드/케쉬어스에서 한 것이다. 분노에 관한 장(章)은 영국 요크셔 케틀웰에 있는 스카길 센터에서 처음 강연했다. 이런 생각들은 가는 곳마다 다양한 청중들과의 상호작용을 통해 선명해졌을 뿐만 아니라 또한 그들은 비종교적, 비교회(non-church) 지향적 세계에 예수를 소개하는 책이 필요한 동시에 출판할 가치가 있다는 사실을 나에게 확인시켜 주었다.

나는 하퍼콜린스의 전임 사장 스티브 한셀만, 현 사장 마크 타우버, 편집장 망클 모들린, 홍보담당 쥴리 라이 밋첼 그리고 특히 씬디 디티베리오, 클라우디오 보우토테, 라이나 애들러, 크리스 애쉴리, 잰 위드 및 리사 쥬니가에게 특별히 감사드린다. 또한 과거에 여섯 권을 출간한 시카고에 있는 데찬트 허스 광고회사의 켈리 허스에게 감사드리고 싶다.

나는 인터넷 출판사인 워터프론트미디아, 특히 그 사주인 벤 울린과 마이크 케리아코스 그리고 연락책임자들과 편집자들인 메카도 머피, 토니 부란카토와 마크 로버츠에게 사의를 표한다. 그들은 지금 나의 주간 칼럼을 매 주 수천 회 읽히는 주요 통신사로 전송하는 일을 맡고 있다.

나는 지금 내가 하고 있는 것과 꼭 같은 일, 곧 기독교를 21세기 세력으로 변혁하려고 자기 나라에서 수고하는 세계에 흩어져 있는 친구들에게 문안드린다. 사람들은 일반적으로 이 변혁적 파고가 수많은 곳에서 요동치고 있음을 감지하지 못한다.

나는 캐나다에 있는 여러 분들을 기억한다. 즉 캐나다의 「진보적 기독교 센터」(Center for Progressive Christianity)의 책임자인 그레타 보스퍼 목사, 온타리오 마크함의 매리 죠셉 목사, 온타리오 부랜포드의 랜디 맥켄지 목사, 브리티시 콜럼비아 밴쿠버의 피터 엘리옷 주교, 브리티시 콜럼비아의 뉴 웨스트민스터 주교인 마이클 잉함 주교, 브리티시 콜럼비아의 은퇴한 성공회 대주교이자 서부 캐나다의 변혁을 위해 열정을 바친 영적 대부 데이빗 소머빌 등이다.

뉴질랜드에는 가까운 친구들과 유배된 크리스천인 릿즈와 게오프 로빈손, 그리고 뉴질랜드의 새로운 기독교를 위해 수고하는 대담한 대변자 로이드 기링 박사가 있다.

오스트레일리아에는 여러 분들이 있다. 「미래로 향한 신앙」(Faith Futures Forward)이라는 기관을 운영하는 그랙 젠크스 박사, 오스트레일리아 연합교회 목회자들로서 그 나라에서 "진보적 기독교 단체"(the Progressive Christian Network)를 함께 설립한 데이빗 카터 목사, 로즈마리 카터 목사, 진 길버트 목사 및 고 나인 커 목사 등이다. 그밖에 특별히 지원을 아끼지 않은 오스트레일리아의 대주교, 주교 및 안수 받은 신부들은 피터 칸리, 필립 아스피날, 이안 죠지, 이안 부라운, 로저 허프트, 니젤 리브스, 이안 피어슨, 카로린 피어스 및 도로디 맥마혼 등이다.

나는 영국에 있는 분들에게 인사드린다. 그들은 그 곳에서 「진보적 크리스천 네트워크」를 함께 운영하는 허 다우스 신부와 그의 아내 질 쌘드함, 또한 솔직하고 영웅적인 평신도와 안수 받은 크리스천인 리차드 커커, 돈 큐핏, 케이드와 마틴 워드, 마이클 굴더,[5] 프렛과 안데아 칸, 힐톤과 죠앤 부드로이드, 아드리안과 크리스틴 알커, 존과 쥬디드 쌔들러 및 리차드와 헬렌 트러스 등이다. 나는 또한 영국에 있는 나의 안수 받은 세 동료들에게 고마움을 표시하고 싶은데, 그들은 스코틀랜드의 리차드 홀로웨이, 아일랜드의 안드루 퍼롱 및 웨일스의

---

[5] 마이클 굴더는 1980년대 초에 성공회 사제직을 사임했으며 자신을 "비공격적인 무신론자"라 부르기 때문에 자신의 이름이 기독교인 명단에 속하는 것을 좋아하지 않을 것이다. 그러나 나는 그런 식으로 판단하여 경계선을 긋고 싶지 않다. 그는 내가 그리스도를 이해하고 특히 공관복음서들을 이해하는 데 매우 큰 영향을 미쳤기 때문에, 나의 판단에 따라 그의 위치를 표현하고 싶다.

수잔 오헤어이다.

내가 깊은 감사의 말씀을 표하고 싶은 스칸디나비아에 계신 분들은 스웨덴 루터교회의 총회장인 K. G. 해머, 주교인 클라스-버틸 이터베르그와 크리스터 베이저, 펠레 소더바크, 마리안 불롬, 한스 울버부란드, 닐스 아버그 및 요한 린만 목사 등이다. 내가 믿기는 스웨덴 교회는 유럽 전체에서 가장 생동적인 모습을 지닌 기독교이다. 핀란드에는 내가 존경해 마지않는 윌 리키넨이라는 주교가 있는데 그는 그 나라의 많은 주교들 가운데서 교회가 당면한 문제들을 이해하고 있는 유일한 분인 듯 하다. 감사하게도 그는 하느 살로란타, 자르모 타르키 및 사카리 학키넨과 같은 유능한 목사들의 지지를 받고 있다. 덴마크에는 헨릭 부란트 페더센이라는 출판인과 에릭 폰스볼과 도킬드 그로스볼이란 두 목사가 있는데 그들은 기독교의 영역들을 계속 확장하고 있다. 노르웨이에는 역시 그레테 하우즈와 헬즈 혹네스타드같은 탁월한 두 목사가 있고 제인 로버트손과 엘스 마그레드 스트로메이란 정력적인 두 평신도가 있다.

나는 아프리카 대륙 성공회의 위대한 세 주교 데스몬드 투투, 누종 곤쿨루 누돈기네와 고추 무클루에게 감사드리고자 한다. 이들은 그 대륙에 있는 제도적 기독교회의 대부분이 사로잡혀 있는 몰지각한 동성애공포증에 대항하여 계속 싸우고 있다.

나는 또한 미국에서 종교 논쟁의 변화를 주도하는 두 기관의 책임자들에게 감사드리고 싶다. 그들은 매사추세츠 주 케임브리지에 있는 "진보적 기독교 센터"(The Center for Progressive Christianity)를 창설하고 운영한 제임스 아담스 목사이고 "예수 세미나"(Jesus Seminar)를 세계에 알린 "웨스타르 연구소"(the Westar Institute)의 창설자이자 이사장이었던 고 로버트 펑크 박사이다. 이 두 기관은 분에 넘치는 격려로 나의 집필을 지원해 주었는데, 21세기 미국 기독교 역사가 기록될 때 그들은 중요한 위치를 차지하게 될 것이 틀림없다.

이 책은 게일 데켄바흐의 작업 없이는 빛을 보지 못했을 것이다. 그녀는 내가 원고지에 흘려 쓴 것을 컴퓨터 언어로 옮겨 놓았다. 게일은 직업상 20년 이상을 나와 함께 일했고 은퇴 후에도 나를 다시 도와 주었다. 그녀는 내가 아는 가장 훌륭한 분들 가운데 한 사람이다.

끝으로 나는 가족들에게 고마움을 표하고자 한다. 먼저 나의 아름다운 아내, 내 인생 동반자, 나의 일차 편집자 및 나의 새로운 작업의 기획가인 크리스틴 매리 스퐁이다. 나는 어떤 사람들이 생각하는 것처럼 내 나이에 어울리지 않게 그녀를 열정적으로 사랑한다. 그리고 나는 또한 그녀의 놀라운 능력과 인격적 성실성에 대해 존경해 마지 않는다. 나는 그녀 없는 인생을 상상조차 할 수 없고 내가 그녀의 남편이라는 것이 세계에서 가장 엄청난 행운이라고 생각한다. 다음에는 우리 자녀들이다. 엘렌 엘리자베스 스퐁과 그녀의 남편인 거스 엡스, 매리 캐터린 스퐁과 그녀의 남편인 잭 카트렛, 재클린 케트너 스퐁과 그녀의 동반자인 버질 스페리오수, 부라이언 얀시 바니와 그의 아내인 줄리안 그리고 라헬 엘리자베스 바니 등등이다. 마지막으로 우리에게는 쉘비, 제이, 존, 리디아, 캐더린 및 콜린 등 여섯 손자 손녀가 있는데, 나는 이 책을 그들에게 바친다.

인생은 실로 절묘한 기쁨이었다. 이들이 그렇게 만든 장본인들이다. 모든 이에게 평화를 빈다.

존 쉘비 스퐁
뉴저지 주 모리스 플레인스에서
2007년 2월 27일

프롤로그

유배된 신자의 애가(哀歌)

아, 예수님!
 당신은 어디로 가셨습니까?
  우리는 당신을 언제 잃어 버렸습니까?
우리가 당신을 소유했다고 확신하면서
 유대인들을 박해하고,
  의심하는 자들을 추방하고,
   이단자들을 화형에 처하고,
    개종시키려고 폭력을 사용하고
     전쟁을 일으킨 때였습니까?
우리의 1세기 이미지들이
 확장되는 지식과 충돌한 때였습니까?
혹은 성서는 우리가 한때 믿던 바를 실제로는 지탱하지 못한다고
 성서학자들이 우리에게 알려준 때였습니까?
당신의 추종자들이
 죄의식,
  공포,
   독선,

편협

그리고 분노로

사람들을 왜곡시키는 것을 우리가 볼 때였었습니까?

당신을 주님이라 부르면서

성서를 정기적으로 읽으면서

또한 노예제도를 이용하고

인종차별을 옹호하고

린치를 승인하고

아동들을 학대하고

여성들을 폄하하고

동성애자들을 증오한 많은 사람들을

우리가 목격한 때였습니까?

우리가 마침내

풍성한 삶을 약속한 예수는 자기-증오의 원천이나

혹은 생명을 파괴시키는 참회에 굴복하도록

우리를 종용하는 분이 아니라고 인식할 때였습니까?

당신을 섬기는 것이 우리의 감미로운 질병으로 둔갑한

안전 지향적 편견을 포기하는 것임을 깨닫게 된 때였습니까?

예수님, 우리는 지금도 당신을 갈망하지만,

당신을 어디서 찾아야 할지 모릅니다.

우리는 확실성을 실천하는 교회에서 당신을 찾을까요?

혹은 논쟁을 너무 두려워하므로 "일치"를 신성시하고

또한 주장하는 바가 너무 없어 따분함으로 말라비틀어지는

그런 교회에 당신은 숨어 계십니까?

당신은 힘없는 자와 소외된 자,
 문둥병자들과 오늘의 사마리아인들,
  당신이 우리 형제들과 자매들이라고 부른 자들을
   배척한 교회에서 찾을 수 있겠습니까?
혹은 우리가 지금 교회제도 밖에서,
 즉 사랑과 친절이 보상을 바랄 수 없는 곳,
  질문이 가장 깊은 신뢰의 표현으로 인정되는 곳에서
   당신을 찾아야 하겠습니까?

예수님, 우리 크리스쳔들이 당신을 죽인
 악당이라는 사실이 도대체 있을법한 일입니까?
  문자적 성서,
   낡은 신조들,
    타당성 없는 교리들,
     쇠퇴하는 구조들로
      당신을 질식시킨다는 것이 언어도단 아닙니까?
예수님, 이런 일들이 당신을 사라지게 만든 원인이라면,
 이런 것들이 제거되면 당신은 즉시 다시 나타나시겠습니까?
  그것이 부활을 불러오겠습니까?
혹은 지금 어떤 이들이 주장하는 바와 같이,
 당신은 환상에 지나지 않았습니까?
우리는 당신을 매장하고 왜곡함으로써
 단순히 우리 자신을 보호하고 있는 것이라는
  그 진실을 직시하지 않으려고 했던 것입니까?

예수님, 나는 지금도 내가 당신을 믿는 바를 그대로 견지하고자 합니다.
　생명의 근원,
　　사랑의 원천,
　　　존재의 근거,
　　　　거룩함의 신비로 들어가는 입구에
　　　　　다가서게 하며 그것을 구현하신 당신에 대한 믿음입니다.

나는 그 입구를 통해 들어가기 원합니다.
　당신은 거기서 나를 만나주시겠습니까?
　　당신은 나에게 도전하시고,
　　　나를 안내하시고,
　　　　나를 당신 앞에 똑바로 서게 하시고,
　　　　　당신의 진리를 나에게 그리고 내 안에
　　　　　보여주시겠습니까?

끝으로, 예수님, 이 여정이 끝날 때,
　당신은 내가 하나님이라 부르고,
　　나의 삶과 행동과 존재의 근거가 되는
　　　궁극적 실재 안에서 나를 품어주시겠습니까?
예수님, 이것이 이 책에 담긴 나의 목표이기 때문입니다.

제1부

예수의 신화들로부터

인간 예수를

분리시키는 작업

제1장

서론: 새로운 탐구의 문을 열며

사람들이 예수 안에서 체험한 것이 무엇이었던 간에 그것은 오늘날 더 이상 믿을 수 없는 전근대적 가정들 위에 기초한 중세 교리인 것으로 확인되었다.

나는 무엇 때문에 나사렛 예수로부터 그에게 덧씌워진 초자연적인 층(層)들, 즉 기적들, 공식화된 신조들, 고대 신화의 층들을 떼어내려고 하는가? 그 대답은 매우 간단하다. 나는 크리스천이기 때문이다. 나는 크리스천으로서 어떤 신앙체계 안에서 살아가고 있다. 그 신앙체계의 중심에는 예수의 삶 속에서 우리가 하나님이라 부르는 분과의 만남이 있었다는 주장이 깔려 있다. 나의 진정한 정체성은 이 확신에 있다. 그러나 그것은 내가 탐구하는 동기의 절반에 지나지 않는다.

이 연구의 또 하나의 동기는 내가 기독교 시대 끝자락에 살고 있다는 신념 때문이다. 기독교를 역사적인 시각에서 볼 때, 나는 지금 기독교의 죽음을 목격하고 있다고 믿는다. 지금 미국과 제3세계에서 등장하고 있는 기독교는 내가 동일시하고 싶은 기독교가 아니다. 나는 서로 상충되는 주장들이나 소란스런 분노로 가득 차고 싶지 않다. 나는 도전할 수 없는 신을 숭배하거나 나의 생각을 중단하라고 강요하는 전통에 굴복하고 싶지 않다. 나는 독실한 신자로서 예수에 관해 역사적으로 언급된 수많은 주장들을 더 이상 신뢰할 수 없다. 나는 이 사실에 대해 공개적으로 정직할 필요가 있다고 본다.

　　제도적 교회에 속한 어떤 이들이 나에게 즐겨하는 말은 내가 이 고대의 공식화된 신조들에 대해 충성하지 않으므로 조상들의 신앙노선에서 이탈했으며 더 이상 "크리스천"으로 자처할 수 없으며 앞으로는 최소한 "정통적 크리스천"(an orthodox Christian)이라고 할 자격이 없다는 것이다. 이런 비판자들은 기독교 정통이라는 실체가 얼마나 부당하게 타협된 것인지를 인식하지 못하는 것 같다. 예를 들면, 오늘날 생각이 있는 사람이라면 지구가 우주의 중심이라고 말할 수 없다. 그러나 이런 주장은 전통적 신앙의 방어자들이 인정하는 것보다 훨씬 더 정통 기독교--정통 기독론을 포함해서--의 중요한 요소로 남아 있다. 우주의 광대함에 대한 이해에 엄청난 혁명이 일어났음에도 불구하고, 이 사람들은 하나님이 세계 밖에 있는 초자연적 존재(a supernatural being)로서 하늘 위 어딘가에 살고 있으며 또한 인간 역사에 때때로 계속 개입하는 분으로 판단한다. 지금도 예수 이야기가 전달되는 기본방식은 예수가 하나님의 역사 개입의 가장 중대한 본보기였다는 것이다. 전통적 기독교 교리는 예수가 하늘에서 내려온 방문객(a heavenly visitor)으로서, 하늘에 계신 하나님이 기적적인 출생을 통해 세상에 들어오고 그의 과업이 완수되었을 때 우주비행 방식으로 하나님께로 되돌아갔다고 계속해서 표현하고 있다. 이 정통주의는 주장하기를, 예수가 완수한 과업이란 타락한 세상을 구원하는 것이었고, 이것은 예수가 십자가 위에서 죽음으로써 성취되었다고 한다. 이런 주장들은 나에게 문자적으로는 헛소리(literal nonsense)가 되었을 뿐만 아니라 신학적으로는 우회적 표현에 불과한 것이 되었다. 그럼에도 불구하고 이것들은 주일 아침마다 대부분의 교회예배에서 똑같은 형태로 반복되고 있다. 나는 그런 개념들이 여전히 나에게 의미가 있고 또한 보존할 가치가 있는 것처럼 내숭을 떨고 싶지 않다.

내가 과거의 구태의연한 기독교 편집증에 사로잡힌 사람들에게 계속 괴롭힘을 당할 때는 마치 꽥꽥거리는 한 무리의 거위들에게 죽도록 씹히는 듯한 느낌을 떨쳐버릴 수 없다. 이 전통적 신자들은 대부분 과거의 해답을 사수하는 데 너무나 골몰하기 때문에, 본래 그 해답들을 낳게 한 질문이 무엇이었는지조차 모르고 있다. 그들은 실제로 자신들이 예수를 다른 세계, 다른 시대 및 다른 장소라는 관(棺) 속에 가두었다는 것을 이해하지 못한다. 그들은 공포와 방어심리에서 내가 예수를 저버렸다고 시시때때로 비난하고 있지만, 그것은 나와 아무런 관계가 없다. 예수에 대한 나의 헌신은 심오하고 확고하다. 예수는 나의 신앙의 중심일 뿐만 아니라 나의 존재 전체의 중심에 서 있다. 그러나 나의 헌신은 하나님 체험으로서의 예수의 실재(the reality of Jesus as a God experience)에 대한 것이지, 예수 안에서 일어난 그 하나님 체험에 관한 전통적 설명들(the traditional explanations of that God experience in Jesus)에 대해 헌신하는 것이 아니다. 여기에는 엄청난 차이가 있다.1)

나는 명제적 진술이 영원한 진리를 완전히 포착할 수 없다는 것이 오늘날 보편적으로 인정되지 않는 이유를 결코 이해할 수 없다. 강렬하고 무시간적 체험이 표현될 때는 그 체험의 진리가 항상 그 체험자/설명자의 언어, 지식의 수준 및 세계관 속에 예속된다. 설명은 항상 인

---

1) 역자주: 스퐁은 초자연적 유신론과 같은 하나님에 대한 하나의 설명(정의)과 하나님의 실재(및 체험) 사이의 차이를 강조한다. 사람들은 흔히 유신론을 무신론의 반대 개념으로 이해하며, 또한 유신론에는 범신론, 초자연적 유신론, 이신론, 범재신론 등의 여러 유신론적 정의가 있는 것으로 이해하지만, 스퐁은 이 책에서 "유신론"을 기독교의 가장 일반적인 형태, 곧 전통적인 초자연적 유신론과 동의어로 사용한다.

식된 진리를 시간적으로 제한된 언어와 시간적으로 변질되는 개념 안에 집어넣는 것이다. 하나님의 궁극적 진리와 그 진리에 대한 설명을 동일시하는 것은 궁극적인 것을 가변적인 것과 혼동하는 것이다. 그것은 분명히 비실재적인 것을 궁극적인 실재와 동일시하는 것이다. 이것이 종교제도들이 항상 범하는 오류이며, 또한 그 종교제도들이 항상 그리고 필연적으로 쇠퇴하는 원인이다. 여기서 명백한 것은 기독교도 예외일 수 없다는 사실이다.

사람들이 예수 안에서 체험한 것이 무엇이었던 간에 그것은 오늘날 더 이상 믿을 수 없는 전근대적 가설들을 기초로 한 중세 교리인 것으로 확인되었다. 이 확인이 의미하는 것은 심각한 신학적 토론이 그 목청을 높여 옹호하는 사람들과 그런 토론에 대해 무관심한 사람들 사이에 분리장벽을 세우는 것 이외에는 별 도움이 되지 않는다는 뜻이다. 예수는 지금 종교적 광신자들, 만성적 공포증 환자들, 불안한 자들 및 심지어는 신경과민증 환자들의 포로가 되었거나, 또는 사라져 가는 기억, 한 시대의 상징 그리고 과거의 신앙에 대한 향수를 상기시켜주는 인물이 되었을 따름이다. 나는 이 두 가지 선택 중 어느 것도 추구할 가치가 없다고 본다. 이런 사실들을 이해하면서도 나는 여전히 예수에게 매료되어 있고, 따라서 냉철하게 또한 열정적으로 그를 추구할 것이다. 나는 예수에게서 발견한 진리를, 수호할 수 없는 것을 수호하려는 자들에게나, 또는 더 이상 무의미하게 된 전근대적 사상에 마지막까지 붙들려 있는 자들에게는 넘겨주지 않을 것이다.

나에게 성서에 대한 비평적 접근방식을 가르친 것은 다른 어떤 외부 기관이 아니라 우리 교단에 속한 정규 신학대학원이었다. 그렇다면 나의 교회가 성서에 접근하는 것을 두려워 할 까닭이 어디 있겠는가? 그러므로 우리가 예수 이야기를 할 때 우리가 만들었던 수많은 가정들에 대해 역사적으로 아는 바가 별로 없다는 것을 독자들에게 밝히기 위해, 나는 모든 면에서 성서신학을 동원할 작정이다. 어떤 사람들은 나의 결론이 여러 세기 동안 성서신학계에서는 전혀 특별한 것이 아니었다는 사실을 모르기 때문에, 나의 지속적인 학문적 분석에 대해 충격을 받을 것이다. 그러나 나는 거기서 멈추지 않는다. 나는 성서 이야기를 매우 진지하게 대하기 때문에 아직도 상당부분 가려진 계시의 단서들을 찾기 위해 성서의 본문을 탐구하는 데까지 나아갈 수밖에 없다. 나는 그 원초적 예수 체험(that original Jesus experience)의 의미를 드러내기 위해 복음 전승(the gospel tradition)에 스며든 이 단서들을 이용하고자 한다. 예수와 함께 했던 사람들은 자기들의 체험을 설명하기 위해 초자연적인 언어를 만들어냈다. 그 반대가 아니었다. 내가 입증하려는 것은 우리 크리스천들이 유대인의 안경을 끼고 마가, 마태, 누가 및 요한복음이라는 본질상 유대적인 문서들을 읽을 때 비로소 그 단서들이 보이게 된다는 점이다. 내가 그 순서를 이렇게 마가복음부터 시작하는 것은 그것이 역사적으로 기록된 순서이기도 하고, 또한 그 순서 자체가 해석을 위한 유용한 도구이기 때문이다. 나는 이 단서들을 분명히 살려냄으로써 독자들을 예수 체험의 의미, 곧 예수의 이야기가 애당초 기록되도록 원인을 제공한 그 예수 체험이 드러낸 능력으로 안내하고자 한다.

복음서 배후에 있는 예수를 탐구하고 싶은 나의 내면적 동기는 내가 소년시절에 그의 인격 속에 나타난 능력을 처음 만난 후 나의 존재의 일부분이 되었다. 나는 불안한 인생의 폭풍 속에서 예수 안에 있는 든든한 바위를 발견했다. 예수는 나에게 복음주의적이며 근본주의적인 교회가 약속하는 안정감을 마련해 주었다. 회고해 보면 그의 호소는 분명했다. 나는 열두 살 때 세상을 떠난 알코올 중독자 아버지와 중학교 정도의 교육을 받고 세상에서 생존하기 위해 가난에 시달리던 어머니 슬하에서 자랐다. 나는 교회가 역설하는 예수에 대한 확신이 절대적으로 필요했다. 내가 행할 몫은 다만 "신뢰와 복종" 뿐이었다! 문자적으로 이해된 성서가 나의 안내자였었다.

청년이 되었을 때는 내가 초기의 성서에 대한 경직성에서부터 좀 더 궤변적으로 교회에 대한 경직성으로 변했다. 그러나 나는 여전히 개인적 안정감을 추구하는 데 몰두했다. 나의 지식 세계가 확장됨으로써 나는 성서의 문자주의적인 이해에 대해 효율적으로 도전하게 되었다. 나는 결코 과거로 돌아갈 수 없었다. 그러나 나는 또한 이 예수를 떠나고 싶지도 않았다. 이런 신앙적 갈등에서 벗어나 잠시나마 쉴 수 있었던 것은 하나님의 궁극적 진리가 교회의 교육적 권위 안에 수용되었다는 가톨릭 교회의 확고한 주장 때문이었다. 교회의 가르침 안에 "변하지 않는 신앙"이 있다는 것이었다. 그러나 이것 역시 내가 대학에 가고 지식 세계가 계속 확장됨으로써 조만간 포기할 수밖에 없는 또 하나의 환상에 불과한 것이었다.

내 인생의 다음 단계는 예수가 기본적으로 나에게 친숙해지고, 그럼에도 불구하고 예수는 내가 하나님이라고 부르는 궁극적 신비의 인간적 모습이라는 사실을 깨닫기 시작한 때이다. 이제 나의 영적인 생활은 그 신비 속으로 끝없이 순례하는 운명이라는 것을 인식하게 되었다. 나의 신학 교수 중의 한 분인 폴 틸리히는 이 하나님을 "존재 자체"(Being Itself)라고 했다. 이 말이 주는 의미는 나의 하나님 탐구는 나 자신의 정체성 탐구와 일치한다는 것이었다. 나는 오늘도 여전히 그 순례를 계속하고 있다. 내가 "요단강 이 편에" 살고 있는 동안 다른 종착역에 이르기를 바라지 않는다. 그렇다고 나는 나 자신이 만들어 낸 어떤 것을 추구하고 있다고는 생각하지 않는다. 하나님은 내가 체험할 수 있는 실재이다. 그러나 내가 이 체험에 관해 말하려고 할 때, 하나님은 항상 내 설명으로 완전히 포착할 수 없다는 것을 깨닫게 된다. 나는 오직 이 사실 때문에라도 어떤 궁극적 의미에서 하나님에 관한 진리를 소유했다고 주장하는 어떤 종교제도도 극복하게 되는 것이다. 그 때로부터 오늘에 이르기까지 종교는 나에게 열려진 것이어야 했고, 나는 종교형태들을 최종적인 것으로 인정할 수 없었다.

내가 이 사실들을 연결시키는 이유는 안전을 제공한다는 종교제도들의 호소보다 나의 이해가 더 낫다는 것을 독자들이 깨닫기를 원하기 때문이다. 그런데 그 종교제도들은 성서나 교황의 무오성(無誤性)에 대해 절대적 권위를 주장하지만, 나는 그런 주장들을 종교적 히스테리가 낳는 전통적 결론에 불과한 것으로 간주한다. 이런 것들은 더 이상 나에게 만족을 주지 못한다. 나는 세속의 친구들과 함께 이런 주장들이 망상적 이념에 다름없다는 것에 대해 입장을 같이 한다. 그럼에도 불구하고 나는 예수가 의미했던 것에 대한 탐구 또는 내가 하나님이라고 부르는 궁극적 신비로 가는 순례를 거부하지 않는다. 나는 이 순례가 어떤 형태이든지 간에 모든 인간이 수행하는 것으로 믿는다. 하나님을 찾는 것은 인간이 된다는 것의 한 부분이기 때문이다.

나는 지금도 예수에 관한 성서의 이야기들을 규칙적으로 읽는다. 그러나 나는 예수 이야기들을 뒷받침하는 것 같은 강요된 가설들, 즉 내가 21세기 사람으로서 인정할 수 없는 가설들로 인해 계속 거부감을 느낀다. 나는 어느 누구도 빵 다섯 개로 수천 명을 먹이고도 남을 정도로 빵을 확대시킬 수 있다고 믿지 않는다. 만일 그것이 가능하다면 세계의 기아 문제는 전혀 문제가 되지 않을 것이다. 이 세계에서 사람들은 날마다 굶어죽고 있기 때문에 그런 하나님 이해에 집착하는 자들의 자명한 결론은 하나님이 오늘날에는 배고픈 자들이 굶어 죽도록 내버렸다는 것이리라. 그들은 이런 결론이 하나님을 악신(惡神, a demonic deity)으로 둔갑시킨다는 사실을 모르고 있다.

나는 엄밀한 의미에서 어느 누구도 초자연적 능력으로 장님을 보게 하고 귀머거리를 듣게 하고 벙어리를 노래하게 하고 절름발이를 걷게 할 수 있다고 믿지 않는다. 만일 그것이 가능했다면 의학의 발전은 전혀 필요하지 않았을 것이다. 그러나 의학의 발전은 필요했다. 질병의 원인과 치료의 발견 또는 건강의 문제는 언제나 인간의 책임이지, 신의 책임은 아니기 때문이다.

사람들은 약간 방어적인 태도로 이제 기적의 시대는 지나갔다고 말한다. 이 말은 근대세계에서 초자연주의가 통하지 않는 이유를 설명하는 반면에 그들이 초자연적 세계관을 여전히 수용하고 있다는 말이기도 하다. 이 말은 맞받아 치는 역할, 즉 기적의 시대란 결코 없었다는 것, 우리 조상들이 옛날에 기적이라고 불렀던 것은 사실상 과거에 생겨난 환상의 이야기였다는 것, 혹은 수백 년 전에 세계의 움직임에 대한 무지(無知)로 인해 실재를 오인했다는 것을 새롭게 깨닫게 된 것에 대해 맞받아 치는 역할을 하고 있다. 즉 사람이 물 위로 걸을 수 있다는 것은 3류 골프 조크에서나 가능할까 우리 세계에서는 사실상 가능하지 않는 것이다. 오늘날 폭풍은 유동적이고 비인격적인 기후전선의 결과로 이해한다. 폭풍은 외계적인 혹은 신적인 동기에 따라 움직이는 것이 아니다. 그러므로 폭풍은 어떤 사람의 명령으로 잠재울 수 없는 것이다.

죽은 사람들은, 그들이 야이로의 딸이건, 나인성 과부의 아들이건 혹은 나자로라는 사람이건 간에, 우리 시대에는 그들이 사회생활을 다시 시작하려고 무덤에서 살아나오지 않는다. 즉 죽음은 영구적인 상태이고 신체적 기능의 총체적 중지이기 때문에, 뇌는 불과 몇 분 동안만 산소 공급이 끊겨도 돌이킬 수 없이 파손된다는 것은 주지의 사실이다. 지금 죽음은 우리의 죄 때문에 분노의 신이 우리에게 내리는 형벌이 아니라, 생명의 자연적인 부분이라고 우리는 인식하고 있다. 금요일에 십자가에 처형당하고 매장된 사람이 일요일에 소생하여 자기 무덤에서 걸어 나올 수도 없고, 또한 육신이 하늘 위에 산다는 하나님께 돌아가기 위해 중력을 무시할 수도 없는 것이다.

이런 것들은 예수의 이야기가 "하나님의 말씀"처럼 들리지 아니하고 거짓말처럼 들리는 몇 가지 사례에 불과하다! 나는 이 모든 것들이 가능하지 않을 뿐만 아니라, 또한 문자적인 의미에서 사실이 아니기 때문에 거부해야만 한다고 생각한다. 그러나 이런 기적 이야기들처럼 초자연적인 영역과 접선하는 이야기들을 거부한다고 해서, 예수가 초월적 타자성의 영역으로 들어가는 문(a doorway into the realm of transcendent otherness)이라는 나의 믿음을 가로막는 것은 아니다. 따라서 나는 그를 통해서 그 의미를 계속 추구해 나갈 것이다.

성서는 예수를 초자연적으로 표현했고 이것이 또한 기독교 역사에서 되풀이되었는데, 나는 이것을 문자 그대로 받아들일 수 없다. 그림에도 불구하고 나는 여선히 그 예수 체험 속으로 깊숙이 그리고 기대심을 갖고 이끌리고 있다. 만일 어떤 독자가 이런 긴장감을 느끼거나 체험한다면, 내가 당신의 순례에 도움이나 또는 동반자가 될 수 있을 것이다. 이것이 최소한 나의 희망 사항이다.

나는 먼저 종교적 공포를 조장하는 폭군에게 말하고 싶다. 신앙적으로 불안정한 사람들이 신앙이 너무 나약하고 삶의 공포 때문에 질문을 던진다면, 그것이 비신앙적이라고 공박 당해야만 하는가? 나는 이런 문제들을 제기함으로써 사람들을 이와 같은 논쟁에 개입시키려고 하는 기독교 신앙의 원수가 아니다. 우리 시대의 종교 논쟁은 오히려 실재에 대한 우리의 인식을 재구성한 학문의 폭발적인 새 지평의 결과로 인해 생긴 것이다. 이것은 과거에 새로운 성서연구가 평신도들의 확신을 흔들까 두려워서 대학 밖으로 새나가지 못하게 했던 것과도 관련 있다. 기독교의 복음주의와 일반 교파들이 새로운 진리에 전적으로 항거하는 이유가 무엇인가? 뉴욕의 상원의원이었던 고 대니얼 모이니한은 말하기를, "모든 사람은 자기의 의견을 표명할 권리가 있다. 그러나 아무도 자기만의 사실에 대해서는 말할 권리가 없다."고 했다. 종교는 그 자체만의 사실들을 축적함으로써 진리를 피해 갈 수는 없다. 우리가 물어야 할 질문은, 만일 정신이 받아들이지 못하는데 어떻게 마음이 뜨거워질 수 있겠는가 하는 것이다. 정신이 거부하는 것을 마음이 예배할 수 있겠는가? 허무에 대한 공포가 합리성 전체를 대체하는 히스테리를 만들지 않는 한, 그것은 불가능하다. 그러나 정신과 마음의 이런 평형상태의 다른 측면은 마음이 공허감을 영원히 견디지 못한다는 것이다. 그러므로 인간의 공허감은 정신으로 하여금 새로운 근거를 개척하고 새로운 가능성을 찾아보며 새로운 선택을 개발하도록 촉구한다. 우리가 이 근대이후(postmodern) 세계에서 추구하는 영적인 실재는 계몽된 정신이 없이는 도달할 수 없는 것이다. 그것은 또한 뜨거운 마음 없이는 발견하지 못할 것이다. 나는 이것이 우리가 마음과 정신을 동시에 지니고 하나님을 예배하는 새로운 길들을 탐구하도록 촉구하는 것이라고 믿는다. 그러나 우리가 그 일에 착수하기 전에, 우리의 정신은 먼저 더 이상 통하지 않는 과거의 공식화된 교리들을 흔쾌히 제거해야만 한다. 검토되지 않은 진리에 대한 환상이나 혹은 밀폐된 삶에는 안전성이 도사리고 있기 때문에, 과거의 설명들을 넘어서려 하지 않는다. 그러나 심각한 질문의 대상이 되지 않았던 하나님은 제대로 섬길 수도 없는 것이다. 우리는 이 사실을 공개적으로 허심탄회하게 직시할 수밖에 없다.

나는 우선 복음서에 기록된 전통적인 예수 이야기들에서 발견되는 자세한 이야기들(details)을 철저히 규명하려고 한다. 이 자세한 이야기들은 대부분 정밀한 조사를 견디지 못할 것이다. 사람들은 예수에 관한 기록 가운데 상당 부분이 역사가 아니라는 사실을 점차 발견하게 될 때 놀라움과 위협을 느끼는 동시에 심지어는 분노를 띠게 될 것이다. 물론 지금까지 그런 일은 없었다. 나는 예수 이야기의 자세한 내용들을 철저하고 면밀하게 분석할 것이다. 만일 자료가 요구한다면, 그 이야기를 무시하거나 아니면 그것을 사실대로 밝히겠다. 나는 이 작업을 과감하고 확연하게 할 생각이다. 어떤 이들은 이 작업이 완성되면, 전통적 신앙 이야기는 파편조각이 될 것이라고 걱정할 것이다. 그런 것은 내가 관심할 바가 아니다. 나의 목표는 예수를 파괴하는 것이 아니라, 그를 가둔 채 더욱 견고하게 된 콘크리트 층들을 파괴하는 것이다. 이 과제가 완수되면 예수를 새로운 방식으로 보는 것, 즉 비종교인들을 위한 예수로 나아갈 수 있게 될 것이다.

이 목표가 당신에게 흥미 있는 것이 되었으면 좋겠다. 이제 순례를 시작하기로 하사.

제2장

베들레헴 하늘에 별은 없었다

출생 이야기들은 언제나 환상적이다. 그것들은 전혀 역사적인 것이 아니다. 위대한 인물이 모태를 거치지 않으리라고는 아무도 기대하지 않는다.

예수 이야기에 대한 탐구는 성서에 기록된 그의 생애에서부터 시작하는 것이 좋겠다. 예수는 다윗 왕의 도시인 베들레헴에서 출생했는가? 대답은 극히 간단하다. 즉 아니다. 그 주장이 역사적인 사실일 가능성은 거의 없다.

예수의 출생지는 나사렛이었을 확률이 높다. 그는 모든 사람이 태어나는 것과 똑같은 방식으로 태어났을 것이나. 그에게는 인간 어머니와 인간 아버지가 있었다. 베들레헴이 예수의 출생지라는 것과 동정녀 탄생 전승(the virgin birth tradition)은 모두 발전하던 해석 과정에 등장한 견해에 불과하다. 그런데 이 전승들은 기원후 80년대, 즉 예수의 지상 생활이 끝난 지 약 50년에서 60년이 지나기까지는, 기독교 문헌 전승에 그 모습을 드러내지 않았던 전승들이다. 전통적 신자들은 대개 예수의 출생에 대한 지식을 성서 자체에서가 아니라 그들 자신들이 배역을 맡았던 크리스마스 연극에서 얻었기 때문에, 예수의 출생 신화(the birth myth)에 대한 이 첫 번째 탐구에 대해 당혹감을 금치 못할 것이다. 낭만적이고 향수적이며 도전받지 않았던 이야기들은 사라지기 어려운 법이다.

출생 이야기들은 언제나 환상적이다. 그것들은 전혀 역사적인 것이 아니다. 위대한 인물이라고 해서 모태를 거치지 않고 출생하리라고는 아무도 기대하지 않는다. 우선 한 인물이 위대해져야 한다. 그 다음에는 미래에 위대해질 것을 예언하는 이야기들이 그의 또는 그녀의 출생 이야기 주변을 맴돌기 시작한다. 영웅적 인물에게는 힘, 성품 혹은 지능 등의 특별한 능력이 어린 시절부터 나타난다는 이야기가 개발된다. 그 인물이 출생하는 순간은 마술적인 표징들(magical signs)과 위대해질 전조(前兆)로 표시되기 시작한다. 그러므로 인간 예수의 실재에 관한 이 연구는 그의 출생을 전하려고 한 성서 이야기들, 곧 너무나 오랜 동안 역사적인 것으로 오해된 그 이야기들로부터 시작하는 것이 매우 긴요하다.1) 이 출생 이야기들은 보통 이상으로 자세하게 기록되어 있다. 그 이야기들은 노래하는 천사들, 땅 위의 사건들을 알리는 별들, 그리고 심지어는 태아가 다른 태아의 예상되는 능력을 선포하려고 산모의 뱃속에서 뛰는 것 등을 전하고 있다. 이런 내용들은 문자 그대로의 역사가 아니라 해석적인 상징들(interpretive symbols)이라는 것을 속히 간파해야 한다. 우선 일반적인 역사 기록이 보여주는 사실에 주목하기 바란다.

역사 기록에 의하면, 헤롯 대왕은 기원전 4년에 죽은 것으로 보인다. 그 후 유대인의 영토는 세 개의 행정장관 통치구역으로 분할된다.

---

1) 1992년에 나는 예수의 출생 이야기에 관한 책 *Born of a Woman: A Bishop Rethinks the Virgin Birth and the Place of Women in a Male-Dominated Church*를 출판했다. 비록 그 책의 목적과 주장은 이 책과 많이 다르지만, 겹치는 부분들은 특히 예수의 출생 이야기를 담고 있는 성서본문에 대한 분석 부분이다. 마태 1-2장과 누가 1-2장에 있는 예수의 출생 이야기의 성서재료를 좀더 깊이 탐구하고 싶은 독자들은 그 책을 참조하기 바란다.

얼마 후 본디오 빌라도가 이 세 지역의 하나인 유다의 로마 행정관으로 부임한다. 역사 기록에 따르면, 빌라도는 기원후 26년과 36년 사이에 그 지위를 역임했다고 한다. 만일 예수가 헤롯이 왕일 때 출생했다는 전승, 곧 두 복음서 이야기에 나타난 내용(마태 2:1, 22; 누가 1:5)이 정확하다면, 또한 그의 십자가 처형이 모든 복음서가 주장하는 바와 같이(마가 15:1; 마태 27:2; 누가 3:1, 23:1; 요한 18:29 이하) 본디오 빌라도의 통치 아래 집행되었다면, 우리는 예수가 생존한 시기에 대해 비교적 정확성을 기할 수 있다. 학자들은 이 년도들을 달리 알려진 자료와 비교함으로써 나사렛 예수의 생애는 기원전 4년에 시작하여 기원후 30년경에 십자가형으로 끝마쳤다는 사실에 대해 합의를 보게 되었다. 이렇듯 비교적 정확하게 설정된 기간을 전제로 하여 예수 생애의 구체적 이야기들에 초점을 맞추기로 하겠다.

예수는 어디에서 출생했는가? 그는 "나사렛 예수"라고 널리 알려졌으므로(마가 1:24, 6:1-6, 16:6; 마태 21:11, 26:71; 누가 4:16, 18:37, 24:19; 요한 1:45, 18:5), 갈릴리 지방의 나사렛 마을이 그의 출생지였을 개연성이 높다. 최초로 기록된 복음서인 마가의 저자 역시 이렇게 믿었다. 마가의 이야기에는 베들레헴에 대한 언급이 없을 뿐만 아니라 기적적인 출생에 대한 암시도 없다. 이것은 마태가 그의 복음서를 기원후 80년대에 기록하기 전에는, 예수의 출생지가 베들레헴이라는 기록이 기독교 전승에 편입되지 않았었다는 것을 뜻한다. 베들레헴 전승이 등장할 때 그것은 어떤 일차적 기억에 의해서가 아니라, 다만 기원전 8세기 후반의 예언자 미가(5:2)의 예언에 나타난 메시아(messiah) 본문을 사용함으로써 베들레헴 전승이 등장하게 된 것 같다. 즉 동방박사들의 질문에 대답하는 헤롯의 이야기에서 마태는 말하기를, 왕은 그의 서기관들에게 "약속된 자"가 태어날 곳이 어디인지 알아보도록 지시했다고 한다.

이 서기관들은 성서를 살펴본 다음에 미가의 말이 메시아에 대한 숨겨진 단서라고 해석했다(마태 2:5-6). 예언자 미가는 왜 메시아가 예루살렘에서 몇 킬로미터 떨어진 베들레헴에서 태어날 것이라고 예언했을까? 베들레헴은 위대한 다윗 왕의 출생지였고, 유대인들은 이미 발전되기 시작한 메시아 전승에다 다윗 왕조의 회복에 대한 희망을 오래 전에 덧붙였기 때문이다.

마태와 누가는 예수의 출생 전승 혹은 예수 가족의 기원에 대한 정보를 제공하는 유일한 복음서 저자들이다. 그런데 그들은 예수가 베들레헴에서 출생하게 된 연유에 관해 견해를 달리함으로써 베들레헴 출생설에 대해 의심을 갖게 한다. 사실상 마태와 누가의 기록은 여러 면에서 다르다. 그러나 그 둘은 혼합되어 있어서, 대부분의 사람들은 마태와 누가 사이의 자세한 차이점을 구별할 수 없게 되었다. 우리의 목적을 위해 이 두 이야기를 따로 분리해서 생각하는 것이 매우 중요하다.

우선, 마태는 마리아와 요셉이 베들레헴에서 살았다고 상정한다. 이것은 물론 예수가 거기서 출생했다는 주장을 가능하게 하는 것이다. 마태에 의하면, 마리아와 요셉은 베들레헴에 있는 매우 특정한 집에서 살았으며, 바로 그 집 위에 별이 멈추어 섰고 밝은 빛을 계속 비추었다고 한다. 그러나 마태는 역시 예수가 갈릴리 사람이라는 역사적 사실을 분명히 알고 있었고, 또한 예수가 갈릴리 지방의 나사렛 출신이라는 당시 사람들의 일반적인 생각에 동의한다. 그 당시에는 사실상 예루살렘과 유다 지방에서 갈릴리 지방으로 이사가는 일은 없었다. 아무도 시골이나 교외로 이사하기를 원치 않았던 것이다. 사회적으로, 정치적으로 혹은 경제적으로 볼 때, 이사를 한다면 예루살렘으로 가는 것이지 그 반대는 아니었다. 갈릴리가 빈곤을 대변하는 지방이었다면 예루살렘은 기회를 대변하는 곳이었다. 심지어 예루살렘이라는 도시의 정치적 무게 때문에 로마의 탄압마저도 다른 지방과 비교해서 그 정도가 약했었다. 그러나 마태는 예수가 갈릴리 출신임을 설명하기 위해, 예수의 가족이 갈릴리로 이사한 것으로 만들었다. 마태는 이처럼 당시의 상식에 어긋나는 예수 가족의 행동을 설명하기 위해, 예수의 어린 시절 이야기에서 무리한 드라마를 창작해야 했다. 그것은 예수가 시골이며 소박한 갈릴리에서 성장하기 위해, 베들레헴이라는 고상한 유다 지방 출생지를 떠난 동기가 무엇인지를 해명하는 것이었다. 이 창작된 설명에는 꿈에서 받은 몇 개의 초자연적 메시지가 포함되었고, 심지어 헤롯 왕은 자기 권력에 위협적이라고 생각한 나머지 이 무력한 갓난아기를 죽이기 위해 음모를 꾸미기도 했다(마태 2:7-23). 이 이야기가 신화적인 창작(a mythical creation)임을 더욱 분명하게 드러내는 것은 마태가 나중에 이 예수가 목수의 아들이라고 말한 점이다(마태 13:55). 왕들은 실제로 평민의 출생에 대해 아무 관심이 없게 마련이며 그런 아기의 위협에 대해 왕위를 보존하려고 음모를 꾸미지도 않는다. 예수의 출생 이야기에 나타난 이런 주제들은 분명히 역사적인 것은 아니다. 그것은 오히려 예수의 죽음 이후에 등장한 강력한 주장들을 반영한 것으로서, 여하간 그는 유대인 메시아의 대중적 필요조건인 다윗 왕가의 계승자라는 주장이었다.

예수가 베들레헴에서 출생했다는 본문의 문자적인 정확성도 역시 동방박사 이야기의 진실성 여부에 크게 달려 있다. 그러나 오늘날 저명한 성서학자들 가운데 동방박사의 역사성을 진지하게 옹호하는 사람은 없다. 마태에만 기록된 이 이야기는 이사야 60장의 본문에 대해 해석적 설교를 극적으로 발전시킨 흔적들을 담고 있다. 즉 이사야의 예언에는, 왕들이 "떠오르는 [하나님의] 광명"(60:3)으로 온다고 되어 있다. 이 왕들은 낙타를 타고 스바에서 오며 또한 황금과 유향을 갖고 온다. 이것이 동방박사들 이야기의 핵심이다.

그렇다면 몰약은 어떻게 동방박사 이야기 속에 끼어 들었을까? 몰약은 분명히 이사야 60장에는 나타나지 않는다. 그 답은 간단하다. 그러나 그것은 유대 역사에 대한 이해가 필요하다. 위에서 언급한 바와 같이, 이사야서에 나타난 사실 중의 하나는 이 왕들이 스바에서 온다는 것이다. "스바"(Sheba)란 말은 유대인 해석자들에게 그들의 역사 중에 있는 다른 이야기를 상기시켰을 것인데, 그것은 곧 타국의 왕이 유대의 다른 왕에게 경의를 표하려고 왔다는 것이었고 그들은 여기에 집착했을 것이다. 열왕기상에는 그 이야기가 스바의 여왕이 솔로몬 왕을 방문하는 것으로 되어 있다(10:1-13). 그녀도 역시 낙타를 타고 한 달구지 분의 향료를 가져왔다고 기록되어 있다. 몰약은 이 관문을 통해서 동방박사 이야기 속으로 들어 왔을 개연성이 크다.

마태의 편집에서는 이 왕들 혹은 동방박사들이 동쪽 하늘 높은 곳에서 유대인 왕의 출생을 알리는 마술적 별의 인도를 받는다(마태 2:2). 그리고 그 별은 서서히 이동했기 때문에 중동의 점성가들이 그것을 따라 목적지까지 도달할 수 있었다(마태 2:9). 지상의 사건들을 알리기 위해 공중에 나타난 별들이란 창공을 지구의 지붕과 하늘의 마루로 인식하는 세계에서만 생각할 수 있는 것이다. 그런 세계관에서는 별들이 하나님이 중대한 출생을 세상에 알릴 때, 보고 알도록 걸어 놓은 하늘의 등잔불과 같은 것이고 유대 민담에서는 종종 그렇게 사용되었다. 즉 랍비들의 한 해석 전통에서는, 민족의 조상인 아브라함의 출생을 알린 것이 별이었으며, 약속의 아들인 이삭의 출생에서도, 또한 유대인의 의식(意識)을 가장 극적으로 형성한 모세의 출생을 알린 것도 별이었다고 한다. 만일 당시의 사람들이 일반적으로 생각했던 것처럼,

하나님이 하늘 위에 있으면서 지구를 지속적으로 주목했다면, 그런 일들은 충분히 상상할 수 있었다. 그러나 오늘날과 같은 우주시대에서는 그런 일은 상상조차 할 수 없다. 우리는 1세기 사람들이 생각할 수 없었던 공간의식을 지니고 살아간다. 먼저 오늘의 세계에서는 비행기가 우리를 지구의 반대쪽에 있는 목적지까지 실어다 주며, 우주선은 인간을 달에까지 보내준다. 무인 우주선은 태양계에 있는 다른 위성들을 향해 날아간다. 우리는 허블 망원경(Hubble telescope)의 도움을 받아, 은하수로 알려진 우리의 갤럭시에는 2000억 개의 별들이 있고 그 대부분이 우리가 태양이라고 하는 별보다 더 크다는 것을 알게 되었다. 우리의 은하수 갤럭시 하나만도 그 크기가 10만 광년을 헤아린다고 한다. 달리 말하면, 이것은 빛이 우리의 갤럭시 이 끝에서 저 끝까지 가는 데 10만 년(1초당 약 18만 6천 마일의 속도로 여행할 때)이 걸린다는 말이다. 이 거리를 대충 계산해 보자면, 1광년의 거리가 186,000마일 x 60(초) x 60(분) x 24(시간) x 365.25(일)로서 약 58억 7천 마일이므로 여기에 다시 100,000(년)을 곱하면 대략의 거리를 알 수 있다. 그 결과는 우리의 계산 능력을 능가하는 것이다. 또한 우리의 근대 의식은 가시적 우주 전체에는--우리의 거대한 은하수는 미미한 일부에 불과하지만--수천 억 개의 다른 갤럭시들이 있다는 사실을 받아들여야 했다. 그리고 이 순간에도 우주공간의 확장으로 인해 정기적으로 계속 새로운 갤럭시들이 발견되고 있다. 별들은 지상의 사건들을 알릴 수 없는 비인격적인 물리적 사물이다. 은하수에는 방랑하는 별들이 없다. 별은 각기 컴퓨터로 그릴 수 있는 고정된 궤도를 달리고, 또한 과거나 미래 어느 시점의 위치를 정확하게 산출할 수도 있다. 그러므로 현실 세계에서는 별이 동방박사들을 우선 헤롯 왕의 왕궁으로 인도하고, 그들이 왕의 서기관들로부터 유대인의 메시아 출생지가 베들레헴이라는 말을 듣고, 그들의 종착지인 베들레헴으로 향하는 그런 일들은 있을 수가 없다. 이런 개념들은 성서 이야기에서 매우 본질적인데, 환상의 세계로 빠져들지 않고서는 결코 믿을 수 없는 것들이다. 그것들을 전근대적 환상들이다.

베들레헴은 다윗의 도시였다. 그러나 기원전 6세기 초에 바빌로니아 군대가 시드기야 왕의 모든 자손들과 후계자들을 죽이고 그가 두 눈이 뽑힌 채 바빌로니아에 포로로 끌려가 죽은 이후(왕하 25:7) 다윗 왕조는 중단되었고 다윗 왕좌는 공석이거나 또는 괴뢰의 몫이 되었다. 예수가 죽은 후 메시아 사상이 그의 주변을 맴돌기 시작했을 때, 예수에 대한 기억은 이런 전승들로 포장되었다. 베들레헴에 있는 예수의 출생지는 역사적인 것이 아니다. 예언자 미가는 그것을 예언하지 않았다. 별도 예수의 출생을 선포하지 않았다. 동방박사들은 그 별을 따라가지 않았다. 그것은 그들을 왕궁으로 인도하거나 또는 전승이 말하는 것처럼 아기 예수가 출생할 베들레헴 집으로 인도하지 않았다. 박사들은 황금과 유향과 몰약을 선물로 드리지 않았다. 만일 우리가 예수의 진정한 모습을 보려고 한다면, 이 모든 자세한 이야기들은 당시에 발전하던 신화적 요인이므로 예수와는 확연하게 구분되어야만 한다.

마태는 마치 신화적인 해석의 틀(a mythological interpretive web)을 짜는 듯, 유대 역사에서 모세 이야기를 택하여 그것을 예수 출생의 제2 주제로 삼고 있다. 사악한 파라오(또는 이집트의 통치자)는 이집트에서 태어난 모든 유대인 남자아이들을 살해함으로써 하나님이 임명한 해방자 모세에게 공격을 가한다. 히브리 이야기에 따르면, 왕의 목적은 모세가 자라서 유대인들을 이집트 노예에서 해방하기 전에 어린 그를 죽이려는 것이었다. 그 이야기에서 모세의 어머니가 그를 나일 강가 갈대밭에 숨겨 놓았을 때 파라오의 딸이 그를 발견하고 궁전으로 데려가서 자기 아들로 삼았다는 것이다. 이 고대 이야기에서 모세의 누나 미리암이 적시에 등장하여, 궁전에서 아기를 키울 히브리인 유모를 소개한다. 이 일을 위해 미리암이 선택한 후보는 다름 아닌 자신의 어머니이자 모세의 어머니였다. 이런 이야기는 신화의 발전과정에서 발생하는 것이다. 역사에서는 이런 일이 발생하지 않는다.2)

마태는 동방박사들이 헤롯 왕의 축복을 지니고 베들레헴으로 향하게 함으로써 모세의 주제를 동방박사 이야기와 접목시킨다. 마태에 따르면, 헤롯 왕은 박사들이 "왕 될 아기"(royal child)를 찾거든 "나도 가서 그에게 경배"할 터이니 자기에게 돌아오도록 요청했다(마태 2:8). 동방박사들이 예루살렘에서 베들레헴까지 6마일의 마차 길을 갈 때 그들이 동방에서 본 이상한 별이 또다시 그들을 인도했다(마태 2:9). 이제 그 별은 아기 예수가 누운 집 위에 멈추었고 동방박사들은 황금과 유향과 몰약을 선물로 드릴 수 있었다(마태 2:9-11). 그러나 이 중동의 점성학자들은 꿈에 헤롯에게 돌아가지 말라는 하나님의 경고를 듣고 다른 길로 귀가했다(마태 2:12). 헤롯 왕은 곧 그 이방인들이 자기 왕위를 노리는 사에 대한 정보활동을 거부한 사실을 간파하고 분노에 싸여 제2의 흉계를 꾸몄다(마태 2:16-18). 즉 헤롯 왕은 자기의 군대를 소집하여 베들레헴으로 보내서, 하나님이 약속한 해방자를 살해하기 위해, 모든 유대 남자아이들을 죽이는 무모한 시도를 획책한다. 이론의 여지없이 이것은 곧 모세가 태어났을 때 파라오가 했던 짓이다. 한 걸음

---

2) 시그문트 프로이드는 그의 책 *Moses and Monotheism*에서, 이 이야기 배후에 있는 진실의 핵심은 모세가 이집트의 공주와 히브리인 노예 사이에 태어난 아들이라고 주장했다. 모세는 이런 특권 속에서 자라났지만 성인이 된 다음에 자신의 왕족 배경을 선택하지 않고 노예의 배경을 선택했다는 주장이다. 프로이드는 이것이 유대인들이 자신들은 "선택된 민족"이라는 강한 의식을 갖게 된 원천이라고 주장한다.

더 나아가서, 마태는 헤롯 왕의 행동으로 인해 예수의 가족이 이집트로 망명한 것이 불가피하도록 만듦으로써, 두 이야기를 합류시킨다. 이 훌륭한 이야기에서 모든 해석적 단서들은 메시아의 가상적 출생지인 베들레헴과 매우 아름답게 연결되어 있다. 그것들은 낭만적이고 환상적이다. 그러나 거기에는 단 한 편의 역사도 없다. 베들레헴 출생지는 당시에 발전하던 메시아적 해석 전승(messianic interpretive tradition)의 또 다른 부분에 해당하는 것이다. 만일 우리의 근본 목적이 역사에 있다면, 성탄절 때 우리는 "오 작은 마을 베들레헴"이 아니라 "오 작은 마을 나사렛"이라고 노래 불러야 한다. 왜냐하면 그 곳이 나사렛 예수라고 하는 사람의 출생지로 가능성이 가장 높기 때문이다.

다음으로 약 10년 후에 기록된 누가복음서를 보면, 예수의 출생에 관한 이야기가 전적으로 다른 것을 발견하게 된다. 누가도 역시 예수가 베들레헴에서 출생했다고 주장하고 있다. 그러나 이것이 누가의 예수 출생 이야기 가운데 마태와 공통점을 지닌 전부이다.

누가는 당시 발전하고 있었던 예수의 출생 전승을 알고 있었을 뿐만 아니라, 자신의 복음서를 쓰면서 마가복음을 자신의 책상 앞에 놓고 있었다. 누가는 자신의 복음서에서 발전시킬 주제들을 소개하려고 했기 때문에, 예수가 다윗 왕가의 후예라는 발전적 결론을 중시했고, 따라서 예수가 베들레헴에서 출생했다고 진술했다. 그러나 누가는 마태와는 달리, 예수의 가족이 나사렛에서 살았다고 하는 마가의 주장에 동조했다. 그러므로 그의 과제는 나사렛에서 살던 예수의 부모가, 다윗 왕조에 대한 기대를 성취하기 위해 어떻게 베들레헴에서 이 특별한 아기를 낳게 되었는지 그 사유를 밝히는 것이었다. 그는 비교적 환상적이지만 역사적으로는 의심스러운 문학적 장치를 택했다. 즉 누가는 예수가 출생하기 전에 아우구스투스 황제가 호적 등록(인구조사)을 명령하여 사람들이 고향으로 돌아가게 했다고 말한다(누가 2:1-5). 요셉이 "다윗"의 가문에 속했으므로 그는 베들레헴으로 돌아가야만 했다는 것이다. 요셉은 임신해서 배가 부른(great with child, 2:5, KJV) 자기 부인과 함께 갔다. 바로 이런 이유 때문에 나사렛에 살던 예수의 부모는 아기가 태어날 때 베들레헴에 있을 수밖에 없었다는 것이 누가의 주장이다. 이것은 정말로 신화적인 문제에 대한 천재적 해답이라고 아니할 수 없다.

영화 제작자인 세실 B. 드밀과 멜 깁슨은 누가의 풍부한 상상력에 찬사를 보낼지 모르겠다. 그러나 누가의 예수 출생 이야기는 어느 것도 역사와는 무관한 것이며, 모든 합리적 기능이 중지되지 않는 한 그것을 사실이라고 위장할 방법은 없다. 이 이야기 가운데 많은 문제들은, 이렇듯 풍부하고 해석적이며 심지어 부정확한 자료들이 일차적으로 누가가 믿는 바 예수의 정체성을 밝히기 위해 고안된 것임을 거듭 말하고 있다. 이것들은 실제적인 역사 자료를 제공할 목적으로 이용된 것이 아니었다.

첫째로, 누가는 아우구스투스 황제가 명령한 호적등록은 구레뇨가 시리아의 총독이었을 때라고 말한다. 그러나 역사기록에 따르면, 구레뇨가 시리아의 총독이 된 것은 기원후 6년에서 7년으로 넘어가는 겨울이었다. 만일 누가의 말처럼(1:5), 예수가 헤롯 왕이 아직 왕위에 있을 때(기원전 4년) 태어났다면, 그는 구레뇨가 시리아의 통치자가 되기 전에 이미 열살 혹은 열한 살이었을 것이다. 이 이야기의 역사성은 이 사실 하나만으로도 흔들리게 된다.

둘째로, 고대의 어떤 역사기록에도 통치자가 호적등록이나 세금납부를 위해 사람들을 각기 본적지로 귀향하라고 명령했다는 기록은 없다. 그런 명령은 오늘날에도 불가능할 뿐만 아니라, 심지어 출생증명서, 결혼증명서 혹은 사망증명서를 발급하지 않던 고대사회에서는 상상조차 할 수 없는 행정적 효율성과 기록 보존을 필요로 했던 일이다. 이것을 불합리한 이야기로 규정하는 또 하나의 사례가 있다. 누가의 족보(3:23-38)에는 다윗과 요셉 사이가 41세대로 되어 있다. 41세대 동안 한 인간의 직계 후손들이 얼마나 많이 태어나는지 상상해 보자. 그 수효가 수백만 명에 육박할 것이다. 다윗 왕은 수많은 부인을 거느렸었다. 아마도 그의 아들 솔로몬처럼 천 명은 아니었겠지만 수백 명은 되었을 것이다. 불과 몇 세대가 지나기 전에, 거의 모든 사람은 자기가 다윗의 후손임을 확실하게 주장할 수 있었을 것이다. 그렇다면 어떤 정부가 그 후예들의 신분을 파악하여 "등록"하러 다윗의 동네로 귀향하라고 명령할 수 있겠는가? 이런 생각은 앞뒤가 맞지 않거나 상상조차 할 수 없는 것이다. 만일 그런 전략이 문자 그대로 채택되었다면, 여관에 방이 없었다는 것은 조금도 놀랄 일이 아니다. 중동에서나 혹은 근대세계에서 그처럼 수많은 대중의 유입을 처리할 수 있는 도시나 국가는 없었을 것이다. 이것은 역사가 아니다.

누가의 예수 출생 이야기에 나오는 다른 내용들도 문자적으로 읽으려고 한다면 신뢰할 수 없기는 마찬가지다. 많은 사람들이 알지 못하는 사실은 나사렛에서 예루살렘까지의 거리가 거의 150km나 되고, 나사렛에서 베들레헴까지의 거리는 약 160km여서, 여행하려면 최소한 7일에서 10일이 소요된다는 점이다. 당시의 교통수단이란 걷는 것 아니면 당나귀를 이용하는 것이었다. 도중에는 식당이나 호텔도 없었다. 여행객들은 들판에서 자야 했고 그들이 지참한 양식 이외는 무엇이나 사 먹어야 했다. 여행객들은 대낮의 더위를 피하기 위해 그늘을 찾아야 했고, 밤하늘의 어두움은 너무나도 캄캄하여 황혼이 진 후에 안전하게 여행한다는 것은 불가능했을 것이다. 이런 사실들을 종합해 볼 때 다음과 같은 질문이 제기된다. 즉 남편이 제 정신이라면 어떻게 임신 8개월이나 9개월 된 아내를 데리고 그런 여행을 감행하겠는가? 그는 왜 아내와 동행할 생각을 했겠는가? 당시에 여성들은 세금이나 투표할 목적으로 등록하는 일이 전혀 없었다. 여성들은 당시 시민사회의 정책 결정과정에 참여하지 못했던 것이다. 누가가 이 신화를 발전시키기 위해 예수의 베들레헴 출생에 이용한 문학적 창작은 확실히 허점투성이라고 아니할 수 없다.

다음으로 누가는, 마태가 주장하는 바와 같이 예수와 그의 부모가 이집트로 망명하지 아니하고, 예수가 태어난 지 8일 만에 행하는 할례식과 40일에 행하는 정결례를 위해 오히려 예루살렘 지역에 머물게 한다. 그 후에야 비로소 예수의 가족은 나사렛에 있는 집으로 한가롭게 돌아와서, 전승이 밝히는 바와 같이 예수는 거기서 자랐다. 예수는 의심의 여지없이 나사렛에서도 태어난 것이다.

예수가 베들레헴에서 출생했다는 이야기는 신화의 창작물이다. 예수는 사람들이 나중에 "거기서 무슨 선한 것이 나올 수 있겠소?"(요한 1:46)라고 말하곤 했던 신통치 않은 마을 나사렛의 어린 아이였다. 예수는 분명히 나사렛에서 태어났다. 마태복음과 누가복음이 그를 포장한 해석적 신화(the interpretive myths)가 벗겨질 때 성서 이야기에 있는 이 사실은 선명해지는 것이다.

이런 분석은 몇 가지 질문을 제기한다. 즉 도대체 예수에게는 무엇이 있었기에 사람들이 예수가 베들레헴에서 출생했다고 말하고, 또한 우주적 표징들과 기적들로 그의 출생 이야기를 포장했을까? 한 인물의 출생 이야기에 이런 종류의 신화적인 이야기들이 엮어진 경우가 과연 몇 사람이나 될까? 이런 신화가 왜 예수에게 붙게 되었는가? 사람들이 예수를 비천한 출신에서 끌어내어 그를 왕족의 지위에 세우도록 자극한 것은 무엇일까?

예수에 대한 이런 해석적 신화는 그것을 문자적으로 받아들이는 즉시 (위와 같은 질문들을 제기하지 않은 채) 넘어가게 된다. 그러나 그의 삶의 의미는 여전히 설명을 요구한다. 우리의 분석이 완결될 때 아마도 그 설명은 모양을 갖출 수 있을 것이다. 그러나 여기서는 예수가 갈릴리 나사렛에서 태어났다고 말하는 것으로 충분하다. 별이나, 천사, 동방박사, 목자, 구유는 없었다.

제3장

예수의 부모는 소설적 합성물

이 사람은 마리아의 아들 목수가 아닌가? - 마가 6:3
이 사람은 목수의 아들이 아닌가? 그의 어머니는 마리아라는 분이 아닌가? - 마태 13:55

예수의 출생 이야기들을 일단 역사에서 제거하고 나면, 예수의 부모가 누구였는지에 대한 문제가 제기된다. 우리가 이 두 인물에 관해 알 수 있는 역사적 사실이란 도대체 무엇인가?

이런 질문을 제기하는 것 자체에 대해서도 경악을 금치 못하는 사람들이 있을 것이다. 그것은 우리가 너무나 오랜 동안 신화를 역사처럼 여겨왔기 때문이다. 우리는 예수의 육신의 아버지는 요셉이라는 사람으로 알고 있다. 우리는 그림과 크리스마스 카드에서 그를 수천 번 보았다. 요셉은 우리에게 그토록 친숙하기 때문에 그의 그림을 볼 때 즉각 식별할 수 있다. 베들레헴으로 가는 여정에서 임신한 마리아가 당나귀 안장 위에 모로 앉아있고 요셉은 그 옆에서 걷거나 아니면 마치 갓 해산한 부인과 말구유에 누인 아기를 보호하려는 듯, 손에 지팡이를 들고 말구유 뒤에 당당하게 서 있다. 우리는 대체적으로 이 초상화들의 정확성이나 그 남자의 이름이 요셉이었다는 가설마저도 의

심해 본 적이 없다.

만일 이것이 요셉에 대한 진실이라면 마리아에게는 수백 배 더 진실한 것이다. 마리아의 초상화는 여러 세기 동안 서양 미술사에서 독보적인 위치를 차지했다. 그녀는 전 세계에 있는 거의 모든 교회에서 스테인드 글래스에 묘사되거나 혹은 그 밖의 형식으로 표현되어 있다. 우리는 마리아의 모습에 대해 확신하기 때문에 역사를 통해 사람들이 그녀를 환상으로 보았다고 계속 주장한 것이다. 파티마에 있는 성소들과 그 밖의 성소들은 그런 환상의 출현으로 인해 생겨난 성소들이다. 최근에는 마리아가 시카고에 있는 어떤 다리 밑에 나타났다고 해서, 자동차가 수 마일의 장사진을 이루었다. 마리아의 다양한 출현과 관련해서 텔레비전 다큐멘터리가 제작되기도 했다. 바티칸은 "진짜" 출현과 "적절한 증거의 부족"을 식별하기 위해 조사를 해왔다. 역사적으로 마리아는 요셉에 비해 훨씬 중요한 인물이었다. 그러나 이 사실이 신약성서의 초기 문헌에서는 반드시 그렇지 않았다는 것을 알게 되면 우리는 놀라게 될 것이다. 예수가 죽은 후부터 복음서들이 기록되기까지의 기간 동안에 예수를 중심으로 발전된 신화의 위력을 가장 분명히 밝힐 수 있는 것은 예수의 부모들에 대한 성서의 자세한 이야기들에 대한 연구다. 그러나 그 자세한 이야기들은 기독교 발전사에 유입된 예수의 출생과 관련된 신화들을 뒷받침해 주지는 않는다. 이런 이유 때문에, 우리가 출생 이야기를 일단 역사에서 제거한 다음에는 예수와 함께 소위 성스러운 가족에 속한 이 두 인물의 역사성에 초점을 맞추어야 하는 것이다.

이 연구를 위해 먼저 지적하고 싶은 것은 기원후 80년 이전의 어떤 문헌에도 예수의 부모에 관해 아무런 기록이 없었고, 또한 90년까지는 부모 가운데 어느 누구도 전승 가운데 특히 중요한 인물로 간주되었다는 암시가 없다는 사실이다. 기원후 50년과 64년 사이에 기록된 바울 서신 전체에는 예수의 부모에 관한 언급이 전혀 없다. 바울은 예수의 출생에 대해서 그는 "여자에게서 나게 하시고, 또한 율법 아래에 놓이게 하셨습니다."(갈 4:4)고 말한 것뿐이었다. 이 구절에서 "여자"(woman)로 번역된 말에는 "동정녀"(virgin)란 뜻이 전혀 없다. 실상 오늘날 우리 사회와 마찬가지로 유대 사회에서도 동정녀 어머니는 어법상 모순이었다. 아기는 동정녀에게서 태어날 수 없다. 바울이 이 최초의 본문에서 예수의 출생에 대해 말한 것은 예수는 완전히 정상적으로 출생했다는 것이다. 그는 모든 사람과 똑같이 여자에게서 태어났고 모든 유대인과 똑같이 율법 아래 놓였다. 갈라디아서는 50년대 초에 기록되었는데, 바울은 예수의 기적적인 출생에 관해 들어 본 적이 없었던 것 같다. 아마도 동정녀 탄생 전승이 아직 발전되지 않았기 때문일 것이다. 바울은 갈라디아 사람들에게 보낸 같은 편지에서 그가 "주님의 동생"이라는 야고보에 관해 말하고 있는데, 마리아의 영구적인 동정녀 신분은 생각조차 할 수 없었던 것으로 보인다(1:19). 몇 년 후 50년대 후반에 로마서를 기록하면서 바울은 예수와 다윗 왕의 관계성을 주장하는 첫 인물이 되었나. 이것이 베들레헴 출생 전승을 낳은 모태이다. 그러나 이것은 바울이 신적인 부성(divine paternity)을 주장한 것이 아니다. 그는 예수가 "육신으로는 다윗의 후손으로 태어나셨으며"(로마 1:3) "성령으로는 죽은 사람들 가운데서 부활하심으로 나타내신 권능으로 하나님의 아들로 확정되신 분"(로마 1:4)이 되셨다고 기록했을 뿐이다. 바울은 예수의 부모에 관해 더 이상 자세한 것을 알지도 못했고 관심도 없었던 것 같다.

바울 서신들보다 먼저 기록된 것으로서 우리에게 추가로 정보를 제공해 줄 다른 문헌들은 없는지에 대해 묻는 것은 극히 당연하다. 이에 대한 대답은 두 가지 가능성이 있으나, 그 문헌의 연대가 아직도 신약학계에서는 논쟁거리이고 그 중요성도 문제시되고 있다. 그럼에도 불구하고 그 문서들에 대해 언급할 가치는 있다고 본다. 첫째는 학자들이 Q 문서라고 하는, 아직까지 찾아볼 수 없었던 가설적 문헌이다. 그 존재에 대한 추정은 마태와 누가 연구에서 나온 추론의 결과이다. 보편적으로 학자들은 마가가 이 두 복음서, 곧 마태와 누가의 배후에 있는 기초 자료였다고 주장한다. 마태는 그의 작품에서 마가의 약 90% 자료를 활용했고, 누가는 이보다 적은 50% 정도를 사용했다. 이것은 학자들이 마태와 누가에서 마가의 모든 재료, 즉 마태와 누가가 각각 마가와 공유하는 것 전체를 따로 떼어낼 수 있고, 또한 마태와 누가 각자가 마가를 사용한 방법, 마가의 본문에는 들어있지만 자신들의 복음서에는 삭제한 것과 추가한 것에 대해 연구가 가능하다는 말이다. 그러나 마가의 내용을 두 복음서에서 떼어낼 때 현저하게 드러나는 사실은 마태와 누가가 마가에 의존하지 않는 제2의 자료를 공유하고 있다는 점이다. 왜냐하면 두 복음서에는 내용상 동일한(혹은 흡사한) 비-마가적 구절들이 있기 때문이다. 대다수의 학자들은 분실된 이 제2 자료는 아마도 문서화된 자료였을 것이라고 추측하고 있다. 그것을 독일어 크벨레(Quelle)의 약칭으로 Q라고 부르는데 단지 "자료"(source)란 뜻이다. Q 가설은 19세기 독일 학문이 가져다준 선물이다. 이 Q 재료를 분리하여 보면, 기본적으로 예수의 어록(語錄, sayings)이다. 그러나 비록 이 이론이 정확하다고 할지라도 연대 문제는 여전히 남아 있다. 우리가 알 수 있는 것은 마태와 누가가 Q 재료를 사용했기 때문에 Q가 두 복음서보다 앞서 있었다는 것뿐이다. 마가는 분명히 이 자료를 사용하지 않았다. 따라서 그것은 마가 이후의 것이라고 말하는 사람이 있을 수 있다. 그러나 그것은 마가보다 먼저 있었을 것이고 마가에게는 다만 알려지지 않았을 가능성도 있다. Q 재료에는 이야기 재료가 전혀 없다. Q에는 예수 이야기 가운데 십자가 혹은 부활처럼 결정적 순간에 대한 언급이 전혀 없다. 예수 세미나(the Jesus Seminar, 역사적 예수를 발견하는 데 헌신한 학자들의 모임)와 같은 몇몇 학문집단은 Q의 연대를 50년대 초기 정도라고 강력히 주장했다. 이 책에서는 그 논쟁에 개입하는 것이 별로 중요하지 않다고 본다. 그럼에도 불구하고 중요한 사실은 그 연대와 관계없이 Q 재료에는 예수의 부모나 그들의 이름에 대한 언급이 전혀 없다는 점이다.1)

일부 학자들의 논쟁의 대상은 정경복음서들(canonical gospels)보다 먼저 기록된 또 하나의 독특한 기독교 자료인 도마복음서(the Gospel of Thomas)라는 것이다. 20세기에 나그 함마디(Nag Hammadi)에서 발견된 도마복음서는 한 장 길이에 불과한 것으로서, 이것 역시 이야기 자료, 출생 이야기, 십자가 처형 이야기, 부활 이야기, 기적 이야기들이 없는 예수의 어록이다. 도마의 연대와 상관없이 그것은 예수 가족의 기원에 관해 우리에게 아무런 정보를 제공하지 않는다.2) 그러므로 후대의

---

1) Q 가설과 그 연대에 관한 논쟁을 알고 싶은 이들을 위해서는 John Cloppenberg, Berton Mack, Robert Funk, 그리고 Jesus Seminar를 추천한다. 나는 Q 재료가 1세기의 문서라는 점에 대해 확신하지 못하기 때문에, 마가 이전의 통찰력을 찾기 위해 Q 문서를 참고하지는 않는다. 그러나 일부 학자들은 그렇게 하고 있으며, 그들이 옳을 수도 있다. 소수의 학자들은 Q가 마태가 마가를 확대시킨 것에 불과하며, 누가는 자신의 복음서를 쓰면서 마가와 마태를 앞에 놓고 있었다고 주장한다. 이런 주장은 공관복음서들 사이의 유사성을 설명해준다. 이 학자들은 한발 더 나아가 누가는 마가를 선호했지만, 때로는 마태가 확장시킨 것을 자신의 복음서 속에 통합시킴으로써, 마태와 누가 모두에게 공통적인 두 번째 자료들을 만들어낸 것이 Q 가설을 초래했다고 주장한다. 이런 소수의견의 주창자는 영국 버밍험대학교의 마이클 도날드 굴더 교수이다. 나는 굴더 교수의 주장에 동의하지만, 미국의 대다수 신약학자들은 Q 가설을 신봉한다. 굴더 교수가 Q 가설을 비판한 것은 그의 책 *Luke: A New Paradigm*의 서문에서 찾아볼 수 있다.

2) 도마복음서에 관해 이제까지 나온 최고의 연구서는 프린스턴 대학교 종교학부 교수인 Elaine Pagels가 쓴 *Beyond Belief*이다. 노스캐롤라이나 대학교 종교학부의

(정경)복음서들에서 볼 수 있는 예수의 가상적 부모에 관한 내용은 매우 빈약한 역사 자료에 근거한 것이다.

마가는 예수의 출생 이야기가 예수 전승에 편입되기 전에 기록된 유일한 신약성서 자료임에도 불구하고, 마가에는 예수의 출생에 관한 기록이 전혀 없다. 만일 마가가 그 이야기를 알고 있었다면 그것을 빼놓았을 리가 없다. 그러나 마가가 예수의 가족에 관해 말한 것은 그 자신이, 발전 과정 중에 있는 예수의 출생 전승에 대해 전혀 들은 바가 없다는 것을 분명히 보여준다. 마가는 두 곳에서 예수의 가족에 대해 언급하는데 이것들은 매우 경멸적이다(3:31-35, 6:1-4). 그는 예수의 가족이 어머니, 네 형제(야고보, 요세, 유다, 시몬)와 최소한 두 자매(거명되지 않았으나 자매란 말이 복수로 사용됨)로 구성되었다고 했다. 아버지는 언급되지 않는다. 마가의 이야기에 등장하는 이 가족의 구성원들은 예수의 정신 건강과 그의 이상한 행태가 자신들의 사회적 위상에 미치는 영향에 대해 관심을 나타낸다. 즉 "예수의 가족들은 (예수의 가르침과 활동에 관련해서) 그가 미쳤다는 소식을 듣고 그를 잡으러 나선다. 율법학자들은 예수가 바알세불이 들렸다고 하고, 또 그가 귀신의 두목의 힘을 빌어서 귀신을 쫓아낸다고도 했다"(3:21-22). 마가에 따르면, 예수는 가족들이 자기 생활에 개입하는 것을 거부하고, 사실상 자기 어머니와 형제들과의 관계를 공개적으로 단절한다. 그리고 그가 인정하는 어머니와 형제들은 오직 하나님의 뜻대로 행하는 자들이라고 선언한다. 마리아는 천사에게서 하나님의 아들을 낳으리라는 소식을 전달받은 여인인데, 예수가 미쳤다고 생각하는 것은

Bart Ehrman 교수 역시 이 분야에 중요한 공헌을 했다. 나는 비록 도마복음서가 1세기 문서라고 확신하지는 않지만, 일부 학자들은 그렇게 주장하며, 내가 이 논쟁에서 내가 옳고 그들이 틀렸다고 말할 입장은 아니다. 나는 단지 도마복음서의 기록 연대를 초기로 잡는 것에 대해 회의적이라고 말할 따름이다.

그런 어머니로서 적절한 반응이라고 할 수 없다. 이런 구절들에 나타난 예수의 가족들의 행동은 천사의 수태고지(受胎告知) 및 하나님의 아들 혹은 "가장 높으신 분"의 아들이라고 하는 약속된 인물에 대한 가족들의 기대와는 전혀 조화되지 않는다.

마가복음이 예수의 어머니를 마리아라고 한 것은 단 한 번뿐이다. 이것이 80년대까지 기독교 문서에서 그녀의 이름이 오직 한 번 언급된 곳이다. 이 유일한 경우에도 그녀의 이름은, 예수에 대한 증오에 사로잡힌 무리 가운데 그 이름이 밝혀지지 않은 한 사람의 입에서 나온 것이다. 마가는 그 무리들이 예수가 지방 회당에서 말한 것을 듣고 놀라는 동시에 분노했다고 한다. 이 에피소드에서 그 무리가 제기한 질문은 곧 이 시골 청년이 어떻게 그런 지식을 습득할 수 있느냐? 그리고 그 무리 가운데서 들린 소리는 "이 사람은 마리아의 아들 목수가 아닌가?"(6:3)라는 것이었다. 마가는 이 말을 무례하고 공격적인 것으로 이해하고 있다. 예수의 아버지가 의심스럽거나 모르지 않는 한, 유대인 성인을 특정한 여인의 아들이라고 부를 수는 없었을 것이기 때문이다. 이 말은 우리말로 "사생아"란 의미를 내포하고 있다! 마가는 이 구절을 기록할 때 그것을 알고 있었음에 틀림없다.

우리는 예수 이야기에서 역사적 사실들이 무엇인지를 분명히 알게 되면, 예수 전승의 자세한 이야기들의 발전과정을 드러냄으로써 실제로는 우리가 교회의 기존 진리에 대해 의문을 제기한다는 비난을 받지 아니한 채, 예수 전승의 발전과정을 지켜볼 수 있다. 예수 가족의 출신에 대한 기존의 진리는 없었다. 우리는 오히려 예수의 생애 이야기에 그의 가족 이야기가 덧붙여지는 순간을 확인하게 되는 것이다.

예수의 아버지 이름인 요셉은 80년대 중반에 마태에 의해 처음으로 예수 전승 속에 소개되었다. 일단 동정녀 탄생 개념이 예수 전승의 일부분이 되자, 당시의 잔혹한 가부장적 사회에서 임신한 마리아에게 보호자가 될 남성이 필요했던 것이다.

마태의 예수 출생 이야기에서, 요셉은 사실상 드라마의 주역이고 마리아는 조역에 불과하다. 그녀는 단순히 요셉과 약혼한 처녀로 소개되고 있다. 마태는 그들이 함께 살기 전에 마리아가 임신한 사실이 드러났다고 한다(1:18). 마태는 그 구절에 "성령"이란 말을 추가한다.3) 그러나 그의 나머지 이야기에서 드러나는 것은 모종의 스캔들이 발생했다는 가정이다. 마태는 요셉을 "의로운 사람"(1:19)이라고 하면서, 그는 불성실한 약혼녀의 비합법적 임신을 공개함으로써 모욕을 주지 않기 위해 조용히 파혼하려고 했다는 것이다. 이 때 요셉은 첫 번째 꿈을 꾸는데, 이것이 마태가 창안한 해석적 드라마다. 즉 익명의 천사가 요셉에게 꿈에 나타나서 준 정보는 첫째로 그 아기는 다른 남자의 아기가 아니라 성령에 의해서 잉태되었다는 것, 둘째로 아기의 이름은 예수로 하라는 것, 셋째로 그의 출생은 예언자 이사야의 말을 성취하는 것이라는 것 등이다(마태 1:20-23). 그러자 비로소 요셉은 이 계시에 순종하여 마리아를 아내로 삼았으며 그 아기를 보호하기 시작했다. 이 보호는 천사가 계시한 이름을 요셉이 아기에게 붙인 사실로 상징화되었다.

이것이 동정녀 탄생 전승이 기독교의 이야기 속에 들어온 순간이다. 그것은 마태의 창작으로 보인다. 그것은 아름다운 것이지만 분명히 창작된 이야기다. 심지어 마태는 이 이야기의 근거를 히브리 성서에 두고자 하는데, 이것은 그의 특기였다. 그는 이 잉태가 성서를 성취했다고 말할 뿐만 아니라, 그리스어 번역판 이사야서를 예수의 기적

---

3) 이 "성령"이라는 단어가 초기의 필사자에 의해 덧붙여졌을 것이라고 의심하게 된다. 현존하는 가장 오래된 마태복음서 사본에는 이 단어가 들어있지 않다.

적인 출생의 성서적 근거로 삼고자 한다. 옛날이나 지금이나 이런 시도에는 많은 문제가 있다. 첫째로, "동정녀"란 말이 이사야 7:14의 히브리 원문에는 없다는 점이다. 둘째로, 히브리 성서의 이사야 본문이 의미하는 것은 마태가 인용한 것처럼 그 여인이 "잉태"할 것이 아니라 그 여인이 "아기와 함께 있다"(is with child)는 것이다. 이것은 그녀가 동정녀가 아니라는 뜻이다! 셋째로, 이사야가 말하는 아기와 함께 있는 젊은 여인은 유다 왕국의 연속성에 관한 표징이다. 그 당시 유다 왕국은 북 (이스라엘) 왕국 및 시리아 왕의 동맹에 포위되어, 그들과 함께 앗시리아 군대와 싸우도록 강요당하고 있었다. 이사야는 젊은 여인이 아기와 함께 있다는 표징을 유다 왕에게 주면서, 유다가 그 왕들에게 굴복하게 되리라는 공포를 떨쳐버리라고 한다. 그러나 실제로 800년 동안 침묵하게 될 이런 하나님의 표징이 당시의 위기 상황에서 어떤 진가를 나타내기는 어려웠을 것이다.

예수의 출생에 관해 이렇듯 일관성이 없고 비논리적인 설명들이 우선 어떻게 문자화되고 또한 기독교 사상에 막대한 영향을 미치게 되었는지 놀랄 뿐이다. 무엇보다 먼저 이 이사야 본문을 이용한 것은 사실상 괴장이었고 마태는 이 사실을 알고 있있음에 틀림없다. 심시어 2세기 유대인 저술가들이 기독교 지도자들에게 이 사실을 지적했으나 아무 소용이 없었다.4) 그들의 마음은 닫혀 있었고, 발전하고 있었던 기독교 교권에 방해가 되는 사실들은 용납될 수 없었다. 우리가 예수의 동정녀 탄생 이야기에 얽힌 실타래를 풀어내려면 지난 2백년간 기독교 학문이 풀어냈던 것과 같이, 그 이야기들에는 본래 문자적인 의미에서의 실체는 없었다는 사실을 인식해야 한다. 예수의 기적적인 출생 이야기는 확실히 다른 목적을 위해 기록되었음에 틀림없다.

---

4) *Dialogye of Justin, Philosopher and Martyr, with Trypho the Jew.*

아마도 그것은 기독교 이야기의 취약점을 보완하기 위해 고안되었을 것이다. 위에서 언급한 것처럼, 마가복음에 나오는 사람들의 무례한 말에 더하여 예수의 부모에 대한 나쁜 소문들이 존재했을지 모른다. 신약성서에는 이런 스캔들을 덮어야 할 필요가 있었다는 암시가 여러 곳에 나타나 있다. 즉 누가는 마리아가 그녀의 찬가에서 하나님은 "…이 여종의 비천함을 보살펴 주셨기 때문입니다"(누가 1:48)라고 노래했다고 한다. 이것이 그런 스캔들을 암시하는 것인가? 그 시대에는 결혼하지 않은 여인이 임신하는 것보다 더 비천한 것은 없었다. 또한 군중이 예수에게 말하기를 "우리는 음행으로 태어나지 않았다"(요한 8:41)고 한 요한의 기록은 또 다른 암시인가? 이 발언은 분명히 예수가 음행으로 태어났음을 의미한다. 학자들은 이런 구절들에 대해 의혹을 품지 않을 수 없다. 그러나 오늘날 우리는 예수의 동정녀 탄생 이야기가 처음 생겨나게 된 이유를 찾아낼 수 있는지 없는지 하는 문제와는 관계없이, 동정녀 탄생 이야기는 최소한 예수 이야기의 본래적인 부분이 아니라는 것을 지적할 필요가 있다. 오히려 그것은 뒤늦게 발전된 해석적 전승으로서, 결코 문자적인 의미로 이해하도록 의도되었던 것이 아닌 상징들을 통합시킨 것이다. 고대세계에서는 동정녀 탄생이 한 지도자의 출중한 품격을 설명하는 통상적인 수단이었던 것이다.

그러나 일단 동정녀 전승이 도입되자, 그 드라마를 위해 육신의 아버지를 등장시켜야만 했다. 부계사회는 이것을 요구했기 때문이다. 그러므로 동정녀 탄생과 육신의 아버지는 그 전승에 동시적으로 등장하게 된다. 만일 동정녀 전승이 없었다면 요셉이라는 인물은 창작되지 않았을 것이다. 나는 "창작"(created)이란 말을 매우 의도적으로 사용했다. 왜냐하면 그것이 요셉이 존재하게 된 이유이기 때문이다. 요셉은 예수의 출생 이야기 밖에는 복음서 전승 어디에도 등장하지 않는다.[5)]

예수의 가족이 예루살렘에 올라갔다가 내려오는 길에 예수가 보이지 않아 당황하고 그를 찾으러 갔다는 마가의 이야기에 대해, 마태는 흥미진진하고 많은 것을 드러내는 교정(편집) 작업을 시도했다. 즉 마가는 무리 중의 한 사람이 "이 사람은 마리아의 아들 목수가 아닌가?"라고 발언하게 한 반면에, 마태는 자신의 책상 위에 놓여 있는 마가의 이 본문 때문에 문제에 부딪친다. 왜냐하면 마태는 이미 요셉이 개입된 출생 이야기를 창작했기 때문이다. 따라서 마태는 이 간단한 발언을 개작한다. 그는 이 발언의 내용을 완전히 뜯어고쳐서 그런 스캔들을 제거하고 요셉의 입지를 마련한다. 마태가 개작한 것은 다음과 같다. "이 사람은 목수의 아들이 아닌가? 그의 어머니는 마리아라는 분이 아닌가?"(마태 13:55). 마가의 글을 다시 개작한 마태에서만, 요셉이 목수라는 전승이 도입된다. 마태는 자기가 새롭게 도입한 기적 출생 이야기와 조화시키기 위해 마가의 본문을 매끄럽게 다듬었던 것이다.

나는 예수의 보호자격인 육신의 아버지 요셉이란 사람이 존재했다고 믿지 않는다. 우리가 위에서 검토한 본문들은 이 주장을 뒷받침해 준다. 요셉은 처음부터 끝까지 마태라는 복음서 저자가 창작한 신화적 인물인 깃이다.

마태가 요셉의 성격을 묘사한 방식은 이 주장을 더욱 강하게 뒷받침해 주고 있다.6) 요셉의 전기(傳記)가 성서 가운데 오직 마태복음의 예수 출생 이야기에만 나온다. 거기에는 세 가지 기본적인 것이 포함되어 있다. 첫째로 요셉에게는 야곱이란 아버지가 있다. 둘째로 하나

---

5) 나는 예수의 출생 이야기 속에 예수가 열두 살 때 부모와 함께 예루살렘에 올라간 이야기도 포함시킨다. 나는 이 이야기가 사무엘에 관한 이야기에 기초한 것으로 보는데, 누가의 예수 출생 이야기의 마지막 부분을 이루고 있다.

6) 마태가 요셉이라는 인물을 창작한 것에 대한 좀더 충분한 분석을 위해서는 나의 책 『예수를 해방시켜라』(최종수 역)를 참조하시 바란다.

님은 요셉과 꿈에서만 소통하려고 나타난다. (4개의 다른 꿈에서의 대면은 연계되어 있다: 1:20, 2:13, 2:19, 2:22). 셋째로 요셉이 구원의 드라마에서 맡은 역할은 아기 예수와 함께 이집트로 도피함으로써 약속의 아기를 죽음에서 구하는 것이다(2:13-15). 이런 모든 자세한 이야기들이 마태의 유대인 독자들에게는 분명히 친숙한 이야기였을 것인데, 그 유대인 독자들은 창세기에 나오는 족장 요셉의 이야기를 잘 알고 있었기 때문이다(창 37-50). 즉 그 요셉에게도 역시 야곱이라는 아버지가 있었다(창 35:24). 그 요셉도 또한 꿈과 깊이 연계되어 있었고(창 37:5, 9, 19; 40:5ff.: 16ff.; 41:1-36), 사실상 그는 이집트에서 해몽을 통해 권력의 자리에 올랐다(창 41:38). 구원의 드라마에서 요셉의 역할은 약속의 백성을 이집트로 이주시킴으로써 그들을 죽음에서 구하는 것이었다(창 45:1-15). 요셉이라는 이름을 가진 이 두 인물의 이런 전기상의 연결은 단순히 우연이라고 말할 수는 없는 것이다. 그 이야기들이 기억된 역사(remembered history)이기에는 너무나 선명하고 환상적이기 때문이다. 이것은 유대인들의 신화론적 자기-이해인 유대 서사시(the Jewish epic)에 예수를 접목시키는 방식 가운데 하나에 속하는 것이다.

마지막으로 예수의 이야기에서 요셉의 이름이 중요한 이유가 또 하나 있다. 유대 민족은 솔로몬 왕의 통치 이후 양분되었다. 하나는 북 왕국으로서 당시에 정치적으로 분열될 때는 이스라엘이라고 불렸으나 신약성서에서는 갈릴리라고 알려졌고, 다른 하나는 남 왕국으로서 분열될 때는 유다(Judah)라고 불렸으나 신약성서에서는 유대(Judea)라고 했다. 이 분열은 유대인 역사에서 극히 불행한 것이었고 여기서 끊임없는 증오가 솟구쳤기 때문에, 유대인 이야기꾼들은 그 원인을 추적할 때 그들의 전-역사(prehistory)에 속하는 족장 야곱이 아내를 두 명 얻은 것에서 그 근거를 찾았다. 두 아내란 곧 남 왕국을 지배한 부족(지파)의 수장인 유다의 어머니 레아(Leah)와, 북 왕국을 지배한 부족(에브라임과 므낫세)의 수장인 요셉의 어머니 라헬(Rachel)이었다. 만일 1세기에 예수가 메시아라는 주장이 타당성을 갖기 위해서는, 예수가 이 두 분파를 통합해야만 했다. 마태는 이것을 예수의 족보를 통해 이루었다(1:1-17). 즉 예수의 족보는 먼저 예수의 생명 곧 그의 DNA를 다윗 왕의 혈통에 근거하도록 만들어 유전학적으로, 혈연적으로 그를 유다 부족에 연계시키는 것이다. 그 다음 마태는 예수에게 요셉이란 이름의 육친이 있다(마태 1:16)는 것과 그 요셉의 생애를 창세기에 나오는 족장 요셉을 모방함으로써 유대인 이야기의 다른 가닥 곧 요셉 부족을 예수 해석 속에 도입시킨다. 이것은 재치 있는 왜곡일 뿐 역사는 아니다. 나는 신약성서 저자들을 포함해서 그 어느 누구도 예수의 아버지에 대해 아는 바가 없다고 생각한다. 마가는 전혀 입을 열지 않았다. 마태와 누가는 성령이 그의 실제 아버지라고 했다. 네 번째 복음서인 요한복음은 예수의 기적 출생 이야기를 생략했으나 두 번 예수를 요셉의 아들이라고 했다(요한 1:45, 6:42).

요셉의 모습이 기독교 역사상 줄곧 그늘에 가려진 이유는 그가 애초부터 문학적 인물로서, 당시에 생겨나기 시작한 해석적 신화의 자료를 근거로 창작되었기 때문이다. 그러므로 연구는 심화되고 계략은 깊어질 수밖에 없다. 우리는 먼저 예수의 출생지가 베들레헴이라는 것을 포기했다. 그 다음으로 우리는 동정녀 탄생을 순수한 환상으로 치부했다. 그런 다음 우리는 또한 예수의 육신의 아버지가 역사적 인물이 아니라, 인식 가능한 문학적 창작물이라는 사실을 제시했다.

요셉을 마태가 창작한 인물로 본 다음에, 우리의 관심을 마리아에게 돌리기로 하자. 이미 지적한 바와 같이 그녀의 이름은 마가복음의 한 구절에서만 소개된다. 마가에 나타난 그녀의 행동은 예수에 대해 부정적인 것으로 묘사되어 있다. 따라서 우리는 보다 더 당혹스러운 질문을 던지게 된다. 즉 예수의 어머니 마리아는 역사적 인물인가? 인간 예수에게 어머니는 반드시 있었어야만 하며, 예수가 가족들 가운데 다른 사람은 몰라도 적어도 어머니만큼은 분명히 알고 있었을 것이다. 그녀의 이름이 실제로 마리아였는지는 별개 문제이고 그녀의 동정녀 신분은 후대에 발전된 전승이라는 것이 분명하지만 말이다. 마가가 최소한 10년 전에 예수의 어머니를 무명씨로 소개하면서, 이미 지적한 바와 같이 그녀는 예수 이외의 네 아들과 최소한 거명되지 않은 두 딸의 어머니였다고 했다(6:3). 마가는 일곱 자녀의 어머니는 동정녀가 아니라고 생각했음에 틀림없다! 그러므로 마태가 동정녀 탄생 전설의 창작가로 부상되는 것이다.

누가는 80년대 말 혹은 90년대 초에 자신의 복음서를 저술하면서 동정녀 이야기를 보다 더 자세하게 설명한다. 그는 또한 마태가 일차원적으로 제시한 것 이상으로 마리아의 성격을 완벽하게 발전시킨다. 누가에서는 예수의 어머니가 자기에게 맡겨진 역할에 대해 두려움을 느낀다(누가 1:29). 누가는 마리아가 세례자 요한의 어머니 엘리사벳과 친척이라고 한다(누가 1:36). 그녀는 마리아의 찬가(the Magnificat)란 노래를 부른다(누가 1:46-55). 그녀는 여러 표징을 마음속에 되새긴다(누가 2:19). 그녀는 유월절에 열두 살 된 예수와 함께 예루살렘에 간다(누가 2:41). (이것은 후대에 발전한 성년식bar mitzvah 축제와 같은 것이 아닌가 한다.) 그 이야기에서 마리아는 자기가 떠난 다음에도 성전에 남아 있던 예수를 책망한다(누가 2:48). 그 다음에 그녀의 이름은 누가의 이야기에서 종적을 감춘다.7) 그녀의 이름은 사도행전에서 다시 한 번 나온다(1:14). 거

---

7) 누가 8:19-20에서 예수의 어머니와 형제들이 예수를 데리고 집으로 가기 위해 찾아온 대목에서 그 어머니가 언급되지만, 이름은 언급되지 않고 있다.

기서 그녀는 오순절에 다락방에서 제자들과 함께 있었다는 것이다. 그녀는 공관복음서(마태, 마가, 누가복음)에 기록된 어떤 십자가 처형 이야기에서도 언급되지 않는다.

내 생각에는 위에 제시된 누가의 구절 가운데 하나는 마리아라는 이름의 역사성에 대해 문제를 제기한다. 누가는 세례자 요한의 어머니 엘리사벳이 마리아의 "친척"(kins woman)이라고 한다. 흠정역(KJV)은 "사촌"(cousin)이란 말로 번역했다. 그 구체적인 관계에 대해서는 언급이 없다(1:36). 그런데 예수와 세례자 요한이 사촌이라는 암시는 누가에게만 있는 이 구절에서 유래되는 것이다. 나를 의심케 하는 것은 엘리사벳은 히브리어로 엘리쉐바(Elisheba), 곧 성서 전체에서 단 한 번만 등장하는 이름인 엘리쉐바가 아닐까 하는 의심이다. 엘리쉐바는 모세의 형 아론의 아내이다. 이제 누가가 엘리사벳을 아론의 딸(자손 - 옮긴이)로 소개하는 것을 명심하기 바란다(1:5). 누가는 자신의 복음서를 기록할 때, 분명히 아론과 모세를 마음에 두었다. 모세에게는 또한 미리암이라는 누이가 있었다는 것을 상기하기 바란다. 그녀는 갓 태어난 모세를 보호하는 데서부터(출 2:4) 홍해를 건너는 기쁨을 만끽하는 데 끼지(출 15:20f) 모세의 이야기에서 매우 중요한 역할을 담당한다. 미리암이란 히브리 이름을 영어로 표기하면 마리아(Mary)가 된다. 누가는 예수의 가족을 창작할 때 모세의 가족을 모델로 삼았는가? 이런 질문은 최소한 제기할 만한 값어치가 있다. 왜냐하면 누가는 세례자 요한의 부모(사가랴와 엘리사벳)의 이야기를 구성하기 위해 아브라함과 사라의 이야기를 이용했기 때문이다. 또한 히브리 성서, 특히 창세기에 있는 인물에게서 추출된 마리아에 대한 메아리를 누가의 출생 이야기에서 찾아 볼 수 있기 때문이다.8)

---

8) 마리아의 자궁 속에 있는 예수의 태아에게 인사하기 위해 세례자 요한의 태아가

예수의 어머니가 십자가 앞에 있었다는 것은 요한복음에만 기록되어 있다. 요한이 그녀를 거기에 있게 한 목적은 예수가 "자기가 사랑하던 제자," "그녀의 아들이 될" 제자에게 어머니를 맡기려는 데 있는 것이다(요한 19:25-26). 이 복음서는 그 '사랑하는 제자'를 항상 영웅적으로 묘사한다. 어떤 성서학자도 그 에피소드가 기억된 역사라고 믿지 않는다. 십자가 앞에서 울고 있으며 또한 죽은 아들의 시신을 부여잡고 있는 예수의 어머니에 대한 가톨릭교회의 경건한 신앙심은 단순히 종교적 환상에 불과하다. 그것은 훌륭한 영화의 주제가 될 수는 있으나 역사는 아니다.

요한복음에서 마리아가 그밖에 언급된 것은 그녀가 아첨하는 경우다. 그것은 갈릴리 가나의 혼인 잔치에서 생긴 일이다(2:1-11). 여기서 요한복음 본문은 역사적으로 동정녀를 포장한 경건한 전승을 훼손하고 있다. 이 이야기에서 예수는 자기에게 강요하려드는 어머니를 책망한다. 예수는 그녀에게 이렇게 말한다. "여자여, 그것이 나와 당신에게 무슨 상관이 있습니까? 아직도 내 때가 오지 않았습니다."(원문과 RSV에는 "O woman, what have you to do with me?" 곧 "여자여, 당신은 나와 무슨 상관이 있습니까?"로 되어 있다. - 옮긴이)

이것이 신약성서에 나타난 예수의 어머니에 대한 재료 전체라는 것을 알 때 사람들은 놀람을 금치 못한다. 그것은 인색하고 때로는 심지어 적대적이며 또한 거부하는 모습이다. 기독교 전승에서 마리아에게 호의적인 성서 내용은 대부분 출생 이야기에서 유래하지만, 예수의 출생 이야기들은 일반적으로 역사라고 인정될 수 없는 것들이다. 교부들은 예수의 어머니에 관한 당혹스러운 이야기들을 무시하거나

엘리사벳의 자궁 속에서 뛰었다는 이야기는 레베카의 자궁 속에서 쌍둥이 에서와 야곱이 뛰었다는 이야기(창세기 25:20-23)와 연결되어 있다.

혹은 "창의적으로" 재해석했다. 그럼에도 불구하고 마리아의 행보는 지속적으로 확대되며 매우 기적적인 신화와 더불어 오랜 세월 동안 계속되었다. 마리아는 영원한 동정녀인 동시에 죽은 후까지도 동정녀가 된다. 그 다음에 마리아는 순결한 잉태[無欠受胎] 이야기와 또한 죽을 때 마리아의 몸이 그대로 승천한 이야기로 인해서 그녀는 진정한 인간의 신분이 아니었던 것으로 간주된다. 그러나 마리아의 이야기들은 그 어느 것도 역사적 근거가 있는 것처럼 행세할 수는 없는 이야기들이다.9)

우리의 문자화된 신앙 이야기는 이런 주장들을 확인하기 위해 역사 자료를 추구할 때 그 뿌리가 흔들리게 된다. 예수의 출생 이야기들이 비역사적인 것으로 간주될 때, 예수의 부모라고 주장되어 왔던 인물들은 실질적으로 모두 사라지게 된다. 예수의 부모에 관한 이야기들은 당시 발전하고 있었던 예수 전승에서 막강한 정서적 힘을 지녔으나, 사실적 근거는 희박한 것들이었다. 그것들이 사실적인 것처럼 위장하는 것은 환상에 불과한 것이고, 우리가 이제는 알게 된 성서연구 전체를 무시하는 것이다. 따라서 우리는 그것들을 신화에 불과한 것으로 규정한다. 여기서 역사의 예수(Jesus of history)는 우리의 시야에 들어오게 되고, 우리는 그의 인간성을 정확히 볼 수 있는 것이다.

우리의 전통적인 종교적 위선의 유희는 끝났다. 우리는 실재에 대해 더 이상 우리의 마음을 닫아 버릴 수 없다. 그러나 이 과정에서 떨어진 부스러기들 속에서 우리는 어떤 실마리를 발견할 수 있는데, 그 실마리를 통해서 우리는 도대체 왜 예수에게 그처럼 엄청난 전승이

---

9) 마리아의 몸이 하늘로 승천했다고 선언한 1950년 바티칸의 공식 문서를 읽어보면, 그 선언이 주로 마리아의 무덤이 발견되지 않았다는 사실에 근거해 있음을 알게 된다. 이것이 무엇에 대한 증거가 될 수 있는가!

덧씌워지게 되었는지를 이해할 수 있으며, 도대체 예수의 삶에서 어떤 비범한 일들이 있었기에 그런 신화적인 용어들로밖에는 그의 삶을 달리 표현할 수 없었는지에 대해 의문을 갖고 풀어나가기 시작할 수 있다. 이것이 계속 제기되는 문제이고 우리에게 대답을 요구하고 있는 것이다.

제4장

열두 제자의 역사성

너희는 내가 시련을 겪는 동안에 나와 함께 한 사람들이다. 내 아버지께서 내게 왕권을 주신 것과 같이, 나도 너희에게 왕권을 준다. 그리하여 너희들이 내 나라에 들어와 내 밥상에서 먹고 마시게 하고, 옥좌에 앉아서 이스라엘의 열두 지파를 심판하게 하겠다.- 누가 22:28-29

당신은 역사적 예수의 제자라는 사람들의 구성에 대해 의심해 본 적이 있는가? 그들의 수가 열둘이었다는 전승은 비교적 한결같다. 또한 제자로 지명된 열둘은 모두 남성인데, 이것은 요한 바오로 2세와 같은 교황까지도 로마 가톨릭교회의 사제는 모두 남성이어야 한다고 주장한 전통과 같은 것이다. 제자들의 이름은 신약성서 여러 곳에 나타나 있지만, 그 열두 제자의 이름은 일치하지 않는다. 또한 처음 세 복음서들은 열두 제자가 선택받은 순간에 대해 판에 박힌 말을 하고 있다. 그러나 요한복음서는 다르다.

수많은 교회 지도자들이 여러 세기 동안 주장한 바와 같이, 만일 이 제자들 집단이 기독교 설립의 대표자라고 한다면 크리스천들이 그들에 관해 별반 아는 바가 없다는 사실은 매우 기이한 현상이다. 사실상 열두 제자의 존재를 확신하고 그 수효를 사실적이고 신성시하는 사람들도 그토록 중요한 열두 제자들의 이름을 기억하지 못한다. 오늘날 산타클로스의 사슴 이름을 대는 것이 솔직히 더욱 쉽다. 우리가 어떤 사안의 중요성을 주장하면서도 그 중요성을 확인하지 않는 이유가 무엇인지 당신은 의아스럽게 생각해 본 적이 있는가? 많은 정치인들은 십계명이 중요하다고 말하지만, 그것을 외우지 못한다. 복음주의자들은 성서가 하나님의 말씀이라고 외치지만, 그들의 말을 들어보면 성서에 대해 별로 아는 게 없다. 교회는 예수의 열두 사도들의 신앙과 증거를 따른다고 말하지만, 우리는 그 사도들이 누군지 모른다. 우리가 믿는다고 말하는 것과 우리가 실제로 믿는 것은 별개의 사실이며, 우리 기독교는 흔히 이 사실을 우리에게 감추려고 한다.

그러므로 이제 네 개의 복음서 전체를 통해서 이 열두 명의 제자 집단이 어떻게 구성되었는지를 추적해보자. 이것은 독자들이 예수의 제자들에 대해 알고 싶어하는 내용을 넘어설지 모르겠으나 나의 주장을 전개하는 데는 매우 중요하다. 심지어 열두 제자들의 이름을 정확하게 밝히는 것도 불가능한데, 앞에서 지적한 것처럼, 복음서들도 그 열두 제자의 이름을 서로 다르게 기록했기 때문이다. 우리는 열두 제자가 사실상 진짜였다기보다는 상징적으로 진짜였다는 점을 발견할 각오를 해야 할 필요가 있다.

예수가 열두 명의 무리와 결연한 사실은 비교적 초기 전승에 나타난다. 50년대 중반에 바울은 고린도 교인들에게 편지하면서 자신에게 전해진 매우 중요한 두 가지 사실을 나열한다. 첫째는 최후의 만찬에 관한 자세한 내용이고(고전 11:23-26), 둘째는 예수의 생애에서 마지막 사건들에 관한 기록이다(고전 15:3-8). 바울이 기독교 이야기 속에 "열둘"의 개념을 소개한 것은 예수의 마지막 사건들을 다시 설명할 때이다. 바울은 부활한 예수가 어떤 증인들에게 자신을 나타냈다고 했다.

처음은 게바(혹은 베드로)였고 다음은 "열두" 제자였다. "베드로와 열둘"은 마치 일반명사처럼 들린다. 복음서들은 확실히 베드로를 열둘 중의 하나로 밝히고 있고, 사실상 바울에 의하면 베드로는 그들의 지도자로 추정되었다. 게바란 이름은 "바위"란 뜻의 아람어다. 그것이 그리스어로 "페트로스"(*petros*)로 번역되었고 영어로 피터(Peter)란 이름이 되었다. 게바는 사실상 별명으로서 아마도 오늘날 우리가 로키(Rocky)라는 별명을 사용하는 것과 흡사할 것이다. 이 별명이 시몬이라는 사람에게 붙여지게 되었고, 이 인물을 일반적으로 시몬 베드로 곧 시몬 바위(Simon the Rock)라고 부르게 된 것이다. 베드로는 바위로서, 그 위에 교회를 세우겠다는 말이 복음서에 있다.

흥미 있는 사실은 비록 바울이 가장 먼저 열둘이란 수를 제자의 무리와 동의어로 사용하고 있음에도 불구하고, 그들의 이름을 거명하지 않는다는 것이다. 바울은 갈라디아서에서 자신이 회심한 지 몇 년 후 베드로를 방문한 사실을 밝힌다. 그는 이 만남에 앞서서 "나 이전의 사도들"이었던 사람들과의 접촉을 시도하지 않았음을 밝히고 있다. 그러나 여기서 우리는 다른 문제에 직면하게 된다. "열둘"과 "사도들"은 같은 집단인가? 바울은 그렇게 생각하는 것 같지 않다. 그는 주님의 동생 야고보를 사도라고 한다. 그러나 성서의 기록은 이 야고보가 "열둘" 중의 하나라고 주장하지 않는다. 바울은 끊임없이 자기의 사도권(使徒權)을 주장하는 데 주저하지 않는다. 바울은 고린도전서 15:5에서 "열둘"을 집단적 정체성을 지닌 집단이라고 한다. 그러나 그는 두 절 지나 15:7에서 별도로 "사도들"을 언급함으로써 그들을 다른 집단으로 보고 있는 듯 하다. 전승은 이 두 집단을 통합하려고 하지만 그것은 바울을 정확히 읽는 것이 아니다.

훨씬 후에 누가는 사도행전(기원후 95-100년경에 기록됨)에서 바울이 예루살렘에 왔을 때 "거기에 있는 제자들과 어울리려고 하였으나, 그들은 사울(바울의 옛 이름 - 옮긴이)이 제자라는 사실을 믿을 수가 없어서, 모두들 그를 두려워했다"(행 9:26)고 한다. 누가가 이것을 기록할 때 "제자"라는 말은 단순히 예수를 따르는 자를 의미하는 것 같다. 왜냐하면 그 "제자" 집단은 누가가 초기에 "열둘"이라고 한 것보다 크게 확대되었다는 사실을 그 정황은 말해주기 때문이다. 나중에 누가는 예루살렘에서 바울과 기독교 운동 지도자들의 다른 모임을 설명할 때 (행 15:1-35) 그는 그 지도자들을 언급하기 위해 "사도들과 장로들"이라는 두 낱말을 사용하고 있다. 이 시기에는 열두 제자가 이미 실세가 아니었던 것으로 보인다.

이 분석의 초점은 열둘의 개념이 초기의 개념인 것으로 보이며, 위의 언급들을 살펴볼 때 열둘의 정확한 구성은 중요하거나 선명한 것 같지 않다는 점이다.

우리가 복음서로 돌아가면 혼돈은 더욱 커진다. 첫째 복음서인 마가는 열두 제자의 이름들을 제일 먼저 언급하면서 그들이 선택받은 과정을 설명하기 위해 극적인 이야기와 연결시키고 있다(3:13-19). 마가의 명단은 약간 흥미 있는 자료를 포함하고 있다. 시몬이 제일 먼저 나올 뿐만 아니라, 마가는 또한 예수가 시몬의 성(姓)을 베드로라고 불렀다는 것이다. 시몬 다음에는 세베대의 아들이라는 야고보와 그의 형제인 요한이 따른다. 마가는 예수가 세베대의 아들들을 "보아너게"라고 불렀다고 하는데, 이것은 (마가는 말하기를) "천둥의 아들"이란 뜻이다.[1] 그 다음에 마가는 더 이상 출신 배경에 대한 자세한 내용을

---

1) 20세기 초의 탁월한 신약학자 C. C. Torrey는 이 말의 뜻이 "폭풍의 아들들"이라고 했다. *The Journal of Theological Studies* 11, no. 1: 136ff. 다른 학자들은 이 말이 "끊임없는 소음" 혹은 "소란스러움"으로 번역했다.

제시하지도 않은 채 다른 제자들의 이름을 나열한다. 다음의 넷은 안드레, 빌립, 바돌로매 그리고 마태이다. (마가는 초기에 안드레를 시몬의 형제로 보고 예수가 부를 때 이 형제들은 세베대의 두 아들과 함께 있었던 어부들이었다고 한다. 예수는 그들을 "사람을 낚는 어부"를 만들겠다고 약속한 것으로 기록되어 있다[마가 1:16-20].) 그 다음으로 마가의 명단에는 알패오의 아들이라는 도마와 야고보가 이어지는데 아마도 이것은 그를 세베대의 아들 야고보와 구별하기 위한 것이리라. 그리고 다대오가 나오고, "가나나인"(Cananaean, RSV, 한글개역 개정판에는 "가나나인"으로, 표준새번역 개정판에는 "열혈당원"이라고 번역되어 있다. - 옮긴이)이라고 불린 시몬이 뒤를 잇는다.

제롬을 포함해서 몇몇 주석자들은 '가나나인'이라는 명칭은 시몬이 가나(Cana)란 동리에서 왔다는 뜻이라고 생각하는 것 같은데,[2] 그곳은 요한복음서가 예수의 활동 초기에 혼례가 있었다는 갈릴리에 있다(요한 2). 그러나 이런 동일시는 사실로 믿기 어렵다. 다른 이들은 '가나나인'을 가나안 나라에 거주했던 사람들과 동일시하려고 했다. 그들은 이스라엘 민족이 자신들에게 약속된 땅이라고 믿었던 가나안 지역의 거주민으로서 여호수아가 그 시역을 공략할 때 성면으로 대결했던 사람들이다(수 5). 만일 이 말이 옳다면 시몬은 이방 사람이었을 것이다. 그러나 지금 이런 정의 역시 진실이라고 생각되지 않는다. 오늘날 최선의 추측은 이 "가나나인"이란 말이 *qan'ana*란 말에서 온 것으로서, 이 말은 후에 "열혈당원들"(zealots)이라고 알려진 초기 혁명운동에 속했던 적이 있는 한 당원의 이름으로 보는 것이다. 누가는 이 정의를 분명히 받아들였다. 왜냐하면 그는 자기 명단에서 마가의 "가나나인"이란 말을 삭제하고 "열혈당원"으로 대체했기 때문이다. 이것은 예수

---

2) Jerome, *Treatises on St. Mark. Catholic Encyclopedia*에서 볼 수 있다.

의 주변에 있던 갈릴리 사람들이 그 혁명운동과 어떤 연관성이 있었다는 것을 짐작케 하는 것이다. 그 운동은 결국 66년에 시작된 갈릴리 전쟁의 도화선이 되었고, 이 전쟁은 기원후 70년 예루살렘 멸망을 초래했으며, 요세푸스에 의하면 기원후 73년 마사다(Masada)에서 유대 저항군의 잔류 병력이 자결함으로써 그 운동이 끝나게 되었다.3) 우리는 다만 마가복음이 예루살렘 멸망 직후에 기록되었을 가능성이 높고, 또한 그는 열혈당원들과의 이런 관련성을 희석시키기를 바랬을 것이라는 점을 지적할 필요가 있다. 이 가나나인 시몬은 어떤 경우에도 마가의 명단에서는 열한 번째에 속하는 사람이다.

열두 번째 제자는 "그[예수]를 배신한" 가룟 유다이다. 여기서 예수의 열두 제자 가운데 하나가 배신자라는 개념이 기독교 전승에 처음 등장하게 되었다는 사실에 주목하기 바란다. 이미 지적한 바와 같이 복음서 저자들보다 훨씬 먼저 기록한 바울은 예수의 제자 중에 한 사람이 배신자라는 사실에 대해서 전혀 아는 바가 없었던 것 같다. 왜냐하면 고린도전서에서 배신이란 말을 소개한 것이 바울인데 그는 그 행위를 열두 제자 중의 하나와 연결시키지 않기 때문이다(11:23-26). 마가는 겟세마네 동산에서 발생한 배신자 이야기를 전할 때 "열둘 가운데 하나"인 유다는 한 밤 중에 "대제사장들과 율법학자들과 장로들이 보낸 무리가 칼과 몽둥이를 들고 그와 함께 왔다"(마가 14:43-50)고 했다. 유다는 미리 약속한 암호대로 입맞춤으로 예수를 확인시켜 주었고 그는 체포되어 끌려갔다. 마가는 유다의 배신 행동이 "랍비님"(master)이란 말로 행해졌다고 한다. 그 다음에 마가는 곁에 섰던 사람, 곧 구체적으로 제자로 확인되지 않은 어떤 사람이 칼을 뽑아 대제사장의 종을 내리쳐서 그의 귀를 잘랐다고 전한다. 마가는 예수가 대제사장에

---

3) Josephus, *The Jewish War*.

게 잡혀갈 때 일어난 난폭한 장면을 암시하고 있는 것이다. 마가 이후에 "열둘"의 전승은 계속 진화하는 것 같다.

우리는 마태가 마가를 자기 복음의 근거로 삼았다는 사실을 알고 있기 때문에, 마태가 마가의 본문을 고친 대목들은 우리에게 특별한 통찰을 제공해 준다. 마태가 이렇듯 특별한 변화, 삭제 및 첨부가 불가피했던 이유를 우리가 캐물을 때, 마태의 심중으로 뚫고 들어가는 환상적인 문이 열리게 된다. 그러나 마태가 열두 제자의 의미를 어떻게 이해했는지, 그리고 그 명단에는 누가 포함되었는지에 대해 우리의 초점을 맞추기 위해, 예수가 제자들을 선택한 것에 관한 이야기들부터 살펴보자.

마가는 예수가 열두 제자를 선택한 이유를 다음과 같이 언급한다. "그들을 자기와 함께 있게 하시고, 또 그들을 내보내어서 말씀을 전파하게 하시며, 귀신을 쫓아내는 권능을 가지게 하시려는 것이었다"(마가 3:14-15). 마태는 그들의 임무를 아래와 같이 수정했다. "예수께서 ... 더러운 귀신을 제어하는 능력을 주시고, 그들이 더러운 귀신을 쫓아내고 온갖 질병과 온갖 허약함을 고치게 하셨다"(마태 10:1). 그 다음에 그는 열둘의 명단을 열거한다. 첫째는 "베드로라는 시몬이다." 마태는 예수가 시몬에게 새로운 별명을 붙여준 것을 생략했다. 다음으로 시몬의 동생 안드레가 세베대의 두 아들에 앞서 기록되어 있다. 야고보와 요한은 "보아너게"로 기술되지 않았는데 이것 역시 마가의 본문을 변형시킨 것이다. 마태복음에서는 도마와 마태는 순서가 바뀌었다. 마태는 "세리"(稅吏)로 표기되어 있는데, 이것은 마태가 레위와 동일인일 가능성을 열어주는 대목으로서, 세리 레위의 이야기는 먼저 마가복음에 나오지만 마태복음에서는 그 이름이 바뀐 것으로 볼 수 있다(마가 2:13-14; 마태 9:9). 더욱 혼란스러운 것은 마가는 레위를 알패오의 아들이라고 한 반면에, 마태는 그 명칭을 야고보에게 붙인다. 그렇다면, 레위가 야고보의 형제일 것이다. 아니면 레위가 야고보의 다른 이름일 수도 있다. 아니면 아마도 알패오가 여러 명이 있었을 수도 있다. 해석의 가능성은 다양하다. 마태는 다른 것을 더 이상 고치지 않고 자기의 명단을 마무리한다.

누가복음으로 가면 각색이 더욱 심해진다. 누가에 관해 연구해보면, 그가 마가에 의존하지만, 마태처럼 전적으로 마가를 따르지는 않는다는 것을 보여준다. 누가가 열두 제자의 선택을 다룬 부분을 비교해 보면, 다음과 같은 변화를 보게 된다. 즉 누가는 마가의 이야기에 다음의 사실을 추가한다. 그것은 예수가 산에 오른 것이 원하는 자들을 제자로 부르기 위함이 아니라 기도하기 위해서라는 것이다(마가 3:13을 누가 6:12과 비교해 보라). 그는 기도로 밤을 지샌 다음 열둘을 선택한다. 누가는 "그들을 사도라고도 부르셨다"(6:13)고 덧붙인다. 이제 그 열둘이 사도로 임명된 것은 분명하다. 그러나 누가는 바울이 "제자들"과 "사도들"은 두 개의 별개 집단이었다고 시사한 지(고전 15) 약 35~45년 후에 글을 쓰고 있음을 기억하기 바란다. 그 다음에 누가는 그 명단을 제시한다. 그는 베드로와 안드레를 함께 묶어 야고보와 요한 앞에 놓음으로써 마태의 순서를 그대로 따른다. 그러나 누가는 야고보와 요한을 "보아게너" 혹은 "세베대의 아들들"이라고 밝히지 않는다. 그는 다음으로 마가복음의 순서로 돌아가서 마태를 도마 앞에 놓고, 마가의 레위 이야기를 자신의 본문 속에 삽입한다(누가 5:27-32). 누가는 다대오를 완전히 빼버리고, "열혈당원"이라고 분명히 밝힌 시몬에게로 직행한다. 그 다음에 누가는 다대오를 대체하기 위해 유다라고 하는 제자를 추가하고(가룟 유다와 혼돈하지 말아야 한다), "배반자가 된"(누가 6:16) 가룟 유다를 끝으로 그의 명단을 마감한다.

이것은 누가의 명단에는 다대오가 없고 두 명의 유다가 있으며 그 중의 하나는 가룟이란 이름을 가졌다는 것을 뜻한다. 가룟이라는 명칭은 두 번째 유다의 성격을 기술하는 것 같다. 우리의 최선의 추측으로는 '가룟'이 '정치적 자객'을 뜻하는 '시카리오스'(sicarios)라는 말에서 유래한 것이기 때문이다. '시카리'(sicari)라는 말은 또한 로마와의 전쟁에서 열혈당원들에게 주어진 이름이었다는 것을 지적할 수도 있다. 누가는 그의 두 번째 저서인 사도행전에서 제자들의 명단을 또다시 제시한다. 여기서 그는 차례를 약간 바꾼다. 안드레는 네 번째로 물러나고 베드로의 동생이라는 정체성도 빠져 있다. 한편 도마는 여덟 번째에서 여섯 번째로 올라섰다. 그밖에는 모두 동일하다.

요한복음서에는 열두 제자에 대한 언급이 세 번에 불과하다. 둘은 6장(67절 및 71절)에 있고 하나는 20장(24절)에 있다. 그러나 요한복음에는 열둘의 이름이 모두 밝혀진 명단은 없다. 더욱 혼돈스러운 사실은 요한이 나다나엘이라는 사람에 대해 말하고 있다는 점이다(1:43-51). 그는 분명히 예수와 가장 가까운 동료 중의 하나임에도 불구하고 그의 이름은 공관복음서 명단에는 나타나지 않는다. 요한복음에서 제자들의 이름이 가장 많이 나열된 곳이 21장(2절)이지만, 그 명단은 나다나엘을 포함해서 일곱 명에 불과하다. 요한은 또한 가룟이 아닌 유다(14:22)라는 제자에 대해 언급하는데, 이것은 누가의 명단이 옳다는 것을 확인시켜주는 것 같다. 끝으로, 요한은 말하기를 안드레와 또한 세례자 요한의 익명의 제자 한 사람이 예수가 제일 먼저 선택한 제자들이라고 한다. 그 다음에 안드레가 가서 베드로를 데리고 왔다. 다시 말해서, 베드로를 제자의 무리로 인도한 것은 안드레였다는 것이다. 요한은 또한 빌립 혹은 도마에 관해 유일한 정보를 제공해 준다. 요한은 빌립, 안드레 및 베드로가 모두 벳새다에서 왔다고 한다. 그 다음 그는 나다나엘을 무리로 인도한 것은 빌립이라고 덧붙인다. 요한복음에서 예수가 빌립에게 묻기를 "우리가 어디서 빵을 사다가 이 사람들을 먹이겠느냐?"(6:5ff)고 하자, 빌립은 아는 척하며 대답하기를 "이 사람들에게 조금씩이라도 먹게 하려면, 빵 이백 데나리온 어치를 가지고서도 충분하지 못 합니다"고 했다. 이와 비슷한 방식으로, 요한은 우리가 흔히 쓰는 말 "의심하는 도마"(doubting Thomas)란 꼬리표를 달아줌으로써 도마를 익명(匿名)에서 구출한다(20:24-29). 또한 도마는 요한복음에서 다른 경우에 세 번 잠시 나타난다(11:16, 14:5, 21:2). 그 마지막 이야기는 소위 요한복음의 부록이라는 21장에 있다. 21장은 예수가 십자가 죽음 이후 갈릴리에서 제자들에게 나타난 것을 기술하고 있는 부분이다. 여기서 요한은 다만 베드로, 도마(여기서 그가 "쌍둥이"라는 것이 밝혀진다), 나다나엘, 세베대의 두 아들, 익명의 두 사람의 이름만을 나열한다. 열둘이란 수는 이미 의미가 없어진 것 같고 특히 안드레가 제외되었다.

물론 "중요한 네 사람"(big four), 곧 베드로, 안드레, 야고보, 요한은 복음서 본문에 거듭해서 등장한다. 예를 들면 그 중 셋(베드로, 야고보, 요한)은 예수와 함께 예컨대 변화산과 겟세마네 동산의 체험을 공유한다. 그리고 안드레는 이 제자들과 여러 번 함께 등장하는데 특별한 행동을 취하지 않고 일상적 일들에만 관여하는 것 같다. 이것이 은총의 수단이 된다. 넷이 셋으로 감소될 때는 안드레가 항상 제외된다.

이 모든 분석을 통해 드러나는 사실은, 나사렛 예수와 가장 친밀했던 동료들 가운데 거의 절반에 해당되는 사람들에 관한 정보가 하나도 남아있지 않는다는 사실이다. 그들 중에는 바돌로매, 마태(마태복음에만 있는 마태와 세리가 동일 인물이란 것이 정확하지 않다면), 알패오의 아들 야고보, 시몬("가나나인" 혹은 "열혈당원"과 다른 사람),

다대오 및 가룟이 아닌 유다 등이 포함된다.

복음서에서 열두 제자들에 관한 내용 가운데 가장 많은 부분을 차지하는 것은 베드로에 관한 것이 아니라, 예수의 수난 이야기에서 악역(惡役)을 맡은 제자에 관한 부분이다. 나는 다른 책에서 가룟 유다에 관해 폭 넓게 설명했지만, 그 이야기를 완결하기 위해 여기서 그에게 초점을 맞추려 한다.4)

우리가 복음서의 가룟 유다에 대해 알면 알수록, 그는 역사적 인물로 보이지 않는다. 나는 지금 그가 실재 인물이었다고 믿지 않는다. 내 연구의 결론은 가룟 유다도 요셉처럼 창작된 소설적 인물로서, 원래의 예수 이야기에 있었던 것이 아니라 기원후 70년대에 마가가 처음으로 배신자라고 소개한 인물이라는 것이다. 이런 생각은 많은 사람들을 혼란시킬 수 있으므로, 내가 이런 결론에 도달하게 된 몇 가지 이유를 간략하게 설명하겠다.

가룟 유다가 역사적 인물이 아니라 소설적 인물일 것이라는 첫째 이유는 바울이 열두 제자들 중의 하나가 "그를 넘겨 준" 자라는 것을 알지 못한 것 같기 때문이다. 바울은 예수가 넘겨졌다는 것을 "예수께서 잡히시던(배신당하신, betrayed, NRSV) 밤에 빵을 들어서"(고전 11:24)라고 진술했다. 나는 이 구절에서 배신 이야기가 시작되었다고 믿는다. 그리고 네 장 뒤에서 바울은 예수의 생애 마지막 사건들을 서술할 때 배신행위에 대해 언급하지 않는다. 그는 다만 예수가 부활했을 때, 이미 지적했듯이, 그는 게바에게 나타났고 그 다음에 열두 제자들에게 나타났다고 말한다. 부활절의 사건을 위해, 그 배신자가 여전히 열두 제자들 가운데 함께 자리잡고 있을 수 있었다는 생각은 믿을 수 없다. 마태에 의하면, 유다는 예수의 부활 이전에 이미 자살했다. 바울은 예

---

4) 나의 책 *Liberating the Gospels* (최종수 역, 『예수를 해방시켜라』) 6장 참조.

수가 열둘 중 하나에 의해 넘겨졌다는 이야기를 들어보지 못한 것 같다.

가룟 유다의 역사성에 대해 의심의 씨앗이 일단 뿌려지면, 복음서에 있는 유다 재료에 관한 연구는 매우 많은 것을 드러낸다. 유다는 분명히 각 복음서의 연대에 따라 점점 사악하게 나타난다. 반대로 본디오 빌라도는 점점 덜 흉악해지는 것 같다. 이런 두 가지 변화는 유다와 빌라도가 반대 방향으로 달리는 이유가 무엇인지에 대해 다시 검토할 것을 요구한다.

히브리 성경에 있는 다른 배신 이야기들에 관한 연구 역시 많은 것을 드러낸다. 유다 이야기에 있는 자세한 내용들은 구약 이야기에서도 찾아 볼 수 있다. 창세기에서 야곱의 열두 아들이 자기들의 동생 요셉을 노예로 팔아 넘겨줄 때 돈을 받으려고 했던 형제가 바로 레아의 넷째 아들 유다였다(창 37:26-27). 가룟 유다(Judas)와 창세기의 유다(Judah)는 본질상 같은 이름이다. 유다는 동생 요셉을 파는 대가로 은(銀) 20냥을 받았다. 또한 아히도벨이 다윗 왕을 배신한 이야기에서(삼하 15:12-17:23에 언급되었고 시편 41에서 참조됨) 그 본문은 배신자가 "주님의 기름 부은 자"(Lord's anointed)의 식탁에서 먹는다고 기록되어 있다. "주님의 기름 부은 자"라는 왕의 명칭은 '마쉬악'(maschiach)이라는 히브리어에서 유래된 것인데 이 말이 나중에 "메시아"(messiah) 또는 그리스도(Christ)로 번역되었다. 이 아히도벨 에피소드는 네 복음서 모두에 기록된 식사(최후의 만찬) 때 한 말, 곧 "나와 함께 이 대접에 손을 담근 사람이, 나를 넘겨줄 것이다"(마가 14:20, 마태 26:23, 누가 22:21, 요한 13:18)는 선언의 배후에 깔려 있는 것이 분명하다. 아히도벨의 배신행위가 발각되었을 때, 그는 밖에 나아가 스스로 목숨을 끊는데, 가룟 유다도 그랬다고 한다. 입맞춤으로 친구를 배신하는 이야기는 요압이 아마사에게 입 맞추는 이야기에서 온 것인데, 그는 오른손의 칼로 그의 창자를 찔러 땅바닥에 쏟아지게 했다(삼하 20:9). 스가랴서에는 이스라엘의 목자 왕이 은 30냥에 배신당했다는 말이 있다(슥 11:14). 그는 나중에 그 은전들을 성전에 내던졌는데, 유다도 똑같이 그랬다고 한다.

우리가 이처럼 유대교 성서에서 찾아볼 수 있는 자세한 배신행위들에다 예수 이야기에서 악역을 맡은 자의 이름이 유대인들의 민족 -- 복음서들이 기록될 당시 기독교 운동의 일차적인 적수라고 상정된 실체 -- 자체의 이름과 똑같다는 사실을 추가할 때, 그 의혹은 증폭된다. 끝으로 누가복음과 요한복음 모두에는 열두 제자 중의 하나인 좋은 유다에 대해 완전히 억누르지 않은 본문이 있는 반면에, 교회는 좋은 유다에 대한 기억을 확증하는 유다(Jude)라는 편지를 성서에 삽입했다는 사실을 볼 때 그 의심은 극에 달하게 된다.

마가복음은 최소한 마태와 누가를 위해 기조음(基調音)을 마련해주었는데, 마가복음이 기록된 역사적 상황은 가룟 유다에 관한 보충 설명을 제시한다. 그러나 그것은 십자가 처형 이야기와 깊이 연관되어 있기 때문에 나중에 그 맥락에서 다루기로 하겠다. 여기서는 가룟이라고 하는 유다의 이야기가 크리스천들이 상상하는 것 이상으로 극히 복잡하고 해석된 이야기라는 것을 언급하는 것만으로 족할 것이다. 나의 근본 입장은 가룟 유다는 존재하지 않았고, 배신의 행위도 없었다는 것이다.

예수의 제자들에 관한 이 모든 자료들을 근거로 하여 결론을 맺으려고 할 때, 우리가 제일 먼저 깨닫게 되는 것은 초기 크리스천들의 기억에는 제자가 열둘이었다는 사실과 마찬가지로 열두 제자의 정체가 누구였는지 하는 것은 중요하지 않았던 것 같다는 점이다. 복음서 저자들은 열둘이 누구인지에 대해 합의하지 못했고, 이 사실은 열두 제자라는 특별한 집단이 존재한 일이 없었다는 것을 극히 가능하게 만드는 것이다. 그러므로 "열둘"이란 개념이 등장했을 때 복음서 저자들은 그들에게 이름을 붙여주기 위해 허둥지둥할 수밖에 없었다.

둘째로, 만일 제자들의 명단에서 순서가 중요성을 띠는 것이라면 제자들 각각의 중요성은 명단에 따라 서로 다르게 나타나는데, 이 사실은 초기 기독교 안에서 서로 우위를 다투던 여러 집단의 정체처럼 단순한 어떤 현실을 반영하는 것일 수 있다. 도마는 그 명단에서 가장 의심이 많은 제자의 이름으로 나타난다. 이것은 프린스턴 신학대학원의 일레인 페이젤스 교수가 주장한 바와 같이, 도마복음서를 만든 집단과 요한복음서를 만든 집단 사이의 긴장을 반영하는 것일 수 있다. 페이젤스 교수는 도마복음서를 주의 깊게 읽어보면, 도마가 예수를 이해한 방식에 대해 대응하기 위해 요한복음이 기록된 측면이 있다는 사실을 깨닫게 된다고 주장했다.5)

셋째로, 예수에게는 그와 항상 함께 있었으면서도 어떤 명단에도 없는 여성 제자들이 있었다는 것이다. 마가에 의하면, 대부분의 경우 항상 가장 먼저 언급되는 막달라 마리아와 함께 이 여인들은 갈릴리에서 그를 따랐고 그를 시중들었다(마가 15:40-41). 마태는 이 여인들에 대해 그들은 "예수께 시중들면서 갈릴리에서 따라온 사람들이었다"고 마가의 말을 반복했다(마태 27:55). 누가도 역시 "갈릴리에서부터 따라다닌"(누가 23:49) 이 여인들에 관해 언급했다. 아마도 예수에게 열두 명의 남자 제자가 있었다는 것은 바울이 개발한 것이고, 다른 목적 특히 유대인들과의 관계 설정을 위해 예수 이야기에 첨부된 주장일 것이다.

만일 예수가 그에게 부과된 사명 중의 하나인 새 이스라엘(New Israel)의 창건자가 되기 위해서는 새 이스라엘에는 옛 이스라엘(Old

---

5) Elaine Pagels, *Beyond Belief.*

Israel)과 똑같이 열두 부족(지파)이 있어야 한다. 마태복음에는 예수가 예루살렘에 입성하기 전에 자기 제자들에게 다음과 같이 말한다. "내가 진정으로 너희에게 말한다. 새 세상에서 인자(the Son of man, 공동번역에는 '사람의 아들')가 자기의 영광스런 보좌에 앉을 때에, 나를 따라온 너희도 열두 보좌에 앉아서, 이스라엘 열두 지파를 심판할 것이다"(19:28). 누가는 예수가 최후의 만찬에서 제자들에게 한 말을 다음과 같이 인용한다. "내 아버지께서 내게 왕권을 주신 것과 같이, 나도 너희에게 왕권을 준다. 그리하여 너희가 내 나라에 들어와 내 밥상에서 먹고 마시게 하고, 옥좌에 앉아서 이스라엘의 열두 지파를 심판하게 하겠다"(누가 22:29-30). Q 문서 가설의 옹호자들에 따르면, 새 이스라엘의 열두 지파에 대한 이런 사상이 마가에는 나오지 않으나 마태와 누가는 매우 비슷하여 공통자료에서 온 것임을 말해주는데, 이런 개념들은 이미 분실된 문서에서 온 것이며 마가 이전의 자료임을 보여주는 것일 수 있다고 주장한다. 그렇다면 이런 주장은 유다가 아직 열둘 중의 하나로 포함되어 있는 것임을 주목할 필요가 있다. 이것은 Q 문서가 기록될 때 열둘 중의 하나가 배신자라는 개념이 아직 발전되지 않았음을 시사하는 것으로서, 우리가 본 바와 같이 바울의 편지들도 이와 마찬가지 상황이었던 것으로 보인다.

끝으로, 누가가 사도행전에서 말하는 것을 보면(1:15-26) 열둘이라는 숫자가 중요했지, 열두 명이 누구였는지가 중요했던 것은 아니었다는 것이 분명하다. 왜냐하면 유다가 배신한 이야기 다음에 열둘이라는 수를 다시 채우라는 압력을 받았고, 결과적으로 맛디아를 선택했기 때문이다.

이렇게 해서 예수 이야기에 덧씌워진 전승에서 또 하나의 껍질을 벗겨내게 되었다. 성서를 깊이 연구해 보면, 성서는 우리 대부분이 배운 대로 믿으라고 하지 않는다. 아마도 열두 제자는 존재하지 않았을 것이다. 복음서 이야기들을 문자적으로 이해했던 사람들은 자신들이 한때 믿었던 것 전체가 산산조각 난다는 느낌을 가질지 모르겠다. 그러나 그런 것은 깨져야만 한다. 왜냐하면 그런 문자주의적인 이해는 애당초 이런 설명들을 만들어낸 예수 체험의 능력을 가려버리기 때문이다. 그러나 복음 이야기의 본질은 이처럼 자세한 이야기들 속에 있는 것이 아니다. 그러므로 우리는 기독교 신앙의 핵심을 변질시키지 아니한 채, 그 자세한 이야기들을 포기할 수 있다. 우리는 아직 성서의 이런 요소들을 완전히 정리하지 못했다. 아직 좀더 껍질을 벗겨내야만 한다. 그러나 이 시점에서 어떤 독자들은 이런 작업이 완결되면 무엇이 남겠느냐고 물을 것이다. 그러나 용기를 내기 바란다. 나는 목표에 도달하는 길이 이 길 밖에는 달리 없다고 믿는다. 우리가 마치 더욱 깊어지는 심연 속으로 빠져든다고 느낄지라도 여러분은 나와 함께 계속 전진하기를 촉구한다.

제5장

복음서의 기적 이야기들은 필요한가?

나는 확신하건대 정신이 거부하는 하나님은 마음이 숭배하는 신이 되지 못할 것이다. 신앙이란 어버이 같은 초자연적인 신 앞에서 내가 어린 아이나 혹은 최소한 아이처럼 처신해야 한다는 정의에 나는 동의하지 않는다.

예수는 실제로 기적을 행했는가? 자연적 원인을 배제한 초자연적 사건이라고 정의되는 기적은 일어난 적이 있는가? 장님으로 태어난 사람의 눈에 침을 바름으로 볼 수 있을까? 사람이 명령한다고 폭풍이 잠잠해질 수 있을까? 대부분의 기독교 역사를 통해 교회의 기적에 대한 가르침은 단도직입적이고 명약관화한 것이었다. 기적은 두 가지 이유 때문에 발생하는 것으로 추정되었다. 첫째는 성서가 그렇게 말하고 있으며 또한 성서는 "하나님의 계시된 말씀"(revealed word of God)이라는 것이다. 둘째로, 예수는 인간의 형태를 입은 하나님으로 상정되기 때문에 창조된 모든 세계는 그의 신적인 명령에 응답해야 한다는 것이 당연한 논리적 귀결이다. 이와 같은 두 가지 주장은 오늘날 특히 과학자 집단과 기독교 신학자들 모두에게서 매우 구체적으로 도전받고 있다.

기적이 일어났다는 주장은 어떤 형태로든지 간에 어느 시대에나 존재했다. 치유의 기적이 일어났다는 곳에는 신전이 건축되었다. 초자연적 환상을 보았다는 말이 자주 들림으로써 이런 현상에 대한 진실을 규명하기 위해 다양한 연구가 추진되었다. 신문은 여전히 그런 주장이 마치 타당성이 있는 양 그런 주장에 대해 기사를 싣고 있으며, 군중은 초자연적 사건이 발생했다는 곳에 여전히 몰려든다. 심지어 오늘날에도 치유 능력의 소유자라는 부흥사들은 천막이나 원형극장이나 또는 텔레비전을 매개로 계속해서 청중들을 유인하고 있다. 이와 같은 관심과 주장은 우리가 이해하지 못하는 어떤 사실이 진행 중이라는 것인가, 아니면 인간의 만연한 기만과 심각한 공포를 시사하는 것인가? 노골적인 질문을 던진다면, 기적이란 실제로 일어나는 것인가, 아니면 기적에 관한 이야기는 허구적인 것임에도 불구하고 우리를 위해 개입할 초자연적 존재를 믿으려는 인간의 심층적 요구에서 우러나온 필연적 결과인가?

기적에 대한 주장을 검토해 보면, 첫째로 분명한 사실은 사람들이 체험했다는 주장에는 고차적인 문화이식적(文化移植的, acculturated) 내용이 담겨 있다는 점이다. 우리는 1세기 사진이나 초상화가 없기 때문에 예수나 동정녀 마리아가 사실상 어떻게 생겼는지 알지 못한다. 그러나 우리가 추측할 수 있는 것은 1세기에 살았던 나사렛 예수는 아마도 황색 피부의 중동 사람으로서, 키는 164~172cm이며 체중은 54~63kg을 넘지 못했다는 것이다. 이것은 최소한 예수 시대에 그 지역에서 살았던 남성들의 표준을 말해 준다. 그러나 만일 역사적 예수와 똑같이 보이는 인물이 어떤 서양인에게 비전으로 나타난다면, 그는 우리 문화에 의해 만들어진 영상과 부합하지 않기 때문에 그의 정체를 아무도 식별하지 못할 것이다. 이와 똑같은 현상이 예수의 어머니에게도 나타날 것이다. 그러나 서양인들이 말하는 모든 비전에는 예수와 마리아가 마치 중세기 초상화에서처럼 북유럽인의 모습과 색깔로 보이는 것이다. 이 사실은 우리 자신이 그런 비전의 작자이며 이런 초자연적 현상은 객관적 사실이 아님을 암시하는 것이 아닌가? 예수와 그의 어머니가 힌두나 이슬람 문화권에 있는 사람들에게는 거의 나타나지 않는 것도 사실이다. 고도의 주관성, 즉 우리가 보기를 원하는 것 그리고 우리가 보도록 프로그램화된 것을 보는 고도의 주관성은 종교적인 비전에 관한 우리의 표현에 색칠을 하게 마련이다. 기적적인 치유 이야기는 또한 그것에 대한 소원 성취적 성격과 함께 자기중심적 성격을 지니는 것 같다. 그런 이야기들은 자기 자신의 질병이나 사랑하는 사람의 질병이 분명히 신의 관심의 대상이 된다는 신앙에 초점을 두고 있는 것이다.

그러나 이 모든 언급에도 불구하고 우리가 직면할 수밖에 없는 사실은 복음서들이 초자연적 행위를 정기적으로 행하는 예수상을 제시하고 있으며, 따라서 우리가 복음서 본문들을 읽을 때 거의 모든 페이지마다 기적을 예상할 수밖에 없다는 것이다. 기독교 세계의 수많은 사람들은 성서에 나오는 것은 무조건 진리라고 자동적으로 믿기 때문에, 이런 정신상태에서 벗어나 기적의 신실을 깨닫도록 하는 것은 극히 어려운 일이다. 마가, 마태, 누가 및 요한 등 모두는 예수가 자연을 제압하는 능력을 갖고 있으며, 여러 가지 장애를 치유할 수 있으며, 심지어 세 가지 경우에는 각기 죽은 자를 실제로 살렸다고 묘사하고 있다. 이 이야기들로 인해 제기되는 질문은 확실하다. 즉 그것들은 사실인가? 이것은 역사인가? 만일 우리가 근본주의자이며 "성경에 쓰였네"(The Bible tells me so, 우리 찬송가 563장의 가사 - 옮긴이)라는 사실 이상의 다른 증거를 필요로 하지 않는다면, "예"라고 대답하는 것이 문제가 되지 않는다. 또한 만일 응답자가 기독교 신앙공동체에 속하지 않는다면, "아니오"라고 대답해도 별 문제가 되지 않을 것이다. 그러나 이 질문에 대해 우리는 "예"나 "아니오"라고 대답할 수밖에 없는 것인가? 아니면 이 이야기들이 역사에서 문자 그대로 발생한 사건은 아니지만, 그럼에도 불구하고 이 이야기들은 여전히 중요할 뿐만 아니라 기독교와 본질적으로 연결된 무엇을 보여준다고 생각할 수 있을까? 이제 나는 이 마지막 질문과 가능성을 생각하면서, 복음서에서 예수가 행했다는 기적들에 대해 초점을 맞추고자 한다.

이 논의를 시작하기 위해 나는 우선 복음서에 나오는 기적 사건들의 실제 내용을 분리시킨 다음 밝히기로 하겠다. 예수와 관련된 초자연적 에피소드는 신약성서에 그 수가 얼마나 되는가? 어떤 복음주의자들은 정확한 수를 계산하려고 했으나 누계는 여러 차원에서 도전받고 있다. 예수의 출생이나 그의 죽음, 부활 및 승천과 관련된 기적들의 상당수는 여기에 포함되지 않으나, 그런 이야기들은 초자연적 내용으로 가득 차 있다. 우리는 예수의 출생에 관한 것들을 이미 지적했고 그의 죽음과 부활에 관한 것들을 곧 다루게 될 것이다. 그러나 복음서에 나오는 기적들의 수를 확인하려고 할 때 부딪히는 문제는 이것만이 아니다.

예수가 얼마 되지 않는 빵으로 무리들을 먹인 다음 상당량이 바구니에 남았다는 이야기는 복음서에 여섯 번이나 기록되어 있다. 그 기적은 한 번만 일어났는가 아니면 여섯 번 일어났는가? 우리는 그 내용의 유사성을 보아 하나의 사건이라고 성급한 결론을 맺기 전에 생각해야 할 것이 있다. 그것은 마가와 마태는 이 기적 이야기가 사실상 각기 다른 장소에서 두 번 일어났다고 하면서 사람과 빵의 수 및 남은 분량이 각기 다르다고 전하고 있는 것이다(마가 6:30-44, 8:1-10, 마태 14:13-21, 15:32-39). 그렇다면 이것은 서로 다른 두 기적인가? 그러나 누가와 요한은 마가와 마태에 동의하지 아니하고, 무리를 먹인 기적은 단 한 번 일어났다고 한다(누가 9:10-17, 요한 6:1-14). 요한은 그 사건이 예루살렘에서 예수의 활동 초기인 유월절에 일어났다고 함으로써 혼란은 여전히 남아 있다(6:4). 최후의 만찬 이야기를 포함시키지 않는 요한은, 다른 복음서들에서 최후의 만찬에 붙여진 성만찬 교훈 모두를, 이 에피소드에 편입시킨다. 반면에 마가, 마태 및 누가에는 오병이어(五餠二魚, 빵 다섯 개와 물고기 두 마리) 에피소드 전체가 갈릴리에서 일어난 것으로 되어 있다. "독실한 신자들"이나 성서 비평가들은 우리더러 무조건 믿으라고 말할지 모르지만, 복음서를 연구해보면 문제는 그렇게 간단한 것이 아니다.

예수의 지시에 따라 제자들이 그물을 배의 반대편에 던져 대량의 고기를 기적적으로 잡아 올렸다는 누가와 요한의 기록을 볼 때, 신약성서에서 기적 사건의 수적 문제는 계속 미궁에 빠지게 된다. 이 에피소드들은 각기 시몬 베드로의 삶에 극적 변화가 일어났음을 묘사하고, 그런 점에서 그것들은 밀접한 유사성을 지니고 있다. 그러나 누가는 이 기적이 예수의 활동 초기에 갈릴리에서 일어났다고 한다(누가 5:1-11). 반면에 요한은 그것이 갈릴리에서 일어난 것에는 동의하나, 그 시기를 예수의 부활 이후로 보고 있다(21:1-19). 이 에피소드는 하나인가 아니면 둘인가?

만일 복음서 안에서 기적의 수를 예수가 직접 행한 것에만 국한시킨다면, 마가에는 실상 23개의 기적 에피소드가 있다. 마가에는 개별적으로 언급되지 않은 치유에 관해 여러 가지 암시가 더 있다(마가 1:34). 마태는 마가의 독특한 에피소드 대부분을 베껴 쓰고 새로운 것을 첨가하지 않지만, 매번 그 기적의 내용을 확대하고 있다. 그러나 누가는 마가에게서 베껴 쓴 목록에 기적 이야기를 몇 개 더 추가한다. 특별한 사건으로 기록된 것은 곧 나인성 과부의 죽은 아들을 살리고(누가 7:11-17), 열 문둥병자를 치유한 것이다(누가 17:11-19). 그 다음에 누가는 자세한 언급 없이 자기 특유의 구절을 다음과 같이 덧붙인다. "그 때에 예수께서는 질병과 고통과 악령으로 시달리는 사람을 많이 고쳐 주시고, 또 눈먼 많은 사람을 볼 수 있게 해 주셨다"(7:21). 요한은 어느 곳에도 언급되지 않은 4개의 이야기를 이 늘어나는 기적 목록에 더 추가한다. 즉 예수가 갈릴리 가나의 혼인 잔치에서 물을 포도주로 변화시킨 것(2:1-11), 예루살렘에 있는 "양의 문" 곁의 연못에서 38년 동안 불구 또는 절름발이였던 남자를 치유한 것(5:1-18), 태어나면서부터 눈먼 사람을 보게 한 것(9:1-41), 끝으로 죽은 나사로를 살린 것(11:1-44) 등이다. 이 요한의 에피소드들은 그것들이 다른 사람들에게 미칠 영향(때로는 부정적)에 관한 이야기를 포함하여 매우 자세하게 언급되어 있다. 이 별개의 이야기들을 모두 종합할 때 그 자세한 내용이 분명한 것과 그렇지 못한 기적 이야기가 모두 30개 정도 된다.

신약성서에는 복음서말고도 사도행전에 별개의 기적들이 기록되어 있다. 여기서는 예수보다 오히려 그의 제자들이 초자연적 능력의 대행자로 생각된다. 사도행전에 있는 이 추가 자료는 기독교 전통에서 기적이 예수를 통해서만 일어난 것이 아님을 전하고 있다. 베드로와 요한은 예루살렘에서 태어나면서부터 걷지 못했던 사람을 고친다(행 3:1-10). 천사들은 제자들을 석방하기 위해 감옥 문을 기적적으로 열었다고 한다(5:19). 천사들은 하나님의 기적적 돌봄의 표징으로서 하나님의 구체적인 지시를 크리스천들에게 하달한다(8:26). 바울은 다마스쿠스로 가는 도중에 초자연적 비전을 보았을 뿐만 아니라 그는 또한 시력을 잃었고 결국 아나니아의 개입으로 치유되었다(9:17-18). 베드로는 욥바에서 죽은 여인을 살리고(9:36-43), 또한 바울처럼 기적적이고 삶의 변화를 가져오는 하늘의 비전을 보았다(10:9-23). 바울은 루스드라에서 발을 쓰지 못하는 지체장애인을 고치고(14:8-18), 여종에게서 귀신을 내쫓으며(16:16-18), 또한 베드로처럼 초자연적 사건으로 인해 감옥에서 풀려났다(16:25-34). 초자연적 비전은 바울의 선교 방향을 지시하고(16:9, 18:9, 27:23) 그는 또한 유두고란 청년을 죽음에서 살린다(20:7-12). 끝으로 바울은 로마로 여행 중에 배가 파선되고 뱀에게 물렸으나 하나님의 은혜로 살아남으로써 사람들은 그를 신이라고 부른다(28:1-6).

초자연적인 존재가 일으키는 것으로 간주되는 기적들이 기독교의 근거인 신약성서 이야기 저변에 깔려있는 것은 사실이다. 그렇다면, 기적들은 기독교 이야기의 본질에 속하는 것인가? 만일 이 기적들이 제거되고 다시 정의되고 심지어 부정된다면 기독교는 망하는 것인가? 오늘의 크리스천들은 1세기 기적 이야기의 역사성을 믿어야만 하는가? 아니면 오늘날 이런 극적 행위들을 달리 이해할 수 있는 방법이 있는가? 그런 기적 이야기들이 처음 기록될 당시에도 달리 이해할 수 있는 방법이 있었을까? 포스트모던 세계에 사는 크리스천이 성서에 있다고 해서 믿을 수 없는 것을 강제로 믿어야만 하는가? 우리가 극적이고 강렬한 예수 체험을 탐구할 때 이런 문제에 봉착할 수밖에 없는 것은 예수 체험이 기적들을 당연시하는 고대의 성서 본문을 통해 우리에게 전달되었기 때문이다.

먼저 나의 결론을 밝히는 것으로 시작하겠다. 나는 이 장(章) 첫머리에서 기적에 대해 정의한 바와 같은 기적들은 결코 일어났다고 믿지 않는다. 또한 나는 신약성서에 기록된 기적들이 나사렛 예수의 삶과 그의 제자들의 삶에서 문자 그대로 일어났다고 믿지 않는다. 나에 대한 비판자들이 묻는 것과 같이, 나는 어떻게 하나님이 예수 안에 현존(現存)했다고 주장하면서 그의 삶의 표징인 기적을 인정하지 않을 수 있는가? 나는 크리스천으로서 나와 함께 21세기의 수많은 사람들이 겪어야 하는 갈등에 도전하면서 이 장과 이어지는 몇몇 장에서 이 문제에 답하려고 한다. 왜냐하면 우리에게 주어진 유일한 선택은 기독교를 철저히 포기하거나, 그렇지 않으면 우리의 생각을 멈추고 포스트모던 과학의 통찰을 부정하고 대부분의 현대 신학사상을 무시하며 크리스천이 되기 위해 혹은 크리스천으로 살아남기 위해 우리의 두뇌를 1세기 것으로 바꿔놓아야 하기 때문이다. 이것은 내가 지불하고 싶은 대가가 아니다. 나는 신앙인인 동시에 21세기 시민이 될 수 있는 길이 반드시 있다고 믿는다. 나는 확신하건대 정신이 거부하는 하나님은 우리 마음이 숭배하는 신이 결코 되지 못할 것이다. 신앙이란 어버이 같은 초자연적 신 앞에서 어린아이나 혹은 최소한 아이처럼 처신해야 한다는 정의에 나는 동의하지 않는다.

그럼에도 불구하고 나는 여전히 삶을 거룩한 것으로 체험한다. 나는 지금도 존재하는 모든 것에 편재하는 하나님의 실재를 믿는다. 그러나 나는 기적을 행하는 신은 믿지 않는다. 나는 그런 하나님을 바라지도 않는다. 나는 간섭하는 신이 피조세계에 확립된 자연법까지 위반하면서 변덕스럽게 자기 의지를 성취하려는 세계에서는 살고 싶지 않다. 그러므로 나는 예수의 삶과 역사적으로 관련된 기적 이야기들이 제기하는 문제를 전통적 크리스천들과는 다른 시각에서 볼 수밖에 없다. 나는 이런 성서 전승의 부분들을 읽고 이해하기 위해 새로운 길을 모색할 때, 이 기적들이 기록된 대로 발생했는지 아닌지에 대한 물음에서부터 출발하지 않는다. 왜냐하면 나는 그런 기적들이 실제로 일어났다고는 믿지 않기 때문이다. 오히려 나의 질문은 곧 우리 신앙의 조상들이 나사렛 예수와 함께 가진 체험이 무엇이었기에 예수에 대해 초자연적인 언어들을 사용해서 표현하는 것이 적절하다고 생각했는가 하는 것이다. 만일 나의 삶을 계속 변화시키는 그리스도의 실재를 발견하려면, 나는 전근대적 세계의 문자주의(literalism of a premodern world)를 넘어서야만 한다.

나는 예수 이야기 속에 들어 있는 구체적인 기적들에 관해 언급하기 전에 당시에 일반적으로 믿어졌으며 성서 안에 스며든 초자연적인 이해에 관해 우선 설명하겠다. 기적은 예수 이야기와 함께 시작된 것이 아니다. 그것은 성서의 첫 머리인 창세기에서 이미 시작된 것이다.

성서를 기록한 사람들은 우주가 3층으로 되어 있다고 믿었던 사람들이다. 즉 하나님은 하늘 바로 위에 살고 있으며 따라서 땅에서 발생하는 모든 일에 대해 접촉이 가능하며 책임이 있다고 생각되었다. 어떤 신앙인들은 지금도 이런 의식을 갖고 있으며, 운동선수들이 경기에서 우승한 다음 하늘을 가리키는 것으로 상징화되고 있다. 이런 우주관은 또한 하나님이 장부책을 손에 들고 모든 사람의 행태를 낱낱이 기록하는 이미지를 키운다. 이런 하나님 이미지는 분명히 이 세상일에 깊이 개입하는 하나님의 이미지다. 이런 모습은 성서의 창조 이야기에서 하나님은 에덴동산에서 아담과 이브와 함께 거니는 모습이다(창 3:8). 이 고대 신화에서 처음 사람들이 금단의 열매를 따먹어 하나님에게 반역했을 때, 하나님은 범죄한 남녀에게 직접 적절한 형벌을 내렸다(3:16-17).

노아와 홍수 이야기가 전해진 시기에 이르면, 성서는 분노의 신을 드러내는데, 그는 인간이 행하는 악을 잘 알고 진노하는 동시에 보복 행위로 그들을 벌하기 위해 홍수를 내려 기후 상태를 조작하는 신이다. 하나님이 단독으로 계획하고 실현했다는 이 대량학살에서 노아와 그의 가족만이 용서받을 가치가 있는 대상으로 인정되었다. 이 이야기에서 우주의 자연법은 하나님을 섬기기 위해 있는 것으로 되었다(창

7:1ff). 이것은 성서 전체에 나타난 하나님에 대한 보편적 견해로서, 출애굽, 광야에서 만나라는 하늘 양식으로 히브리 사람들을 먹인 일, 시내 산에서 율법을 기록한 일, 하나님의 심판을 이스라엘 민족에게 전하기 위해 예언자들을 세우는 일, 그리고 그밖에 수많은 이야기들에 나타나 있는 신의 모습이다.

이처럼 바깥 세상에 살면서 기적을 일으키는 하나님은 어떤 면으로 보나 성서에서 지배적이며 대중적인 신의 이미지다. 이것은 하늘에 있는 초자연적인 어버이같은 신이 인간을 지켜보며 보호해주기를 바라는 인간의 기본적인 열망에 응답해서 만들어진 신으로서, 그는 불안전함을 느끼는 인간이 신적인 능력에 의해 돌봄을 받고 있다고 느낄 수 있도록 함으로써 안전함을 느낄 수 있게 한다. 성서 저자들은 기적 행위를 이 초월적 하나님에게만, 혹은 하나님의 대리인으로 인정되는 사람에게만 항상 귀속시켰다. 기적은 실제로 이런 하나님 이해와 정의를 요구하는 듯하다. 그러나 대부분의 사람들은 성서의 기적을 일으키는 신관이 혼란스런 축복(mixed blessing)임을 깨닫지 못한다. 기적적인 방법으로 행동하는 신은 흔히 죄의식과 의존성이라는 유치한 반응을 유도하는 신이다. 즉 만일 하나님이 초월적인 능력의 근원이라면, 우리의 최고 관심사는 분명히 이 신을 기쁘게 만들거나, 아니면 최소한 신의 분노를 불러일으키지 말아야 하는 것이다. 그러므로 우리는 이런 공포로 인해 이 변덕스러운 신을 기쁘게 만들기 위해 적절한 생활과 예배를 강요당하는 것이다. 우리는 그런 신을 섬길 때 신의 호의를 구하거나 아니면 신의 보복에 전율하는 것이다. 결국 이 하나님은 무엇보다도 행위를 통제하는 신(a behavior-controlling deity)이 될 수밖에 없다.

이런 종류의 초자연주의는 성숙성이나 독립성을 독려하지 못한다.

만일 우리가 초자연적 어버이 형상을 항상 기쁘게 해주어야 한다면 우리는 결코 성장하지 못하며, 우리가 자신의 운명에 대해 어느 정도까지 책임을 맡고 있지 않는 한 스스로에 대해 책임질 수도 없다. 사실상 교인들이 성장하여 자기들의 세계와 삶에 대해 막중한 책임감을 느껴야 할 시점에서 교회는 그들이 "거듭 나도록"(born again), 곧 신생아의 무기력한 상태로 되돌아가기를 바라는 것이다.

한 걸음 더 나아가서, 기적을 일으키는 신은 삶에 관한 한 즉흥적이다. 기적이 많이 일어나는 세계는 예측이 불가능하고 때로는 혼돈스러운 곳이다. 만일 우리 삶을 지배하는 법칙들이 신의 개입을 위해 제거된다면, 어떤 것도 안정되거나 신뢰할 수 없게 된다. 우리가 자신의 행복을 위해 어떻게 하나님을 조작할 것인가 하는 것이 종교의 궁극적 목표가 되는 셈이다. 그 목표를 추구하는 과정에서는 불안만이 폭증할 따름이다.

아마도 한층 더 흥미로운 사실은 기적을 일으키는 신은 반드시 도덕적이지는 않다는 사실일 것이다. 성서에 계시된 초자연적 하나님은 빈번히 비도덕적 행위를 자행하는 것으로 나타난다. 대홍수 때 갓난아이와 노인을 죽이는 것(창 6:1-8)이 도덕적 행위인가? 출애굽 당시 모든 이집트 가정의 맏아들을 죽인 것(출 11:1-11)이 도덕적인가? 그것이 이집트인들도 숭배할 수 있는 하나님의 행동인가? 여호수아가 아모리 족속을 학살하기 위해 낮이 더 필요하므로 하늘의 해를 멈춘 하나님은 또 어떤가(수 10:12ff.)? 이것은 아모리 족속도 인정할 수 있는 하나님인가? 기적을 일으키는 신이 자기를 숭배하는 자들이 증오하는 사람들을 증오한다면 그는 도덕적 신인가? 기적의 신을 옹호하려는 자들에게 제기하고 싶은 질문과 문제는 매우 많다. 기적에 집착하는 것이 반드시 신앙에 도움이 되는 것은 아니다. 그러나 기적은 성서 이야기의 하나님에 관한 일차적 이해로 남아 있다.

기적은 성서 안에 어디에나 들어 있다는 일반적인 인상에도 불구하고 기적은 사실상 성서의 특정한 이야기들에 국한되어 있다. 히브리 성서 첫머리에 있는 창조 이야기, 홍수 및 바벨탑 이야기 등에는 기적적 요인들이 약간 있다. 여기에는 하나님이 행한 기적들이 포함되어 있다. 이에 더하여 두 개의 큰 이야기(cycles)가 하나님을 대행하는 인간들이 일으키는 기적들을 다루고 있다. 이 두 이야기들은 유대교라는 종교제도의 발전에서 가장 위대한 영웅이라고 할 수 있는 두 사람을 묘사하고 있다. 첫째는 모세, 곧 유대인 정체 의식의 창시자이며 노예였던 유대인들의 해방자이며 율법 수여자(law-giver)인 모세를 중심으로 수집된 이야기들이다. 둘째는 엘리야, 곧 일반적으로 예언운동의 아버지로 알려진 엘리야를 중심으로 수집된 이야기들이다. 유대교는 오늘날도 "율법과 예언자들"(the law and the prophets)에게서 그 자체의 근본적인 정체성을 찾는다고 하는데, 이것은 즉 모세와 엘리야에게서 찾는다는 말이다.

우리가 히브리 성서의 이 두 가지 결정적 부분에 속한 기적들을 분석해 보면, 여러 가지 유사성을 발견하게 된다. 모세와 엘리야는 모두 하나님 대신 말하며, 하나님으로부터 기적의 능력을 받았으며 하나님 대신 활동하는 것으로 부각된다. 그러나 그 누구도 모세나 엘리야에게 방문하는 신(a visiting deity)의 지위를 부여하지도 않았고, 그들을 외계적 하나님의 성육신으로 보지도 않았다. 물론 하나님은 그들을 통해 역사하셨다. 그러나 그들은 하나님으로 바뀌지 않았다. 모세나 엘리야와 관계된 수많은 기적들은 성서에서 다시 재활용되어, 나중에 그들의 후계자인 여호수아와 엘리사에 관한 이야기에 다시 등장했으며, 그들은 선임자들이 행한 것과 흡사하게 탁월한 일들을 수행할 수 있었다. 예를 들면, 모세와 여호수아는 유대인들이 마른 땅으로 갈 수 있도록 바다 물을 갈라놓았다(출 14:21-22, 수 3:12-16). 엘리야와 엘리사는 모두 자연의 힘을 조작하고(왕상 17:1ff., 왕하 6:1ff.), 음식과 기름을 부풀리며(왕상 17:8ff., 왕하 4:1-8), 심지어 죽은 자를 살리기까지 했다(왕상 17:17ff., 왕하 4:18-37).

모세와 엘리야의 죽음은 모두 수수께끼 속에 감싸졌다. 모세는 모압 땅에 있는 느보산 정상에서 약속의 땅을 바라본 다음 죽었고 하나님이 그를 모압 땅의 골짜기에 묻었다고 한다. 그 장지는 그 날부터 오늘에 이르기까지 비밀로 남아 있어야 한다는 것이 성서의 주장이다(신 34:1-8). 하나님만이 그 위치를 안다는 것이다. 그러나 오래지 않아 모세는 죽지 아니하고 하나님이 그를 이 땅의 삶에서 하늘에 있는 그의 현존으로 직접 데려갔다는 통속적 억측이 등장했다. 죽음 자체를 통과하지 않는 것이 모세의 의로운 삶에 대한 보상으로 간주되었던 것이다.

엘리야는 생의 종말에 이르렀을 때, 그는 죽지 아니하고 오히려 마술적인 불 병거(fiery chariot)를 이끄는 마술적 불 말들(fiery horses)에 의해 하늘로 직접 운송되었고 하늘 위에 있는 하나님에게 올라가도록 회오리바람이 그를 도왔다고 전해진다(왕하 2:1-12). 그가 죽음을 면한 것은 역시 모세처럼 헌신적 삶에 대한 보상으로 간주되었다.

모세와 엘리야가 생의 종말에 이르렀을 때 그들에게 있던 하나님의 능력은 선택받은 후계자 여호수아와 엘리사에게 인계되었는데, 이미 지적한 바와 같이 그들은 전임자들과 유사한 기적을 행했다. 모세는 자기의 선택받은 후계자 여호수아에게 안수한 다음 그에게 지혜의 영을 하사했다(신 34:9). 이와는 달리 엘리야는 엘리사를 선택할 뿐만 아니라 그가 떠날 때 엘리사에게 그의 놀라운(인간적인 것이나마) 능력을 갑절이나 주었다(왕하 2:9). 엘리야는 또한 자기의 겉옷을 남겼고 엘리사는 자기의 낡은 옷을 두 조각으로 찢어버린 다음 그 겉옷을 입었다(왕하 2:13). 능력의 양도는 두 경우에 모두 성사되었다. 여호수아는 모세의 안수를 받고 "지혜의 영이 넘친" 것으로 인정될 때 백성들은 그에게 복종했고 명령대로 따랐으며(신 34: 9), 또한 엘리사가 엘리야를 전송하고 자기 백성에게 돌아왔을 때 예언자 수련생들이 "엘리야의 능력이 엘리사에게 내렸다"고 하면서 그를 맞으러 나와 "땅에 엎드려 절을 했다"(왕하 2:15).

모세와 엘리야의 행동과 그 후계자들의 행동 사이에 성서적 유사성이 있는 것과 같이 모세/여호수아 이야기와 엘리야/엘리사 이야기를 잇는 유사성도 있다. 예를 들면, 모세와 여호수아의 사례를 이미 언급했거니와, 엘리야와 엘리사도 마른 땅에 길을 내기 위해 물을 가르는 능력을 공유하고 있었다(왕하 2:8, 왕하 2:14). 모세와 엘리야는 모두 음식의 양을 늘릴 수 있는 능력이 있었다. 모세는 하늘과 땅을 연결하는 불기둥에 의해 광야를 통과한 반면에, 엘리야는 그의 기도에 대한 하나님의 응답을 과시하기 위해 하늘로부터 불을 불러 내렸고(왕상 18:20-35) 그의 원수들을 불사를 수 있는(왕하 1:10ff.) 능력이 주어졌다.

모세와 엘리야 및 그 후계자들이 행한 것으로 전해지는 기적들은 항상 유대인들의 민족적 이익을 위한 것이었다. 하나님은 자기 원수들을 굴복시키기 위해 모세를 통한 기적을 이용했는데, 그 하나님의 원수들이 반드시 이스라엘의 원수들은 아니었다. 이것이 이집트에 내린 전염병의 경우이다. 하나님은 여호수아를 통해 "가나안 사람과 헷 사람과... 아모리 사람과 여부스 사람을"(수 3:10) 섬멸하기 위해 기적을 이용했고, 그들은 침공한 이스라엘 민족 앞에 모두 무릎을 꿇었다. 하나님은 엘리야를 통해 갈멜 산 위에서 바알의 예언자들을 멸망시키기 위해 기적을 행했다(왕상 18:20-35). 하나님은 엘리사를 통해 숲에서 곰 두 마리가 나아와 그를 저주하는 42명의 아이들을 찢어 죽이는 기적을 행했다(왕하 2:23-25). 이런 사례들이 보여주는 것은 성서에서 기적의 능력을 소유한다는 말은 언제나 또는 반드시 도덕적이고 의롭고 또는 신사적인 것은 아니었다는 사실이다. 이런 문제들은 정통주의자들이 즐겨 믿는 것처럼 그렇게 단순한 것이 아니다.

우리가 기적과 초자연적인 것에 관해 연구할 때 직면해야 할 또 하나의 문제는 "신정론"(神正論, theodicy) 곧 악의 현실성에도 불구하고 하나님의 선하심을 인정하려는 의도와 관계된 것이다. 만일 하나님에게 기적적이고 초자연적인 능력이 있다면, 하나님이 어떤 경우에는 기적을 행사하고 어떤 경우에는 행사하지 않는지에 대해 신앙인들은 그 이유를 밝힐 필요가 있다. 만일 하나님이 전쟁에서 아들이나 딸이 죽음을 면하도록 간구하는 부모에게 응답할 능력이 있다면, 그 기도의 대상인 군인이 죽게된 것은 그 부모의 기도가 효과가 없었다는 말인가, 아니면 그 희생자는 하나님이 내린 죽음을 죽어 마땅하다는 말인가? 어느 결론이 맞는 것일까? 만일 하나님이 하늘에서 내려온 만나로 굶주린 자들을 먹이거나 음식 공급을 확대할 능력이 있음에도 불구하고, 가뭄이나 병충해로 인해 피해를 입은 지역의 참혹한 기아를 방치한다면, 그 하나님은 도덕적인가? 만일 출애굽할 때 하나님이 유대인들의 원수를 패배시키고 그들을 멸망시킬 능력이 있었다면, 왜 하나님은 유대인 대학살(the Holocaust, 나치에 의한 6백만 명의 학살 - 옮긴이)을 중단시키기 위해 개입하지 않았는가? 우리가 만일 하나님에게 초자연적 능력이 있다고 말한다면, 우리는 하나님이 그 능력을 사용하는 데 인색한 이유를 해명해야만 한다. 곧 인생은 왜 그렇게 많은 고통, 질병 및 비극으로 가득한지를 해명해야 한다. 극작가 아취볼드 맥리쉬는 욥기에 근거한 희곡 *J.B*에서 "만일 하나님이 하나님이라면 그는 선하지 않다. 만일 하나님이 선하다면 그는 하나님이 아니다"고 했다.1) 하나님이 초자연적 기적의 능력을 소유하고 이용한다는 주장은 결국 비도덕적일 만큼 변덕스러운 신을 만든다. 이와는 달리 하나님에게 초자연적 능력이 없다는 주장은 무능할 만큼 나약한 신을 만든다! 이것이 신정론이 직면할 수밖에 없는 딜레마다. 비도덕적이거나 무능한 신, 혹은 그 두 성격을 모두 지닌 신은 장수하지 못하는 법이다.

내가 독자들에게 간청하고 싶은 것은 성서를 장기간 포장해 온 문자주의적 입장을 포기하지 않을 때 직면하게 될 문제를 인식하라는 것이다. 우리의 무지(無知)가 제아무리 경건하고 성스러운 것으로 간주된다 할지라도 그것은 역시 무지일 따름이며, 그것은 바로 우리가 주지하는 바 합리성에 위배되는 것이다. 하나님과 인간의 삶 모두에 관해 마술적인 견해를 소유한 사람들만이 아브라함이라는 이름을 가진 사람(만일 그가 진정 생존했다면)에 관한 이야기와 민담들이 900년이 지난 다음에 성서에 문서형태로 기록될 때까지 완벽하게 전달되었다고 생각할 것이다. 심지어 모세는 기원전 1250년경에 살았던 인물로 보는데, 모세에 관한 이야기들도 그가 죽은 지 약 300년이 지나기까지는 성서에 기록된 형태로 편입되지 않았다. 모세의 이야기들이 300년이란 구전(口傳)의 과정을 거치면서, 기적들로 미화되고 그 자세한 내용들이 과장되지 않은 채 전달될 수 있었을까? 그런 이야기들은 계속 되풀이되는 과정에서 확대되는 것이 인간의 성향이 아닌가? 우리가 예수와 복음서에 오게 되면, 구전 기간은 수백 년이 아니라 40~70년으로 축소된다. 이렇게 된다고 해서 문제의 심각성이 감소되는 것일

---

1) 이 말은 Archibald MacLeish, *J.B*에서 자주 반복되는 합창이다.

까? 구전 이야기들은 40~70년 동안 아무런 변함 없이 전달된 것일까?

이런 원리를 가장 잘 보여주는 것이 이스라엘 역사의 중추적 이야기인데, 그것은 이스라엘이 하나의 민족으로 출생하는 계기를 보여주는 것으로서, 그 계기는 해마다 유월절 예배를 통해 축하된다. 그 이야기의 절정은 홍해를 가르는 거대한 기적이다(출 14). 영화감독 세실 B. 드밀은 그의 극적이지만 비학문적인 영화「십계」를 통해 그 사건의 장면을 우리 마음에 각인시켰다. 드밀과 많은 성서 문자주의자들은 오늘날 대다수의 성서학자들이 홍해 이야기에 대해 성서가 주장하는 것과는 다른 견해를 갖고 있다는 것을 알게 되면 놀람을 금치 못할 것이다. 즉 만일 그 사건이 일어났다면 그것은 성서가 주장하는 것과는 전혀 다른 형태라는 것이다. 즉 현대 학자들은 유대 민족의 역사적 정체성의 기원이며 그들 성서의 중심 에피소드가 된 최대의 기적 이야기에 대해, 최선의 경우 의심하거나 최악의 경우 철저한 오류로 본다는 것이다.

그렇다면 홍해가 갈라진 기적 이야기는 무엇이 잘못되었는가? 첫째로 이스라엘 백성이 문자 그대로 홍해를 건넜다면, 그들은 자신들의 탈출 루드에서 상당히 빗어난 길을 샀나는 말이 된다. 그뿐 아니라, 홍해는 그 폭이 가장 좁은 지점이 190km에 달한다. 따라서 그들이 출애굽기의 기록처럼 마른 땅까지 열 시간에 통과했다면, 그들은 한 시간당 평균 19km를 걸어야 했고 5분에 1.6km를 걸었다는 말이다. 이것은 특히 체격, 연령 및 육체적 조건이 각기 다른 잡다한 집단으로서는 실로 놀라운, 그렇다, 실로 기적적인 성과라고 아니할 수 없다. 그러나 히브리 성서 본문은 실제로 건넌 물을 얌숩(Yam Suph)이라고 표기했다. 성서에 "홍해"라고 번역된 이 말은 문자적으로는 "갈대 바다"(sea of reeds)라는 뜻이다. 오늘날 얌숩은 홍해가 아니라 지금 수에즈 만 북부

5장. 복음서의 기적 이야기들은 필요한가? *113*

에 있는 늪지와 동일시되고 있다. 그 지역은 수심이 1미터 정도여서, 건너는 것이 어렵지만 불가능하지는 않고 그 폭이 32km 미만이다. 이런 사실만으로도 그 역사적 순간의 실상이 약 300년 후 유대인들의 성서에 기록된 초자연적 이동과는 판이했다는 의심을 갖게 한다.

무기 없이 탈출하는 노예들이 자신들을 뒤쫓아오는 이집트 군대가 도주하는 값싼 노동자들을 혼신을 다해 추적하면서 수마일 뒤에 먼지 구름을 일으키는 것을 볼 때 그들의 공포가 어떠했을까 상상해 보라. 그 때 이 노예들은 그들 앞에 최선의 조건에서도 건너기 어려운 늪지대를 발견했다. 그들은 철제 마차를 타고 달려오는 이집트 군대를 피할 길이 없었다. 그들은 칼에 찔리거나 물에 빠져 멸절할 순간에 처한 것이다. 그것은 쉽게 넘길 수 없는 위기였다. 그들은 가급적 죽음을 면하기 위해 늪지대로 도망쳤다.

그들은 억압을 피해 도망치는 노예였으므로 짐은 가벼웠다. 이집트인들이 멀리서 맹렬히 추적해 올 때 그들은 보따리 속에 옷 몇 벌 밖에 없었으므로 그들은 전속력을 다해 도망쳤다. 이집트인들이 늪지대 곧 갈대바다의 가장자리에 도달했을 때, 이스라엘인들은 아마도 늪지대 안 불과 수백 미터 지점에 있었을 것이다. 승리의 확신에 찬 이집트인들은 유대인들을 뒤따라 늪지대로 뛰어들었다. 철제 마차, 무거운 갑옷, 검과 창으로 중무장한 이집트인들은 수렁에 빠지고 말았다. 히브리 노예들은 서서히 그러나 불굴의 정신으로 계속 행진했다. 32km는 꽤나 긴 여정이었고 그들이 굳은 땅을 밟기까지는 며칠이 걸렸다. 그들이 얕숨을 통과했을 때 말할 수 없는 안도감과 벅찬 승리감으로 광야를 향해 발걸음을 재촉했지만, 반면에 이집트인들은 수렁 속으로 점점 깊이 빠져들어 갔다. 그것은 삶을 변화시킨 사건이었다. 이런 역사적 시점에서 하나님이 그들을 해방시켰다고 어찌 선포하지 않을 수 있었겠는가? 그들은 이집트인들에게 대항할 무기가 없음에도 불구하고 살아남은 것이다. 분명히 하나님의 자연 기적이 그들을 구원하기 위해 개입한 것이다.

이 놀라운 출애굽 사건 이야기가 기록되기까지는 약 12세대가 흘렀다. 그 이야기는 물론 자세하게 발전했다. 그 기적은 해가 거듭하면서 미화되고, 그 체험 자체는 유대인들의 마음에 각인되었다. 하나님이 그들을 해방시켰다. 하나님은 그들을 사랑했다. 하나님은 그들을 위해 목적을 갖고 계셨음에 틀림없다. 그 때부터 그들은 스스로 하나님의 선택받은 백성이고, 하나님과 계약을 맺었으며, 그들을 통해 세계의 모든 나라들이 궁극적으로 축복받도록 결정되었다고 했다. 그 이후 하나님은 물과 자연의 지배자로 인식되었다. 유대인들은 이 진리를 그들의 예배를 통해 경축했으며 그들의 서사시를 계속 전수했다. 이 서사시가 결국에는 거룩한 율법서(Torah)가 되고 유대인들이 예배 장소에서 읽어야 할 거룩한 문서가 되어, 그것은 궁극적으로 하나님의 말씀이라고 했다.

이런 과정을 거쳐서 히브리 성서의 핵심적인 기적 이야기가 생겨니게 되었다. 예수의 기적도 이와 비슷한 방식으로 생겨나게 되었는가? 이것이 이제 우리가 검토해야 할 문제이다. 우리는 지금까지의 분석과 통찰을 기억하면서, 복음서의 기적 이야기들을 검토할 필요가 있다. 그것들 역시 어쩌면 문자 그대로의 역사적 사건이 아닐 것이다. 그것들은 아마도 강렬한 내적 체험을 언어로 표현하려는 외적 시도일 것이다. 우리는 예수 체험을 손상시키지 않으면서, 예수에 대한 기억에서 그 기적들을 벗겨내고 심지어 삭제할 수 있을까? 만일 우리가 그렇게 할 수 없다면, 기독교의 미래는 존재하지 않을 것이다. 만일 우리가 할 수 있다면, 기독교는 포스트모던 세계에서 생존할 수 있는 기회를 갖게 될 것이다. 나는 그것을 위해 투자할 가치가 있다고 생각한다. 나는 당신을 또다시 새로운 영역으로 초대한다. 그것은 곧 궁극적 진리와 문자적 개념을 분리시키는 영역이다.

제6장

자연 기적:
해석적 표징이지 역사적 사건이 아니다

나는 기독교인으로서 진정한 예배를 드리는 데 기적을 만드는 하나님이 더 이상 필요치 않다는 결론에 도달했다. 그런 하나님 개념은 오히려 나를 신앙 밖으로 추방하는 것이다.

기적의 가능성에 대한 집착은 인간의 정신 속에 있는 어떤 심오한 것을 충족시킨다. 거의 보편적인 열망을 드러내는 것으로서 기적은 대부분의 종교에서 찾아볼 수 있다. 나는 그것이 자의식의 충격에 대한 실존적 자각에서 생겨난다고 믿는다. 인간은 자기가 정복하거나 통제하지 못하는 자연적인 힘들에 의해 시달리면서 우주에 홀로 존재할지도 모른다는 생각은 감당할 수 없는 공포를 불러일으킨다. 그 공포를 가라앉히는 것은 인간에게 있는 것보다 더 원대한 어떤 힘, 즉 우리를 지켜보며 우리에게 도움을 주려고 개입하는 어떤 힘이 있다는 확신이다.

인간으로서는 초자연적인 힘이 인간사를 주관한다고 믿는 것이 심리적으로 매우 중요하기 때문에, 그런 믿음에 대한 신빙성이 지적으로 불식된 후에도 오랫동안 비합리적인 믿음에 붙잡히게 된다. 이

117

런 현상은 진화론이 신의 개입을 허용하지 않기 때문에, 종교인들이 진화론에 대해 크게 반발하는 것에서 찾아볼 수 있다. 심지어 다른 형태의 생명과 우리의 연관성을 보여주는 DNA의 증거와 지구 행성의 기원을 보여주는 방사성 동위원소 측정으로 인해 위협을 느낀 종교인들이 지금도 법정을 통해 이 진리를 말살하려고 안간힘을 쓴다. 우리는 테네시 주에서 있었던 1925년 스코프스(Scopes) 재판을 회고하거나 또는 "창조과학"(creation science)을 발전시키려는 시도와 그것의 냄새를 풍기는 서자 곧 "지적 설계론"(intelligent design)을 살펴보는 것으로 족할 것이다. 만일 진화가 진리라면, "자연 도태"는 우주에서 신의 목적을 대체하는 것이며, 세계의 자연적인 힘 앞에서 느끼는 무력감의 공포와 우주의 방대함 앞에서 느끼는 고독감은 우리를 압도하기에 충분하다. 근본주의 자체는 이 불안의 또 다른 현상이다. 심리학자들은 이것을 부정(denial)이라고 한다. 어느 종교 기관이 오류가 없는 자에 의해 운영된다거나, 또는 성서에는 오류가 없다는 주장은 인간의 진리가 아니라 인간의 불안을 향해서 말하는 것일 따름이다. 그러나 사람들은 대부분 이런 문제를 의식하지 못한다. 사람들이 기도의 효력에 대해 의심을 품기까지는 초자연적 개입이 없다는 사실이 그들에게 숨겨져 있는 것이다.

    기도에 대한 문제는 내가 "하나님 체험"(The God Experience)이란 주제로 강연할 때마다 언제나 가장 먼저 대답해야 하는 질문이기도 하다. 사람들은 기도의 효과에 대해 물을 때, 초자연적 신 곧 인간을 크게 위협하는 세상의 힘들을 처치할 수 있는 초자연적 신에 근거한 고대의 안전장치를 의식하는 것이다. 만일 우리 간구의 응답으로 기적이 일어난다면, 하늘은 공백상태가 아니다. 우리가 기도하는 대상은 인간의 한계성을 갖고 있지 않지만 우리 자신과 다르지 않은 존재를 향해 기도하는데, 그는 우리에게 도움, 안전, 치유, 원수의 패배, 홍수나 태풍의 정지 등을 제공하기 위해 내려올 수 있는 존재이다. 우리의 신앙 이야기의 발전과정에서 기적이 기록되었다는 사실은 매우 고무적이다. 그러므로 기적 이야기들이 문자적으로 사실이 아닐 수 있다는 주장은 충격을 유발하고 공포를 초래하며 흔히 분노를 자아낸다. 그런 감정적 반응이 때로는 신앙적인 열정 또는 확고한 신념으로 오인되기도 한다. 그러나 그런 두 가지 태도 모두 진실이 아니다. 그런 감정적 반응은 과거의 종교적 안전체계가 필연적으로 소멸하는 것처럼, 자아를 의식하는 피조물의 원초적 불안을 다시 드러내는 것일 따름이다.

만일 복음서 이야기 중에 문자 그대로의 기적이 없다거나 혹은 이런 초자연적 활동에 대한 이야기들이 의심을 받게 되면, 우리의 안전장치는 그 기초가 흔들리게 된다. 만일 초자연적 능력으로 우리를 보호할 수 있는 신이 없다면, 인간의 자의식이 처음 생길 때 나타난 불안, 곧 우리의 원초적 고독은 우리를 다시금 압도할 것이다. 그러나 이 모든 사실에도 불구하고, 나는 철두철미 정직해야 할 때가 왔다고 생각한다. 이제 나는 과거의 초자연적이며 유신론적인 하나님이 아직도 실재하며 기적적인 방법으로 인간 역사에 개입할 기회를 노리고 있는 것처럼 믿을 수는 없다. 결국 나는 이제 복음서의 예수를 둘러싼 기적 이야기들이 지금도 역사적 사건으로 취급되고, 또한 그런 기적들이 우리가 현재 우주에 관한 모든 지식을 지배하는 법칙들에 대해 치외법권이라는 식으로 행동할 수 없다. 내가 사는 세계에서는 기적이 일어나지 않는다. 우주에 작동하는 법칙들을 파괴하려는 가상적, 초자연적 침입은 순전히 환상일 뿐이다. 즉 하늘 위에 있는 하나님이 성령을 내려 붓기 위해 하늘이 열리는 일은 없으며, 축하객들의 갈증을 덜어

주기 위해 물은 포도주로 변하지 않으며, 귀신을 내쫓으므로 문둥병이 낫지는 않으며, 혀에 붙은 마귀를 쫓는다고 벙어리가 고쳐지지 않고, 죽은 자가 장사한 지 4일만에(나사로의 경우), 혹은 3일만에(예수의 경우) 육신의 생명으로 다시 살아나지 않으며, 끝으로 제트 기관 없이 이 세상 밖으로 승천하는 일은 없다는 말이다.

만일 내가 크리스천이 되기 위해 이런 전근대적인 형태의 표현이 아직도 타당하다고 위선을 떨어야 한다면, 나로서는 정직성이 마침내 신앙을 압도할 것이다. 나는 최소한 전통적 의미에서는 이미 크리스천이 될 수 없다. 그러나 이렇게 말하고도 나는 계속 헌신적인 크리스천임을 고백한다. 나는 하나님이라고 하는 궁극적 실재에게서 발견한 진리에 대해 여전히 확신을 가지고 있으며, 또한 나는 여전히 예수에게서 하나님과 인간 모두의 완전성을 보는 것이다. 이것이 내가 예배하는 데 기적을 일으키는 하나님이 더 이상 필요하지 않다는 결론에 도달했다는 말이다. 실제로 그런 하나님 개념은 사실상 나를 신앙 밖으로 추방한다. 나는 앞 장에서 이 논의를 위한 기초 작업을 폈으므로, 이제 복음서의 예수에 관한 초자연적인 주장들을 구체적으로 검토해 보려고 한다.

나는 매우 단순하면서도 분명한 질문을 제시하는 것으로 시작하겠는데, 그 핵심 주제에 관해서는 다양한 방식의 질문이 가능할 것이다. 즉 지금 복음서에 나오는 기적들은 본래적인 예수 체험(the original Jesus experience)의 일부인가, 아니면 그 기적들은 예수의 주변을 맴돌던 해석적 논쟁(the interpretive debate)의 일부로서 나중에 첨부된 것인가? 이 기적들은 애당초 문자 그대로 발생한 역사적 사건으로 보였는가, 아니면 심지어 그 기적들이 기록될 당시조차도 예수의 삶 속에서 체험된 의미 문제를 다루기 위해 고안된 예언적인 해석적 표징(prophetic interpretive signs)으로서 인식되었는가? 우리는 1세기 사람들이 기적이라고 생각한 것을 초자연적 침입으로 보지 아니하고 우리의 육체, 마음, 정신 속에서 생겨난 자아의 심오한 새로운 통합, 곧 통전성의 새로운 종합(a new synthesis of wholeness)이라는 내면적 과정이라고 간주하는 것은 가능할까? 이 종합은 문자 그대로 우리의 존재를 확대하고 우리 육신의 부조리한 정체성을 극복하며, 독일 신학자 폴 틸리히가 말한 바와 같이 "존재의 근거"(Ground of Being)와의 접촉을 인식하는 자들에게 오는 바로 그 "새로운 존재"(New Being)로 우리를 초청할 능력을 갖고 있는가?1) 유일하게 예수와 관련된 진정한 기적이란 바로 이런 통전성의 능력이 예수에게만 독특하게 집중되어 있었던 것이었을까? 이런 새로운 개념과 이해를 밝혔으므로 이제 성서의 자료를 찾아보자.

기적들은 교회가 예수에 대해 가졌던 최초의 기억 속에는 나타나지 않았던 것으로 보인다. 이미 지적한 바와 같이, 바울은 첫 번째 복음서가 기록되기 전에 죽었는데, 그는 기적에 관해 언급한 적이 없다. 신약성서의 이 첫 집필자(바울)의 문서에 나타난 기적에 관한 유일한 힌트는 그가 하나님이 예수를 죽음에서 일으켰음을 믿었다는 것이다. 따라서 부활은 그처럼 간략하게 무시할 수 없는 기적에 대해 강력한 주장을 대변한다고 말할 수 있을 것이다. 그러나 바울의 자료를 자세히 살펴보면, 예수의 부활(resurrection)은 후대에 부활절을 그의 육체적 소생(physical resuscitation)으로 묘사한 이야기들과는 전혀 상관이 없음을 보여 준다. 바울이 말하는 부활은 먼저 예수의 생명을 긍정하는 하나님(로마 1:1-4)과 관계된 것이며, 다음에는 제자들로 하여금 예수의 정체를 볼 수 있도록 -- 바울로 하여금 "내가 우리 주 예수를 뵙지 못했습니까?"(고전 9:1)라고 말하도록 자극한 체험 -- 하나님이 제자들의 마음

---

1) Paul Tillich, *The Courage to Be*.

과 눈을 열어주는 것과 관련된 것이다. 바울은 또한 하나님이 예수를 일으킨 것과 같은 방식으로 우리를 일으킬 것이라고 했다(고전 15:12ff.).

나는 이 생각을 부활에 관한 장에서 보다 충분히 발전시키려고 한다. 여기서는 바울이 예수의 기적 이야기들을 알지 못했던 것 같다는 점을 밝히기 위해, 부활을 기적의 개념에서 분리시키는 것에 그치겠다. 바울은 다마스쿠스 도상에서 본 비전을 포함해서 모종의 초자연적 회심을 체험했다는 암시조차도 하지 않는다. 그는 자기가 쓴 편지 어디에서도, 자신이 하늘의 빛을 본 것이나 혹은 육신의 눈이 멀게 된 것에 대해 말하지 아니하며, 그가 잃었던 시력을 어떻게 회복했는지도 결코 보고하지 않는다. 그는 누가가 주장하는 것처럼 아나니아가 자신의 눈을 치료했다는 점에 대해서도 언급한 적이 없다. 이 모든 미화된 내용들은 바울이 죽은 지 30~40년 후에 기록된 사도행전에만 삽입되어 있는 내용이다.

그러나 바울은 초자연적인 기적 이야기에 대한 진술에 의존하지 않으면서도 그리스도라는 존재 안에서 자신이 어떤 방식으로든 하나님을 만났다는 체험을 가졌던 것 같다. 그 체험이 그에게는 실재적인 것이며 확실한 것이었다. 예수 안의 이 신적 현존(divine presence)에 몰입하려는 바울의 염원은 "그리스도 안의"(in Christ) 삶이 곧 크리스천의 삶이라고 한 그의 진술에 표현되었다. 예수를 가장 잘 설명할 수 있는 방법은 하나님이 자신을 비워 인간이 된 것이라는 바울의 입장이 빌립보서에 기록되어 있다(2:5-11). 그러나 이것 때문에 바울은 소위 기적이라는 것이 예수의 삶 속에 일어났다고 인정하도록 만든 것 같지는 않다. 바울은 하나님과 인간의 삶이 상호 교류하는 것으로 이해했던 것 같다. 이것이 최소한 제시하는 가능성은 예수와 관련된 기적 전승이 예수 전승 가운데 본래적인 것이 아니라 후대의 발전에 속한다는 것이다. 그러므로 내가 독자들에게 바라는 것은 우리가 앞으로 나아가기 전에 이 가능성에 대해 우리의 마음을 열어두자는 것이다.

기적은 70년대의 마가와 80년대 및 90년대의 기타 복음서들에서 처음 등장했다. 그러므로 기적은 복음서가 문서화되던 기원후 70년과 100년 사이의 기간이 만들어낸 것 같다. 세계적으로 가장 유능한 학자들이 일반적으로 인정하는 것처럼, 우리가 이 기간을 기적이 처음 등장한 기간으로 인정한다면, 기적이 왜 하필이면 이 기간 동안에 예수 이야기에 첨가되었는지에 대해 물을 수 있다. 만일 기적들이 예수에 대한 기억에서 본래적인 것이 아니었으며, 또한 예수의 생애와 선교에서 발생한 전승에서도 본래적인 것이 아니었다면, 왜 하필 그 당시에 기적 이야기들이 등장하게 되었는가?

만일에 기적들이 예수 이야기 가운데 후대의 발전에 속하는 것이라면, 그 기적들이란 초자연주의를 표현한 것이 아니라, 궁극적인 하나님 체험에 대해 합리적인 설명하기에는 인간의 언어가 부적절한 도구이기 때문에, 기적들을 사용하여 그 궁극적 체험을 표현한 것일 수 있다. 우리는 하나님 언어(a God language)만이 하나님에 대해 의미 있게 말할 수 있지만, 우리에게는 하나님 언어가 없다는 사실을 인식할 필요가 있다. 우리 인간이 하나님 언어 없이 하나님에 관해 말하려면, 인간의 사건들을 초자연적인 실재의 차원까지 높임으로써, 우리가 하나님과 하나님의 행동에 대해 기대하는 것과 비슷하게 만들어야만 가능한 것이다. 이런 현실이 분명히 작동한 경우 가운데 하나가 바로 예수의 제자들이 예수의 삶 속에 나타났다고 믿은 신적인 삶을 묘사하기에 충분히 거창한 언어를 추구할 때였던 것이다. 예수의 삶 속에 나타난 신적인 삶이란 인간의 한계를 뛰어넘고 인간의 한계를 초월할 수 있었다고 전해진 삶이었기 때문이다.

예수가 행했다는 초자연적 활동은 대체로 세 가지 범주에 속한다. 첫째는 자연 기적(nature miracles)이며, 둘째는 치유 기적(healing miracles)이고, 셋째는 죽은 자를 살리는 이야기들이다. 복음서 저자들이 기적 이야기를 통해 예수를 전하려는 것은 이 세 유형의 기적에 따라 조금씩 다른 것 같다. 따라서 나는 그것들을 분리하여 우선 여기서는 이 장의 주제인 예수의 자연 기적을 다루고자 한다.

복음서들은 예수가 물 위로 걸어간 것, 풍랑을 잠잠하게 한 것, 바람을 잠재운 것, 제한된 빵을 무리가 먹을 수 있도록 팽창시킨 것, 예수가 무화과나무를 저주하여 즉각적으로 또한 인위적으로 죽게 만든 것 등에 대해 말할 때, 예수가 자연의 힘을 능가하는 능력을 지녔다고 역설한다. 성서의 자연 기적을 연구할 때 내가 제기하는 질문은 한결같다. 즉 사람들은 예수에게서 도대체 무엇을 체험했기에 그의 주변을 이렇듯 다양한 초자연적인 자연 기적 이야기들로 둘러싸게 했을까?

타당한 결론을 모색할 때 가장 중요한 사실은 복음 전승이 유대인들의 창작물이며, 따라서 그 전승은 그들의 종교 역사와 세계관에 의해 크게 영향 받았다는 사실을 기억하는 것이다. 유대인의 신앙 이야기는 하나님이 자연에 대해 권능을 가졌다는 주장으로 시작된다. 즉 율법서가 시작되는 첫머리에서, 하나님은 혼돈에서 질서를 세우고 해와 달과 별들을 창조한다. 바다는 물고기로, 하늘은 새들로, 땅은 기어 다니는 것들과 맹수들로 가득 차며, 그 중에서 가장 위대한 것은 남녀 인간이었다. 하나님은 이 인간 피조물들에게 하나님이 만든 모든 것을 신처럼 지배하도록 명령했다. 유대인들은 이 처음 창조 이후에도 하나님이 이 세상일에 계속 개입하는 것으로 인식했다. 그것이 아담과 이브, 가인과 아벨, 노아, 아브라함 및 모세 이야기의 일관된 주제이다. 출애굽의 절정은 자연에 대한 하나님의 권능을 과시하는 것, 즉 바다 물을 가르는 자연 기적으로 기록되었다. 그 후 이 권능은 유대교 예배를 통해 다시 강조되었고 축하되었으며 이 주제는 시편 저자들과 예언자들에 의하여 거듭 반복되었다. 하나님은 권능으로 "큰 폭풍을 일으키시고 물결을 산더미처럼 쌓이게 하시고"(시 107:25), 또한 "폭풍이 잠잠해지고 물결도 잔잔해지게" 함으로써 사람들을 곤경에서 벗어나게 해준다(시 107:28-29). 선지자 나훔은 "회오리바람과 폭풍은 당신이 다니시는 길이요"(나 1:3)라고 말했다. 그는 계속해서 하나님은 "바다를 꾸짖어 말리신다"(1:4)고 했다. 스가랴는 "비구름을 일게 하시는 분은 주님이시다"(10:1)고 덧붙였다. 이 본문들은 하나님과 자연의 관계에 대한 유대인들의 이해를 드러내고 있다.

우리는 이처럼 유대교가 하나님을 자연에 대한 권능의 소유자로 인식한 사실을 알게 됨으로써, 복음서의 자연 기적이 유대인들의 종교 역사에 의해 형성되었다는 것을 이해할 수 있다. 예수의 제자들은 자신들이 예수 안에서 유대인들의 하나님을 만났다는 확신을 다양한 방법으로 표현하고자 했다. 바울은 하나님이 그리스도 안에 계셨다고 했다(고후 5:19). 마가는 예수가 세례 받을 때 하늘이 열리고 하나님의 영이 예수에게 내려왔다고 했다(1:1-11). 마태는 예수의 이름이 요셉의 꿈에 나타났는데 "임마누엘" 곧 "하나님이 우리와 함께 계시다"(1:23)는 뜻이라고 했다. 또한 마태는 부활한 예수가 "보아라, 내가 세상 끝 날까지 항상 너희와 함께 있을 것이다"(28:20)라고 말한 것으로 그의 복음서를 마무리할 때 그는 예수 스스로가 "임마누엘"임을 주장하게 한 것이다. 누가는 예수가 하나님에게서 왔을 뿐만 아니라 자기의 사역을 마치고 하나님께 돌아갔다고 했다(누가 1:26-35, 24:50-53, 행 1:1-11). 요한은 예수가 자기와 하나님은 하나임을 다양한 방법으로 주장했다고 한다(1:14; 5:17, 20; 10:30; 17:1ff.).

이것이 제자들의 예수에 대한 체험이었다. 문제는 그들의 체험에 대한 표현방식이었다. 그들은 히브리 성경에서 하나님 언어를 탐색함으로써 문제를 해결했고, 그것을 발견했을 때 그것으로 예수를 포장했다. 그것은 그 언어가 사실적 사건을 서술했기 때문이 아니라 그들의 체험을 전달하기에 충분했기 때문이다. 따라서 제자들은 깊은 바다에도 길을 만들 수 있고 발자취를 물 위에 남기는 하나님(시 77:19)을 물 위로 걸어가는 예수의 이야기로 전환한 것이다. 그들이 폭풍을 잔잔케 하는 예수를 묘사한 의도는 폭풍을 잔잔케 하고 바다의 노도를 잠재울 수 있는 하나님이 예수 안에 임재했음을 말하려는 것이다. 제자들은 하나님이 어떤 방식으로든 예수의 부분임을 감지하고서, 그 하나님의 현존을 드러내기 위해 자연 기적에 대한 이야기를 사용한 것이다. 이 이야기들은 객관적인 의미에서 사실상 발생한 것을 설명하려는 것이 아니라, 그들이 나사렛 예수에게서 본 하나님에 대한 강렬한 내적 체험을 그들의 종교 전통에 속한 외적 언어로 해석하려고 한 것이다. 내적 체험을 서술할 수 있는 언어는 없으며, 우리가 사용할 수 있는 것은 외적 언어뿐이다. 현대의 종교인들은 왜 이 차이점을 인식할 수 없는 것일까? 그들이 우리의 공통적 인간성의 내적인 깊이를 이해하려고 할 때, 제한된 외적 언어를 왜 그처럼 반드시 문자주의적으로만 생각하려 하는가?

예수의 또 하나의 자연 기적은 단지 몇 개의 빵으로 많은 무리를 먹일 수 있는 충분한 분량으로 늘리는 그의 능력이었다. 히브리 성서를 분석해 보면 입증되듯이, 이런 이야기도 역시 유대 전승에서 유래된 것이다. 그것은 모세의 이야기를 확대한 것이다. 즉 모세는 광야에서 하나님에게 빵을 무제한 내려주도록 요청하여 사람들이 그 빵을 여러 바구니에 담았다는 이야기에서처럼, 굶주린 무리를 먹여 살리는 도구였다(출 16:1-8). 엘리야와 엘리사도 또한 식량을 넉넉하게 공급하는 능력의 소유자였다고 한다(왕상 17:1-16, 왕하 4:1-7). 예수의 유대인 추종자들은 1세기 후반에 살면서 그들의 옛 신앙 영웅들에게서 이 주제를 취하여, 그것으로 나사렛 예수를 포장했다. 복음서에 기록된 오병이어의 기적을 자세히 읽어보면, 복음서 저자들은 역사를 서술하고 있지 않음이 분명하다. 그들은 자신들이 믿게 된 예수가 누구인지에 대해 말하고 있는 것이다. 마가와 마태가 기록한 두 개의 오병이어 기적의 내용을 검토해 보면, 이 사실은 더욱 분명해진다. 첫째 이야기는 갈릴리 호수의 유대인 지역에서 빵 다섯 개로 5천 명을 먹였고 그 부스러기를 열두 광주리 걷었다고 한다. 둘째 이야기는 갈릴리 호수의 이방인 지역에서 빵 일곱 개로 4천 명을 먹였고 그 부스러기를 일곱 바구니 걷었다고 한다. 이처럼 서로 다른 숫자와 상황에 관해 많은 추측이 있었다. 아마도 어떤 이론가들은 열두 바구니는 이스라엘의 열두 부족을 대변하고, 일곱 바구니는 유대인들이 알고 있는 일곱 이방 나라를 대변하는 것이라고 할 것이다. 그 자세한 내용이 무엇을 의미하든 간에, 이 이야기들의 의도는 두 가지 경우 모두 예수는 유대인들과 이방인들을 충분히 먹일 수 있으며, 또한 넉고 남은 분량도 엄청나게 많을 수 있게 할 능력이 예수에게 있다는 것이다. 아마도 이런 초기 복음서들의 의도는 요한복음이 나중에 예수의 인격에 대해 말하려던 것을 이 이야기에서 객관적으로 언급한 것이 아닌가 한다. 즉 요한은 말하기를, 예수를 안다는 것은 그가 인간 영혼의 깊은 굶주림을 충족시켰다는 사실을 발견하는 것이다. 왜냐하면 그는 "생명의 빵"이기 때문이다. 요한복음은 예수 자신이 그렇게 주장했다고 한다. 그는 또한 이것을 모세의 이야기인 불타는 덤불 에피소드에 나타난 하나님의 이름인 "나는 곧 나다"(I AM)와 연결시킨다(출 3:13-22). 따라서 요한의 오병이어 기적 편에서는 "내가 생명의 빵이다"(I am the bread of life)라고 예수는 말한다(요한 6:35). 요한은 계속해서 이 이야기를 기독교 성만찬으로 전환시키면서, 구원은 예수의 살과 피를 먹고 마심으로써만 가능하다고 했다(6:54). 결국 유대인들 역시 유월절 식탁에서 하나님의 어린양의 살과 피로 잔치를 베풀었고, 이제 그들이 오병이어 기적의 여러 이야기를 통해 전달하려는 것은 예수에게는 유대인들뿐만 아니라 이방인들의 삶을 채워줄 수 있는 하나님의 현존이 충만하다는 것을 말하고 있는 것처럼 보인다. 그 이야기가 마가와 마태와 함께 요한에게서 어떻게 활용되었지 살펴보면, 그것은 단순한 기적 이야기와는 매우 다른 어떤 사실을 깨닫게 될 것이다. 그 이야기의 기적 요소들이 사라질 때, 그것이 지닌 성만찬의 궁극적 의미가 어두움을 헤치고 나타나게 될 것이다.

　복음서에 있는 자연 기적의 범주를 완결하기 위해 나는 복음서 전승에 있는 가장 이상한 에피소드 중 하나에 주목하고자 한다. 마가복음에는 예수 자신이 시장할 때 무화과나무가 열매를 맺지 않는다고 하여 저주한 이야기가 있다(11:12-26). 그 이야기는 이 저주로 인해 그 나무가 말라죽었다고 전한다. 여기에는 확실히 기적 이외의 "어떤 것"이 개입된 것으로 보이는데, 나는 다음 장에서 새 유월절의 상징으로 이해된 예수에 관해 검토할 때 그 "어떤 것"을 보다 면밀히 살피려고 한다. 여기서는 다만 마가가 "무화과의 철이 아니었기 때문이다"(마가 11:13)고 밝힌 바와 같이, 예수가 열매 없는 무화과나무를 저주한 것은 문자 그대로 이상야릇하다는 말로 충분할 것이다. 그러나 만일 우리가 이 이야기를 역사로 보게 되면 자연 기적의 범주로 떨어지게 되고 아무런 합리적 의미도 도출하지 못할 것이다. 심지어 오늘날도 성서 주석가들은 그것을 기적 이야기 목록에서 계속 빼놓고 있다. 그 기적 이야기는 예수가 자연을 지배할 능력이 있다고 함에도 불구하고 근본주의자들에게마저도 매력을 끌지 못하기 때문이다. 스스로 문자주의자라고 자처하는 사람들이 지적으로 소화할 수 없는 것은 회피하면서 기적 이야기를 취사선택하는 것을 볼 때 매우 흥미롭다.

나는 이 장에서 1세기 유대인들의 상황에서 복음서 저자들이 그들의 예수 체험을 해석하기 위한 수단으로 예수의 자연 기적을 이용했음을 설명하는 데 초점을 두었다. 이런 자연 기적 이야기들은 문자주의적으로 간주하여 이해할 수 없으며 또한 믿을 수도 없는 이야기가 되도록 의도된 것이 아니다. 이것은 또한 우주의 법칙을 파괴하고 따라서 가상적인 초자연적인 신분을 드러내려는 예수의 가상적 능력을 제시하기 위해 기획된 것이 아니다. 예수의 제자들이 그것을 통해 의도한 것은 실상 다음과 같은 것이다. 즉 이 세계를 창조하고 폭풍과 바다를 통제하고 광야에서 하늘의 양식으로 우리 조상들을 먹이고, 홍해에서 그들을 죽음에서 구해냈던 바로 그 하나님이 나사렛 예수의 인간 생명 속에서 전적으로 새로운 방식으로 조우(遭遇, encounter)되었다는 것이다. 하나님이 그들의 민족 구원의 원천이었던 것과 같이, 예수도 그들의 통전성의 원천인 동시에 그늘의 구원의 표징이 되었다는 것이다. 그들은 자신들의 하나님 체험을 인간의 언어로 충분히 표현하기 위해 인간의 언어를 하나님의 차원으로까지 끌어 올렸다. 나는 복음서의 자연 기적들이 초자연적인 개입에 관한 것이 전혀 아니라고 믿는다. 자연 기적들은 제자들이 나사렛 예수 안에서 만났다고 믿게 된 것이 무엇인지를 전달하려는 것일 뿐이다. 이런 기적 이야기들을 정확하게 읽는다는 것은 문자적으로 이해한다는 것이 아니라, 그 이야기들을 창출한 체험 속으로 들어가는 것이다. 여기에는 정말로 큰 차이가 있다.

제7장

치유 기적: 하나님 나라의 비전

웨스트 버지니아에 있는 우리는 기적을 믿고 있으며 또한 지금도 그 기적을 바라고 있다.- 죠 만친, 웨스트 버지니아 주지사, 2006년 1월 4일

하나님이 땅 밑에 갇힌 이들을 축복해 주시고 갇힌 사람들에 대해 염려하는 이들을 축복하소서.- 죠지 W. 부시, 2006년 1월 4일[1)]

이제는 예수가 병자에게 손을 대거나 명령을 해서 육신을 치유했다는 이야기들에 대해 검토하기로 하겠다. 이런 에피소드들에서는 장님이 보고 귀머거리가 듣고 절름발이가 걷고 어떤 병은 완치되고 악령은 추방된다. 이런 이야기들은 수 세기동안 기독교 선교에 막대한 영향을 미쳤다. 몸이 회복되었을 때 복음주의 집단에서 자주 쓰는 말, 곧 "예수님, 감사합니다!"는 치유의 근원인 예수의 능력이 신자들의 의식을 여전히 지배하고 있다는 것을 보여준다. 기도에 응답하는 하나님은 초자연적인 유신론적 신의 최후 모습인데, 사람들은 이 신에게 기꺼이 굴종하려고 한다. 사람들은 그 증거를 합리화하며, 결과가 달라질 때 하나님이 개입하지 않은 이유를 탁월한 기지로 설명했다. 병이 나은 것은 하나님의 공적으로 돌려진다. 그러나 죽음이나 환영

---

1) 이 두 발언은 모두 웨스트 버지니아 주에서 일어난 광산 참사에 대한 반응이다.

받지 못할 결과에 대해서는 다른 것이 비난을 받는다.

이런 사실이 강력하고도 고통스럽게 드러난 것은 웨스트 버지니아 주 탈만스필에 있는 탄광에서 폭발사고가 발생했을 때였다. 이 폭발로 인해 광부 13명이 깊이가 약 80m나 되고 3km가 넘는 긴 갱도 속에 갇혔다. 온 국민의 시선이 구조작업에 집중되었다. 가족들의 학수고대 가운데 시간은 경과하고 1분이 지나갈 때마다 산소공급이 줄어 사랑하는 가족들의 생명이 끊이지 않을까 하는 염려가 지배적이었다. 그런 우려에 반해 갇혔던 광부 가운데 12명은 생존해 있으며 1명은 죽었다는 보도가 울려 퍼졌다. 사람들이 모인 샌디애고 침례교회에서는 상상을 초월하는 축제가 벌어졌다. 종교적 수사학 역시 그랬다. 웨스트 버지니아 주지사인 죠 만친은 그것을 "기적"이라고 선언하고 이제부터는 "기적을 믿도록" 권고했다. 기적을 일으키는 하나님이 도대체 왜 이 한 사람은 구조되지 못하고 죽게 했는지에 대해 의아심을 품지 않을 수 없다. 아마도 이 희생자는 신의 도움을 받을 자격이 없거나, 어떤 이유로든지 간에 무자격자로 판정되었거나, 또는 불가사의하게 예정된 세계에서 죽음의 시간을 맞았을지도 모른다. 텔레비전 카메라는 구조작업을 거의 신의 개입으로 믿는 사람들을 면담했다. "하나님, 감사합니다!" "예수님, 감사합니다!" "하나님을 찬양합시다!"라는 말이 자주 반복되었다.

그러나 약 두 시간이 지난 뒤, 앞선 보도는 부정확했다는 불길한 공식 발표가 있었다. 광부 1명만 살아서 구조되었다는 것이다. 그도 의식이 없고 사경을 헤매며 심각한 뇌 손상을 입었을지 모른다는 것이다. 그 밖의 12명은 모두 사망했다고 한다. 기적과 하나님에 대한 말들은 삽시간에 사라졌다. 예수에게 드리던 칭송은 중단되고 그 대신 분노와 고뇌의 표현으로 바뀌었으며, 소송에 관한 이야기로 넘쳐나게 되었다.

기적을 기대하면서 살아 돌아오기를 간절히 바라는 경우에 그 기대대로 이루어지는 경우는 극히 드물다. 신자들의 기도는 응답받기보다는 응답받지 못하는 경우가 훨씬 더 많은 것이다. 그럼에도 불구하고 하나님의 기적에 대한 희망, 즉 하늘 위에서 기적을 일으키는 하나님은 개입할 것이며, 열심히 기도하는 자들과 또한 정직하게 살아서 신의 은총을 입은 자격자들에게는 기적이 이루어진다는 희망을 파괴할 수 있는 것은 아무것도 없는 것 같다. 그 희망의 상당한 부분이 복음서 이야기에 뿌리박고 있는 것처럼 보이는데, 그 이야기들에서 예수는 치유 기적을 일으킨 분으로 거듭 묘사되고 있다.

신약성서의 치유 기적에 관한 어떤 연구에서나 우선 인정해야 할 것은 1세기의 질병 이해는 21세기에 속한 우리의 이해에 비해 극히 부족했다는 사실이다. 예를 들어 1세기 사람들은 세균에 대해 알지 못했다. 그것은 19세기에 프랑스인 루이 파스퇴르가 발견한 것이다. 1세기 사람들은 병균에 대해서도 들어본 적이 없었다. 그것은 20세기에 와서야 인간 지식에 추가된 것이다. 1세기 사람들은 심장혈관 질병, 혈액 암, 중상 혹은 임에 대한 이해가 없었다. 성서 시대에는 질병이 주로 인간의 죄에 대한 하나님의 징벌이라고 이해했다. 요한복음에서 제자들이 예수에게 던진 질문, 곧 태어날 때부터 눈먼 사람에 관한 것은 고대의 통속적 지혜와 연결되어 있다. 즉 "선생님, 이 사람이 눈먼 사람으로 태어난 것이, 누구의 죄 때문입니까? 이 사람의 죄입니까? 부모의 죄입니까?"(요한 9:2). 예수가 중풍병 환자에게 "이 사람아! 네 죄가 용서받았다"(마가 2:5)고 했을 때 예수의 비판자들은 크게 화를 냈는데 여기서도 같은 생각이 반영된 것이다. 그들의 논쟁의 초점은 죄가 병의 원인이라는 것이 아니라, 예수가 용서의 근원일 수 있다는 주장이 그들의 귀에 불경스럽게 들렸기 때문이었다.

신약성서는 정신병과 간질병 모두가 귀신들린 것 때문으로 간주했다(마가 1:25, 9:25). 복음서는 귀먹고 말 더듬는 것이 마귀가 환자의 혀를 묶는 데서 온다는 것이다(마가 7:35). 질병의 원인에 대한 이런 이해 때문에 하나님의 진노를 무마하기 위해 고안된 기도와 희생제물이란 처방은 치료(cure)를 위해 필수적인 것이었다. 복음서 저자들이 예수가 치유(healing) 능력을 소유했다고 하는 것은 사실상 그의 신성(divinity)을 주장하기 위한 것이었다.

그러나 우리는 지금 1세기 사람들이 상상조차 할 수 없었던 의학 지식의 세계에 살고 있다. 현대의학은 세균을 발견한 후 항생제를 개발했고, 그것이 죄인들에게나 성자들에게나 똑같이 효력을 있다는 것을 알게 되었다. 인간의 연구는 양(羊)에 나타나는 탄저열(anthrax)에서부터 어린이 소아마비에 이르기까지 다양한 질병에 이용할 백신(vaccine)을 개발했고, 그 과정에서 모든 생명의 상호연관성도 밝히게 되었다. 오늘날 의료공학은 광선으로 종양을 축소시키고 그것을 화학 요법으로 공격하거나 혹은 그것을 내시경이나 다른 외과적 시술로 절제할 수 있다. 현대의학은 그 과정에서 하나님을 질병으로부터 제거했고, 질병을 완전히 세속화시켰다. 그러나 질병에 대한 전근대적 해석이 우리의 종교심과 심성에 깊이 개재되어 있기 때문에 내가 속한 미국 성공회(감독교회)에서도 1979년 기도서가 개정될 때까지 질병은 죄에 대한 징벌이라는 개념이 그대로 잔존했다.2)

이처럼 우리가 1세기 질병의 이해 방법과 오늘의 이해 방법의 폭 넓은 차이를 수긍한다면, 신약성서 저자들과 현대 기독교 사상을 형

---

2) 1928년에 나온 Episcopal Prayer Book의 "환자 심방" 부분과 1979년에 나온 Prayer Book의 내용을 비교해 보라.

성한 서구 정신 사이에 큰 차이를 드러내는 또 하나의 문화적 요인을 인정할 필요가 있다. 복음서 저자들은 단지 1세기 인간에 그치는 것이 아니라 그들은 또한 유대인들이었다. 우리가 치유 기적에 대한 분석을 완결하거나 이해하기 전에 먼저 인식해야 할 것은, 유대인들의 의식 속에는 희망과 기대가 자리잡고 있었다는 사실이다.

그 유대인 세계에는 그들이 하나님의 나라(the kingdom of God)라고 부른 것이 장차 올 것이라는 생생한 기대가 있었다. 이 기대는 절망의 시기를 포함하여 여러 세기에 걸쳐 생겨난 것으로서, 메시아가 와서 그 나라를 시작하리라는 유대인 특유의 희망에 초점이 맞추어져 있었다. 그 나라의 징표는 히브리 성서 가운데 여러 곳에 기록되어 있으나, 이사야 35장이 가장 아름답다. 여기서 예언자는 하나님 나라가 오면 나타날 사실들을 이렇게 묘사했다.

> 광야와 메마른 땅이 기뻐하며,
> 사막이 백합화처럼 피어 즐거워할 것이다.
> 사람들이 주님의 영광을 보며....
> 그 때에 눈먼 사람의 눈이 밝아지고,
> 귀먹은 사람의 귀가 열릴 것이다.
> 그 때에 다리를 절던 사람이 사슴처럼 뛰고,
> 말을 못하던 혀가 노래를 부를 것이다.(사 35:1-6)

이에 앞서 이사야는 이와 흡사한 글을 썼다.

> 그 날이 오면, 듣지 못하는 사람이
> 두루마리의 글을 읽는 소리를 듣고,
> 어둠과 흑암에 싸인 눈 먼 사람이 눈을 떠서 볼 것이다.

> 천한 사람들이 주님 안에서 더없이 기뻐하며
> 사람들 가운데 가난한 사람들이 이스라엘의 거룩하신 분 안에서 즐거워할 것이다.(사 29:18-19)

이처럼 하나님 나라가 도래하면 그에 따라 병자들이 고침을 받게 된다는 분명한 기대가 있었기 때문에, 우리는 복음서 저자들에 대해 다음과 같은 질문을 하도록 만드는데, 이런 질문은 단순히 표면적인 문자주의의 차원보다 훨씬 깊은 차원으로 우리를 안내한다. 즉 예수는 실제로 치유 기적들을 행했는가, 아니면 치유 기적들은 예수에게 메시아(messiah)의 신분을 부여하는 방편으로 예수 이야기에 덧붙여진 것인가? 치유 기적의 이야기들은 당시 발전하고 있었던 예수 전승의 또 다른 부분으로서, 예수의 베들레헴 출생 전승과 똑같은 범주에 속하는 것인가? 신약성서에는 이런 가능성을 믿게 하는 암시가 있는가? 나는 있다고 생각한다.

마태복음과 누가복음에는 하나의 비슷한 이야기가 각각 그 복음서 중간 지점에 들어 있는데, 이 사실은 상당히 중요한 점을 드러낸다고 나는 믿는다(마태 11:2-6, 누가 7:18-23). 즉 이 이야기에는, 두 복음서 첫 머리에 예수가 세례 받은 이후 소식이 끊겼던 세례자 요한이 느닷없이 다시 등장한다. 감옥에 갇힌 세례자 요한은 예수가 메시아에 대한 일반적인 기대와 일치하는지 그 여부를 제자들을 통해 예수에게 묻는다. 예수는 위에 인용된 이사야 35장 본문을 들어 대답한다. 이 본문에는 도래하는 하나님 나라의 표징들이 매우 구체적으로 표현되어 있다. 이 대답의 권위를 이해하기 위해서는 그것을 유대 역사에 비춰 볼 필요가 있다고 나는 생각한다.

그 맥락을 파악하기 위해 히브리 성서 말라기서를 참고하려 한다.

말라기란 명칭은 사람의 이름이 아니라 히브리어로 "나의 특사"(my messenger)란 뜻이다. 말라기는 선포하기를 "그 길을 닦을" 익명의 특사가 올 것이며 "너희가 오랫동안 기다린 주(Lord)가, 문득 자기의 궁궐에 이를"(말 3:1) 때 백성들은 만반의 준비가 되어 있을 것이라고 한다. 마가는 자기 복음서에 세례자 요한이 감옥에 갇힌 이야기를 포함시키지 않았는데, 그는 세례자 요한을 소개할 때 "광야에서 외치는 이의 소리"(마가 1:3)라고 했다. 마가는 세례자 요한을 소개하면서 이사야의 말과 예언자 말라기의 말을 융합시키고 있다.

복음서에서는 여러 곳에서, 말라기에 있는 익명의 특사의 역할이 메시아의 선구자인 엘리야의 역할과 결합되고, 그 다음에는 그 익명의 특사가 바로 세례자 요한이었다고 지목한다. 요한은 "나보다 더 능력이 있는 이가 내 뒤에 오십니다. 나는 몸을 굽혀서 그의 신발 끈을 풀 자격조차 없습니다"(마가 1:7)라는 자기비하의 인용구가 보여주는 것과 같이, 공공연히 자기 자신을 그 메시아의 선구자와 동일시한다. 그 밖의 복음서들은 모두 이 주제를 반영하고 있다.

그러나 세례자 요한은 또한 엘리야 유형의 선구자와 은밀하게 동일시되어 있는 것을 볼 수 있다. 즉 요한의 의복은 "낙타 털옷과 허리에는 가죽 띠," 그의 활동무대는 광야, 그리고 광야의 음식인 "메뚜기와 들꿀"(마태 3:1-4)을 먹고살았다는 것은 세례자 요한을 분명히 엘리야와 연결시키려고 선택한 것들이다(왕하 1:8). 또 하나의 분명한 암시는 누가가 "사가랴"(구약의 "스가랴"서와 같은 이름이지만 한글개역에는 달리 "사가랴"로 표기한 반면에 한글 공동번역에는 "즈가리야"로 통일했다 - 옮긴이)를 세례자 요한의 아버지의 이름으로 선택한 데 있다(누가 1:5ff.). 스가랴서는 히브리 성서의 "12책"(Book of the Twelve)--때로 소선지(minor prophets)라 부른다--의 한 부분으로서, 말라기서 바로 앞에 나온다. 만일 세례자 요한이 말라기, 곧 메시아의 익명의 선구자라면, 세례자 요한의 아버지, 따라서 그의 직접 선임자는 "스가랴"라는 이름이어야만 한다. 복음서에 나오는 이름들이 역사적 기억으로 선택한 것이라고 생각하지 않기를 바란다. 그것들은 이처럼 특별한 주제를 선포하기 위해 빈번히 취사선택되었던 것이다.

그러므로 이제 마태와 누가복음에서, 세례자 요한이 예수의 정체를 확인하기 위해 애쓰는 장면으로 되돌아가자. 즉 마태에는 감옥에서 처형을 기다리고 있는 엘리야말라기 모습인 요한이 언급되어 있고(11:2ff.), 누가에는 예수에게 특사들을 보내 묻기를 "선생님이 오실 그분입니까? 그렇지 않으면, 우리가 다른 분을 기다려야 합니까?"라고 되어 있다(7:18ff.). 예수는 자신을 드러내는 방식으로 오해의 소지가 없을 정도로 자기와 메시아를 동일시한다. "가서, 너희가 보고 들은 것을 요한에게 알려라. 눈 먼 사람이 보고, 다리 저는 사람이 걸으며, 나병 환자가 깨끗이 되며, 듣지 못하는 사람이 들으며, 죽은 사람이 살아나며, 가난한 사람이 복음을 듣는다"(마태 11:4-5).

누가는 여기서 위에서 언급한 특유의 기적을 담은 구절을 덧붙인다. 그는 구체적인 사례를 들지 않고 "그 때에 예수께서는 질병과 고통과 악령으로 시달리는 사람을 많이 고쳐주시고 또 눈먼 많은 사람을 볼 수 있게 해주셨다"(누가 7:21)고 한다. 그 다음 그는 마태와 거의 똑같은 형식으로 예수의 말을 반복했다. 마태와 누가는 모두 "죽은 사람이 살아난다"는 구절을 덧붙이고 있다. 그 구절은 이사야서에 나오는 메시아의 표징이 아니었음에도 불구하고, 후기에 발전된 유대교 사상에서는 그렇게 되었다. 즉 죽은 자가 마지막 날에 심판을 받기 위해 살아난다는 것이었다.

이 에피소드에서는 모든 치유 기적들이 예수가 메시아라는 것을 보여주는 표징으로 이해된다. 이것은 이런 치유 기적 이야기들이 실제로 일어난 사건으로 볼 것이 아니라, 예수를 하나님 나라의 안내자로 지목하기 위해 예수 이야기에 덧붙여진 메시아적 표징들을 보여주는 것으로 이해해야 한다는 것을 보여주는 강력한 주장이라고 나는 믿는다. 그러므로 치유 기적 이야기들은 초자연적인 사건들의 서술이라기보다는 예수의 역할을 해석한 이야기이다. 내가 교회의 이방인 포로기(the Gentile captivity of the church, 이것은 기원후 약 100년부터 비교적 최근까지 계속되었다)라고 부르는 기간 동안에, 복음서들을 해석한 비유대인들은 이런 유대교적 배경을 이해하지 못했다. 기독교는 20세기 후반에 이르러서야 복음서들의 유대교적 뿌리를 회복하고 유대교의 시각에서 복음서를 보는 안목을 키우기 시작했을 때 비로소 복음서들의 본래적 맥락 속에서 그 본문들이 가리키는 유대교적 의미를 이해하게 된 것이다.3) 기적들은 역사에 대하여 아무것도 말하지 않는다. 기적들은 예수에게 적용된 구체적인 해석적 이미지에 대해 많은 것을 말하며, 사람들이 예수에게서 실제로 체험한 것이 무엇인지를 이해하기 위해 예수에게 적용된 것이다. 일단 21세기 독자들이 이 사실을 이해하게 되면, 그 이야기는 매력적인 방식으로 우리 앞에 다가온다.

이제 이런 새로운 시각에서 복음서의 구체적인 기적 이야기들을 살펴볼 때, 우선 최초의 복음서인 마가복음에는 눈먼 사람이 시력을 되찾은 이야기가 두 개 있으며(8:22-26, 10:46-52), 또한 귀머거리가 들을 수 있게 된 이야기와, 그 당시에 혀가 묶였다고 생각되던 말더듬이가

---

3) 기독교 성서의 유대교적 배경을 새롭게 이해하도록 도와준 사람들은 많이 있다. 유대인들 중에는 Martin Buber, Alexander Herschel, Geza Vermes, Samuel Sandmel 등이 우선 머리에 떠오른다. 기독교인들 중에는 Krister Stendahl, Paul Van Buren, Michael Goulder 등이 있다. 나는 이 주제에 관한 나의 책 *Liberating the Gospels: Reading the Bible with Jewish Eyes*(『예수를 해방시켜라』)가 아직도 내가 쓴 책들 가운데 최고의 책이라고 간주한다.

말을 다시 하는 이야기도 두 개다(7:32-35, 9:17-27).[4] 중풍병 환자가 걷게 된 이야기(2:3-12), 악한 귀신들을 내쫓는 이야기들(1:23-26, 5:1-14, 7:25-30, 9:17-27) 그리고 완치된 두 가지 이야기, 즉 손이 오그라든 사람의 이야기와 혈루증에 걸린 여인의 이야기(3:1-5, 5:25-34) 등이 나온다. 이런 이야기들은 이사야가 예언했던 바, 하나님 나라가 도래할 때 함께 수반될 것 모두가 포함되어 있다!

그러나 이 이야기들을 면밀히 분석해 보면, 단순히 초자연적인 치유 이상의 것을 드러내고 있다. 즉 이 이야기들은 숨겨진 메시지와 기호 언어(code language)로 가득 차 있는 것이다. 예를 들면, 벳새다 마을의 눈먼 사람의 이야기는 그의 눈이 단계적으로 치유된다. 예수는 그를 벳새다 마을 밖으로 데리고 나아가 그의 눈에 침을 바르면서 "무엇이 보이느냐?" 하고 물었다고 한다. 그 눈먼 사람이 쳐다보면서 "사람들이 보입니다. 나무 같은 것들이 걸어 다니는 것 같습니다"고 했다. 그때 예수는 다시 그의 눈에 손을 얹었고 예수와 그 사람은 서로 "뚫어지듯이 바라보았다." 그리고 그 사람이 "모든 것을 똑똑히 보기"까지 치료는 계속되었다. 그 이야기는 예수가 이 사람을 직접 집으로 보내며 이렇게 말하는 것으로 끝맺는다. "마을로 들어가지 말아라"(8:22-26).

마가에 의하면 바로 그 다음 이야기는 가이사랴 빌립보에서 전개된다. 예수는 거기서 "사람들이 나를 누구라고 하느냐?"고 묻는다. 제자들은 모든 가능성을 동원하여 대답한다. 즉 세례자 요한, 엘리야, 예언자 중의 하나라고 대답한다. 그때 예수는 단도직입적으로 제자들 자신은 자기를 누구라고 생각하는지를 묻자, 베드로가 "선생님은 그리

---

[4] 마가복음에서 "귀신"들려 경련을 일으킨 아이는 또한 "말을 못하는" 아이로 묘사되어 있다(마가 9:17-18). 그러나 마태에서는 이 이야기가 분리되어 서로 다른 사건으로 나온다(마태 9:32-33).

스도(즉 메시아)이십니다."라고 대답한다. 예수는 그들에게 아무에게도 말하지 말도록 명령하고, 그리스도가 걸어갈 수밖에 없는 길에 관해 말했다. 그 길은 "인자가 반드시 고난을 받고, 장로들과 대제사장들과 율법학자들에게 배척을 받아, 죽임을 당하고 나서, 사흘 후에 살아나야 한다"는 사실이라고 예수는 말한다. 본문에는 예수가 "이것을 솔직히 말했다"고 기록되었다. 그 때 베드로는 예수에게 항변했고, 예수는 오히려 그를 "사탄아, 내 뒤로 물러가라. 너는 하나님의 일을 생각하지 않고, 사람의 일만 생각하는구나!"(마가 8:27-33)라는 말로 꾸짖었다.

내가 이 대목을 자세히 다루는 이유는 두 가지 때문이다. 첫째로 이것은 분명히 역사가 아니다. 수난, 십자가의 죽음과 부활에 관한 정확한 예언은 예수 생애의 마지막 사건들을 회고하여 예수의 역사적 생애의 맥락 속에 집어넣어 읽고 있는 것이 분명하다. 이 글의 저자인 마가는 예수의 마지막을 극적인 이야기 속에 집어넣어 순서대로 기록하고자 했던 것이다. 둘째로, 베드로는 자신이 모든 것을 이해한 사람으로 생각했으나, 그가 대답한 말은 그렇지 않았음을 보여주고 있다. 그가 "보는 것"(seeing)은 단계적으로 왔다고 마가는 말하고 있는 것이다. 우리가 이 내용에다, 요한을 통해서 베드로가 벳새다에서 왔다는 것(요한 1:44), 벳새다 마을의 눈먼 사람이 보게 된 것은 단계적으로 일어났다는 것, 그리고 예수와 눈먼 사람이 서로 "뚫어지게" 보았을 때 비로소 시력이 회복되었다는 것 등을 추가하면, 벳새다 마을의 눈먼 사람이 시력을 회복하게 된 이야기는 베드로의 생애에 관한 비유처럼 들린다. 그 다음으로 베드로가 가이사랴 빌립보에서 예수를 부인한 이야기를 보면, 그의 이해 부족을 상세히 알 수 있다. 마가의 이 눈먼 사람의 이야기를 누가가 매우 구체적으로 언급하고 있는 것처럼 보이는 때는 베드로의 부인에 관한 이야기에서 "주님께서 돌아서서 베드로를 똑바로 보셨다"(누가 22:61)고 묘사한 대목이다. 예수가 벳새다 마을의 눈먼 사람을 뚫어지게 바라봄으로써 그의 시력이 완전히 회복되었다는 이야기는 누가의 이야기에서 베드로로 하여금 과거를 기억하고 비통하게 울도록 만들었다(누가 22:62). 그러므로 이 이야기를 단순한 치유 기적으로 이해하는 것은 저자가 의도했던 바와는 분명히 판이한 것이다.

복음서들에는 시력 회복에 관해 두 가지 또 다른 이야기가 있다. 하나는 마가가 언급한 것으로서 마태와 누가는 이것을 채택했고, 다른 하나는 요한만이 언급한 것이다. 이 두 이야기는 모두 비-문자적 독해(non-literal reading)를 위해 비슷한 가능성을 제공한다. 마가는 예수가 바디매오라는 사람의 시력을 회복시킨 것을 언급하는데(마가 10:46-52) 그는 눈먼 거지이며 디매오의 아들이라고 한다. 바디매오는 문자 그대로 디매오의 아들(bar = "아들")을 뜻하기 때문에 이것은 이상한 호칭이라고 하겠다. 그러므로 이 말을 통해서 최초의 독자들에게 어떤 은밀한 메시지가 전달된 것이 아닌가 하는 의혹을 사게 된다. 그 이야기는 마태(20:29-34)와 누가(18:35-43)에서 반복된다. 그러나 마태에서는 이름이 거명되지 않아 혼란은 면하지만 마가의 눈먼 거지 하나가 "눈먼 두 사람"이 된다. 누가는 이 이야기를 반복할 때 역시 이름을 누락시키고 마가처럼 눈먼 거지 한 사람만을 등장시킨다. 이 모든 이야기에서 눈먼 사람은 예수를 "다윗의 자손"(Son of David)이라는 메시아 명칭으로 부른다. 그 거지는 세 개의 이야기에서 모두 시력 회복을 요청하고 있다. 그러나 이 이야기들은 모두 복음서가 기록될 당시 초기 제자들이 예수를 이해하기 위해 "사람의 아들"과 "다윗의 자손"이라는 일반화되고 다양한 메시아 명칭을 통해 예수에 대한 기억을 정리하려고민했던 흔적을 보여준다. 이 메시아 명칭들에 관해서는 이 책의 다음 장에서 보다 자세하게 다루고자 한다.

요한은 신약성서 가운데 "눈먼 사람이 눈뜬" 마지막 이야기를 중요한 이야기로 자세하게 서술함으로써 그것을 예수가 행한 "표적들" 중의 하나로 간주한다. 요한의 이야기 내용(9:1-41)은 어떤 면에서 마가에 있는 "눈먼 사람이 눈 뜬" 두 가지 이야기를 결합시킨 것 같다. 예수는 벳새다 마을의 눈먼 사람에게 한 것과 같이 치유를 위해 침을 사용하고 또한 치유는 즉각적이 아니라 실로암 연못에 가서 씻는 절차가 있다. 또한 바디매오 이야기에서와 같이 눈먼 사람은 문 옆에 있는 거지이다. 마가복음에 먼저 나왔던 두 이야기에서처럼, 요한의 이야기는 예수의 메시아 정체성에 관한 것으로 회귀한다. 그 논쟁은 다시 한 번 다음과 같은 질문을 다룬다. 즉 당신은 그리스도인가? 당신은 다윗의 자손인가? 만일 그가 안식일을 지키지 않는다면 어떻게 그리스도가 될 수 있는가? 이 이야기가 요한복음서에 기록될 당시에는 예수를 그리스도라고 부르는 것이 그 역사적 상황에서 예수의 추종자들을 "회당에서 내쫓기"(9:34)에 충분한 이유가 되었다는 주장을 포함하고 있는 것이다.

태어나면서부터 눈먼 사람의 이 이야기에는 요한복음에 특유한 "나는 ~이다"(I am)는 말 중의 하나가 포함되어 있다. 예수는 "나는 나다"(I AM)라고 출애굽기에 계시된 하나님의 거룩한 이름을 사용하면서 "나는 세상의 빛이다"(9:5)는 말을 하고, 눈먼 세상이 충분히 볼 수 있는 능력을 마련했다고 한다. 요한은 이 에피소드를 예수의 말로 다음과 같이 결론짓는다. 즉 "나는 이 세상을 심판하러 왔다. 못 보는 사람은 보게 하고, 보는 사람은 못 보게 하려는 것이다"(요한 9:39). 바리새파 사람들은 이 말을 듣고 "우리도 눈이 먼 사람이란 말이요?" 하며 핵심적 질문을 던진다. 이에 대해 예수는 다음과 같이 응답한다. "너희가 눈이 먼 사람이라면, 도리어 죄가 없을 것이다. 그러나 지금 너희가 본다고 말하니, 너희의 죄가 그대로 남아 있다."

이제 예수가 눈먼 사람의 시력을 회복하는 소위 기적 이야기들은 모두 초자연적인 사건과 관계된 것이 아니라 당시 진행 중인 논쟁의 초점을 예수의 정체성에 맞추려고 고안된 것들임이 분명히 밝혀졌다고 믿는다. 이런 이야기들을 문자적으로 해독함으로써, 이제까지 수많은 크리스천들은 이 이야기들의 진정한 의미를 이해하지 못하도록 눈멀게 만들었다. 도래할 하나님 나라의 표징들이 예수의 생애에 붙여지게 되었는데, 예수는 눈먼 사람들이 자기들의 진정한 정체를 볼 수 있도록 눈을 뜨게 함으로써 하나님 나라를 실현했다는 것이었다. 우리의 인간성 안에서 우리는 거룩한 하나님의 임재를 드러낼 가능성이 있다고 주장할 수 있는 것이다.

우리는 또한 "귀머거리의 귀를 여는" 이야기들, "저는 사람을 고치는" 이야기들, "벙어리의 혀를 푸는" 이야기들에 대한 분석을 통해서 그 각각의 이야기들이 전하려는 것은 초자연적인 사건이 아니라 메시아 표징이라는 사실을 다시 한번 확인할 수 있다. 복음서들은 그 의도대로 읽을 필요가 있다. 그것들은 기억된 역사의 연대기가 아니라, 간절히 기다려왔던 하나님 나라가 예수 안에서 시작되었음을 알리려는 신앙공동체의 선포이다. 온전해진 인간의 삶의 모습이 예수 체험의 중심에 자리 잡고 있다. 그러므로 온전함(wholeness)은 예수가 누구인지 그 정체성을 증언하는 것이다. 즉 눈먼 사람이 보고 귀머거리가 듣고, 저는 사람이 걷고 벙어리가 노래한다는 말이다. 치유 이야기들의 의미를 풀어내는 과정에서 우리는 예수를 바라보는 새로운 시각을 발견한다. 예수라는 인간 존재는 신화적인 "사람의 아들"의 메시아 역할을 구현한 것으로 이해되었다. 그는 삶의 본질을 볼 수 있도록 사람들의 눈을 열어 주었다. 이것이 예수 체험의 능력이다. 우리는 예수의 제자들이 되기 위해 믿을 수 없는 초자연적인 것을 믿는 척 할 필요가 없다. 우리가 다만 우리의 삶이 어떤 가능성을 갖고 있는지를 인식하게 되면, 이 비전을 향해 우리의 눈을 열어주는 인간 예수의 능력 안에서, 하나님처럼 거룩하게 된다는 뜻이 무엇인지에 대해 새로운 감각이 떠오르기 시작할 것이다.

제8장

예수는 문자 그대로 죽은 자를 살렸는가?

예수: 네 오라버니가 다시 살아날 것이다.
마르다: 마지막 날 부활 때에 그가 살아날 것을 내가 압니다.
예수: 나는 부활이요 생명이다.
마르다: 주님은 세상에 오실 그리스도이시며, 하나님의 아들이심을, 내가
　　　　믿습니다. - 요한 11:23-27

만일 나의 독자들이 이 장의 제목인 질문에 대해 나에게 한 마디로 대답하라면, 나의 대답은 단도직입적으로 "아니다"이다! 그러나 복음서에는 예수가 죽은 사람을 다시 살린 이야기가 셋이나 있다. 다시 소생한 사람들은 회당장 야이로의 딸, 나인성 과부의 아들, 그리고 나사로다. 이 세 에피소드에 대해 첫째로 지적하고 싶은 것은 그 과부의 아들이 다시 살아난 것은 누가복음에만 있으며, 나사로가 다시 살아난 것은 요한복음에만 있으며, 야이로의 딸이 다시 살아난 것은 공관복음서 전체 곧 마가, 마태 및 누가에 모두 들어 있다. 만일 그런 믿기지 않는 사건들이 실제로 일어났다면, 이런 현상은 그 이야기들이 반복해서 기록되는 센세이션을 일으켰음에 틀림없다. 나는 이 장에서 나를 망연자실케 하는 이런 이야기들을 각각 살펴보고자 한다. 이런

147

이야기들은 표면적으로는 초자연적 사건이며 죽음을 부정하는 기적처럼 보이지만, 그 이야기 각각의 내면을 깊이 살펴보면, 복음서 저자들은 그 이야기들을 문자적으로 읽으라고 한 것이 분명히 아니라는 해석적 단서들을 포착하게 된다.

우선 여러 육체적 불구자들을 치유한 것과는 달리 죽은 자를 다시 살리는 것은 유대인들이 메시아에 대해 기대했던 본래 주제가 아니었던 것 같다는 사실을 지적하고 싶다. 또한 예수의 부활이 이 세상의 삶으로의 복귀를 뜻하는 것인지에 관해서도 심각한 문제가 있지만 그것은 부활절 이야기에 관한 장에서 자세하게 다루겠다. 여기서는 다만 회당장의 딸을 시작으로, 죽은 자를 다시 살린 세 가지 이야기를 살펴보겠다.

회당장의 딸을 다시 살린 이야기의 세 가지 판본(versions)은 그 유사성을 충분히 공유하고 있으므로 동일한 이야기로 간주되지만 차이점 또한 적지 않다. 첫째로 공관복음서의 세 이야기는 모두 이 기적의 수혜자가 회당장의 딸인 것으로 확인한다. 둘째로, 각각의 판본에서 이야기는 모두 혈루증을 앓는 여인의 이야기에 의해 중단되어 두 부분으로 나뉘어 있다. 셋째로, 세 이야기에서 예수는 그 아이가 죽은 것이 아니라 잔다고 말한다(마가 5:39, 마태 9:24, 누가 8:52).

이 세 가지 판본의 차이점은 좀더 첨예하다. 첫째로, 마가와 누가는 회당장의 이름을 야이로라고 하는 반면에 마태는 그의 이름을 누락시켰다. 마가와 누가에서는 예수가 베드로, 야고보 및 요한을 데리고 그 아이의 방으로 들어가지만, 마태에서는 예수 혼자 들어간다. 마태는 마가와 누가에 포함되어 있는 이야기 곧 예수가 회당장의 집에 도착하기 전에 아이는 이미 죽었다는 말을 들었다는 부분을 누락시킨다. 이것은 마태가 다른 두 저자들에 비해, 아이가 죽은 것이 아니라 자고 있다는 예수의 주장을 더욱 강조한다는 뜻이다. 그렇게 하여, 마태는 마가와 누가가 보여준 놀라움의 감정을 최소화할 수 있는 것이다. 따라서 첫째로 지적할 것은, 마태는 이 이야기에 들어 있는 기적적인 요소들에 대해 동의하지 않는 것 같다는 점이다. 이것은 예사로운 일이 아니다. 왜냐하면 이미 위에서 본 바와 같이 마태는 그의 복음서 다른 부분에서 기적들을 미화하고 심지어 기적 이야기에 자세한 내용들을 덧붙이는 경향을 보였기 때문이다.

다음으로 우리는 이 독특한 이야기의 전례(前例)를 히브리 성서에서 찾아보기로 하겠다. 가장 비슷한 이야기가 엘리사 이야기 속에 들어 있다(왕하 4:18-37). 엘리사 이야기와 이 복음서 이야기에서는 다시 살아난 것이 모두 아이다. 두 이야기에서 치유자들(엘리사와 예수)은 즉각적인 도움을 줄 수 없었고 그 목적지를 향해 간다. 두 이야기에는 치유자가 도착하기 전에 아이가 실제로 죽었는지에 관해 대화가 벌어진다. 두 이야기에서는 치유자와 아이 사이에 신체적 접촉이 있다. 즉 예수는 아이의 손을 잡는 반면에 엘리사는 입으로 숨을 불어넣기 위해 아이 위에 몸을 포개어 엎드렸다. 이런 신체적 접촉은 경계해야 할 일이다. 왜냐하면 율법에 의하면 제사장마저도 죽은 자와의 신체적 접촉은 종교적으로 7일 동안 부정하다는 낙인이 찍히고(민 19:11) 그 부정이 더 오래 가지 않도록 3일 이내에 정결 행위를 취해야 하기 때문이다. 두 이야기에서 치유자는 아이를 살려서 부모에게 돌려준다. 두 이야기에서 아이의 "정신"이 회복된다. 이것이 엘리사의 이야기에서는 일곱 번의 재채기로, 그리고 마가의 이야기에서는 아이가 일어나 걷고 먹는 것으로 상징화된다. 이 두 이야기 사이에는 분명히 연관성이 있다. 복음서 저자들은 자신들의 주장을 분명히 하기 위해 엘리사 이야기를 사용하고 있다. 이것은 이 이야기를 읽는 기본 방식이 기적 이야기가 아니라, 유대인의 과거 영웅인 엘리사라는 렌즈를 통해서 예수를 부각시키려고 고안된 해석적 이야기로 읽어야 한다는 말이다.

죽은 자를 일으킨 두 번째 이야기는 누가복음에만 기록된 것으로서 예수가 나인성 과부의 아들을 살린 것이다(누가 7:11-15). 우리가 이 이야기에 대해 첫째로 주목할 것은, 앞장에서 치유 기적들을 메시아의 표징으로 이해하는 데 큰 역할을 한 이야기로 되돌아가게 한다는 점이다. 앞에서 지적한 바와 같이, 세례자 요한의 제자들이 그를 대신해서 예수에게 그가 "오실 그분"인지 물었을 때, 예수는 이사야가 말한 바 하나님 나라의 도래에 수반될 메시아의 표징들을 지적하는 것으로 대답을 대신했다. 그러나 예수는 두 가지 다른 표징들을 덧붙였는데, 그것들은 크리스천 공동체의 특별한 표징이지만 이사야의 목록에는 없는 것들이다. 그것들은 곧 죽은 자가 살아나고 가난한 자가 기쁜 소식을 듣게 된다는 것이다. 죽은 자가 다시 살아난다는 것이 하나님 나라의 표징이라는 생각은 마태에게는 문제가 되지 않았다. 왜냐하면 그는 이미 예수가 회당장의 딸을 살린 것을 자신의 복음서 속에 포함시켰기 때문이다. 그러나 누가는 그 에피소드를 그의 복음서에 나중까지 포함시키지 않았다. 그러므로 그 이야기를 포함시키기 전까지의 누가의 관점에서는, 예수가 세례자 요한에게 대답하면서 죽은 자를 살리는 것이 메시아의 표징 가운데 하나라고 덧붙일 수가 없었던 것이다. 결과적으로 누가는 세례자 요한이 제자들을 예수에게 보낸 이야기 바로 앞에 나인성 과부의 아들을 살린 이야기를 기록하고 있다.

정상적인 진행에 따라 다음으로 묻고 싶은 것은 과부의 아들이 죽었다 살아난 것의 전례(前例)가 될 만한 이야기들이 히브리 성서에 있느냐 하는 것이다. 놀랄 필요도 없이 그것 역시 엘리야-엘리사 이야기에 들어 있으며, 복음서들은 거기서 상당한 내용을 발췌했다. 그러나 이번에는 엘리사가 아니라 엘리야(왕상 17:17-24)다. 이 엘리야 이야기와 누가의 이야기 사이에는 여러 가지 유사성이 있다. 즉 두 이야기에서 죽은 사람은 과부의 외아들이다. 두 이야기에서 그 죽은 젊은이는 장의용 침상 위에 누어 있다. 두 이야기에서 치유자는 하나님이 행하도록 명령한다. 두 이야기에서 아들은 살아나 어머니에게 돌아간다. 두 이야기에서 죽은 자를 살린 것은 예언자라는 주장이 도출된다. 즉 엘리야의 경우에 그는 하나님의 말씀을 전한다고 하는 반면에, 예수 이야기에서는 위대한 예언자가 나타났고 하나님이 그의 백성을 찾아왔다고 했다. 그러므로 우리는 다시 한 번 익숙한 결론에 도달한다고 확신하게 된다. 즉 이 이야기들의 진행은 기적 에피소드를 통해 경외심을 불러일으키려고 나열된 이야기 과정이 아니라, 하나님이 어떻게 구체적으로 예수 안에서 활동하는가 하는 질문에 대답하기 위해 고안된 해석 과정이라는 것이다. 이 복음서 에피소드는 예수 안에 새로운 엘리야가 임재한다는 것을 이야기로 주장한 것에 불과하다. 이것이 누가의 지배적 주제이고, 그는 여러 측면에서 이것을 발전시키는데 이 문제는 나중에 다루겠다.

이제 죽은 자를 살린 복음서의 마지막 이야기를 생각해 보기로 한다. 그것은 지금까지 너무나 잘 알려진 것이지만 가장 불가사의한 것 곧 나사로라는 사람을 죽음에서 살아나게 한 이야기다(요한 11:1-57). 여기서도 몇 가지 사실에서부터 시작하자.

요한복음은 나사로를 마리아와 막달라의 오라비라고 한다. 누가는 마리아와 막달라가 예루살렘 지역에 있는 동네 베다니에 사는 두 자매라고 소개했다(10:38-41). 그러나 요한보다 먼저 기록된 누가복음에는 이 자매들에게 오라비가 있다는 언급이 없다. 그들에게 오라비가 있다는 것은 요한복음이 처음 소개한 새로운 내용이다. 복음서들은 베다니를 예수가 숙박하던 곳이라고 여러 차례 언급한다. 즉 예수와 제자들이 소위 고난주간(Holy Week)이라고 불리게 된 기간에 머문 곳이 베다니였다(마가 11:11-12). 한 여인이 나드 향유를 예수에게 부은 곳도 베다니에 있는 집이었다(마가 14:3, 마태 26:6). 요한은 나중에 그것을 마리아, 마르다 및 나사로의 집이라고 확인한다(요한 12:1-3). 예수가 최후의 만찬을 준비시킨 곳도 베다니였다(누가 19:29). 예수가 세례 받은 곳도 베다니였다(요한 1:28). 죽은 나사로를 살린 이 이야기에서 베다니가 다시 무대로 등장한다.

요한복음만이 전해주는 이 이야기의 자세한 내용은 매력적이다. 요한은, 주님에게 향유를 붓고 그의 발을 자신의 머리털로 씻은 여인이 곧 나사로의 누이 마리아라는 사실을 언급하면서 이 이야기를 시작한다(요한 11:2). 다만 이 언급이 문제되는 것은 요한복음은 다음 장(요한 12장)에 이르기까지 이 이야기 전체를 전하지 않는다는 것이다! 달리 말하면, 나사로를 살린 이야기에서 마리아가 향유를 부은 것을 언급한 것은 단지 서론적인 언급이란 것이다. 나사로를 살린 이야기에서 마리아와 마르다 자매는 그들의 오라비가 병들었기 때문에 예수에게 사람을 보냈다. 예수는 그들의 긴급한 요청에 응하기 전에 이틀 동안 신중히 기다린 다음 이렇게 말했다. "이 병은 죽을병이 아니라 오히려 하나님의 영광을 드러낼 병이다. 이것으로 말미암아 하나님의 아들이 영광을 받게 될 것이다"(요한 11:4).

그 다음 제자들은 예수의 원수들이 그를 돌로 치려고 한 곳이 유대라고 상기시켰음에도 불구하고 그는 유대를 향해 간다. 예수는 밤중에 갈 것이라고 함으로써 애매하게 대답하는데, 이것은 그가 "세상의 빛"이므로 어두움이 그를 방해하지 못하리라는 것을 뜻하는 것이다. 그는 그리고 나서 제자들에게 나사로는 잠들었으니 자기가 깨우겠다고 한다. 문자의 틀에 박힌(literal-minded) 예수의 제자들은 나사로가 잠들었다면 그는 당연히 깨어날 것이라고 한다. 따라서 예수는 스스로 또다시 원수들이 돌로 치려는 위험을 감수할 필요가 없다는 말이다. 그 때 예수는 "나사로는 죽었다"(요한 11:14)고 말함으로써 문제를 분명히 밝힌다. 요한이 여기서 처음으로 소개한 도마는 다른 제자들에게 "우리도 그와 함께 죽으러 가자"(요한 11:16)고 한다.

그들은 출발한다. 그리고 그들이 도착할 무렵 나사로는 죽은 지 이미 나흘이 되었다고 전한다. 마르다는 예수가 도착하기 전에 그를 마중 나온다. 그녀는 화난 어조로 "주님, 주님이 여기에 계셨더라면, 내 오라버니가 죽지 아니했을 것입니다"라고 말한다(요 11:21).

예수는 "네 오라버니가 다시 살아날 것이다"고 대답한다. 마르다는 "마지막 날 부활 때에 그가 다시 살아나리라는 것을 내가 압니다"고 한다. 이에 대해 예수는 "나는 ~이다"(I am)이란 말씀 중의 하나로 응답한다. 즉 "나는 부활이요 생명이니, 나를 믿는 사람은 죽어도 살고, 살아서 믿는 사람은 영원히 죽지 아니할 것이다"(요한 11:25- 26). 마르다는 완벽한 메시아 호칭(title)을 사용하여 "예 수님! 수님은 세상에 오실 그리스도이시며, 하나님의 아들이심을, 내가 믿습니다"(요한 11: 27)라고 대답한다.

그 다음 그들은 예루살렘에서 3km 남짓 떨어진 베다니에 이르기까지 함께 걸어간다. 거기에는 조문객들이 많이 모여 있었다. 그 때 마리아가 예수께 나와서 마르다의 말과 거의 같은 어조로 말한다. 만일 그가 빨리 왔다면 이런 비극은 미연에 방지할 수 있었으리라는 것이다. 예수는 무덤이 어딘지 묻고 거기서 운다. 사람들은 그가 나사로를 사랑한다는 것을 알게 되었고, 왜 그의 능력으로 그가 죽지 않게 할 수 없었는지 의아해 한다.

예수는 그 때 무덤에서 돌을 옮겨 놓으라고 명령한다. 마르다는 나사로가 죽은 지 나흘이 되었으므로 냄새가 날 것이라고 하면서 반대한다(요한 11:39). 예수는 무덤 입구에서 기도한 다음 나사로를 불러낸다. 그러자 "죽었던 사람이 나왔다. 손발은 천으로 감겨 있고, 얼굴은 수건으로 싸 매여 있었다." 예수는 "그를 풀어 주어서, 가게 하여라"고 조문객들에게 지시한다(요한 11:44).

요한은 말하기를 어떤 사람들은 이 기적 때문에 예수를 믿었다고 한다. 그러나 다른 사람들은 바리새파 사람들에게 가서 그들에게 예수가 한 일을 일러바쳤다. 요한에 의하면 이것이 십자가 처형을 불가피하게 만든 촉매제가 되었다고 한다. 기호 언어는 이 시점에서부터 본문에 나타난다. 즉 제사장들과 바리새파 사람들은 말하기를, 만일 사람들이 이 사람을 따르면 "로마 사람들이 와서 우리의 땅과 민족을 약탈할 것입니다"(요한 11:48)라고 한다. 예수의 생애 중에 이 에피소드가 일어났다고 생각한 지 40년 후에 로마 사람들은 실제로 그렇게 했다. 그러나 요한이 이 사실을 기록할 때는 그 파괴가 이미 30년 전에 일어난 사건이었다. 그 해 대제사장 가야바는 "한 사람이 백성을 위하여 죽어서 민족 전체가 망하지 않는 것이, 당신들에게 유익하다는 것을 생각하지 못하고 있소"(요한 11:50)라고 선언했던 것이다. 그리고 이 에피소드는 다음과 같은 말로 결론짓는다. "그들은 그 날로부터 예수를 죽이려고 모의했다"(요한 11:53). 요한은 그 다음 십자가 처형이 일어난 무대 곧 유월절로 그의 화두를 옮긴다.

복음서에 나오는 죽은 자를 살린 두 가지 이야기, 즉 회당장의 딸을 살린 이야기와 과부의 아들을 살린 이야기는 히브리 성서에서 그 선례가 있었지만, 나사로의 이야기는 히브리 성서에 그 선례가 없다.

그러나 이 에피소드는 누가복음에 있는 나사로라는 사람(그도 역시 죽는다)의 비유(누가 16:19- 31)와 많은 유사점을 지니고 있는 것 같다. 학자들은 누가와 요한 사이에 여러 연관성이 있다는 점을 오래 동안 지적해 왔는데, 이런 연관성들은 요한이 누가에게 의존했거나, 또는 요한과 누가는 최소한 공통 자료를 가졌을지 모른다는 암시를 인정하기에 충분한 것이다. 나는 요한이 아마도 누가의 작품을 알고 있었을 것이라고 생각한다. 이 두 복음서에서만 그 여인이 예수의 발에 향유를 붓고 그녀의 머리털로 씻는다. 누가는 원래 마가에 있는 이 이야기에 자세한 내용을 추가한 것 같다. 마태는 그 자세한 내용을 추가하지 않고 마가의 것과 똑같이 이 이야기를 복사한 것 같다(마가 14:3-9, 마태 26:6-13). 그러나 요한은 누가가 추가한 것을 그대로 수용한다(누가 7:36- 50, 요 12:3-8). 누가와 요한은 모두 유다의 배신 동기는 사탄 또는 악마가 그에게 들어갔기 때문이라고 한다(누가 22:3, 요한 13:2). 누가와 요한은 "겟세마네"란 말을 사용하지도 않는다. 누가와 요한에게는 모두 부활의 날에 무덤 앞에 두 천사가 있다. 결국 두 개의 나사로 이야기 사이에는 이런 연결고리가 있는 것이다.

요한은 그의 나사로 이야기에서, 누가에 나오는 나사로와 무자의 비유를 역사화했다고 볼 수 있다고 나는 생각한다. 두 에피소드는 나사로라는 이름을 공통적으로 사용할 뿐만 아니라, 누가의 비유의 주제가 요한이 기적의 결과에 대해 실제적으로 말한 것과 일치하는 것이다. 누가의 비유에서 아브라함은, 만일 사람들이 "모세와 예언자들의 말을 듣지 않는다면, 죽은 사람들 가운데서 누가 살아난다고 해도, 그들은 믿지 않을 것이다"(누가 16:31)라고 말한다. 이 사실이 바로 요한의 이야기에서 나사로의 소생과 함께 벌어진 것이다.

요한복음의 나사로가 살아난 이야기의 자세한 내용은 요한 자신의 부활절 이야기에 등장할 주제들과의 대조 및 유사성을 반영하는 것 같다. 즉 나사로는 죽은 지 나흘이 되었다. 어떤 유대 사상은 죽은 사람의 영 또는 혼이 3일간 무덤 주변을 맴돌다가 드디어 떠나버린다고 한다. 그 후 시체의 부식과정은 돌이킬 수 없다. 예수 이야기에서는 그가 무덤 속에 있는 시간이 3일이다. 나사로와 예수의 무덤 앞에서는 모두 마리아라는 여인이 울고 있었다(요한 11:33, 20:11). 예수의 무덤과 같이 나사로의 무덤도 입구가 돌로 막혀 있었다(요한 11:38, 20:1). 나사로의 이야기에서 예수는 돌을 옮겨 놓으라고 명령한다(요한 11:39). 부활절 이야기에서는 막달라 마리아가 돌이 이미 옮겨진 것을 발견한다(요한 20:1). 나사로는 천으로 감긴 채 나왔다(요한 11:44). 시몬 베드로와 사랑하는 제자라는 사람은 예수의 수의(壽衣)가 개켜 있는 것을 보았다(요한 20:6-7). 마치 예수가 그 수의를 벗고 부활한 것처럼 말이다.

요한은 이 두 편의 소생한 이야기를 대조시키는 것 같다. 나사로의 경우에는 죽은 자를 이 세상의 삶으로 되돌리는 육신의 소생이었다. 나사로는 그가 다시 죽을 때 묶이게 될 천으로 감겨 있었다. 그러나 요한은 부활절 이야기에서 예수가 그의 수의에서 빠져 나왔다고 한다. 이 말은 그것이 그를 다시금 묶을 수 없다는 암시이다. 바울은 "그리스도께서는 죽은 사람들 가운데서 살아나셔서, 다시는 죽지 않으시며, 다시는 죽음이 그를 지배하지 못합니다"(로마 6:9)고 했다. 나사로의 소생이 극히 육체적인(physical) 반면에 예수의 부활은 그 몸(body)이 아버지께 올라갈 수 있고(요한 20:17) 또한 물리적 우주의 법칙에 더 이상 매이지 않는 몸으로 변형되었다(고대 그리스인들은 '살'flesh과 '몸'body을 구분하여 소생은 '살'로, 부활은 '몸'으로 이해했다. - 옮긴이). 그는 이제 벽을 뚫고 들어갈 수 있고(요한 20:19) 제자들에게 성령을 불어넣을 수 있으며(요한 20:22), 갈릴리 호수 가에 임의로 나타날 수 있었다(요한 21:4).

이상으로 복음서에 묘사된 바 예수는 죽은 자를 살리는 능력의 소유자라는 세 가지 이야기에 관한 연구를 끝맺는다. 첫째 것은 엘리사 이야기를 반복하는 것 같고, 둘째 것은 엘리야의 이야기를 반복하는 것 같으며, 마지막 것은 누가복음에서 발견된 비유의 역사화인 것 같다. 이 연구를 통해 내가 얻은 확신은 복음서에 대한 문자적-초자연적 독해(literal-supernatural reading)는 복음서 저자들의 본래 의도에 위배된다는 것이다. 예수는 어떤 문자적 의미 그대로 죽은 자를 살리지 않았다. 오히려 예수는 이 에피소드에서 하나님의 능력을 구현했다고 하는 엘리사나 엘리야와 같은 예언자들보다 더 위대한 존재로 묘사된 것이다. 사람들은 예수에게서 무시간적이며 영원한 하나님의 생명력, 초월적 능력 및 의미를 체험했다. 그들은 그 체험을 1세기 유대 사회의 언어와 개념으로 의미 있게 표현하기 위해 고군분투했다. 그들의 체험이란 곧 인간 생명의 위기 또는 시간과 공간 그리고 사망 등 인간의 한계에 구애받지 않은 거룩한 하나님의 현존을 예수에게서 보았다는 것이다.

신약성서의 기적들은 복음서 저자들이 안목을 가진 사람들로 하여금 볼 수 있도록 하나님 나라의 도래에 대해 거듭 밀하는 문학적 장치이다. 기적들은 온전함에 대한 비전의 한 부분으로서, 이 비전은 우리 인간성의 한계를 극복하여 우리의 운명처럼 느껴지는 초월성을 영원히 추구하도록 영감을 불어넣는다. 예수는 생명과 사랑과 존재의 능력을 지닌 인간으로서, 그와 접촉한 사람들로 하여금 얽매이지 않는 삶으로 변하고 얽매이지 않는 사랑을 체험하며 얽매이지 않는 존재에 참여하도록 눈뜨게 했다. 그가 환자와 장애인을 치유했거나 또는 죽은 자를 살렸거나 간에 자연법을 파괴하고 초자연적 기적을 행사하는 것과는 아무런 관계가 없다. 기적은 1세기 유대인들이 예수에게서 보았다고 확신하는 바를 전달하기 위해 인간의 언어를 최고로 확대한 유일한 방법을 보여준 것이다.

1세기의 이런 초자연적 언어는 오늘날 예수의 의미에 대해 우리의 눈을 멀게 할 뿐만 아니라, 우리에게 사실상 왜곡된 예수를 전달한다. 그것은 우리로 하여금 밑바닥 없는 허무의 함정에 빠지지 않기 위해 방어할 수 없는 것을 방어하는 병적인 방어성으로 유인하거나 아니면 우리로 하여금 전통적 하나님 언어의 비합리성과 무의미성을 인정하게 함으로써 오히려 종교적 관심을 배격하고 무신론 세계의 허무를 허용하도록 강요한다. 아마도 우리가 예수를 종교에서 해방시키고 신조, 교리 및 교의에서 자유롭게 할 수 있다면, 다시 한 번 생명의 충만함에서 인지되는 하나님 체험으로 우리를 초청하는 그의 음성을 들을 수 있을 것이다. 이것이 내가 추구하는 예수이다. 그는 예나 지금이나 기적을 일으키는 사람이 아니다. 그는 물 위로 걷거나 병자를 고치거나 죽은 자를 살리지 않았다. 오히려 그는 참 사람의 철저한 인간성(radical humanity)으로 하나님의 의미를 살아냈으며, 그의 삶을 보거나 그의 능력을 감지한 사람들로 하여금 "하나님이 그리스도 안에 계셨다"고 외치게 했으며, 또한 복음서 저자들은 하나님이 당신과 내 안에 현존한다고 주장하기에 이른 것이다.

우리는 다음으로 예수의 이 이야기에서 삶이 죽음을 변화시키는 것을 볼 것이다. 거기서 우리가 인간 예수 안에 펼쳐진 신성을 볼 때, 신성은 인간성과 다르지 않음을 배우게 될 것이다.

제9장

십자가 처형 이야기: 역사로 둔갑한 예배

> 나도 전해 받은 중요한 것을 여러분에게 전해 드렸습니다. 그것은 곧, 그리스도께서 성경대로 우리의 죄를 위하여 죽으셨다는 것과, 무덤에 묻히셨다는 것과....- **고전 15:3-4a(기원후 70년대까지 크리스천들이 갖고 있던 십자가에 대한 유일한 기록의 전부)**

내가 앞에서 열두 제자들에 관해 주장한 바와 같이, 만일 예수를 권력자들에게 넘겨주고 자기도 죽었다는 가룟 유다가 역사적 인물이 아니라면, 예수의 십자가 처형에 관한 나머지 이야기 중에서 역사적인 것은 얼마나 될 것인가? 이것이 지금 우리의 질문이다.

예수의 죽음에 관해 우리가 갖고 있는 초기 자료는 극히 빈약하다. 자세한 내용은 거의 없다. 일반 신자들이 예수의 십자가 처형에 대해 믿고 있는 자세한 내용 모두는 사실상 예수가 죽은 지 최소한 40년이 지난 다음에 발전된 것이다! 그것들이 원래의 사실이었다는 증거는 전혀 없다. 십자가 처형의 자세한 내용에 대한 진정한 초기 자료, 즉 70년대 이전 자료를 찾아보면, 우리의 기대에 훨씬 못 미친다. 그 자료들부터 잠시 살펴보기로 하자. 바울은 최초의 신약성서 문헌에서 예수가 십자가에 처형되었다고 주장했다. 그는 사실상 예수의 십자가에

159

대해 최소한 8회, 예수가 십자가에 처형당한 것에 대해 9회, 그리고 예수의 죽음에 대해 여러 차례 언급하고 있다. 예수의 십자가 처형에 대한 바울의 이런 언급들은 그 세부 내용은 없이 그저 단순한 사실보도와 같은 것으로서, 마치 예수의 십자가 처형과 죽음의 사실을 바울이 단순히 기정사실로 받아들여 결코 논쟁이나 의심의 대상이 아닌 것처럼 언급한 것들이다. 바울이 십자가 처형에 관해 제시하는 가장 완벽한 기록은 고린도전서 15장에 나오는데, 그것은 기원후 50년대 중반, 그러므로 예수의 십자가 처형 사건 후 약 25년이 지나서 기록된 것이다. 그럼에도 불구하고 이 자료조차도 자세한 내용을 거의 보여주지 않는다(고전 15:3-11).

바울은 이 이야기를 다음과 같은 말로 시작한다. "나도 전해 받은 중요한 것을 여러분에게 전해 드렸습니다." 그 다음 그는 소위 기독교 이야기를 형성하는 사건들을 나열한다. 그가 십자가 처형에 대해 말한 것은 문자 그대로 한 줄에 불과하다. 즉 "그리스도께서 성경대로 우리의 죄를 위해 죽으셨다." 이것이 바울이 아는 바 전부인 것 같다. 즉 제자의 배신, 겟세마네 동산에 오름, 체포, 대제사장의 심문에 관한 이야기 등은 없다. 복음서들의 수난 이야기들에 나와서 우리에게 익숙해진 그 자세한 내용은 아무것도 없다. 빌라도에 대한 언급도 없으며, 예수에 대한 고발 내용도 없으며, 그를 십자가에 처형하라는 유대인 무리들의 압력에 관한 기록도 없다. 예수가 채찍으로 맞았다는 이야기도, 가시 면류관에 대한 언급도, 그가 스스로 십자가를 져야 했던 이야기도, 그리고 갈보리 언덕에 대한 언급도 없다. 못을 박은 군인들이나 예수와 함께 십자가에 못 박혔다는 강도들에 대한 이야기도 없다. 정오의 암흑에 관한 것과 예수가 십자가에서 어느 누구에게 말했다는 것도 없다. 바울은 예수가 죽은 목적이 오직 구원에 있다고 역설했다. 즉 그는 그것이 "우리의 죄를 위한" 것이라고 했다. 그것은 또한 "성경대로" 이루어진 것이라고 그의 의견을 덧붙였다. 그러나 예수의 고뇌에 관한 서술은 없다. 그는 죽었다. 이것이 바울이 말한 것 전부다.

바울은 십자가 처형 이후에 일어난 사건들에 대해서도 이야기를 계속한다. 그러나 여기서도 그 자세한 내용은 거의 없다. 바울은 예수의 매장을 세 단어로 요약한다. 즉 "He was buried"(그는 묻혔다). 바울은 성경에 있는 예수의 죽음 이야기를 제일 먼저 기록했는데 거기에는 무덤, 수의, 향료, 동산, 아리마대 사람 요셉에 대한 언급이 없다. 매장에 관한 바울의 본문은 거의 당연한 사실처럼 받아들인 것이다. 즉 사람들이 죽으면 그들은 묻힌다. 그밖에 다른 것은 언급되지 않고 있다. 이것이 첫째 복음서인 마가가 70년대(혹은 바울의 서신 이후 15년 정도 지나서)에 기록되기까지 교회가 예수의 죽음과 매장에 대해 갖고 있던 기록의 전부다. 바울의 이 최초의 본문을 읽은 다음에 주석자들은 이런 문제를 제기한다. 즉 바울은 이것보다 더 많이 알았을까, 아니면 이것이 그에게 전달된 내용의 전부였을까?

만일 우리가 바울에게 이 전승을 전한 사람이 누구인지 찾아낼 수 있다면, 그 질문에 대해 좀더 나은 대답이 가능할지 모른다. 우리가 그 단서들을 찾기 위해 바울 서신 전체를 탐색하는 과정에서 50년대 초에 기록된 갈라디아서에서, 그가 회심한 지 3년 후 게바(혹은 시몬 베드로)를 방문했고 그와 15일간 머물렀다는 사실을 발견하게 된다(갈 1: 18). 이것이 바울이 얻은 정보의 원천이라고 추정하는 것이 합리적이지 않는가? 그 다음에 우리가 마땅히 물어야 하는 질문은 이것이 베드로가 바울에게 전해준 것 가운데 바울이 기억한 것 전부인가, 아니면 이것이 베드로가 알고 있었고 동시에 바울에게 전한 것의 전부인가

하는 질문이다. 우리가 이해하게 된 것처럼, 십자가에 대한 이야기는 이 때까지 아직 형성되지 않았던 것이 아닌가? 사람들은 대부분 이런 질문들을 절대로 하지 않는다. 그러나 우리가 예수에 대한 신화의 배후로 들어가 예수의 인간적 생애에 도달하며, 또한 예수의 생애에 대한 설명의 배후로 들어가 예수 체험에 도달하려 한다면, 우리는 반드시 이런 질문들을 물어야 하며, 그 대답을 찾아야만 한다.

고린도전서의 기록과 70년대 초 첫째 복음서(마가복음)의 등장 사이에는 많은 사건들이 발생했다. 바울과 베드로는 이미 죽었다. 유대인들은 기원후 66년에서 73년까지 계속된 로마인들과의 전쟁에서 참패했다. 이 전쟁의 결정적 전투는 70년에 있었는데, 그 때 티투스 장군 휘하의 로마군대가 예루살렘 주변의 방위 벽을 뚫고 침입했을 뿐만 아니라 그 도시를 초토화하고 성전마저 파괴했다. 종전 후 로마인들이 유대인들을 극도로 혐오하는 기간이 오래 계속되었다. 로마인들은 그 전쟁의 주도자로 보이는 예루살렘의 종교 지도자들 곧 대제사장들과 성전 관리자들에게 그 책임을 물었다. 이런 상황에서 마가복음이 기록된 것이다. 그는 일반적으로 유대 민족 전체와 특별히 예루살렘에 살던 유대인들이 당한 비극을 잘 알고 있었다. 비록 마가가 당시에 예루살렘에 살지 않았다고 할지라도 이 사실은 부정할 수 없다.

마가는 그의 이야기에 두 가지 사실을 소개했는데, 그것들은 10년 후에 마태와 누가에 의해서도 채택되어 크리스천들의 의식 속에 확고하게 뿌리내리게 되었다. 첫째로, 마가는 예수의 십자가 처형 이야기를 유대인들의 유월절 절기 속에 자리잡게 했다. 이것은 십자가 처형 이야기를 유월절과 연결시켜 구성하도록 허용했다는 뜻이다. 둘째로, 마가는 바울이 주장한 바 예수의 죽음이 "성경대로"라는 말을 설명하려고, 히브리 전통의 성경을 사용해서 예수의 죽음에 관한 이야기에 그 자세한 내용을 채웠다. 전통적으로는 거의 제기되지 않은 질문들이지만 여기서 우리의 연구를 위해 제기해야 할 질문은 다음과 같다. 즉 이 십자가 이야기는 목격자에 의해 기억된 역사(remembered history)로 이루어졌는가, 아니면 그것이 예배를 위한 드라마(a liturgical drama)로서, 실제 사건을 서술하려는 것이 아니라 예배자들로 하여금 예수가 누구였으며 그의 죽음이 왜 특별한 의미를 갖는 것인지를 이해하도록 기획된 것인가? 이것을 약간 다르게 그러나 보다 솔직히 말하면 이렇다. 즉 예수의 십자가 처형에 관한 자세한 내용 중에 실제로 발생한 사건은 얼마나 되는가? 예수의 출생에 대한 자세한 내용, 제자들의 숫자와 정체성 그리고 기적 이야기들의 역사성에 관한 것과 같이, 예수의 죽음에 관한 자세한 내용들도 사실에 근거한 것이라기보다는 전승과 해석에 근거한 것인가? 대체로 이런 질문은 제도적 기독교가 제기하지 않았던 질문들이다. 나는 예수에 대한 진실을 탐구하면서 이런 문제들을 회피할 생각이 전혀 없다.

마가는 기독교 역사상 첫째 복음서를 쓰려고 두루마리를 펴놓고 깃대 펜을 잡았을 때, 그는 예수의 생애 가운데 마지막 사건에 큰 무게를 두었다. 십자가가 그의 이야기의 초점인 것이 분명하다. 예를 들어, 마가는 부활절 묘사에 여덟 구절만 할애한 반면에, 예수의 생애 중 마지막 24시간에 관해서는 100 구절 이상 썼다. 더 나아가서 예수의 생애 중 최후 주간의 사건들이 마가복음서의 1/3 이상을 차지하고 있다. 마가복음은 마치 서론이 긴 십자가 처형 이야기처럼 서술된 것이다. 이런 사실은 예수의 의미에 대한 마가의 이해를 파악하려고 할 때, 강조점을 어디에 두어야 하는지를 생각하면 분명히 드러난다. 즉 예수의 죽음이 핵심이었다.

다음으로 독자들 앞에 문자적으로 등장하는 것은 십자가 처형이 유월절의 맥락 속에 자리잡았을 뿐만 아니라, (내가 다음에 제시하겠지만) 십자가 처형이 유대인들의 출애굽 이야기와 평행선상에 놓여져 있다는 점이다. 물론 유월절은 출애굽 이야기를 예배로 표현한 것이다. 우리가 이런 사실들을 알게 될 때, 우리의 신앙에서 중요한 이야기는 모두 역사적이라기보다는 오히려 해석적인 것으로 감지된다. 잠시 다음의 연관성을 생각해 보자. 십자가 처형과 출애굽은 이 두 신앙공동체 곧 크리스천들과 유대인들의 공동체가 출생하는 계기가 되었다. 이 두 이야기는 모두 노예로부터 해방된 것을 전하기 위해 고안된 것이다. 출애굽 이야기는 이집트의 노예생활에서 해방된 것인 반면에, 십자가 처형 이야기는 "죄의 노예"로부터 해방된 것이었다. 두 이야기는 모두 죽음에서부터 생명에로의 여정을 해방으로 묘사했다. 출애굽 이야기에서 죽음은 홍해의 물 속에 빠지는 상징적인 익사였으며, 하나님이 바다를 갈라 약속된 땅에서 새 삶의 가능성을 열어 주었다. 한편 십자가 처형 이야기에서 죽음은 십자가의 죽음이었고, 그 죽음은 하나님 나라 곧 영원한 약속의 땅에서 부활의 새 생명에 대한 약속을 통해 변화되는 것인데, 예수가 그 첫 번째 실례(the first illustration)였다. 두 이야기는 모두 후세들에게 이 역사적 사건이 출생시킨 신앙공동체 안에서 그 출생의 계기를 예배를 통해 재연함으로써 그것을 기억하도록 명령했다. 출애굽 이야기는 유대인들에게 이렇게 말한다. "이 날은 너희가 기념해야 할 날이니, 너희는 이 날을 주 앞에서 지키는 날로 삼아서 영원한 규례로 대대로 지켜야 한다"(출 12:14). 한편 바울은 최후의 만찬에 관한 글에서 예수가 "나를 기억하며" 이 식사를 재연하라고 말했다고 한다(고전 11:24). 끝으로, 출애굽 이야기와 십자가 처형 이야기는 모두 "하나님의 어린양"(lamb of God)이라는 존재의 죽음에 초점을 맞춘다. 출애굽 이야기에서는 그것이 유대인들의 양떼 가운데 흠 없는 어린 수양이었다. 수난 이야기에서는 그것이 세례자 요한이 요한복음에서 "하나님의 어린양"(요한 1:36)이라고 한 것처럼 그의 백성 가운데 흠 없고 젊은 남성 대표자였다. 두 죽음 모두에서 예배용 양의 흘린 피가 죽음의 권세를 타파하는 상징이므로 어린양은 "생명의 대리인"(agent of life)이 되었다. 우리는 예수의 죽음을 기록한 의도가 사실상 초기 유대교 신앙 이야기에 준한 예배에 근거하고 있음을 발견할 때 십자가 처형에 대한 자세한 이야기들의 역사성에 대해 의혹을 품지 않을 수 없다.

마가가 예수의 죽음 이야기를 처음 기록하면서 사용한 언어를 살펴보고, 또한 그 이야기가 세 시간짜리 8회분으로 깔끔하게 나뉘어져 24시간을 한 주기(a cycle)로 하여 구성된 것임을 확인할 때, 우리의 의혹은 증폭된다. 이것은 십자가 처형 이야기를 점점 더 비역사적이고 더욱 더 예배용인 것으로 보게 만드는 것이다. 유대인들의 유월절은 공동식사를 중심으로 돌아가는 세 시간 동안의 의식이 일반적인 것이었다. 십자가에 대한 크리스천 이야기에서는 유대인들의 세 시간짜리 예배가 예수의 추종자들에 의해 공동식사를 중심으로 돌아가는 24시간짜리 철야예배로 확장된 것이다.

마가는 본래 그의 십자가 이야기를 구성할 때 그것은 "저녁 때"(14:17)에 시작되었다고 지적했다. 전등 없이 생활하는 고대 사회에서 이것은 해가 졌거나 또는 오후 6시경이라는 말이다. 마가는 유대인으로서 유월절 식사가 보통 세 시간 걸리고 또한 찬송으로 끝맺는다는 것을 알고 있었다. 그래서 그는 1회분의 끝머리에서 "그들은 찬송을 부르고서, 올리브 산으로 갔다"(마가 14:26)고 한 것이다. 이제 시간은 분명히 오후 9시경이었다. 유월절 식사는 끝났고 그 식사는 예수의 찢긴 몸과 "많은 사람들을 위해 흘리는"(14:22-25) 피의 상징으로 재해석되었다. 예수는 그의 죽음으로 새로운 유월절 희생양이 될 참이었다.

그 다음으로 마가는 예수와 제자들의 무리가 겟세마네 동산으로 올라갔는데 거기서 그의 가장 가까운 제자들인 베드로, 야고보 및 요한은 깨어 있을 수 없었다고 한다. "한 시간도 깨어 있을 수 없느냐?"(14:37)고 예수는 물었다. 이 과정은 두 번 더 반복된다. 제자들은 한두 시간이나 또는 서너 시간 동안 깨어 있을 수 없었다. 마가의 예배에 대한 감각은 실로 절묘하다! 지금은 밤 12시이며 따라서 24시간짜리 예배를 위한 드라마의 둘째 장면은 완결된 것이다.

배신행위가 이어지는데, 이것은 자정이 울리면서 벌어진 행위로서 매우 날카롭게 묘사되었다. 이 저자는 인간 역사상 가장 흉악한 행위로 간주되는 사건이 그날 밤 가장 어두운 순간에 일어났다고 본 것이다. 이어서 마가는 체포에 관해 기록하면서 그 순간에 "제자들은 모두 [몇이 아니라 모두] 예수를 버리고 달아났다"(14:50)고 지적했다. 예수는 이 최후의 시련을 홀로 직면했을 것이다. 그 다음, 예수는 유대인들의 제사장들, 그 밖의 원로 제사장들 및 장로들 앞에서 심문받기 위해 끌려간다. 그들이 예수의 불가피한 죽음을 성사시키는 데 필요한 증거는 만들어졌다. "그대는 찬양을 받으실 분의 아들이요?"라는 질문에 대해, 예수는 "내가 바로 그이요. 당신들은 인자가 전능하신 분의 오른쪽에 앉아 있는 것과, 하늘의 구름을 타고 오는 것을 보게 될 것이요."(마가 14:61-62)라고 대답했다. 그러자 이 지배세력은 예수의 메시아 주장을 근거로 사형 판결을 내린다. 이 때가 새벽 세 시다. 우리는 더 진행하기에 앞서 유대인들의 전통은 율법서에 따라 낮이 아니면 재판을 하지 않는다는 사실을 명심할 필요가 있다. 이것은 지금 우리가 역사적 기억을 다루고 있지 않다는 또 하나의 힌트가 될 것이다.

그 사회에서 오전 3시에서 오전 6시 사이의 깨어있는 것을 수탉울

음소리(cockcrow)라고 했다. 마가는 이 시간 사이에 베드로가 예수를 세 번 부인한 이야기를 그의 드라마 속에 삽입한다(14:66-72). 아마도 마가는 베드로의 행동이 사도로서 또 하나의 불충실한 행동이라고 생각했을 것이다. 베드로, 야곱, 요한은 한두 시간 또는 서너 시간 깨어 있을 수 없었다는 사실을 이미 보여 주었다. 이제 베드로는 사도들 중의 지도자(그의 충성을 보이기 위해 붙잡힌 예수를 따라 대제사장의 안뜰로 가는 것으로 묘사된)로서 예수를 세 번 부인한다. 이것은 닭이 울 때까지 시간당 한 번씩 부인한 것이며 밤의 장면을 마치는 것이다. 이제 오전 여섯 시가 된 것이다.

24시간 철야예배의 8회분 형태가 정확한 목표임을 주장하려는 듯 마가는 선언하기를, 그 행동은 "새벽에"(15:1) 곧 다음 날 여명 또는 아침 6시까지 계속되었다고 한다. 대제사장들, 서기관들 및 장로들은 유죄선고를 받은 예수를 로마 총독인 본디오 빌라도에게로 끌고 간다. 마가는 암시하기를 여기서 로마 측의 예수 재판이 열린다고 한다. 그것은 유죄 답변 흥정(plea bargaining)의 형식을 포함한다. 빌라도는 빠져 나갈 방책을 찾는 것으로 묘사된다. 그는 말하기를 "나는 그에게서 아무런 잘못을 발견하지 못했소. 바나바는 어떻소?"라고 한다. 그러나 통하지 않는다. 예수의 죽음은 불가피하다. 무리는 이 한 사람 예수의 피를 요구한다는 것이다. 우리는 그의 죽음을 요구하는 그들의 외침 곧 격노한 외침을 듣는다. 그 다음 사형집행 전의 고문, 조롱, 채찍질 등이 급속히 진행된다. 예수는 왕처럼 자색 옷을 입고 그의 머리에는 가시 월계관을 썼으며 그의 손에는 마치 권장(權杖, scepter)처럼 부러진 갈대가 쥐어진다. 이제 잔인한 유희는 끝나고 "그들은 예수를 십자가에 못 박으려고 끌고 나갔다"(15:20)고 마가는 전한다.

마가는 십자가로 가는 도중에도 이 드라마가 예배를 위해 구성되었음을 독자들에게 분명히 상기시키고 있다. 그는 "예수를 십자가에 못 박은 때는 아침 아홉 시였다"(15:25)고 말하기 때문이다. 그는 우리에게 실질적인 십자가 처형에 관해서는 불과 몇 가지 내용밖에는 제시하지 않는다. 즉 구레네(북아프리카 지방) 출신 시몬이라는 사람이 맨 먼저 갈보리로 십자가를 메고 갔다고 마가는 전한다. 예수와 두 강도가 십자가 처형을 당하기 전에, 몰약을 탄 포도주가 예수에게 주어진다. 지나가는 무리들은 예수를 비웃고 제사장들은 그를 조롱한다. 마가복음의 두 강도들은 다만 침묵의 방관자들이다.

그 다음으로 마가는 "낮 열두 시가 되었을 때에 어둠이 온 땅을 덮었다"(15:33)고 한다. 그 순간 마치 신호가 떨어지자 어둠이 온 세상을 덮는다. 그것은 세상의 종말에 일어날 것으로 예상되는 묵시적 암흑이다. 그 어둠이 얼마나 오래 지속되었는가? 마가는 오후 세 시까지 그 드라마를 진행시키기 위해 세 시간 동안이라고 했는데, 이것은 예수가 "나의 하나님, 나의 하나님, 어찌하여 나를 버리셨습니까?"(15:34)라고 버림받은 절규를 외친 시각이다. 우리는 무리들이 이 절규를 엘리야를 부르는 소리로 오해한 것으로 전해 듣고 있다. 우리는 여기서 다시 한번 유대인들의 사상 가운데 위대한 인물 곧 또 하나의 묵시적 상징인 엘리야를 대하게 된다.[1] 예수는 그 다음 "큰 소리를 지르시고서 숨지셨다"(15:37)고 했는데 마가는 그 외침의 내용을 기록하지 않는다. 이 극적인 순간에 마가는 그 이야기 속에 두 개의 강력한 메시아적 상징을 별도로 삽입한다. 즉 그것은 성전에서 사람들이 모일 수 있는 성소와 하나님의 거처인 지성소(사람들이 금지된 곳)를 구분하는 휘장이 위에서 아래까지 갈라진 것이다(15:38). 이것은 하나님에게 접

---

[1] 심지어 오늘날에도 유대인들은 유월절 만찬에서 엘리야를 위한 좌석을 마련해둔다.

근하는 길이 새롭게 열렸음을 상징하는 것이다. 또한 이방인인 로마의 백부장이 그 죽은 예수와 "하나님의 아들" 곧 하나님이 극적으로 임재했던 분을 동일시하는 것으로 그 드라마를 해석했다는 것이다 (15:39).

이제 제자들의 철야 의식의 마지막 순간, 곧 24시간의 예배의식을 종료하기 위한 오후 세 시에서 여섯 시까지의 시간이 다가왔다. 마가는 막간을 이용해서 예수의 매장에 관해 언급한다. 빌라도에게 예수의 시신을 요청한 아리마대 요셉이란 인물이 기독교 역사상 처음으로 소개된다. 묘지는 마련되었다. 시신은 아마포 수의에 싸여서 무덤에 안치되고 돌을 굴려 문을 봉인한다. 이 모든 일은 해가 떨어지기 전에 마무리된다. 이 때가 금요일 저녁 오후 여섯 시다. 거룩한 안식일이 다가온 것이다.

마가복음의 이 긴 이야기는 예수의 죽음에 대한 최초의 극적인 이야기다. 그것은 분명히 예배 형식으로 제시되어 있다. 그 24시간 구조는 세 시간짜리 8회분으로 이루어진 것이 확실하다. 그 형식은 이 드라마를 처음 창작하게 한 추진력은 역사가 아니라 예배였음을 밝혀준다. 예수가 실제로 어떻게 죽있는지에 대한 기록은 없다. 그 대신에 예수의 죽음이 해석되고 있었다. 이 사실은 십자가 처형을 기술하기 위해 사용된 실제 용어나 내용들이 목격자의 기억에서 온 것이 아무것도 없다는 사실을 알 때 더욱 분명해진다. 그것들은 오히려 히브리 성서의 옛 표현에서 온 것으로 글짜 그대로 인용된 것이다. 마가는 예수가 "성경대로"(고전 15:3) 죽었다는 바울의 주장을 심각하게 받아들인 나머지, 성경을 사용해서 예수 이야기의 결정적 순간을 연결시킨다. 다음 장에서 이 이야기를 다루기로 하겠다.

제10장

십자가: "성경대로" 만들어진 이야기

제자들은 모두 예수를 버리고 달아났다.- 마가 14:50
그리스도께서 성경대로 ... 죽으셨다. - 고전 15:3

제자들이 예수를 버리고 도망친 것은 초기 기독교 운동의 가장 확실한 역사적 기억 가운데 하나임에 틀림없다. 그것은 제자들이 당연히 예수와 생사를 같이 했을 것이라고 직감적으로 생각했던 것과 반대되는 것일 뿐만 아니라, 또한 복음서들이 기록될 당시에 실제 이상의 영웅으로 간주되었던 사람들의 행태에 대해 부정적인 기억을 남겨준다. 운동이란 그 창시자들의 부정적 측면을 소개하려들지 않지만, 동시에 잊을 수 없을 만큼 생생하게 아픈 역사적 기억을 지울 수도 없다. 후자의 경우에 보통 벌어지는 것은 그 아픈 기억을 완화하기 위해 그들의 책임을 벗겨주는 해명이 개발되는 것이다.

바로 이것이 우리가 위에서 인용한 마가의 십자가 처형에 관한 본래적이며 일차적인 이야기 속에서 발견하는 사실이다. 제자들은 예수와 함께 깨어 있을 수 없을 뿐 아니라 그들은 모두 그를 버리고 달아났다고 했다. 그리고 그들 중 하나 곧 수제자인 시몬 베드로는 사실상 예수를 전혀 모른다고 부인했다. 이 기억이 너무나 처절한 것이기 때문에 제자들의 책임을 벗겨주려는 해명이 매우 초기 단계에 첫 번째 복음서 이야기 속에서 개발된 것이다. 그것은 마가의 예배 드라마에서 세 시간짜리 예배의 제2회분이 시작되는 시점에서 십자가 이야기 속에 자리잡았다. 즉 제자들이 다락방에서 유월절 축제를 마치고 찬송을 부르며 겟세마네를 향해 떠날 때, 예수는 그들에게 "너희가 모두 걸려서 넘어질 것이다. 성경에 기록하기를 '내가 목자를 칠 것이니, 양 떼가 흩어질 것이다' 했기 때문이다"(마가 14:27)고 말한다. 이 인용구는 스가랴서에서 온 것이다(13:7). 마가에 의하면, 예수가 언급한 것은 사도들이 도망친 것이 필연적이고 불가피한 것이며 심지어 예수의 예언이었다는 것이다. 마가의 말은 제자들은 도망쳐야만 했고 그것은 신의 계획 가운데 일부라는 것이다. 제자들은 속수무책이었다는 말이다. 어느 누구도 일어나지 않은 사실에 대해 그토록 완벽하게 "신이 정당화하는 설명"을 꾸며낼 수는 없다. 이 이야기에는 분명히 역사가 들어 있다. 그러나 그 도주는 또 하나의 현실 곧 예수는 홀로 죽었다는 사실을 우리에게 역설한다. 이 현실이 아무리 우리를 불편하게 만든다 할지라도 우리는 그것을 수용할 필요가 있다. 거기에는 예수의 죽음을 목격하거나 그것을 기록할 사람이 아무도 없었던 것이다.

다음으로 우리는 무엇이 확실한 사실인지 인식할 필요가 있다. 그것은 곧 십자가 처형에 대한 최초의 이야기는 기억된 역사가 아니라는 사실이다. 그렇다면 그 최초의 이야기는 과연 무엇이었는지를 충분히 설명하기 전에, 우선 복음서 저자들이 무엇을 성취하려 했는지를 이해하기 위해 우리의 해석을 한 단계 더 진척시킬 필요가 있다. 우리는 마가의 본래적인 수난 이야기를 검토하면서, 지금 우리에게 매우 익숙한 내용이 된 그 이야기의 자료들을 규명하려고 한다. 만일 그 저자가 본래 어떻게 그 이야기를 만들었는지를 우리가 이해할 수 있다면, 그의 목적과 의도를 보다 명확히 알 수 있을 것이고, 이 길을 통해 그의 설명적 이야기를 낳은 체험 속에 진입할 수 있을 것이다. 나는 이 문제를 풀 수 있는 단서가 이미 말한 바울의 고린도전서에 있다고 본다. 바울은 그의 십자가 처형에 대한 간단한 이야기에서 예수의 죽음은 "성경대로"라고 주장했다.

마가가 기록한 십자가 처형 이야기를 면밀히 검토해보면, 그것은 히브리 성서에 있는 두 개의 중요한 본문에 크게 의존하고 있음이 드러나는데, 그 본문들이 또 한편으로는 십자가 이야기의 자세한 내용을 채우는 데 사용된 여타 본문을 위해 도약대의 구실을 하고 있다. 그 중요한 본문이란 시편 22편과 이사야 53장이다. 따라서 이 두 결정적 자료를 우리 의식 속에 입력하고, 그 본문들이 어떻게 다른 본문들을 회상하도록 자극해서 결국 십자가 이야기를 완성시키게 되었는지를 추적하는 것이 해석 과정의 다음 단계이다.

우리로 하여금 시편 22편에 관심을 갖게 하는 뚜렷한 실마리는 마가가 기록한 바 예수가 십자가상에서 외쳤다고 하는 특유한 말 곧 버림받음에 대한 절규이다(15:34). 마가는 그 절규를 아람어와 그리스어로 표현했다. 그것을 번역하면 "나의 하나님, 나의 하나님, 어찌하여 나를 버리셨습니까?"이다. 누가와 요한은 모두 십자가상의 이 절규를 삭제하고 보다 확신에 차고 승리적인 말로 대치한다. 그러나 마가는 이 절규를 그의 십자가 처형 드라마의 정점으로 삼는다. 이 점에서 마태는 동일한 방식으로 마가의 뒤를 따른다. 주석자들은 여러 세기 동안 이 절규의 의미를 해석하려고 씨름했다. 왜냐하면 그것은 처음 500년의 기독교 역사에서 신학체계를 지배했던 침입하는 신(the invading deity)인 예수의 이미지와 너무 상반되는 것 같기 때문이다. 그들이 이 절규를 어떻게 달리 주석했던지 간에 그들은 이것이 시편 22편 첫 절에서 직접 인용된 사실을 인정할 수밖에 없었다. 나는 시편 22편 전체가, 마가복음이 기록되기 오래 전에 이미, 예수의 죽음에 대한 모습을 해석하기 위해 사용되었을 것이라고 생각한다. 수난 이야기에는 당시 발전하던 전승의 흔적들이 많이 있으며, 그 전승을 형성하는 데 끼친 이 시편의 영향을 부정할 수 없다. 그 풍부한 연결고리를 찾아보기로 하겠다.

시편 22편은 다음과 같다. "나를 보는 사람은 누구나 나를 빗대어서 조롱하며, 입술을 비쭉거리고 머리를 흔들면서 얄밉게 빈정댑니다. '그가 주님께 그토록 의지했다면, 주님이 그를 구하여 주시겠지. 그의 주님이 그토록 그를 사랑하신다니, 주님이 그를 건져 주시겠지' 합니다"(7-8). 이것을 마가의 글과 비교해 보자. "지나가는 사람들이 머리를 흔들면서, 예수를 모욕하여 말했다. '아하! 성전을 허물고 사흘 만에 짓겠다던 사람아, 자기나 구원하여 십자가에서 내려오려무나!' 대제사장들도 율법학자들과 함께 그렇게 조롱하면서 말했다. '그가, 남은 구원했으나, 자기는 구원하지 못했구나! 이스라엘의 왕 그리스도는 지금 십자가에서 내려와 봐라. 그래서 우리로 하여금 보고 믿게 하여라!' 예수와 함께 십자가에 달린 두 사람도 그를 욕하였다"(15:29-32). 마태는 마가의 진술에 다음의 말을 첨부함으로써 시편 22편과 더욱 분명한 연결고리를 만든다. "그가 하나님을 의지했으니, 하나님이 원하시면, 이제 그를 구원하시라지"(27:43).

시편 22편은 다음과 같이 이어진다. "나는 쏟아진 물처럼 기운이 빠져 버렸고 뼈마디가 모두 어그러졌습니다. ... 나의 입은 옹기처럼 말라 버렸고, 나의 혀는 입천장에 붙어 있으니"(14-15). 이것은 못과 밧줄로 십자가에 달린 몸의 이미지와 그 희생자를 고통스럽게 하는 갈증을 느끼게 하는 구절이다. 마가의 이야기는 예수 가까이 있던 사람들이 해면을 신 포도주에 적셔서 갈대에 꿰어 갈증을 멈추려 했다고 한다(15:36). 나중에 요한은 신 포도주를 적신 해면이 예수의 입술에 닿기 전에 예수가 "목마르다"고 했다고 전함으로써 이 이야기를 고조시킨다. 요한은 덧붙이기를 이것은 "성경말씀을 이루시려고"(19:28-29) 한 것이라고 했다. 그는 여기서 시편 22편을 가리키고 있는 것이 분명하다.

이 시편은 이렇게 이어진다. "... 무리가 나를 에워싸고 내 손과 발을 묶었습니다"(16-17). 여기서 십자가 처형의 이미지는 마가에게 분명한 것 같았다. 또 다시 요한은 예수의 뼈에 관한 이야기를 고조시켜 로마 병사들이 예수의 다리를 꺾지 않았다고 말함으로써(19:33) 다시 한번 성경말씀이 성취되도록 했다. 요한은 이 이야기에서 "창으로 찌르는" 장면을 창작했다. 즉 로마 병사 중 하나가 예수가 이미 죽은 것을 보고 "창으로 그의 옆구리를 찌른" 것을 묘사함으로써 시편 34편의 "뼈 하나하나 모두 지켜주시니, 어느 것 하나도 부러지지 않는다"(20)는 말씀을 이 이야기 속에 포함시켜 확대했으며, 또한 스가랴의 다음과 같은 말을 추가한다. 즉 "내가, 다윗 집안과 예루살렘에 사는 사람들에게 '은혜를 구하는 영'과 '용서를 비는 영'을 부어 주겠다. 그러면 그들은, 나 곧 그들이 찔러 죽인 그를 바라보고서, 외아들을 잃고 슬피 울듯이 슬피 울며, 맏아들을 잃고 슬퍼하듯이 슬퍼할 것이다"(12:10).

시편 22편에는 이런 구절도 있다. "나의 원수들이 나의 겉옷을 나누어 가지고, 나의 속옷도 제비를 뽑아 나누어 가집니다"(18). 마가는 이 구절을 거의 문자 그대로 베꼈다. "그들은 예수를 십자가에 못 박고, 예수의 옷을 나누어 가졌는데, 제비를 뽑아서, 누가 무엇을 차지할지를 결정했다"(15:24). 요한은 또 다시 이 이야기 줄거리를 보다 더 상상력 넘치는 자세한 내용으로 확대시킨다. "병정들이 예수를 십자가에 못 박은 뒤에, 그의 옷을 가져다가 네 몫으로 나누어서, 한 사람이 한 몫씩 차지했다. 그리고 속옷은 이음새 없이 위에서 아래까지 통째로 짠 것이므로 그들은 서로 말하기를 '이것은 찢지 말고, 누가 차지할지 제비를 뽑자' 했다"(19:23-24). 그 다음에 요한은 이것이 "성경말씀이 이루어지게 하려는 것이었다"(24b)는 말을 첨부하고 시편 22편 18절을 인용한다. 십자가 처형 이야기는 분명히 복음서 저자들 앞에 놓여 있던 히브리 시편과 성서에 일치하도록 만들어지고 있었다. 그 반대의 경우가 아닌 것이다.

시편 22편에 의존한 것이 명백해졌으므로 이제 이사야 53장을 보기로 하자. 최초의 예수 해석자들은 이사야 53장이 그 일부로 포함되어 있는 제2 이사야의 "종의 노래"(the Servant Songs) 전체에 크게 의존했다. 나는 나중에 제2 이사야 전체(40-55장, 익명의 예언자에 의해 기록되고 이사야 본문에 첨부된 것)를 보다 면밀히 검토하겠다. 여기서는 다만 우리의 목적을 위해 십자가 이야기 저자들, 특히 마가에게 결정적이었던 것으로 보이는 이사야 53장에 초점을 맞추겠다. 그 이유는 마가가 수난 이야기의 원작자로서 다른 모든 저자들에게 지대한 영향을 미쳤기 때문이다.

이사야 53장은 그 "종"의 죽음이 다른 사람들에게 영향을 미친 방식을 기술한 것이고 이것은 분명히 "그리스도가 우리의 죄를 위해 죽으셨다"고 한 바울의 선언에 살을 붙이기 위해 개발된 여러 가지 속죄설의 기초가 되었다. "그는 실로 우리가 받아야 할 고통을 대신 받고, 우리가 겪어야 할 슬픔을 대신 겪었다. 그러나 우리는, 그가 징벌을 받아서 하나님에게 맞으며, 고난을 받는다고 생각했다. 그러나 그가 찔린 것은 우리의 허물 때문이고, 그가 상처를 받은 것은 우리의 악함 때문이다. 그가 징계를 받음으로써 우리가 평화를 누리고, 그가 매를 맞음으로써 우리의 병이 나았다. 우리는 모두 양처럼 길을 잃고, 각기 제 갈 길로 흩어졌으나, 주님께서 우리 모두의 죄악을 그에게 지우셨다"(53:4-6).

그 다음에 이사야는 이렇게 말한다. "그는 굴욕을 당하고 고문을 당했으나, 아무 말도 하지 않았다. 마치 도살장으로 끌려가는 어린 양처럼, 끌려가기만 할 뿐, 아무 말도 하지 않았다"(53:7). 마가는 이 구절을 자신의 이야기 속에 이렇게 통합시켰다. "그래서 대제사장이 한가운데 일어서서, 예수께 물었다. '이 사람들이 그대에게 불리하게 증언하는데도, 아무 답변도 하지 않소?' 그러나 예수께서는 입을 다무시고, 아무 대답도 하지 않으셨다"(마가 14:60-61a).

이사야 53장에는 그 종이 악한 사람과 함께 묻혔고(53:9) 그는 죄인처럼 여겨졌다(53:12)고 했다. 마가는 이 구절들을 그의 이야기에 통합시키면서 "그들은 예수와 함께 강도 두 사람을 십자가에 못 박았는데, 하나는 그의 오른 쪽에, 하나는 그의 왼쪽에 달았다"(15:27)고 했다. 두 강도는 마가복음에서 아무 말도 하지 않으며 그 배경의 일부분일 따름이다. 그러나 그들은 부풀려지게 된다. 마태는 이 강도들도 무리와 마친가지로 "예수를 욕했다"(27:44)고 했다. 그 다음 누가는 그 강도 중의 하나가 참회했다고 하면서 예수가 "너는 오늘 나와 함께 낙원에 있을 것이다"는 말로 중재를 확약했다는 것이다(23:39-43). 누가가 이렇게 덧붙인 것은 이사야 53장의 다른 구절, 즉 그 종이 "죄 지은 사람들을 살리려고 중재에 나선다"(53:12)는 구절에 상응하는 것이다. 이와 비슷한 방식으로 누가만이 이사야서의 이 본문이 기대하는 것을 충족시키기 위해 예수로 하여금 로마 병사들을 위해 이렇게 중재하도록 만든다. "아버지, 저 사람들을 용서하여 주십시오. 저 사람들은 자기네가 무슨 일을 하는지를 알지 못합니다"(누가 23:34).

끝으로, 제2 이사야는 그 "종"이 "죽어서 부자와 함께 들어가게 했다"(53:9)고 기록했다. 이것이 마가복음에 기록된 "명망 있는 의회 의원"이고 또한 예수의 매장을 위해 무덤을 마련한 부자 아리마대 요셉의 이야기에 영감을 준 것이라고 나는 확신한다. 마태는 요셉을 아리마대 출신인 한 부자(27:57)로 소개함으로써 이사야의 본문과 요셉을 일치시키기 위해 매우 구체적으로 이 이야기를 확대시켰다.

예수의 십자가 처형을 묘사했다는 이야기가 실제로는 히브리 성서에 기초한 것이라는 사실이 명백해질 때, 학자들은 그 수난 이야기가 십자가 처형을 목격한 사람들의 산 증언에 근거한 것이 아니며, 또한 그 처형 사건은 아마도 묘사된 것처럼 실제로 일어나지는 않았을 것임을 인식해야 한다. 오히려 수난 이야기는 그것을 읽거나 듣는 사람들에게 예수가 누구였는지를 이해시키기 위해 고안된 매우 특유한 스타일의 해석적 묘사이다. 목격자들이 없었기 때문에 그 이야기는 목격자 없이 기록된 것이다! 그 이야기는 히브리 성서 독자들이 익히 아는 메시아 이미지와 예수를 동일시하기 위해 조립되었다(crafted). 내가 앞장에서 밝히려고 한 것과 같이, 십자가 처형 이야기는 예배용으로 디자인된 것이다. 이 말은 오늘날 예수의 의미를 찾으려는 사람은 누구나 십자가 처형 이야기가 역사가 아님을 인정할 자세를 갖추어야 한다는 뜻이다. 의심할 여지도 없이 예수는 로마인들에 의해 십자가에 처형되었지만, 십자가 이야기에 포함되어 우리에게 익숙해진 그 자세한 내용들은 문자적으로 사실도 아니며 실제로 일어나지도 않았다. 대제사장이나 빌라도나 무리들과 실제로 대화한 것은 기록된 적이 없었다. 우리가 아는 대로 예수가 십자가에서 했다는 말은 사실이 아니다. 그와 함께 십자가에 처형되어 참회했거나 참회하지 않은 강도들은 없었다. 그가 안치되었던 무덤도 없었고 그의 매장을 주관한 아리마대 요셉도 없었다. 예수가 체포되었을 때 제자들은 달아났고 따라서 예수는 홀로 죽었다. 그가 죽은 모습을 기술하고 있다는 이 친숙한 이야기는 예수의 추종자들이 그에 대해 믿게 된 바 곧 그의 죽음은 무의미한 비극이 아니라 성서의 성취이며 따라서 성스러운 구원 사건이었다는 사실을 사람들에게 주지시키기 위해 고안된 것이다. 이 말은 복음서들의 해석이 틀렸다는 것이 아니라, 십자가 이야기조차도 문자적인 이야기는 아니라는 것이다. 만일 목격자들이 있었다면, 그 이야기는 고대 유대교 성서를 기초로 해서 작성되지는 않았을 것이 확실하다!

교회 지도자들은 항상 복음서의 십자가 처형 이야기와 히브리 성서의 연관성을 알고 있었으나 그 함축적 의미(복음서 저자들이 예수의 죽음을 과거의 성서 본문에 맞추어 묘사했다는 의미 - 옮긴이)를 직시할 수 없었기 때문에, 그들은 또 다른 설명을 창안했다. 그들은 히브리 성서에 마술적 해석(a magical interpretation)을 적용시켜, 하나님은 성서의 저자들, 특히 예언자들로 하여금 미래에 도래할 메시아에 대한 비전을 (미리) 보게 했다고 말했다(과거에 메시아 예언이 먼저 있었고 예수는 그 예언을 성취했다는 전통적인 해석 - 옮긴이). 이 비전을 통해 그 예언자들은 나중에 예수가 말할 정확한 말(혹은 다른 사람들이 예수가 한 말이라고 주장할 말)을 (미리) 듣게 되었으며 또한 예수가 어느 날 취할 행동에 대해 (미리) 예언했다는 해석이다. 그들은 다시 이런 예언이, 바로 예수가 오실 것으로 기대했던 바로 그분임을 모든 사람에게 알리는 징표라고 주장했다.

하나님이 실제로 성서를 기록했으며 또한 수백 년 후 하나님으로 충만한 한 사람의 구체적인 삶(a specific God-filled life) 속에서 성취될 비밀 단서들을 그 거룩한 책갈피 사이에 넣었다고 세상이 믿는 한, 그런 마술적 해석은 영리한 해결책이었다. 물론 그런 마술적 해결책은 또한 이 개입하는 하나님이, 역사 과정을 거치는 성서를 왜곡이나 파괴에서 보존하기 위해, 이 세계를 주도면밀하게 관찰했어야만 했을 것을 뜻한다. 그들의 신비롭고 숨겨진 예언들은 외부 세력들로부터 방어되어야만 했을 것이기 때문이다. 그 외부 세력들은 유대민족을 멸망시킬 외적일 수 있었는데, 그 멸망과 함께 유대의 거룩한 문서들이 파손될 수 있었기 때문이다. 이것은 결국 대다수 민족들이 조만간 당할 운명과 직결되는 것이었다. 이 외부 세력에는 또한 온 민족과 성물(聖物)들을 파괴할 홍수와 같은 자연 재해도 포함될 수 있었다. 그 마술적 해결책은 또한 이 개입하는 하나님이 서기관들의 손을 인도해서 글을 옮겨 쓰는 수백 년이란 기간 동안 글의 오류나 가감이 있을 수 없도록 만들어야만 했었을 것이라는 뜻이다. 그 해결책은 또한 이 문서들이 그리스어로 번역될 때 그 본래의 비밀 단서들이 훼손되지 않도록 하나님이 확실히 지켜야만 했었을 것이라는 뜻이기도 하다. 한 마디로 말해서, 그런 마술적 해석은 역사적으로 이 성스런 예언 문서들을 보존할 초자연적 천상의 보호자를 필요하게 되는데, 그것은 예언서의 마술적 비밀이 손상되지 않고 또한 사람들이 메시아를 눈치채지 못하는 일이 없도록 하기 위해서다.

이런 시각(구약의 메시아 예언을 예수가 성취했다는 시각 - 옮긴이)은 미신적 방법으로 성서를 읽기를 요구하는 것으로서 영리하지만 결코 신빙성이 있거나 현실적인 것은 아니다. 그럼에도 불구하고 그것은 근본주의적 집단에서는 여전히 지배적이다. 마태는 여러 차례 본문을 통해 이런 시각을 가장 독려하고 있는데, 그의 본문에는 "이 모든 일이 일어난 것은, 주님께서 예언자들을 시켜서 ... 이루려고 하신 것이다"(1:22-23)라고 되어 있다. 요한 역시 "일이 이렇게 된 것은, ... 성경말씀이 이루어지게 하려는 것이었다"(19:36)고 함으로써 이 형식을 여러 번 반복했다. 그러나 이것은 일어난 사건과는 별개의 것이다.

초기 크리스천들은 모두 예수의 삶에서 발견한 능력을 해석하려는 유대인들로서, 자기 민족의 거룩한 문서들을 열심히 뒤지면서, 예수의 능력의 원천이 무엇이었는지를 이해하려 했을 뿐 아니라, 보다 중요한 것은, 자신들이 그분 안에서 하나님의 의미를 체험했다고 믿는 그분이 실제로 십자가에 처형당했다는 사실의 의미를 파악하려고 했던 것이다. 그들은 이런 내면적 탐구의 과정을 통해 그들의 거룩한 문서들에서 위로와 확신을 얻었기 때문에, 이 문서들이 예수에 대한 그들의 기억을 형성하기 시작했다. 그들은 예수의 생애를 이렇게 떠오르는 성서의 초상화에 맞추었다. 예수는 미리 기획된 방식으로 도래할, 이스라엘 민족의 메시아에 대한 기대를 성취하기에는 거리가 멀었으나, 그들은 예수 이야기가 이 성서의 패턴에 들어맞도록 전했다. 만일 초기 크리스천들이 이 성서와 함께 시작해서 예수에 대한 자신들의 기억이 성서적 기대에 강제로 들어맞도록 만들었다면, 예수가 성서를 성취했다고 마술적으로 이해될 수도 있을 것이다. 목격자들이 없었으므로 이런 일은 매우 용이했을 것이다. 예수 이야기는 성서 전체를 자료로 삼아 창작될 수 있었다. 확실히 그는 "성서내로" 죽었다. 나는 예수의 죽음에 관한 이야기가 처음에는 설교문으로 작성된 것으로 생각한다. 즉 교회 지도자들이 회당에서 예수의 죽음에 관해 설교하다가, 나중에는 크리스천들이 유월절을 확대하고 심지어 대체하는 예배전통을 만들 때, 곧 예수의 생애 중 최후 사건들에 관한 이 성서적 재구성이 수난주간 예배의 일부로서 해마다 반복되는 전통을 만들 때, 점차 예배형식으로 변형된 것이라고 생각한다.

예수 체험은 절절했다(real). 그러나 이 체험에 대한 복음서들의 설명은, 심지어 그의 죽음에 대한 설명도 기억된 역사와는 별개의 것이었다. 예수의 죽음 이야기는 그의 출생 이야기와 비슷한 형태로 표현되었다. 즉 두 이야기 모두에는 신화적 인물들이 가득하여 교회의 상상력을 촉발시켰고 나중에는 그 극적인 인물들이 마치 사실인 것처럼 간주되면서 교회의 기억을 바꾸어 놓았다. 십자가 이야기에 나오는 비역사적인 인물들 가운데는 예수와 함께 십자가에 처형된 강도들과 그를 조롱한 무리들 및 그의 매장을 위해 무덤을 마련한 아리마대 요셉 등이 있었다. 예수가 말했다는 신화적인 말들 중에는 십자가 위에서 토로한 것 모두가 포함된다.

예수가 로마인들에 의해 처형된 것은 사실이다. 로마인들의 일반적인 사형 방법은 십자가 처형이었다. 예수의 죽음은 제자들이 그의 삶을 통해 하나님을 체험한 모든 것에 배치(背馳)되었기 때문에 그의 죽음에 대해 설명하는 것이 절박한 과제였다. 그럼에도 불구하고 그가 죽은 방식, 십자가 이야기에 나타난 사람들과 사건들은 역사적인 것이 아니다. 모든 것은 장엄하게 해석된 초상화(interpretive portrait)의 일부이다. 예수는 이해를 갈망하는 제자들의 영혼의 문을 열어주었다. 제자들은 예수의 삶이 자신들을 변화시킨 것에 대한 기억과 그의 죽음에 대한 냉엄한 현실 사이에 사로잡혀 있었다. 그들은 이 갈등을 해결할 때까지 절망의 골짜기에서 헤매었다. 그러던 어느 순간에, 그의 죽음이 자기 희생적 사랑의 다른 표현으로 그들에게 다가왔다. 이것으로 인해 그들은 예수의 죽음을 하나님의 계획이 성취된 것으로 볼 수 있었다. 나는 이 갈등에 관해 마지막 장에서 다시 논의하고자 한다. 여기서는 다만 이런 주제들을 소개하고 문제를 제기하는 것으로 그치겠다.

이제 우리는 그 변화의 순간으로 돌아가서 그 차원들을 탐구하기로 하겠다. 그것은 부활절이라 불리는 것이다.

제11장

부활과 승천 신화 속의 영원한 진리

부활절을 문자적으로 받아들인 것은 전통적 개신교와 가톨릭 기독교의 결정적 이단이 되었다. 그 변혁적 신비가 명제적 진리로 변질된 것이다.

우리는 지금 기독교를 가능하게 만든 결정적 순간에 다다랐다. 우리는 그 순간을 부활절에 경축한다. 우리는 그것을 부활이라고 한다. 그것은 사실(real)이었는가? 만일 부활이 사실이 아니라면 기독교에는 흥미를 끌만한 것이 하나도 남지 않을 것이다. 이것이 바로 "그리스도께서 살아나지 않으셨다면, 여러분의 믿음은 헛된 것이 되고 ...."(고전 15:17-19)라고 말한 바울의 확고한 믿음이었다. 이제 역사의 예수를 찾으려는 우리의 탐구는 이 마지막 시험대 앞에 서게 되었다. 여기서 신화(myth)와 사실(reality)은 분리되어야 하고 결정을 내려야 한다. 보통 제기되는 문제는 부활이 사실이거나, 그렇지 않으면 기독교는 환상에 기초한 것이므로 살아남지 못한다는 것이다. 그러나 나는 이 문제가 그렇게 간단하다고 믿지 않는다.

나는 많은 사람들이 이 신앙의 교차로에 도달하게 될 때 느끼는 염려와 불안까지도 이해하고 있다. 그러나 우리는 그것을 피할 수는 없다. 우리가 제기해야 할 질문은 곧 무엇에 대해서 "가부"를 말해야 하는가? 다시 말하면 무엇이 부활인가 하는 질문이다. 나는 절대 정직과 깊은 확신으로 말하건대, 예수의 부활은 사실(real)이었다고 믿는다. 나는 이 주장을 뒷받침하기 위해 객관적으로 드러난 자료를 제시할 수 있다. 그것은 곧 예수의 십자가 처형에 뒤이어 거대하고 의미심장한 사건, 즉 극적이고 삶의 변화를 일으키는 사건이 발생했다는 사실이다. 그 변화의 결과에 대해 증거를 대는 것은 어렵지 않다. 그러나 그 변화의 원인은 그렇지가 않다.

우리는 앞에서 예수가 잡혔을 때 제자들이 그를 버리고 도망친 것은 전적으로 역사적인 것 같다고 지적한 바 있다. 우리는 예수가 십중팔구 홀로 죽었으리라는 사실의 증거를 댔었다. 이제 우리가 주목해야 할 것은 똑같이 현실적인 역사적 사실로서, 십자가 처형 이후에 제자들은 엄청나게 중요한 체험을 통해 다시 되돌아오게 되었는데 그 체험은 그 제자들에게 능력을 부여했으며, 박해와 순교의 위협 앞에서도 예수의 대의(大義)를 계승할 용기를 갖게 했다는 사실이다. 그들은 결코 흔들리지 않았다. 그들의 신념은 그토록 철저했기에 협박이나 공포가 그들이 예수 안에서 만났다고 확신하는 바 하나님과 그들 사이를 갈라놓을 수 없었다. 그들이 이 변혁적 체험을 표현할 때 사용한 문구는 "죽음이 그를 삼킬 수 없다" 혹은 "우리는 주님을 보았다"는 것이었다. 그들의 삶 속에 일어난 이 극적인 변화에 대해 무엇인가 원인이 있었음에 틀림없다.

우리는 또한 부활절 체험이 무엇이었던지 간에 제자들이 이 부활절 체험을 통해 하나님을 이해하는 방식이 변한 사실을 입증할 수 있다. 유대교의 핵심은 쉐마(Shema) 곧 "이스라엘은 들으십시오. 주님은 우리의 하나님이시오, 주님은 오직 한 분뿐이십니다"(신 6:4)라는 신앙 선언에 있다. 쉐마에 명시된 대로 유대인은 거룩한 하나님 이외의 어떤 것에도 절해서는 안 된다. 그러나 이 유대인 제자들은 예수가 죽은 후 하나님을 떠나서는 결코 예수를 이해할 수 없다는 하나님 이해로 변한 것이다. 나사렛 예수는 그들에게 하나님의 인간적 얼굴(the human face of God)이 되었다.1) 유대인 도마는 유대인 예수에게 "나의 주님, 나의 하나님!"(요한 20:28)이라고 말한 것으로 만들어졌다. 이런 극적인 변화에는 어떤 원인이 있었음에 틀림없다.

세 번째 새로운 현실로 등장한 것은 부활 체험이 무엇이었던지 간에 그것이 한 주간의 첫째 날과 동일시되고 새로운 거룩한 날이 된 것이다. 예수의 1세대 유대인 제자들은 기독교의 주일과 유대교의 안식일 중 우선순위의 문제로 인해 서로 갈등하게 되었다.

사람들은 신성한 전통들을 손쉽게 변경하거나 또는 확대하지 않는다. 바로 이런 이유 때문에 위에서 언급한 근본적 변화들은 나로 하여금 초기 크리스천들이 부활절이라 부르게 된 것이 무엇이었던지 간에 그것이 사실적인(real) 것이라고 주장하지 않을 수 없게 만든다. 십자가 처형 후 어느 순간에 제자들의 의식(意識)에 큰 변화가 일어나고 또한 그들의 성품, 신학 및 예배에 극적인 변화가 일어났다. 이런 변화를 보여주는 자료들은 결코 하찮은 것으로 무시될 수 없다. 왜냐하면 그 변화들은 사실상 매우 실질적인 변화이며 매우 현실적인 변화이기 때문이다. 그러나 그 자료들은 우리에게 무엇(what)이 일어났다고 말해주는 것이 아니라, 단지 어떤 일(something)이 일어났다고 말해줄 따름이다.

부활절 체험이 무엇이었는가는 전적으로 다른 문제이다. 우리가 복음서에 기록된 부활의 자세한 내용을 검토할 때, 모순되며 혼돈스

---

1) *The Human Face of God*은 John A. T. Robinson이 자신의 기독론에 붙인 책 제목이다.

럽고 또한 당황케 하는 여러 주장을 만나게 된다. 대부분의 전통적 신자들은 평생동안 이런 문제와 씨름한 적이 없을 것이다. 예를 들어, 내가 위에서 말한 그런 극적인 변화가 일어나게 된 것은 실제로 예수가 그 무덤 밖으로 걸어나와 마치 이 세상에서 다시 살 준비를 갖춘 소생한 몸처럼 나타났기 때문이라고 처음으로 주장하게 된 것은 기원후 80년대에 가서야 비로소 하나의 기록된 자료가 처음으로 그렇게 주장한 것이라는 점이 역사적 사실(a fact)이다. 바울은 그것을 말하지 않는다. 마가에는 부활한 예수가 육체적으로 나타난 이야기가 없다. 마태는 애매모호하다. 즉 그의 두 가지 부활 이야기 중에 첫째 것은 무덤 앞에 여인이 있을 때 부활한 예수가 육체로 나타나는 것 같고, 둘째 것은 갈릴리에서 제자들에게 나타나는데 환상 같이 보이는 것이다. 마지막에 작성된 두 복음서 누가와 요한(80년대 후반과 90년대에 기록됨)에 이르면, 부활절 해석은 예수가 무덤에서 걸어 나온 부활한 몸의 육체성(physicality)에 관한 이야기를 포함하기 시작한다. 신조들이 형성되기 시작한 2세기부터는 이렇게 후기에 발전한 전승이 초기의 비육체적 부활 전승을 문자적으로 압도하고 현재와 같은 일반적인 부활절 이해를 형성하기 시작한다.

 신약성서를 진지하게 연구하는 사람들은 다음의 사실을 깨달아야 한다. 즉 교회가 비록 신약성서를 "하나님의 말씀"이라고 불러왔으며, 여러 세기에 걸쳐 그것이 궁극적 권위의 원천이라고 주장해왔지만, 부활절, 곧 기독교가 시작되는 핵심적 순간에 관한 자세한 내용들은 거의 모두가 서로 일치하지 않는다는 사실이다. 몇 개의 불일치를 간단히 지적하겠다. 예수가 묻힌 무덤이 동산에 있었는가? 복음서들은 무덤에 대해 많이 언급하는 반면에 바울은 무덤에 대해서 한 번도 들어보지 못했던 것 같다(고전 15:1-11). 사도행전은 예수가 그를 죽인 사람들 곁에 묻혔다고 시사하는 것 같다(행 13:29). 우리가 이 역사적 시기의 연구를 통해 알게 되는 것은 피정복지인 유대에서는 유죄판결을 받거나 처형당한 죄수의 시신을 신중히 매장한다는 것에 대해 전혀 알려진 바가 없다는 것이다. 일반적으로 희생자는 당일에 처형된 다른 죄수들과 함께 무덤에 얕게 묻히고 악취를 방지하기 위해 흙으로 덮힌 다음 곧 잊혀진다는 것이다. 밤중에 먹이를 찾아 헤매는 들개들이 어둠 속에서 희생자들의 시신으로 잔치를 베풀고 나머지는 기후로 인해 속히 분해되어 버리는 것이다.

다음으로 복음서들은 전하기를 몇몇 여인들이 그 주간 첫 날에 무덤에 갔다고 한다. 바울은 이 전승에 대한 언급이 없다. 복음서들은 모두 이구동성으로 말하고 있다. 그러나 그것은 정확히 그 여인들이 누구였는지, 혹은 그들의 수가 몇인지 의견일치를 보지 못한다. 마가는 세 여인, 마태는 두 여인, 누가는 다섯 혹은 여섯 여인, 그리고 요한은 한 여인이라고 한다. 복음서 저자들은 이 사소한 문제에 관해서도 피차 합의를 보지 못하는 것이다. 이 여인들은 첫 부활절 아침에 부활한 주님을 보았는가? 마가는 아니요, 마태는 예, 누가는 아니요, 요한은 예라고 대답한다. 복음서들은 또한 부활을 선언한 사자가 누구인지에 관해 의견을 달리한다. 마가는 흰옷을 입은 젊은이였다고 한다(16:5). 마태는 하늘에서 내려왔고 경비병들을 잠재우고 무덤의 돌문을 굴릴 수 있는 초자연적 능력을 소유한 천사였다고 한다(28:2-4). 누가는 "눈부신 옷을 입은 두 남자"(24:4)로서 이들은 천사일 것이라고 한다. 요한은 두 천사라고 하는데 그 중 하나는 예수와 동일시되는 것 같다(20:11-18).

신약성서 저자들은 부활의 첫 증인이 누구였는지에 대해서도 의견을 달리한다. 바울은 게바라고 한다(고전 15:5). 마가는 첫 증인이 없

11장. 부활과 승천 신화 속의 영원한 진리 *187*

고 제자들이 갈릴리로 돌아가면 예수를 만나게 된다는 약속만 한다. 마태는 부활한 예수를 처음 본 사람들은 동산에 있는 여인들이었다고 한다(28:9). 누가는 글로바와 그와 여행하는 동료였다고 한다(24:13-35). 요한은 막달라 마리아였다고 한다(20:11-18). 복음서들은 제자들이 부활절 체험을 할 때 그들이 어디에 있었는지에 관해서도 합의를 보지 못한다. 마가는 갈릴리일 것이라고 한다(16:7). 마태는 갈릴리에 있는 산 정상이었다고 한다(28:16-20). 누가는 갈릴리는 절대로 아니고 예루살렘이거나 혹은 예루살렘 지역이었다고 한다(24:36-49). 요한은 처음에 예루살렘이었다고 하고 한참 후에는 갈릴리였다고 한다(20:1ff., 21:1).

복음서들은 우리가 오늘날 부활, 승천, 오순절이라 부르는 체험이 발생한 순서에 대해서도 의견의 일치를 보지 못하고 있다. 바울은 부활과 승천은 동일한 사건이었다고 한다(로마 1:1-4). 마태는 예수가 정원에서 여인들에게 나타난 것과 산 정상에서 제자들에게 나타난 것 사이에 천상의 영역으로 들어갔었다고 한다(28:16-20). 누가는 50일 동안에 세 가지 사건이 있었다고 하는데, 부활절에 부활, 40일 후에 승천, 그 후 10일 지나 오순절이 있었다고 한다(누가 24, 행 1, 2). 요한은 예수가 부활절 새벽에 부활했고 그가 막달라에게만 나타난 다음에 부활절 낮에 승천했으며, 예수가 "[제자들에게] 숨을 불어넣으시고" 그들이 성령을 받은 부활절 저녁이 오순절이었다고 한다(요한 20:1, 17-23).

우리는 기독교의 핵심에 자리잡고 있는 계시적 순간을 이해하려 할 때 나타나는 이런 복잡성을 감지할 수밖에 없다. 이 현실을 의식적으로 받아들이자. 첫째로 이것들은 예수의 십자가 처형 후에 매우 의미심장한 사건이 발생했다고 주장하는 믿을 만한 자료들이라는 사실이다. 그 사건이란 제자들이 도망쳤던 비겁자들에서부터 거대한 힘을 지닌 불굴의 인격으로 변화했으며, 하나님을 생각하는 방식을 바꾸었으며, 또한 새로운 거룩한 날을 출생시킨 것이다. 둘째로, 제자들의 설명의 한 부분이 된 거의 모든 자세한 내용은 다른 이야기와 상호 모순적이고 의견의 불일치가 명백하다는 사실이다. 끝으로 후대의 이야기일수록 더욱 더 초자연적이고 기적적이라는 것이 현저하게 드러난다는 사실이다. 이런 것들이 우리가 기독교의 출생을 둘러싼 혼란 속에 들어가려면 반드시 밝히고 넘어가야 할 문제들이다.

이제 나는 제자들이 예수 안에서 체험했던 바가 그들로 하여금 인간성의 한계를 극복하도록 만들었다는 사실을 살펴봄으로써 이 문제들에 대한 탐구를 시작하고자 한다. 부활절이 무엇이었던지 간에, 제자들이 부활절 이후에 보여준 영웅적인 행동이 입증하는 것처럼 부활절은 그들로 하여금 공포를 넘어서게 했고, 그들에게 청중의 언어로 말하는 능력을 준 성령의 이야기가 밝히듯이(행 2) 부활절은 그들로 하여금 부족적 정체성을 넘어서게 했으며, 새롭게 거룩한 날을 설정한 것이 선언하듯이 부활절은 그들로 하여금 그들의 종교적 한계를 넘어서게 했으며, 또한 그들의 부활 언어가 명시하듯이 부활절은 그들의 죽음에 대한 의식을 넘어서게 했다. 그러므로 예수의 제자들이 행한 것은 유대인들이 출애굽의 계시적 순간에 행한 바와 똑같은 것이었다. 즉 그들은 자신들의 체험을 예배를 통해 표현하기 시작한 것이다. 복음서에 나오는 부활 이야기들의 내용은 십자가 처형 이야기의 내용과 같이 부활에 대해 예배 형식을 취하고 있다.

부활절에 대한 설명이 예배 형식의 언어 형태로 전달되고 있다는 점은 복음서에서 많이 찾아볼 수 있다. 유대인의 유월절은 그 공동식사와 더불어 유대인들이 어떻게 시작되었는지를 예배를 통해 재연(再演)하는 것이다. 또한 복음서 저자들은 바로 이 유월절 맥락에서 부활이 처음 알려졌다고 주장한다. 부활은 기독교 운동의 새롭게 예배드리는 거룩한 날, 곧 주간의 첫날에 지키게 된다. 부활의 내용은 성만찬의 맥락에서 사용하는 예배 언어를 거듭 반영한다. 예를 들어, 누가는 글로바와 또 다른 한 사람이 엠마오 도상에서 "빵을 떼실 때에 비로소 그[예수]를 알아보게 된 일"(24:35)을 보고했다고 말한다. 마침내 부활은 그분의 뿌리인 고향으로 돌아가는 것으로 표현된다. 즉 "그는 그들보다 먼저 갈릴리로 가실 것이니 ... 그들은 거기서 그를 볼 것이라"고 한다(마가 16:7). 마태는 그 자세한 내용을 채운다. 즉 제자들이 갈릴리로 가서 "그들은 예수를 뵙고, 절을 했다"(마태 28:17). 이것들 중의 어느 것도 우리가 부활절이라 부르는 그 변화의 체험이 사실(real)이 아니었다고 하지 않는다. 부활은 질적으로 다른 영역에서 그들의 의식을 뚫고 들어온 무아경의 순간을 의미하는 것이다. 그들은 이 다른 실재 앞에서 경외감에 사로잡히고 예배의 방식으로 밖에는 그것에 응답할 길이 없었다. 이미 지적한 대로, 예수의 제자들에게는 이 심오한 하나님 체험에 대해 표현할 하나님 언어가 없었다. 따라서 그들은 자기들이 소유한 최상의 것 곧 인간들이 생각한 하나님이 무엇이던 간에 그들에게 그와의 영적 일치에 대한 확신을 주는 예배 언어에 눈길을 돌리게 되었던 것이다. 이 예배의 언어를 문자화하려는 모든 시도는 부활체험의 의미를 전적으로 놓치고 만다.

복음서의 부활 언어는 문자적으로는 헛소리(literal nonsense)다. 즉 지진은 땅위에서 벌어진 사건을 알리는 것이 아니다. 천사들은 돌을 굴려내고 역사적 부활을 선포하기 위해 시간과 공간 및 역사 속에 진입하지 않는다. 소생한 예수는 먹고 마시고 걷고 이야기하고 가르치고 그리고 성서를 해석할 수 있는 어떤 육체적 모습으로 무덤에서 걸어 나오지 않는다. 이 "살아난" 몸을 지닌 인간은 마음대로 나타났다 사라지며 벽을 뚫고 다니거나 혹은 의심하는 자들에게 그의 상처를 만지게 하지 않는다. 그는 갈릴리 바다에서 기적적 어획을 성취한 행위자이거나, 중력을 무시하고 제자들을 떠나서 3층 우주의 하늘로 올라간 사람일 수 없다. 이 모든 것은 인간적 설명 과정에서 채택된 해석적 이야기들이고, 이 이야기를 통해 삶을 변화시키는 내적 체험이 외적 상징을 사용함으로써 역사의 언어로 전달 가능하게 되는 것이다. 그것이 바로 예배(liturgy)다.

우리는 부활절 이야기를 발달론적으로 추적할 필요가 있다. 그것은 무엇보다 먼저 황홀한 체험이었다. 둘째로 그 황홀한 체험은 감탄의 주제, 곧 자세한 내용이 없는 무아경의 외침이 되었다. 그 감탄은 오직 셋째 단계에서만 설명적 이야기로 전환된다. 부활절의 황홀한 체험이란 제자들이 나사렛 예수에게서 체험한 하나님 현존을 죽음이 묶어 놓을 수 없다는 깨달음을 얻게 된 것을 말한다. 폭발하듯 쏟아진 감탄은 "다시는 죽음이 그를 지배하지 못합니다"(로마 6:9) 곧 죽음이 그를 삼킬 수 없다는 것이었다. 그 다음의 설명은 예수를 삼키거나 묶을 수 없는 죽음의 상징인 빈 무덤, 무덤과 수의에 대한 이야기로 발전했다.

부활절에 대한 나중의 이야기들은 모두 마가의 본래 이야기에서 발전한 것인데, 마가의 이야기에서는 부활의 그리스도를 본 사람이 아무도 없었다. 마가복음에서 여자 추종자들은 그를 삼킬 수 없는 무덤 속을 살펴보는 데 그쳤다. 약 30년 후에 기록된 요한에 이르게 되면, 도마가 못 자국을 만진다. 이것은 정말로 많이 발전한 것이다.

"죽음이 그를 삼킬 수 없다"는 것은 결국 소극적인 주장이다. 그러나 적극적인 외침도 있다. 적극적 외침이란 제자들의 눈이 밝아져서 "나는 주님을 보았다"고 말할 수 있었다는 것이다. 바로 이런 적극적 설명이 지닌 해설적 측면이 마침내 부활한 예수를 보았다는 이야기를 만들어낸 것이다. 그러나 "다시 살아난" 그를 본다는 것은 반드시 그의 육체를 느끼고 만져본다는 것을 뜻하지는 않는다. 오히려 예수의 의미를 받아들이는 것을 뜻한다.

바울은 50년대 중반에 고린도 사람들에게 편지를 쓸 때, 우리에게 단 하나의 자세한 내용도 제공하지 않는다. 그는 단지 "[그리스도께서] 살아나셨다"(고전 15:4)고만 한다. 마가도 역시 부활한 예수의 나타남을 언급하지 않는다. 마태는 그가 하늘로부터 나타났다고 한다. 누가는 부활한 예수가 떡을 뗄 때 제자들은 그를 알아보았다고 한다. 요한은 예수가 아직 그의 아버지께로 올라가지 않았기 때문에 마리아에게 접촉을 금했다고 한다. 이 모든 에피소드들은 계시적인 만남(a revelatory encounter)의 언어로 가득 차 있다. 그 언어들은 '보는' 것에 대해 질적으로 다른 종류의 것을 말한다. 그것은 통찰력의 깨달음(the seeing of insight) 혹은 제2의 눈(second sight)과 같다. 그것은 물리적 시각이나 문자적 역사의 언어가 아니다. 부활은 옛날이나 지금이나 카메라로 찍을 수 있었던 사실적(photographical) 현상이 아니다. 그러나 "우리는 주님을 보았다"는 말은 마침내, 또한 내 생각에 아마도 불가피하게, 시각적(graphic) 설명으로 바뀌고 말았는데, 이런 시각적 설명은 인간의 언어가 작용할 수 있는 유일한 존재 영역 내에서 여전히 예수를 묘사하는 설명 방식이다. 왜냐하면 우리에게는 우리가 창조한 언어를 달리 사용할 방도가 없기 때문이다.

예수가 죽은 후 "제3일"이 부활의 날 혹은 부활절로 상정되었다는 사실은 예수에 대한 처음 해석의 맥락이 문자적인 것이 아니라 예배 상황이었다는 또 하나의 표징이다. 성서에서 40일은 긴 시간이지만, 3일은 짧은 시간을 뜻한다. 즉 그것은 구체적 시간이 아니라 불확실한 시간의 척도를 말한다. 성서 용어 사전(concordance)을 잠시 보아도 알

수 있듯이, 3일은 비문자적으로 다양하게 사용되고 있다. 더욱이 3일이란 상징은 복음서 이야기 속에 난무하고 있다. 마가는 예수가 세 번에 걸쳐 예언한 것처럼(8:31, 9:31, 10:34) 그의 부활은 3일 "이후"였는가? 아니면 마태와 누가가 자신들의 복음서 이야기에서 마가의 숫자 체계를 의도적으로 편집하면서 주장한 것처럼 예수의 부활은 "사흘 째 되는 날에"이었는가(마태 16:21, 17:23, 20:19, 누가 9:22, 18:33)? 이것만이 변수는 아니다. 나중에 마태는 예수가 말하기를, 요나가 고래 뱃속에 있었던 것처럼, 자신도 "사흘 낮과 사흘 밤"을 땅 속에 있게 되리라고 했다는 것이다(마태 12:40). 마가는 이 시간 문제에 대해 혼란을 보태면서, 예수가 제자들을 갈릴리에서 만날 것이라고 약속하고, 마태는 그 약속이 성취되었다고 한다. 만일 부활한 예수가 갈릴리에 나타났다면, 그런 문자적 현상은 사흘 째 되는 날에나 사흘 후에도 일어날 수 없었을 것이다. 왜냐하면 그 당시에는 예루살렘에서 갈릴리까지의 여정이 7일에서 10일이나 걸렸기 때문이다. 누가는 사도행전을 기록할 때 부활한 예수의 나타남을 익숙한 시간 곧 40일 폭으로 늘리고, 예수의 승천 이야기로 그의 이야기를 절정으로 이끌어 갔다(행 1). 요한은 그의 복음서에 부활 후 갈릴리에 나타난 이야기를 마련하기 위해 부록(21장)을 첨부했는데 그의 본문은 첫 부활절 주일이 지난 후 오랜 시간이 경과한 사실을 보여주고 있다. 이것이 의미하는 바는 요한은 부활한 예수가 상당 기간 혹은 어쩌면 여러 달 동안 계속 나타났다고 주장한다는 뜻이다.

3일이란 상징이 더욱 흥미를 불러일으키는 이유는 바로 그 날이 기독교가 시작된 순간이며, 또한 그 신앙 공동체가 함께 모여 그 시작을 예배를 통해 재연하는 날이기 때문이다. 유월절이 출애굽 사건에서 홍해를 유대교의 시작으로 해석하는 예배인 것처럼, 크리스천들에게는 성만찬이 부활의 순간을 기독교의 시작으로 해석하는 예배인 것이다. 바울은 일찍이 기록하기를 최후의 만찬에서 유래된 이 성만찬 행사는 예수의 죽음의 의미를 이해하거나 해석하는 단서라고 했다. 즉 "그러므로 여러분이 이 빵을 먹고 이 잔을 마실 때마다, 주님의 죽으심을 그가 오실 때까지 선포하는 것입니다"(고전 11:26). 기독교의 성만찬과 부활은 모두 하나님 나라 도래의 표징이 되었다. 마가는 예수가 최후의 만찬에서 한 말로 이 주제를 선명하게 했다. 즉 "이제부터 내가 하나님의 나라에서 새것을 마실 그 날까지, 나는 포도나무 열매로 빚은 것을 다시는 마시지 않을 것이다"(마가 14:25). 이것은 분명히 메시아적 주장이었다. 마태는 마가의 말을 거의 글자 그대로 반복한다. 누가는 이 식사가 예수의 고난을 이해하는 단서라고 주장한다. 유월절에 유대인들은, 약속의 땅에 도착하기 위해 홍해에서의 상징적인 죽음을 감수해야만 했다. 교회는 예수의 죽음을 모든 사람들을 위한 상징적 죽음으로 만들었고, 부활은 새로운 영적 삶으로 거듭나는 표징이 되었다. 이와 비슷한 주제들이 교회의 세례예문에 포함되어 있다. 요한은 그의 복음서에서 최후의 만찬을 모두 생략했으나 예수가 갈릴리 해변에서 베드로와 제자들에게 나타난 것을 성만찬으로 변형시킨다. 그러나 요한은 이 이야기에서 예수가 다만 빵을 "집어서 ... 주시고"(21:13)라고 한 반면에, 초기 성만찬 식사 이야기에는 모든 성만찬 동사들, 곧 "집다" "축복하다" "떼다" 그리고 "주다" 등이 기록되어 있다. 요한은 복음서의 중요 부분에서 예수를 이미 생명의 빵과 동일시했는데, 이것은 그의 몸이 십자가에서 축복을 받았고 찢기었기 때문에, 예수가 갈릴리 호숫가에서 그의 제자들과 함께 먹을 때, 나머지 동사, 즉 "축복하다"와 "떼다"는 동사를 문자적으로 반복할 필요가 없는 것이다. 그러나 우리가 신약성서에서 어느 부활 이야기를 보거나, 예배와 황홀과 초월적 돌파의 언어를 발견하게 되는 것이 사실이다. 그 언어는 시간, 공간 및 역사의 언어가 아니다. 그 언어를 문자적으로 이해해서는 아니 되며 우리 인간의 한계에 매일 수 없다는 것은 본래 이 언어가 적용된 예수는 인간의 한계와 특히 죽음의 한계에 매일 수 없는 것과 같다.

역사를 거치면서 여러 복음서의 부활 이야기들이 일반인의 의식 속에 함께 유입됨으로써 그것들의 차이점들은 완전히 모호해지고 그 내용들이 혼합되어 조화를 이루는 것처럼 보이게 되었지만, 그 본문들을 치밀하게 해독하면 그 조화는 깨어지고 만다. 나는 이제까지 부활 이야기 본문들의 내용을 분리하려고 했으나, 그 이야기를 완결하기 위해 많은 사람들이 부활과 혼동하는 누가의 특유한 이야기를 지적할 필요가 있고 본다. 예수가 하늘로 승천한 이야기를 말하는 것이다. 누가가 승천 이야기를 개발해야만 했던 이유는 연구할 만한 가치가 있다. 누가는 자기를 앞선 어떤 저자보다도, 부활을 소생한 몸의 육체적이며 문자적인 이야기로 변형시켰다. 누가가 예수를 처음으로 제자들 앞에 나타나도록 만들었을 때 제자들은 유령을 보고 있는 것으로 생각했다. 이런 비-육제적(non-physical) 해석에 대항할 목적으로, 누가는 예수로 하여금 제자들에게 자기 손과 발을 만져보게 한다. 그는 주장하기를 유령이나 혼은 살과 뼈가 없다고 주장한다. 이것은 매우 육체적인 주장이다. 그 다음에 이 다시 살아난, 유령이 아닌 예수(non-ghostlike Jesus)는 음식을 요구한다. 생선이 구워지고 예수는 이것을 먹음으로써 그의 위장 조직이 원활히 작용하고 있음을 과시한다. 그리고 그는 누가의 첫 부활 이야기에서 글로바에게 이미 했던 일을 제자들에게 다시 행한다. 즉 그는 "성경을 깨닫게 하시려고, 그들의 마음을 열어 주시고" 제자들에게 선교적 명령을 내린다. "죄 사함을 받게 하는 회개가 모든 민족에게 전파될 것이다. 예루살렘에서부터 시작하여 너희는 이 일의 증인이다"고 한다. 그 다음에 그는 제자들에게 "위로부터 오는 능력을 입을 때까지" 그 도시에 머물러 있으라고 명령한다(24:44-50). 그리고 나서 예수는 제자들을 떠난다(24:51).

이 때 예수는 어디로 갔는가? 누가는 우리가 위에서 본 바와 같이 예수가 육체로 소생하여 이 세상의 삶으로 돌아왔다고 묘사했다. 이것이 누가에게 문제를 제기했다. 왜냐하면 일반적으로 이 세상에서 탈출하는 길은 죽음뿐이기 때문이다. 예수는 그것을 시도했다. 그러나 누가가 말하는 것처럼 만일 부활이 육체의 소생을 통해 이 세상으로 회귀하는 것이라면 죽음은 그에게 출구를 제공하지 못했던 것이기 때문이다. 누가는 이 때문에 예수를 위해 다른 출구를 개발할 수밖에 없었다. 그는 그것을 사도행전 첫 장에 마련했다. 즉 예수가 승천할 때, 흰옷을 입은 두 남자가 나타나 예수의 이별을 설명하고 재림을 예언하는 것이다. 그러자 그의 제자들과 함께 여인들, 예수의 어머니 그리고 그의 동생들까지 오순절에 내릴 능력을 기다리기 위해 다락방으로 돌아간다.

승천 이야기는 분명히 역사가 아니다. 사람이 하늘에 올라간다 해도 천당에는 이르지 못한다. 사람은 우주 속의 행성 궤도로 진입하거나 혹은 지구의 인력을 벗어나 무한의 공간 속에서 표류할 수밖에 없다.

우리가 예수의 승천 이야기를 히브리 성서에서 그 선례를 찾아볼 때, 우리는 또 다시 엘리야-엘리사의 낯익은 이야기에 관심을 갖게 된다. 엘리야도 역시 승천했다. 엘리야는 또한 자기의 영을 후계자인 제자에게 주었다. 그 이야기를 자세히 읽어보면, 누가는 자기의 예수 승천 이야기를 창작하기 위해 엘리야의 승천을 단순히 확대시킨 사실을 여실히 보여준다(왕하 2).

엘리야는 하늘로 올라가기 위해 마술적 불 말들(fiery horses)이 이끄는 불 병거(a fiery chariot)의 도움이 필요했다. 그는 하늘로 진입하기 위해 하나님이 보낸 회오리바람의 도움도 받았다. 그러나 새로운 엘리야인 예수는 스스로의 힘으로 승천했다. 엘리야는 하나뿐인 제자 엘리사에게 그의 위대하고 인간적인 영을 두 배로 부어주었다. 그러나 예수는 세상 끝 날까지 지속되는 성령의 능력을 기독교 공동체에게 충분히 내려주었다. 누가는 엘리야의 말이 이끄는 병거에서 불을 취하여 그것이 제자들을 태우지는 않으면서 그들의 머리 위에서 춤추는 불의 혀(tongues of fire)로 바꾸어 놓았고, 엘리야 이야기에서 거센 회오리바람을 취하여 그것을 다락방에 가득 찬 "세찬 바람"으로 바꾸어 놓았다.

우리는 지금 역사를 읽고 있는 것이 아니다. 우리는 이 복음서 저자가 예수 체험을 하나님과 하나되는 초청장으로 제시하기 위해 히브리 성서에서 끄집어낸 재료들로 초상화를 그리는 모습을 지켜보고 있는 것이다. 그리고 그는 그 초상화에서 자신이 사용할 수 있는 유일한 언어 곧 그의 종교 전통이 보유하고 있는 장엄한 언어를 구사히고 있는 것이다.

우리는 기독교 이야기의 결정적 순간에서조차 본래 감동적이고 의미심장한 것, 곧 삶을 변화시키는 일이 있었으나, 그것을 인간의 언어로 충분히 표현할 수는 없는 것이었다는 사실을 인정해야 한다. 부활 이야기와 승천 이야기 모두를 포함해서, 부활절을 문자주의적으로 받아들이는 것은 전통적 개신교와 가톨릭 기독교의 결정적인 이단이 되었다. 부활절의 변혁적 신비가 21세기 정신이 수용할 수 없는 명제적 진리로 변질된 것이다.

예수 이야기는 부활 이야기를 포함해서, 인간의 한계를 넘어서 우리가 하나님이라 부르는 체험의 영역으로 나아가도록 초청하는 것인데, 하나님은 하늘 위에 계신 것이 아니라 오히려 삶의 깊이 속에서 발견된다. 우리가 이런 기독교 이야기 속으로 들어가기 위해서는 우리의 시각의 한계를 초월하여 사물을 볼 수 있도록 우리의 눈이 열려야 하며, 우리의 귀는 들을 수 있는 음역의 한계를 초월하여 음악을 감상할 수 있도록 열려야 한다. 그러면 우리의 혀는 황홀한 소리를 지를 수 있게 부드러워지고, 삶 자체는 죽음에 매이지 않도록 열리게 된다. 기독교 신앙은 이런 여행을 떠나라고 우리에게 명령한다. 따라서 우리는 "수고하고 무거운 짐을 진 사람은 모두 내게로 오너라. 내가 너희를 쉬게 하겠다"(마태 11:28)는 예수의 초청의 말씀과 함께 또한 "내가 온 것은 그들이 생명을 얻고 더욱 풍성하게 얻게 하려는 것이다"(요한 10:10)는 약속의 말씀을 듣게 된다.

우리의 신앙 여정의 첫 단계 곧 우리가 예수 이야기를 보는 왜곡된 방식을 청산하는 작업은 이제 완결되었다. 오랜 세월 동안 예수 이야기를 잘못 이해했던 문자주의(literalness)는 이제 타파되었다. 그 깨어진 조각들이 우리 앞에 어수선하게 널려 있다. 예수는 완전히 정상적인 방식으로 나사렛에서 태어났다. 그의 어머니는 순결한 동정녀 성상(聖像)이 아니었다. 그의 육친 아버지 요셉은 문학적 산물이었다. 그의 가족들은 그가 미쳤다고 생각했다. 아마도 그에게 열두 명의 남자 제자들은 없었을 것이다. 그의 제자들 중에는 남성과 여성이 섞여 있었다. 그는 자연을 굴복시키기 위해 명령한 적이 없다. 그는 문자 그대로 눈먼 자를 보게 하고 귀머거리를 듣게 하며 반신불수나 아픈 사람들을 온전하게 만들지 않았다. 그는 죽은 자를 다시 살리지 않았다. 그의 죽음에 대한 마지막 예언을 상징화하기 위해 고안된 마지막 만찬,

즉 빵이 그의 찢어진 몸과 동일시되고 포도주가 그의 흘린 피와 동일시되는 최후 만찬은 없었다. 제자의 배신도 없었으며, 그의 죽음과 관련된 낭만도, 조롱하는 무리도, 가시 면류관도, 십자가상의 말도, 강도들도, 갈증의 비명과 정오의 암흑도 없었다. 무덤도, 아리마대 요셉도, 지진도, 돌을 굴려낸 천사도 없었다. 3일 만에 무덤에서 소생한 육체도, 예수의 상처를 손으로 만진 일도, 그가 성서의 비밀을 밝혀준 일도 없었다. 끝으로 하늘 위의 천당으로 승천한 일도 없었다.

  이 모든 이야기의 내용들은 인간 공동체가 개인적으로 또한 집단적으로 나사렛 예수의 인간적 삶 속에서 하나님의 임재를 확인한 체험을 표출한 창작물이었다. 그들의 체험을 설명하는 방법이 이제 제 길을 찾은 것이다. 그들은 우리로서는 생각할 수 없는 생각들을 했다. 그들은 우리로서는 사용할 수 없는 사고의 범주를 사용했다. 이제 예수 체험에 대한 전통적 설명은 죽어가고 있다. 그 전통적 설명은 이미 많은 사람들에게 죽은 것일 뿐이다. 전통적 크리스천들은 예수 체험의 진리(the truth of the Jesus experience)를 그 체험에 대한 그들의 문자적 설명(the literalness of their explanation of that experience)과 동일시하는 치명적 과오를 저질렀다. 그것이 통할 리가 없다. 모든 설명은 그 시대가 지나면 죽고 만다. 그러나 그 설명의 죽음이 곧 그 체험의 죽음을 의미하지는 않는다. 우리의 과제는 그 영원한 체험을, 시간에 매이고 그 시대적 조건들에 의해 뒤틀린 설명으로부터, 분리시키는 것이다. 이제 우리는 이 과제를 다루기로 하겠다. 이 과제는 우리를 성서 이야기의 배후로, 혹은 그 밑으로 인도하여, 전통적 크리스천들이 가기를 싫어하는 곳으로 가게 할 것이다. 다른 선택은 없다. 우리의 여정은 미래의 희망을 밝힐 새로운 빛을 볼 때까지 지속되어야 한다.

제2부

예수의 원래 이미지들

제12장

서론: 예수의 원래 이미지 탐구

나는 성서도, 신조도, 교리도, 교의도 그리고 심지어 종교 차체도 초월하여 예수를 탐구한다. 그래야만 우리는 하나님의 신비, 생명의 신비, 사랑의 신비 및 존재의 신비만을 응시하게 될 것이다.

어떤 사람들은 과거의 전통적 기독교 교리들에 너무 집착하기 때문에, 그런 교리들이 더 이상 통하지 않고 더 이상 믿을 수 없다는 사실을 발견한 다음에도, 환멸을 느끼게 하는 기독교에 대해 아무런 조치도 취하려 하지 않는다. 그러나 나는 그런 부류의 사람이 아니다. 나는 과거의 종교 이해가 쇠퇴하고 소멸하는 것을 성장하기 위한 새로운 기회로 본다. 즉 새로운 의식으로 성장하고 하나님 체험에 대해 새롭게 말하는 방식을 탐구하는 기회로 본다. 나는 다음과 같은 인식에서 통쾌한 자유를 맛본다. 즉 처녀 탄생은 생물학에 관한 것이 아니며, 신약성서의 기적은 초자연적인 개입이 아니며, 부활은 육체적 소생에 관한 것이 아니며, 또한 "예수의 신성"에 대한 믿음은 외계의 신이 인간적 존재 속으로 침입한 것이 아니라는 그런 인식 말이다. 나는 유신론은 하나님이 누구인지에 관한 것이 아닌 것과 같이, 무신론은 단순히 하나님이 누구인지에 대한 부정이 아니라는 것을 알게 되어 기쁘다. 나는 과거의 시대적 조건에 의해 뒤틀려진 설명에 대해 방어적으로 집착한다고 해서 하나님이 섬겨진다고는 믿지 않는다. 과거의 문자주의적 이해를 포기할 때 오늘을 위한 그리스도 이야기를 탐구할 수 있는 놀라운 기회가 제공된다는 것이 나의 신념이며 나는 이 과제를 위해 열정을 쏟고 싶다.

나는 기독교에서 발견하는 궁극적 진리와 실재를 다시 살리는 데 깊은 관심이 있기 때문에, 나의 독자들이 기독교 이야기의 핵심으로 가는 새로운 여정을 위해, 낡은 설명을 용감히 버리도록 촉구하는 바이다. 당신은 그 여정에서 이제까지 상상했던 것 이상으로 많은 것을 배울 수 있음을 나는 감히 약속한다.

현대인이 그리스도 이야기를 이해하는 방법을 갱신하려는 시도를 이전에도 기독교 내부에서 시도했던 적이 있었다. 그러나 공포심 때문에 그런 시도들은 항상 꺾이고 말았다. 따라서 그 낡은 상징들을 보다 완고하게 방어하려는 입장들이 생겨났고, 교회의 이런 새로운 마지노선은 적어도 몇 년 동안 우리를 보호해 주리라고 기대했었다. 그러나 그것들 역시 애처롭게도 환상이었다는 것이 판명되었다.

로마 가톨릭교회 역사에서는 20세기 중반에, 전통적 사고방식의 게토에서 벗어나 현실 세계와 대화하려는 단편적이지만 바람직한 시도가 있었다. 그것은 교황 요한 23세(1958-63)의 임기 중에 일어났다. 그는 시대착오적인 교회가 직면한 거대한 문제들을 감지한 후 제2차 바티칸 공의회(또는 바티칸 II)를 소집하여 과거의 신앙 이해가 오늘의 학문과 상호작용하도록 주선했다. 그 결과는 매우 유익한 것이었다. 이 오래된 기관에는 변화와 개혁의 바람이 불기 시작했다. 그것은 영광스럽고 희망찬 순간이었다. 그러나 그것은 오래 가지 못했다. 가톨릭교회의 전통적이고 낡아빠진 이해가 공개적 도전을 받기 시작하자,

신도들은 공포에 떨 수밖에 없었다. 위협을 느낀 교회 지도자들은 권력의 상실을 직감하게 되었고 "신앙의 수호자들"은 이 잠재적인 생명-확장을 위한 개혁을 분쇄하려고 한 목소리로 크게 외치며 일어났다.

요한 23세의 서거와 함께 그 개혁운동은 붕괴되고 말았다. 요한 23세 이후 모든 교황은 문제들을 밀폐시키며 전통적 권위를 다시 주장하는 데 골몰했다. 우리가 교황의 후계자들을 추적해 보면 현실에서 성급하게 퇴각하는 모습들을 보게 된다. 요한 23세 이후 가톨릭교회는 바오로 6세를 교황 자리에 앉혔는데, 그는 모든 창의적 신학 연구를 중단시키고 가족계획에 관한 모든 진척을 뒤집어엎었다. 그 다음에 그들은 요한 바오로 1세를 선택했는데 그는 불과 몇 달만에 서거했다. 그리고는 요한 바오로 2세가 교황의 직책을 차지했고 가톨릭 공동체에서 모든 창의적 사상을 조직적으로 억압하기 시작했다. 끝으로 베네딕트 16세가 망토(교황의 법의를 말함- 옮긴이)를 입게 되었는데, 그는 요한 바오로 2세의 정통주의를 강화시킨 제1인자이기도 했다. 현재 교황인 그는 전에 추기경 죠셉 라찡거로서 누구보다도 먼저 제2차 바티칸 공의회를 가능하게 만들었던 일련의 가톨릭 신학자들을 타도한 배후 세력이나. 그의 지시에 따라 한스 킹(Hans Küng), 에드워드 쉴레비스(Edward Schillebeeckx), 찰스 큐란(Charles Curran), 레오나도 보프(Leonardo Boff), 매튜 폭스(Matthew Fox) 등 저명한 가톨릭 사상가들이 교수직에서 해직되고 곤욕을 치르고 퇴출되거나 침묵 당할 수밖에 없었다. 이 주도적 사상가들과 독창적 학자들이 공격을 당함에 따라, 학자들이 연령에 관계없이 벙어리가 되었고 그 결과 오늘날 로마 가톨릭의 학풍은 사제들에게서 사라지고 말았다. 가톨릭 교회의 지도층은 진리에 대한 설명을 진리 자체와 동일시하고, 모든 명제적 진술의 상대성을 부인하려는 것에서 치명적 오류를 범했다. 하나님에 대한 궁극적 진리가 신조 혹은 교리의 형식으로 요약될 수 있다는 생각은 가소롭기도 하고 영적인 자살행위이기도 하다. 그 결과는 참담하게도 가톨릭 교회는 과거 어느 때보다도 더욱 현대사회에서 그 타당성을 잃게 되었다.

개신교 측에서도 비슷한 개혁운동이 거의 같은 기간에 일어났다. 존 아더 토마스 로빈슨(J. A. T. Robinson)이란 영국 주교는 1963년에 출간된『신에게 솔직히』(*Honest to God*)란 인기 있는 저서에서 개신교가 직면한 문제들을 강력히 제시했다.1) 세계의 거의 모든 언어로 번역된 이 작은 책은 크리스천들로 하여금 하나님과 그리스도에 대한 이미지를 재고하도록 요청한 것이었는데, 수백만 부가 팔렸다. 로빈슨의 개혁운동에는 제임스 파이크(James Pike)2)와 "신의 죽음의 신학"(the Death of God)이라고 부른 미국의 동료 학자들, 곧 윌리엄 해밀톤(William Hamilton), 토마스 알타이저(Thomas J. J. Altizer) 및 폴 반 뷰렌(Paul Van Buren) 등이 가담했다. 이들에게는 또한 영국의 존 힉(John Hick)과 돈 큐핏(Don Cupitt) 그리고 뉴질랜드의 로이드 기링(Lloyd Geering)과 같은 영적 동반자들이 있었다.3) 당시에는 기독교가 공공 매체에서 논의되고 타임 잡지의 표지 이야기로 게재되는 등 숨 가쁘고 전망이 밝은 시간이었다. 그러나 이 운동은 결국 가엽게도 감추어진 희망을 표출하는 것에 그치고 말았다. 왜냐하면 당황한 개신교 교단들이 가톨릭 교회처

---

1) 존 로빈슨 감독은 나에게 영웅일 뿐 아니라 훌륭한 선생이었다. 참고문헌을 보라.

2) James Pike는 제2차 세계대전 후 미국에서 가장 논쟁적이며 인기가 있었던 종교 사상가였다. 그는 컬럼비아 대학교의 교목, 뉴욕 시 성 요한 교회의 수석사제 그리고 캘리포니아 감독을 역임했다. 그의 책들 가운데는 *A Time for Christian Candor*와 *If This Be Heresy* 등이 있다. 참고문헌을 보라.

3) 이 학자들은 많은 사람들이 "탈기독교 세계"(Post-Christian world)라고 부르는 것을 형성하는 데 공헌했다. 참고문헌을 보라.

럼 반격을 가했기 때문이다. 존 로빈슨과 돈 큐핏은 영국에서 고립되었다. 존 힉은 그의 관할교구에서 협박당했다. 파이크는 현대의 걸리버처럼 묶이고 말았다. 미국의 학자들은 한편으로는 방어적 전통주의자들로 구성된 청중에게, 그리고 다른 한 편으로는 어떤 종교에도 관심이 없어 더욱 확장되는 세속사회의 구성원들에게 놀림감이 되었다. 뉴질랜드에서는 장로교회가 로이드 기링을 이단으로 재판에 회부했고, 그 과정에서 교회는 거의 자살에 준하는 과오를 저질렀다. 제2차 바티칸 공의회처럼, 개신교회의 이런 개혁 운동 역시 조만간 역사의 각주 모양이 되고 말았다. 그러나 억눌린 사상은 사라지지 않는다. 그것은 단지 지하로 내려가서 재기할 호기를 기다릴 따름이다.

이 방향으로 나아가려는 나의 노력이 성공할 것인가? 그렇게 대답할 수 있으면 좋겠으나, 시간만이 대답할 수 있을 것이다. 나는 더 이상 침묵할 수 없을 뿐이다. 1960년대 이후 세속사회는 극적으로 성장했다. 오늘날 가톨릭과 개신교를 비롯한 종교 공동체는 더 이상 사람들의 심금을 울리지 못하며 더욱 전통적이고 극히 방어적이며 심지어는 더욱 병적이 되었다. 나는 제2차 바티칸 공의회와 급진적 개신교 신학자들이 그들의 목표에 도달하기 위해 충분히 멀리 나아가지 못했다고 생각한다. 그들은 기독교 현실에 대한 비판에 사로잡혀 기독교가 앞으로 발전해야 할 모습을 선명하게 제시하지 못했다. 나는 그들이 갈 수 없었던 곳으로 가게 되기 바란다. 그렇게 하지 않기에는 내가 하나님의 신비에 너무 강하게 붙잡혀 있다.

그러므로 나는 이 책의 제2부에서 기독교의 미래로 나아가기 위한 지도를 그려보고 싶다. 나의 첫째 과제는 기독교 역사의 구전 기간(the oral period)의 문을 여는 것이다. 이것은 예수에 대한 어떤 기억이나 말이 기록되기 이전의 시대로서, 원초적 예수 체험을 밝히고 오늘날 우리의 탐구에 도움이 될 만한 단서를 찾는 것이다. 이 여정은 우리를 필연적으로 예수가 출현한 유대인의 세계 속으로 끌고 들어갈 것이다. 그것은 우리에게 유대인들의 성서, 예배, 기대와 희망에 대한 지식을 접하게 할 것이다. 그것은 유대인의 개념들에 대한 이방인들의 오해가 예수 이야기에 미친 영향을 드러내게 될 것이다.

그러나 우리의 궁극적 목표는 예수를 그의 원래적인 유대적 맥락에서 보는 것이 아니다. 거기서 멈출 수는 없다. 그것은 우리의 부단한 탐구 과정에서 하나의 중요한 단계일 뿐이다. 그 탐구는 최종적으로 우리 자신의 인간성 속에 깊이 파고들어야 한다. 거기서 우리는 종교를 떠나 예수를 볼 수 있거나 혹은 내가 이 여정에 이름붙인 바와 같이 거기서 "비종교인을 위한 예수"를 볼 수 있을 것이다. 나는 성서도, 신조도, 교리도, 교의도 그리고 심지어는 종교 자체도 초월하여 예수를 탐구한다. 우리는 거기서 하나님의 신비, 생명의 신비, 사랑의 신비 및 존재의 신비만 응시할 것이다. 우리는 이 과정에서 역시 필연적으로 우리 인간성의 신비, 자아의식의 신비 및 초월성의 신비에 우리의 관심을 돌릴 것이다. 그렇게 함으로써 우리는 인간의 온전함(wholeness)에 대한 영원한 탐구를 향해 깊이 몰입하고 있는 우리를 발견하게 될 것이다. 나는 크리스천들이 잘못 생각하는 것처럼, 심지어 예수 자신도 목적지 자체는 아니라고 생각하기 때문이다. 예수는 하나님의 경이로 진입하는 입구일 따름이다. 예수의 처음 추종자들은, 마치 그리스도를 아는 것이 그들의 목표였던 것처럼, 크리스천이라고 불리지 않았다. 오히려 그들은, 마치 예수 자신이 그들의 여정의 일부였던 것처럼, 스스로를 "그 길을 따르는 사람들"(the followers of the way)이라고 불렀다.4) 그리스도의 길은 온전함(wholeness)을 향한 길, 곧 궁극적으로

---

4) "길"은 회당 안에서 신명기에 기초한 운동이었는데, 신명기는 생명의 길과 사망의

실재하는 분을 향한 여정이며, 이를 위한 언어를 아직 찾지 못한 곳으로 가는 길이었다. 모든 종교는 궁극적으로 이 똑같은 신비의 실재 속으로 흘러 들어가야 한다. 예수는 그 여정의 목적지가 아니고, 그 목적지로 가는 수단이다.

우리는 나사렛 예수를 낳은 유대인들의 세계에서 출발하기로 하겠다.

길을 보여준다. 예수운동은 생명의 길로 나아가는 새로운 운동이었다.

제13장

구전: 예수가 기억된 곳은?

예수의 삶과 예수의 메시지는 유대교 예배당에 있는 복음서 저자들의 기억 속에 거듭 자리하고 있다. 예수의 이야기가 복음서에 기록되기 오래 전에 이미 유대교 성서를 통해 해석되었던 것이다.

어떤 사람들은 예수에 대한 기억이 복음서로 문서화되기 이전에 소위 구전 기간을 거치면서 개인적이고 산만한 방식, 곧 부모가 자녀들에게 예수 이야기를 전하거나 사람들이 울타리 너머로 혹은 장터에서 이웃들과 예수에 대해 이야기하는 방식으로 전해졌다고 생각한다. 그러나 이것은 전혀 진실이 아니다. 복음서 분석 자체가 그것을 밝히고 있다.

마가는 70년대 초에 첫째 복음서를 기록하면서 "예수 그리스도의 복음 혹은 기쁜 소식의 시작"(1:1)이란 말로 그의 이야기를 시작했다. 이 구절은 유대교 성서에서 따온 말로 가득 차 있다. "기쁜 소식"(good news)이란 말은 제2 이사야가 세 곳에서 사용한 말이다(40:9, 52:7, 61:1). 마가는 몇 절 뒤에 이 핵심 문구를 예수 자신이 한 말로 다시 한 번 사용한다(1:14-15). 그 다음 마가는 이 "기쁜 소식"을 자기가 분명히 의존하고 있는 자료와 직접 연결시킨다. 그것은 모두 히브리 성서에 나오는 것이다. 그는 그 자료를 극히 문자적으로 인용하면서 "예언자 이사야의 글에 기록하기를"이라고 한다. 마가는 이 구절에서 이사야에게만 의존하는 것 같지만 실제로는 두 예언자의 선언을 융합한 것이다. 그가 처음에 "보아라, 내가 내 심부름꾼을 너보다 앞서 보낸다"(2절)고 한 말은 출애굽기의 여음과 함께(23:20) 말라기서(3:1)에서 따온 것이다. 그 다음에야 그는 "광야에서 외치는 이의 소리가 있다. '너희는 그의 길을 예비하고, 그의 길을 곧게 하여라'"(1:3)는 이사야의 말(40:3)을 추가한다. 그러므로 첫째 복음서의 처음 구절들은 여러 층의 참조한 문구들(references)로 가득 차 있는데 그 문구들은 우리에게 히브리 성서를 보도록 가리킨다. 이것은 복음서들이 기록되기 이전에 예수 이야기가 이미 유대인들의 거룩한 문서들과 깊이 얽혀졌다는 암시로 보아야 한다.

마태는 기독교 역사상 두 번째 복음서를 작성하면서 예수 이야기에 그의 유대인 조상의 명단을 곁들여 소개한다. 거기에는 다말, 라합, 보아스 및 우리아(마태 1:2-16)처럼 유대교 성서에서 매우 미천한 인물들에 관한 언급도 포함되어 있다. 히브리 성서에 대해 깊이 아는 사람들만이 마태가 전달하고자 하는 메시지를 이해하게 되어 있다. 마태는 그의 이야기를 발전시키면서 마치 시골의 설교자처럼 증거본문들(proof texts)을 인용한다. 그는 예수의 출생 이야기에서 독특한 형태의 변화 곧 "이 모든 일이 일어난 것은 예언자들이 말한 것을 성취하기 위함이다"는 말을 다섯 번 이상 사용한다(1:22-23, 2:5-6, 15, 17-18, 23). 마태는 유대교 성서의 권위를 빌어 예수의 출생에 대한 모든 질문에 답하는 것이다. 예수는 왜 동정녀에게서 태어났는가? 예언자 이사야가 그것을 예언했기 때문이다(사 7:14). 예수는 어디서 태어났는가? 베들레헴에서. 예언자 미가가 그렇게 말했기 때문이다(미 5:2). 요셉, 마리아 그리고 아기 예수는 왜 이집트로 피신했는가? 예언자 호세아가 "내가 ... 내 아들을 이집트에서 불러냈다"(호 11:1)고 말했기 때문이다. 헤롯은 왜 무죄한 아이들을 죽였는가? 앗시리아 사람들에게 자식을 잃고 울고 있는 라헬에 대한 말씀을 성취하기 위해서다(렘 31:15). 예수의 가정은 왜 나사렛에 정착했는가? 그가 나사렛 사람이라고 불리게 되리라는 예언을 성취하기 위함이다.1)

누가는 얼마 후 마태의 뒤를 따라 그의 복음서 이야기를 기록할 때, 예수는 남자아이에게 정해진 유대교 예식을 모두 치른 사실을 보이려고 한다. 즉 그는 8일 만에 할례를 받았고(2:21) 40일 만에 성전에서 정결의식을 치렀다(2:22). "예수"란 이름은 이스라엘의 위대한 해방자 중의 하나인 '여호수아'란 히브리 이름을 그리스어 철자로 바꾼 것에 다름 아니다(1:31). 누가는 예수가 열두 살 때 그의 부모가 유월절 축제를 위해 그를 예루살렘에 데려간 이야기를 끝으로 그의 유년기 이야기를 매듭짓는다. 성전 방문 이야기는 소년 사무엘의 어머니 한나가 그를 성전으로 데려간 이야기(삼상 2)와 많은 관련성이 있다. 마리아의 찬가(Magnificat)도 사무엘의 출생을 축하하고 그를 하나님 사업을 위해 바칠 때 부른 한나의 노래(the Song of Hannah)에 따라 형성되었다.

정경 가운데 마지막 문서인 요한복음도 히브리 성서를 참조한 문구들로 가득 차 있다. 즉 요한복음 1장은 창세기 1장을 대본으로 삼았고, 또한 그 중심에는 하나님의 명칭인 "나는 곧 나다"(I Am)에 대해서 계속 언급하는데(I Am "나는 ~이다" - 옮긴이), 이 하나님의 명칭은 출애굽기(3:14)에서 직접 가져온 것이다. 한 곳에서 요한은 예수가 "아브라

---

1) 예수가 "나사렛 사람"이라 불릴 것이라는 예언을 마태가 어느 자료를 염두에 두고 한 말인지에 대해 학자들은 고심하고 있다. 뿌리를 뜻하는 히브리어가 "나세르"이기 때문에, 메시아가 이새의 뿌리에서 나올 것이라는 이사야서 11:1을 가리키는 것일 수도 있지만, 학자들 사이에 합의된 것은 없다.

함이 태어나기 전부터 내가 있다"(8:58)고 말하도록 만든다. 이처럼 복음서들보다 훨씬 앞서 있는 히브리 성서와 예수에 대한 기억 사이에는 깊은 관련성이 있는 것이 분명하다. 이런 인식은 그 관련성이 발생하게 된 배경(setting)은 무엇이었는가 하는 질문을 제기한다.

이것에 근거한 두 번째 통찰은 복음서들 속에는 예수를 유대인들의 예배 장소들과 연관시킨 언급들이 많다는 사실이다. 적어도 누가복음에서는 예수의 생애가 성전을 중심으로 그 틀을 이루고 있다. 즉 예수는 태어난 지 40일 만에 성전에서 노인 사제 시므온에게 바쳐졌고, 십자가 처형 직전에 성전을 정화했다. 또한 복음서들에는 예수가 특히 회당에 있다는 언급이 23회나 기록되어 있다. 이것이 그에 대해 제자들이 기억한 소중한 요소임에 틀림없다. 예수는 정기적으로 혹은 누가의 말처럼 "늘 하시던 대로"(4:16) 회당에 갔다고 한다. 이런 구절이 반복되어 나타날 때 그 영향이 어떤지를 독자들이 느낄 수 있도록 각각의 복음서에 나오는 사례를 소개하고자 한다.

[세례 받으신 후] 예수께서 안식일에 곧바로 회당에 들어가서 가르치셨는데... (마가 1:21)

안식일이 되어서, 예수께서 회당에서 가르치기 시작하셨다.(마가 6:2)

예수께서 온 갈릴리를 두루 다니시면서, 그들의 회당에서 가르치며, 하늘나라의 복음을 선포하며... (마태 4:23)

예수께서 그 곳을 떠나서, 그들의 회당에 들어가셨다.(마태 12:9)

예수께서 자기 고향에 가셔서, 회당에서 사람들을 가르치셨다.(마태 13:54)

그는 유대 사람의 여러 회당에서 가르치셨으며, 모든 사람에게서 영광을 받으셨다.(누가 4:15)

또 다른 안식일에 예수께서 회당에 들어가서 가르치시는데.(누가 6:6)

예수께서 안식일에 회당에서 가르치고 계셨다.(누가 13:10)

이것은 예수께서 가버나움 회당에서 가르치실 때에 하신 말씀이다.(요한 6:59)

예수께서 대답하셨다. "나는 드러내 놓고 세상에 말했소. 나는 언제나 모든 유대 사람이 모이는 회당과 성전에서 가르쳤으며, 아무것도 숨어서 말한 것이 없소."(요한 18:20)

이 사례들이 보여주는 바와 같이, 복음서 저자들의 기억 속에서 예수의 생애와 예수의 메시지는 거듭해서 유대인들의 예배 장소에 자리 잡고 있다. 그의 죽음 이후 제자들의 경우도 마찬가지다. 사도행전에서 베드로는 예루살렘에서 오순절 체험 이후 즉시 설교한 것으로 묘사되었는데 성전이 그의 활동 중심지였다. 그는 첫 번째 설교에서 예언자 요엘을 인용하고 설교의 균형을 잡기 위해 시편과 이사야의 구절을 자유자재로 구사한다(행 2:14-36). 그는 두 번째 설교를 성전 입구에서 했다고 한다. 거기서 그는 아브라함, 이삭, 야곱, 모세 및 사무엘에 관해 말한다(행 3:11-26). 베드로는 성전 당국자들에게 붙잡혔을 때 그 종교 지도자들에게 시편과 출애굽기에 있는 말로 연설했다(행 4:8-12). 스데반이 회당장 앞에서 자기를 변호하는 장면을 보면, 그는 유대교 성서에 기록된 대로 예수를 유대인들의 역사와 관련시키고 또한 친숙한 유대적 근거를 모두 피력한다(행 7). 바울은 안식일에 회당에서 예수에 관해 말했다고 거듭 기술되어 있다(행 13:14, 14:1, 17:10, 18:4,

18:19). 사도행전 17:1-2에는 안식일에 회당에 참석하는 것은 바울의 "관례"라고 되어 있다. 이처럼 복음서와 사도행전에 따르면, 예수의 이야기는 유대교 예배 장소를 중심으로 전개되었다.

유대인들의 예배에서 실제로 진행되던 일은 초대 교회에서도 상식에 속했던 것 같다. 왜냐하면 사도행전에는 때때로 그 예배 형태가 아무런 설명 없이 묘사되고 있으며, 또한 유대인들의 거룩한 축제일에 대한 언급은 복음서 본문에도 기록되어 있기 때문이다. 예를 들어, 누가는 사도행전에 기록하기를 "예로부터 어느 도시에나 모세를 전하는 사람이 있어서, 안식일마다 회당에서 그의 글을 읽고 있습니다." (15:21)고 했다. 누가는 당시의 유대교의 관례를 익숙히 알고 있었음이 틀림없다. 그것은 "모세" 곧 소위 모세 5경 혹은 율법서 전체(창세기, 출애굽기, 레위기, 민수기, 신명기)를 모든 회당 예배에서 매 해 안식일마다 큰 목소리로 낭독하는 것이었다.

누군가가 복음을 기록하기 오래 전에, 예수는 이미 히브리 성서를 통해 해석되었고 그 과정에서 예수 이야기는 아마도 우리의 상상을 초월할 정도로 유대인들의 이야기에 의해 형성되었을 것이다. 이런 사실들은 나로 하여금 예수 이야기가 구전 기간 동안에 회상되고 형성된 것은 오직 회당 안에서 뿐이었다고 주장하도록 만든다. 예수 이야기가 회당 안에서 회자되었다는 것은 결코 우연이 아니었다. 유대교 내부에서 시작된 운동으로서 회당에 정기적으로 참석했던 사람에게서 비롯된 운동일 경우, 그 운동의 창시자가 회당과 마찰을 빚고 떠났을 때는 결코 그런 (우호적인) 분위기를 남겨두지 않았을 것이기 때문이다. 또한 (회당을 제외하고는) 예수에 대한 기억이 유대교 성서와 그토록 깊이 동일시되고 그 성서로 포장된 장소를 달리 찾을 수도 없다. 우리는 이 통찰의 중요성을 파악하기 위해 1세기 유대 지방의 세계 속으로 잠시 들어가 볼 필요가 있다.

그 당시 사람들에게는 개인용 성서가 없었다. 호텔 방이나 회의장에 성서를 비치하는 기드온협회(Gideon Society)도 없었다. 성서의 각 권마다 두루마리에 기록되어 있었는데 그 두루마리는 문화적 보물이자 공동체의 보물이었다. 이 두루마리들은 손으로 베끼는 매우 값비싼 과정을 거쳐 보존되었다. 사람들은 안식일에 회당에서 공동체 활동으로 성서연구를 진행할 때에만 이 거룩한 문서에 접근할 수 있었다. 그러므로 회당은 구전 기간의 무대였다. 구전은 회당말고 다른 곳에서는 일어날 수가 없었다. 이것이 확실한 결론이다.

비록 이 사실이 분명했어야만 했지만, 기독교 역사의 대부분의 기간 동안에 이 사실을 뒷받침하는 증거는 눈에 보이지 않았던 것 같다. 복음서들에 대한 마술적 견해가 발전되었는데 그 견해는 히브리 이야기들이 예수 이야기를 형성했다고 주장하는 대신에, 예수의 생애의 사건들이 성서의 대망(待望)과 예언을 기적적이고 예정된 방식으로 성취한 것이라고 주장했다. 그러나 예수는 예언적 대망을 성취하지 못했다. 실제로 이 기괴하고 잘못된 주장은, 예수 이야기가 사실상 히브리 성시를 책상 잎에 펼쳐놓은 채 작성된 것이며 예수에 대한 기억은 실제로 성서의 대망과 일치하도록 각색되었다는 사실을 은폐하는 주장이었다. 그 과정에서 역사와 객관성은 희석되었다. 그러므로 우리가 역사의 예수를 발견하려면, 회당의 해석 과정 속으로 들어가야만 한다.

신약성서의 비밀을 올바르게 풀어내기 위한 다음 단계는 회당 예배, 즉 기독교의 기억을 매우 분명하게 또한 결정적으로 형성한 회당 예배에 관해 배워야 한다. 불행하게도 대부분의 크리스천들은 회당의 예배 형식에 대해 전혀 모르기 때문에, 복음서들에서 그것을 읽을 때조차도 그것이 미친 영향을 인식하지 못한다.

사도행전에 감추어진 구절(13:13-16)이 있는데 그 구절은 우리의 해석 작업을 위해 도움이 된다. 누가는 이 구절에서 바울이 설교한 1세기 회당 예배 형식을 간단히 설명하고 있다. 이 구절은 우리의 해석을 위한 작은 보석으로서 그 본문으로부터 정말로 튀어 올라와, 십자가 처형과 복음서 기록 사이의 숨겨진 시기를 탐구하려는 우리들의 무릎 속으로 들어온다. 예배 형식은 매우 느리게 변하는 법이다. 누가가 90년대 초에 묘사한 회당 예배는 예수 이야기가 구전으로 전해지던 30년대에서부터 70년대 사이의 예배와 매우 비슷했을 것이라고 추측할 수 있다.

누가는 바울이 그의 일행과 함께 비시디아 지방의 안디옥으로 갔다고 한다. 그들은 안식일에 예배하려고 회당에 들어갔다. 예배는 통상적인 형식으로 진행되었다. 누가의 회당 예배에 관한 첫마디는 "율법서와 예언자의 글을 낭독한 뒤에"라는 구절이다. 창세기에서 신명기까지의 모세 5경을 "율법서"라고 한다. 각 책은 두루마리에 기록된 것으로서 안식일마다 직전 안식일에 읽다 멈춘 곳에서부터 읽어나갔다. 뛰어넘는 것은 금물이었다. 해마다 완독(完讀)해야 하는 토라("모세" 혹은 "율법"에서 온 교훈) 전체를 독파하기 위해서는 안식일마다, 오늘날 우리가 가진 성서에서 다섯 장 혹은 여섯 장씩을 읽어야 했다. 율법서 읽기는 그 주간 예배 중에서 가장 성스러운 일이었다. 그것은 긴 분량임에도 불구하고 고집스럽게 이행되었고 지속적으로 엄수되었다.

그 다음으로 누가는 "율법서" 낭독 후 회당 예배는 "예언서"의 낭독으로 이어졌다고 한다. 1세기 유대교에는 두 집단의 예언자들이 있었다. 첫째 집단인 초기 예언서들(여호수아, 사사기, 사무엘 상하 및 열왕기 상하)은 기원전 13세기 여호수아의 가나안 정복에서부터 기원전 6세기 바벨론 사람들에 의한 유대인들의 패망까지의 유대 역사를 기록한 것이다. 이 재료는 또한 사무엘, 나단, 엘리야, 엘리사와 같은 예언자들을 소개했는데, 이들은 모두 성서 종교의 드라마가 진행되는 데 위대한 공적을 남겼다.2) 이 두 번째 낭독에는 매년 완독해야 한다는 규정이 없었다. 그러므로 그것은 보다 짧은 낭독이었고 토라처럼 중요하거나 무게가 있지는 않았다.

두 번째 집단의 예언자들은 후기 예언자들이라고 한다. 그들의 문서는 기원전 8세기의 제1 이사야를 시작으로 해서 폭발적인 에너지를 분출했고 기원전 7세기의 예레미야, 그리고 6세기에 활동한 에스겔을 통해 지속되었다. 이 중요한 인물들 중에는 아주 작은 책을 집필한 예언자들이 포함되어 있는데 그들은 하나의 두루마리에 합본되어 "12 예언서"(Book of the Twelve)라고 부른다. 이것은 오늘날 우리 성서에서 호세아서에서 말라기서에 이르는 소위 소선지서(minor prophets)라는 것이다. 이들은 기원전 8세기에 시작하여 5세기까지 지속된 유대인들의 목소리를 대변한다. "12 예언서"를 담고 있는 하나의 두루마리는 회당에서 한 권의 책으로 읽혔다. 그래서 "후기 예언서"(latter prophets)란 말은 네 개의 예언서 곧 이사야, 예레미야, 에스겔과 12 예언서를 가리키는 것이었다.3) 이 네 작품은 그 분량이 거의 같아, 4년을 한 주기로

---

2) 역대기 상하는 유대교 경전에 훨씬 후대에 첨부된 것으로서, 열왕기 상하에 나오는 똑같은 재료를 어느 정도까지 새로 쓴 것이지만, 유대인 역사에서 매우 후대에 기록된 것이다. 예배에서 역대기 상하는 무시되거나 열왕기 상하 대신 사용되는 경향이 있었다.

3) 우리의 성서에서 에스겔서와 12 예언서 사이에 들어 있는 다니엘서는 매우 후대에 유대인들의 거룩한 문서에 첨부된 것이다. 기원전 2세기 중엽에 작성된 다니엘서는 일반적으로 예배에서 사용되는 정경의 위치를 확보하지 못했었다. 이 책은 대중적으로 인기가 있었던 책으로서 극적인 이야기들과 "사람의 아들"이라는 중요

해마다 하나의 예언서를 읽었다.

누가는 말하기를, 회당의 관리인들이 율법서와 초기 및 후기 예언서와 함께 간간이 시편의 찬송과 기도를 읽은 뒤에, 바울과 그의 일행에게 전갈을 보내어 "형제들이여, 이 사람들에게 권면할 말씀이 있으면 해주시오."(13:15)라고 청했다고 한다. 그래서 바울이 그 초청을 받아들여 일어나 설교하기 시작했다.

바울의 설교는, 사도행전이 다시 창조한 다른 모든 설교들과 마찬가지로, 유대인들의 역사를 훑어 이집트에서의 해방과 광야의 시대를 지나 가나안 정복까지 약 450년 동안 지속된 유대 역사를 설명한다. 그 다음으로 바울은 사사(판관) 시대를 거쳐서 왕국의 흥망과 궁극적으로는 세례자 요한에 대한 진술로 그의 이야기를 끝맺는다. 그리고 바울은 아브라함의 자손들이 요한, 곧 "안식일마다 읽는" 예언자들 가운데 하나인 세례자 요한이 가리킨 분을 인식하지 못했다고 지적한다. 그 다음에 그는 십자가 처형과 예수를 다시 살리신 하나님의 행동을 말한다. 그는 부활을 뒷받침하는 증거로 시편 2:7을 인용한다. 그리고 바울은 자신의 설교의 절정에 이르면서 이사야 53:3과 시편 16:19를 인용한다. 끝으로 그는 유대인들의 예수 배반을 예상하는 구절에서 예언자 하박국(1:5)을 인용한다. 만일 이 설교가 초기 기독교 설교의 표준이나 모델이라면, 예수 이야기를 회상하고 재구성한 것은 분명히 유대인들의 거룩한 문서를 배경으로 한 것임을 보여준다.

바로 이와 똑같은 형식으로, 십자가 처형과 복음서의 기록 어간인 40년대와 70년대 사이에, 유대인 회당에서 예배가 진행되었다고 나는

한 이미지로 가득차 있는데, 사람의 아들은 마지막 심판 때 하나님의 나라를 세울 분이었다. 이 "사람의 아들" 이미지는 내가 치유 기적에 대한 장에서 말했던 것처럼 예수 이야기를 형성하는 데 중요한 이미지가 되었다. 이 이미지는 또한 예수가 이해된 초기 이미지들을 다루는 장에서도 중요한 역할을 할 것이다.

믿는다. 예수의 추종자들은 다른 유대인들과 마찬가지로 회당에 예배드리러 왔으며, 해마다 안식일마다 그들은 성서 낭독을 들었으며 예수의 말씀을 기억했으며, 예수 체험이 성서와 예배 모두를 통해 새롭게 조명되는 것을 경험하게 되었다. 그들은 예수 체험이 그들에게 타당하고 의미를 주기까지, 공동 예배의 다양한 요소들을 통해 그들의 기억들을 새롭게 만들어나갔다.

그러므로 오늘날 우리가 예수 체험의 능력을 궁극적으로 이해할 수 있는 유일한 방법은 그들이 섰던 곳에 서고, 그들이 예수에게 적용한 이미지를 탐구하며, 예수를 이해하려고 사용한 상징들을 판독하며, 그들이 예수 안에서 만난 하나님을 추구하는 방법이다. 그러므로 우리가 복음서들에 대해 물어야만 하는 질문은 오늘의 세계가 던지는 엉뚱한 질문과는 전혀 판이하다. 현대인들은 "이런 사실들이 실제로 일어났는가?"라고 묻는데, 이에 대한 유일한 대답은 예 혹은 아니오라는 것이다. 이런 이분법은 우리를 궁극적으로 문자주의자가 아니면 낙제생으로 전락시킨다. 따라서 이 고대의 전승을 연구하기 위한 올바른 질문은 다음과 같다. 즉 "나사렛 예수의 삶에 무엇이 있었기에 그의 초기 추종자들이 그들의 거룩한 유대인 역사로 그를 포장하도록 만들었으며, 또한 그들의 종교적 영웅들의 이야기를 확대시켜 마침내 그들이 예수에게서 체험한 바를 전달하기에 충분히 거대한 이야기가 되도록 만들었는가?" 이 질문은 그 밖의 많은 질문을 유발시킨다. 즉 이 초기 추종자들은 왜 예수에게서 유대인의 전통이 성취되었다고 보았는가? 그들은 왜 예수가 그 전통들을 변혁했다고 믿게 되었는가? 그들은 왜 그들의 삶을 속박하던 것들이 예수의 삶 속에 현존하는 능력 앞에서 모두 소멸했다고 말했는가? 그들은 왜 예수의 죽음이 확장된 삶의 서곡에 불과하다고 보게 되었는가? 예수의 인간성에는 도대체 무엇이 있었기에 그들이 하나님에 대해 새롭게 눈뜨게 되었는가? 우리가 이 연구에서 추구하는 바는 이런 반응들에 대해 영감을 주는 예수이고 우리는 그 목표에 도달할 때까지 멈추지 않을 것이다.

제14장

새로운 유월절로 이해된 예수

십자가 처형을 유월절의 축에 접목시킨 것과 예수를 유월절 희생양의 유비(類比)로 이해한 사실을 받아들이는 것은 예수 의미의 전적인 새로운 차원 및 인간 의미의 전적인 새로운 차원 속으로 진입하는 것이다.

우리들 대부분은 복음서 내용들이 문자 그대로 일어난 사건으로 세뇌 당했기 때문에 그것을 떨쳐버리기가 어렵겠지만 반드시 그렇게 해야만 한다. 복음서들은 문자 그대로의 사건이 아니라 오히려 유대인들의 예배 행위를 통해 여과된 예수에 대한 해석인 것이다. 예수 이야기는 복음서들에 기록될 때까지 2,3세대에 걸쳐서 기억되고 회상되었다. 복음서들은 유대인 예배자들에게만 익숙한 이미지들로 가득 차 있기 때문에, 우리들처럼 유대교 신앙 전통을 모르는 사람들에게는 그 이미지들이 무의미할 뿐인데, 이 때문에 그 이미지들의 배경을 모르는 우리에게 큰 오해를 가져왔다. 그래서 우리는 이 오해를 문자화 했던 것이다. 복음서들은 역사 속에서 살아간 한 사람의 생애를 가리키고 있다. 그러나 복음서 저자들에게 실제로 문제가 되었던 것은 그의 육신의 삶이 아니었다. 오히려 예수가 무엇을 뜻했는지, 그들이 예수를 통해 체험했다고 확신한 것이 무엇이었는지 하는 것이었다. 복음서 저자들의 길을 닦아 준 바울은 50년대 중반에 예수에 대한 글을 쓰면서 이 사실을 밝혔다. 즉 "... 이제부터 우리는 육신의 잣대로 알려고 하지 않습니다. 전에는 우리가 육신의 잣대로 그리스도를 알았지만, 이제는 그렇지 않습니다"(고후 5:16). 그 이유에 대해 "누구든지 그리스도 안에 있으면, 그는 새로운 피조물입니다. 옛 것은 지나갔습니다. 보십시오. 새 것이 되었습니다"(고후 5:17)라고 바울은 말했다. 이것은 예수를 육신적으로 아는 것에 관한 서술이 아니라 황홀한 체험, 정신을 깨우친 체험을 서술한 것이다. 그러므로 복음서들은 예수의 일생을 자세히 기록하려는 것이 아니라 예수 체험을 해석하려는 것이었다. 이 두 가지 사실은 확연하게 구분되어야 한다. 그렇지 않으면 오늘의 기독교는 복음서 본문을 문자 그대로 믿으려는 자들과 문자화된 본문을 믿을 수 없다고 배척하는 자들 사이의 분열과 무의미한 갈등을 피할 길이 없을 것이다.

물론 복음서 본문 배후에는 역사적 인물의 메아리가 있다. 이 메아리는 분별이 가능하고 관찰될 수도 있다. 그러나 복음서 저자들의 근본 관심은 예수의 죽음에 있었고, 또한 그 체험이 무엇이었던지 간에, 그 체험은 예수의 죽음의 의미를 절망에서 새로운 생명에 대한 희망으로 변화시켰다. 그러므로 예수의 의미에 관한 우리의 탐구는 거의 필연적으로 이 최종 사건들에 대한 기록에서 시작할 수밖에 없다.

성서의 증거 자체가 분명하게 밝히는 것은 십자가 처형의 의미가 예수 이야기 중에서 가장 핵심적인 것이었고, 또한 그의 죽음은 초기부터 유월절을 배경으로 삼아 해석되었다는 것이다. 그러나 이처럼 예수의 죽음과 유월절을 연결시킨 것이 반드시 역사적으로 연결된 것은 아니었다. 그러므로 우리는 예수가 유월절 때 십자가에 못 박혔다는 문자적 개념에 대해 도전하는 것에서부터 시작해야 한다. 만일 우리가 이 연결이 역사적인 것도, 원초적인 것도 아니라는 사실을 증명할 수 있다면, 그 사실은 예수의 죽음이 맨 처음 이해되었던 방식에 대한 통찰을 제공할 것이다. 이것을 위해 우리는 다시 신약성서의 문자적 언어 밑으로 들어가는 길을 모색하게 된다.

마가, 마태 및 누가는 최후의 만찬과 유월절 식사를 동일시함으로써 예수가 유월절에 죽은 것으로 설정한다. 요한복음도 이 연결에 대해 언급하고 있지만, 십자가 처형의 날이 유월절 희생양이 도살된 날이었음을 암시하고 있다. 여기서 요한이 말하려는 것은 최후의 만찬이 곧 유월절이 아니라 유월절에 앞서 준비한 식사였다는 것이다.

우리는 십자가 처형 이야기에 포함된 자세한 내용을 살펴보기에 앞서, 복음서가 예수와 그의 제자들을 예루살렘으로 이끈 것이 유월절이었다고 주장하는 것을 수용할 필요가 있다. 십자가 이야기 전체는 유월절 행사의 일부로 전해졌다. 복음서들에 의하면, 예수의 일행은 유월절보다 1주일 전에 사실상 그 거룩한 도시로 들어갔다.1) 예루살렘 입성은 지금도 소위 크리스천들이 말하는 고난주간 첫날에 경축되고 있다. 그러나 우리가 이 이야기들을 주의 깊게 검토해 보면, 십자가 처형에 대한 시간적 차이와 달력상 유월절과는 무관한 유대인 축제에서 문자적으로 채용된 듯한 상징들에 관한 암시를 발견하게 된다.

우선 마가는 무리들이 감람산에서 예루살렘까지 개선 행진에 동행하면서 나뭇가지를 흔들고 자기들의 겉옷을 길가에 깔며 "호산나!" "복되도다. 주님의 이름으로 오시는 분!"(11:9)이라고 외쳤다고 한다. 유월절은 니산(Nisan)월 14-15일에 지켰기 때문에, 우리 달력으로는 3월

---

1) 요한복음에서는 예수의 예루살렘 입성 시기가 분명하지 않다. 요한복음에는 예수가 유대 지방에 오래 동안 머물렀으며, 종려주일 행진은 그의 입성이 아니라 그의 예루살렘 목회 단계에서 다른 사건이었음을 시사하는 본문들이 있다.

말이나 4월 초에 해당된다. 최소한 마가, 마태 및 누가에 의하면, 오늘날 크리스천들이 "종려주일"로 경축하는 예수의 예루살렘 입성 이야기는 유월절보다 1주간 전에 일어난 것으로서, 3월 중순에 해당된다. 이 일정이 제기하는 문제는 중동지역에서 그렇게 이른봄에는 잎이 무성한 나뭇가지를 보기 어렵다는 점이다. 잎이 돋기 시작하는 때는 4월 중순에서 5월 초순이었을 것이다. 그렇다면 이 이야기가 우리에게 던지는 첫째 암시는 십자가 처형 이야기가 본래는 1년 중 다른 계절에 설정되었을 수도 있다는 점이다. 만일 이것이 성립될 수 있다면, 왜 그처럼 십자가 처형과 유월절을 연결시킨 것이 본질적인 것으로 간주되었을까 하는 질문이 나오게 된다.

　이 암시는 마태와 누가를 볼 때 더욱 믿음이 간다. 그들 모두는 마가에게 의존할 뿐만 아니라, 그의 글을 대대적으로 베꼈는데 두 저자들이 각각 이런 불일치를 의식하게 되면서 취한 행동을 보면, 그 암시에 더욱 믿음이 간다. 마태는 마가보다 10년 후에야 비로소 글을 썼는데 잎이 무성한 나뭇가지에 관한 대목에서 "잎이 무성한"(leafty)이란 말을 그의 본문에서 삭제했다. 마태복음에서는 무리들이 길가에 "나무 가지"(branches)만을 펴고 흔들었다(21:8). 물론 우리는 보통 막대기를 "펴다" 혹은 "흔들다"고 하지 않는다. 이것들은 나뭇잎에 더 적절한 말이다. 이처럼 사소한 편집을 우리가 주목할 때 그 암시에 대한 나의 주장이 힘을 얻는다. 얼마 후에 글을 쓴 누가를 보면, 누가 역시 이 문제를 감지한 것 같은 인상을 준다. 즉 누가는 마가의 잎이 무성한 나뭇가지와 마태의 잎 없는 나뭇가지를 삭제하고 무리들이 그들의 겉옷을 길가에 편 이야기만을 기록하고 있다(19:36). 그러나 겉옷 이야기 역시 3월 말보다는 좀더 따뜻한 계절을 암시한다. 사람들은 통상적으로 추울 때는 자기의 겉옷을 벗어 길가에 펴지 않기 때문이다.

요한이 90년대 말에 그의 복음서를 기록할 때, 그는 초기 복음서들에 관해 모를 리가 없었을 것이다. 비록 요한의 의도가 전적으로 달랐기 때문에 그들에게 별로 의존하지 않았다고 해도 말이다. 그럼에도 불구하고 요한은 잎이 무성한 가지 문제를 다루면서 무리들이 "종려나무 가지" 곧 상록수의 잎을 흔들었다고 했다(12:13). 많은 사람들은 이 마지막 정경 복음서가 기록되기 전까지는 이 행진에서 사용된 나무 가지들이 종려나무 잎이 되지 않았다는 사실을 모르고 있다. 우리는 지금 그 날을 종려주일이라고 부르고 종려나무를 들고 행진하는 것을 특징으로 알기 때문이다. 복음서마다 나뭇잎에 대해 표현을 달리하는 것은 결정적인 증거가 되지는 못한다. 그러나 이것은 오래된 합의사항에 금을 가게 만드는 것이다. 이 사실을 독자들이 유념하기를 바라고 계속 진행하려 한다.

십자가 처형과 유월절을 억지로 꿰어 맞춘 듯한 또 하나의 암시가 마가복음에 다시 등장한다. 마가에 의하면, 예수가 종려주일에 예루살렘에 입성한 후 성전에 들어가서 환전상들을 보았고, 그 저녁에는 제자들과 함께 베다니로 갔는데, 베다니는 예수와 그의 제자들이 활동의 거섬으로 삼았던 곳처럼 보인다. 마가는 그 다음 날 아침 예수와 그의 제자들이 멀지 않은 예루살렘으로 다시 갔고 거기서 소위 성전정화 에피소드를 열거한다. 마가는 이 여행에서 예수가 시장하던 차에 멀리서 무화과나무를 보고 가서 열매를 찾았다고 한다. 그러나 마가는 부연하기를 "무화과의 철이 아니었다"고 했다(11:13). 그럼에도 불구하고 예수는 열매를 찾지 못하자 나무를 저주했다. 이것은 최소한 우리가 앞서 논의한 자연 기적에서 본 바와 같이 매우 이상한 이야기 곧 문자 그대로 받아들인다면 오히려 예수답다고 할 수 없는 이야기다. 어떤 일들은 가능성의 영역에도 속하지 아니하고 심지어 초월적 가능성의 영역에도 속하지 않는 것이다. 그 다음 예수는 그 일행과 함께 예루살렘으로 가서 성전에 들어가 환전상들과 짐승 판매자들을 몰아내고 성전의 거룩함을 역설했다(마가 11:15-19). 이제 그 날의 일은 모두 끝맺고 그들은 같은 길로 베다니로 돌아왔다. 그들이 그 무화과나무에 가까이 갔을 때 베드로가 주의를 환기시켰다. 그 나무가 뿌리째 말라 버린 것이다. 베드로는 "랍비님, 저것 좀 보십시오. 선생님이 [오늘 아침에] 저주하신 저 무화과나무가 말라버렸습니다!"고 소리쳤다. 저주가 그대로 이루어진 것이다! 예수는 기도의 효력에 대한 말로 응답했지만 그 맥락과는 전혀 무관한 것 같다(11:21-25).

마태와 누가가 그들의 복음서를 쓸 때 마가의 이 이야기를 어떻게 처리했는지 다시 살피는 것은 흥미로운 일이다. 마태는 마가가 성전 정화 이야기를 가운데 놓고 무화과나무에 대한 저주 에피소드를 두 부분으로 나눈 이야기(저주와 그 저주가 이루어진 것)를 하나의 에피소드로 통합시켰다(21:18-22). 마태는 그 문제를 인식하고 가능한 한 속히 그것을 제거하려고 한 것 같다. 반면에 누가는 단순히 그것을 누락시키고 있다. 그리고 누가는 다른 곳에서 열매가 없으므로 주인에게 찍힐 뻔한 무화과나무 비유를 들고 있다(13:6-9).

이 무화과나무 이야기에는 또 하나의 암시가 있다. 그것은 곧 예루살렘 입성과 무화과나무 이야기의 본래 맥락은 다른 계절, 아마도 나무 가지에 잎이 무성하고 무화과나무에 열매가 맺는 다른 계절과 관계된 것일지 모른다는 암시이다. 이것은 아마도 유월절이 십자가 처형의 문자적 혹은 본래적인 무대가 아니었을 것이라는 우리의 의심을 더욱 강하게 만든다.

이 가능성이 더욱 짙어지는 것은 우리가 유대인들의 8일 간의 추수 축제, 곧 숙코트(Sukkoth)라고 알려진 장막절 혹은 초막절을 볼 때다.

이 절기 때는 수많은 사람들이 예루살렘에 순례하는데 아마도 이것이 1세기 유대인들에게는 가장 인기 있는 명절이었을 것이다. 비록 신약성서에서는 요한이 그것에 대해 한 번만 언급하는데 그치지만 말이다(7:10). 그러나 이 가을 축제에는 내가 본래 십자가 처형이 유월절에 발생하지 않았음을 증명하려는 시도를 위해 특히 중요한 몇 가지 특징이 들어 있다. 이 절기 행사에서는 예배자들이 예루살렘을 거쳐 성전 안으로 행진해 들어갈 때 그들은 오른 손에 룰랍(*lulab*)이라는 것을 흔드는데, 그것은 버드나무, 은매화와 종려나무로 만든 한 묶음의 나무 가지였다. 예배자들은 나뭇가지를 흔들면서 행진할 때 이 절기 때 통상적으로 사용된 시편 118편을 읊는다. 그 가운데는 "주님, 간구합니다. 우리를 구원하여 주십시오."라는 말이 있다. "구원하여 주십시오"는 히브리어로 '호시안나' 혹은 '호산나'(*hosianna* 혹은 *hosanna*)이다. 이 구절에 이어 전형적으로 따라오는 것이 "주님의 이름으로 오는 이에게 복이 있다"(시 118:25, 26)는 말이다. 우리는 즉각적으로 이 초막절 전통이 복음서 해석의 필요성에 따라 가을에서 유월절 계절로 바뀐 동시에 종려주일로 채택되었음을 눈치채게 된다. 그러므로 십자가 처형 이야기와 유월절을 연결시킨 것에 대한 의심은 이제 확고한 근거를 갖기 시작하는 셈이다. 유월절과 십자가 처형을 연결시킨 것이 역사적이라기보다는 오히려 예배를 위한 것임을 암시하는 마지막 단서는 이미 9장에서 논한 바 있다. 그것은 곧 마가의 십자가 처형에 대한 본래 이야기는 3시간짜리 8회분으로 이루어진 예배 형식이었다는 점이다. 그 이야기는 목격자의 증언이 결코 아니라, 오히려 시편 22편과 이사야 53장에서 끌어온 메시아 이미지를 성취시킨 것으로 제시한 것이다.

기독교의 예배는 순전히 본래의 유월절 예배를 예수의 수난을 기리기 위해 24시간 예배로 확대한 것이다. 두 개의 이야기 곧 유월절 이야기와 십자가 처형 이야기는 각각 유대교와 기독교가 시작된 순간에 영원한 차원을 부여하려고 고안된 것이다. 24시간 예배의 자취는 오늘날에도 보다 예전 지향적 전통을 지닌 기독교 예배에 여전히 남아 있다. 다음 요소들을 주목하자.

예수가 그의 제자들과 마지막 저녁 식사를 나눈 것을 재연하는 세족(洗足) 목요일(Maundy Thursday)은 유월절 형태를 따른 것으로서, 빵은 십자가상에서 찢긴 예수의 몸을 상징하고 포도주는 예수가 십자가에서 흘린 피와 동일시되는 상징적 의미를 나타낸다. 이 의식이 끝나면, 제단의 커튼을 걷은 후 예배자들은 예수의 마지막 순간을 바라보며 그와 함께 십자가의 길을 걸어가도록 초청된다. 교회는 때때로 예배자들의 묵상을 위해 밤새 열어놓기도 한다. 다음 날 아침은 성 금요일(Good Friday)로서 소위 "성별 전 성체 미사"(the Mass of the presanctified host)로 의식이 재개된다. 이것은 새로운 성체가 아니라 보관되었던 성체로 행하는 성만찬을 의미한다. (이 엄숙한 행사를 위해서 새로운 성체는 지나치게 축제적이기 때문이다.) 정오에는 십자가 곁에서 3시간의 응시가 시작되는데 이것은 곧 현대 예배자들이 예수의 최후 순간에 십자가 밑에서 문자 그대로 그를 응시하게끔 고안된 의식이다. 이 의식은 예수가 "그의 마지막 숨을 쉬었다" 혹은 "숨지셨다"(마가 15:37)는 선언으로 끝을 맺는다. 그 다음 예배자들은 교회를 떠나서 해가 질 때까지 경건한 마음으로 대기한다. 이것은 철야의 끝인 동시에 사순절 금식의 끝이기도 하다. 그 다음 토요일은 부활의 날을 영접하는 석양 후 부활절 철야와 부활절 점화를 기다리면서 보낸다. 그러나 우리가 기억해야 할 것은 이 예배의식이 당시에 벌어진 일을 회상하도록 고안된 것이라기보다는 모든 세대마다 그 제자들로 하여금 예수의 죽음이 유월절의 희생양처럼 죽음의 권세를 타파했음을 묵상하도록 만들기 위한 것이라는 사실이다.

십자가 처형 이야기는 예수의 죽음을 유월절 어린양의 죽음과 비슷하게 보이도록 문학적으로 구성된 것이다. 이것은 분명히 어떤 복음서도 기록되기 전에 이루어진 해석적 결단이었다. 그것은 또한 "하나님의 어린양"이란 호칭(title)을 기독교 역사 속에 도입했고 이 호칭을 예수의 가장 인기 있는 이미지로 만드는 데 크게 기여했다.

그러므로 이 이미지의 진정한 의미, 그리고 하나님의 희생양과의 연결성에 대한 진정한 의미를 이해하기 전에, 우리는 먼저 율법서에 보존되고 있으며 사람들이 반드시 준수해야 하는 유월절의 교훈을 이해해야 한다(출 12, 레 23). 유월절은 유대인들의 하나님이 이집트인들에게 내린 여러 가지 재앙 가운데 마지막 재앙의 부속물로 유대교 전통에 도입된 것인데, 이 모든 재앙들은 이스라엘 민족을 노예의 속박에서 해방시키기 위해 파라오에게 압력의 수단으로 기획된 것이다(출 7:14-11:10). 그 이전의 재앙들이 소기의 목적을 이루지 못하자 하나님은 모세와 의논한 끝에 가장 가공스러운 방법으로 다시 일격을 가하기로 결심했다. 하나님은 어떤 형태로, 아마도 "죽음의 천사"로서 파라오를 위시하여 모든 가정의 첫 아들과 짐승들의 첫 수컷을 죽이려고 (거룩한 살육이라고 해야 하지 않겠는가?) 온 땅을 돌아다녔다(출 11:6). 하나님은 이 죽음의 재앙이 이집트인들에게만 떨어진다는 것을 확실히 하기 위해 모세를 통해 유대인들에게 지시하기를 모든 독신자, 노인 및 과부들을 포함하는 대가족 집단을 형성하라고 했다(출 12:4). 작은 가정들은 이웃들과 합쳤다. 그 다음 각 집단은 양을 잡아서 도살된 양의 피를 모든 유대인 가정의 문기둥에 바르게 했다. 하나님 또는 하나님의 "죽음의 천사"가 피 묻은 문기둥이 있는 집을 그냥 지나갔으므로

(pass over) 그 명칭이 유월절(Passover)이 되었다. 피 묻은 마술적 문기둥은 이집트인만이 이 재앙의 희생자가 된다는 것을 보장해 주었다. 그러므로 희생양의 피는 죽음의 권세를 물리치고, 격파하며 추방하는 권능을 가졌다. 그것은 원시적이고 미신적이며 노골적으로 부족중심적인 기억이었다. 그럼에도 불구하고 그것은 강렬한 이야기가 되었다.

그 다음에 도살된 양은 씻어서 양념하고 불에 구어 유월절 축하 식탁의 주식이 되었다. 즉 유월절 식사는 가족들이 주님의 식탁에 둘러앉아 "하나님의 어린 양"의 살을 먹는 것이었다. 우리는 성만찬과 유월절의 여러 주제들이 어떻게 혼합되었는지 알게 된다. 이런 과정을 통해 유월절은 초기 크리스천들이 예수 안에서 발견한 것, 즉 죽음의 권세도 그분 앞에서는 무력화된다는 핵심 진리를 축하하는 유일한 수단이 되었다.

그러므로 예수의 십자가 처형과 유월절 희생양을 처음 연결시킨 것은 십자가 처형이 유월절에 일어났다는 역사적 기억이 아니었다는 것이 나의 생각이다. 오히려 그것은 바울이 예수를 가리켜 "우리들의 유월절 양"(고전 5:7)이라고 한 것에서 영감을 받고 지속적인 해석 과정을 거쳐 발전된 것이다. 어떤 초기 크리스천 설교자가 회당 예배에서, 아마도 유월절 행사를 예상하면서, 예수 체험의 빛에서 유월절을 재해석하기 위해 예수에 관한 설교를 개발하려고 바울의 본문을 택했을 것이라고 나는 확신한다. 만일 내가 그 설교를 복원해야 한다면, 그 내용은 다음과 같은 점들을 포함했을 것이라고 생각된다. 즉

* 예수와 유월절 양은 모두 희생되었다.
* 유월절 양의 피는 유대인 가정의 문기둥에 뿌려지고, 예수의 피는 땅과 하늘 사이에 매달려 세계의 문기둥처럼 서 있는 십자가에 뿌

려졌다.
* 피는 각기 죽음을 추방하는 권능을 지녔다.

설교자의 접근방법은 아마도 다음과 같지 않았을까 한다. 즉 "하나님께 가까이 가는 우리는 이 새로운 유월절 희생의 피로 인해 보호를 받고, 우리의 삶 속에서 죽음의 공포가 사라진 것을 보게 됩니다. 예수는 살아계신 하나님의 영원 속으로 우리를 불렀습니다. 바울이 척결해야 할 마지막 원수라고 한 것이 이제 정복되었습니다. 죽음은 더 이상 그를 지배하지 못하고 그의 죽음을 상징하는 피가 뿌려진 우리들도 지배하지 못합니다. 그는 하나님에게 생명을 바쳤고 우리도 그렇게 할 수 있습니다."

이런 방식으로 십자가 처형은 유월절 체험을 통해 해석되어졌다. 그리고 십자가 처형 이야기가 최종적으로 문서화될 때, 그것은 유월절에 일어났다고 말해졌다. 복음서 저자들의 관심은 역사에서 일어난 사실을 기록하려고 한 것이 아니라, 사람들이 예수와 더불어 가진 체험을 규명하려고 한 것이다. 그들은 그 체험을 통하여 예수의 죽음에는 죽음을 분쇄하고 우리 인간성이 새로운 의식의 영역으로 들어가게 하는 능력이 있음을 본 것이다.

복음서들은 죽음에 매이지 않는 새로운 생명을 가져다주는 예수 체험 속으로 우리를 초대하기 위해, 그리고 초월성에 도달하는 새로운 인간성을 가져다주는 예수 체험 속으로 우리를 초대하기 위해, 기록된 것이다. 이처럼 십자가 처형이 유월절의 맥락 속으로 끌려 들어가는 과정을 보고, 예수가 유월절 희생양과 비슷하게 이해된 사실을 받아들이는 것은 예수의 의미에 대해 전적으로 새로운 차원 속으로 걸어 들어가는 일이며, 또한 인간이 된다는 것이 무엇을 뜻하는지에 대해 전적으로 새로운 차원 속으로 들어가는 것이다. 이것은 또한 새로운 기독교 속으로 들어가는 문을 여는 것이기도 하다.

제15장

속죄일의 상징들 아래서 이해된 예수

십자가 처형에 관한 내용은 역사가 아니다. 예수의 발이 상처를 입지 않은 순간도, 예수를 죽이라고 외쳐대는 무리들도 그리고 바라바가 석방되는 드라마도 없었다.

회당에서 예배를 드리던 예수의 제자들은 예수와 함께 했던 자신들의 체험이 유대인들의 예배를 통해 끊임없이 해석되고 그것에 의해 조명되는 사실을 알게 되었다. 따라서 우리가 앞장에서 본 것처럼 유월절의 관점에서 예수를 본 것은 우리가 예수에 대한 신화의 배후로 들어가려는 우리의 시도에서 첫 딘계가 된다. 그러나 그것이 마지마은 아니다. 이제 우리가 새롭게 예민해진 눈을 갖고, 복음서들이 기록되기 전에 예수에 대한 기억이 (유월절만이 아니라) 이번에도 유대교 예배력에 있는 또 하나의 특별한 날, 곧 욤 키푸르(Yom Kippur) 혹은 속죄일(the Day of Atonement)이라는 특별한 날에 의해 극적으로 형성된 사실을 살펴보기로 하겠다. 실제로 이 유대교 의식에서 빌려온 "속죄"(atonement)란 말은 기독교 신학의 초석이 된 교리의 명칭이 되었는데, 속죄론은 예수가 속죄자(redeemer)라는 독특한 이해를 갖고 세례에서 성만찬에 이르기까지 모든 것을 형성했다. 많은 사람들은 속죄라는

235

말이 어떻게 기독교 전통에 들어왔는지 알지 못한다. 나는 이 장에서 그 연결성을 밝히고자 한다.

예수가 유월절의 희생양과 동일시되자 그는 또 하나의 유대교 명절에 사용된 다른 희생양과도 동일시되는 것이 아마도 불가피했을 것이다. 속죄일이 그 기회가 되었다. 그 연결은 일관적인 동시에 명백했다. 유월절 양과 속죄일 양은 모두 도살되었다. 둘은 모두 피 흘림을 통해서 "구원"을 제공한다고 간주되었다. 유월절 양의 피는 인간의 죽음에 대한 불안에 해결책을 마련해주었다. 속죄일 희생양의 피는 하나님과 하나가 되고자(at one with God) 하는 인간의 염원뿐 아니라 이 하나됨(at-one-ment)이 인간의 소외와 죄의식 및 죄로 인해 파손되었다는 인식에 해결책을 마련해주는 것이었다. 유대인들은 이 두 개의 예배 의식에서 동물들을 희생 제물로 바침으로써 그 동물의 죽음에서 자신들의 삶의 여정을 위한 상징적인 출구를 찾아, 온전하게 된다는 것이 무엇을 뜻하는지 새롭게 이해할 수 있다고 믿었다. 이제 우리는 속죄일에 초점을 맞춤으로써, 예수의 초기 제자들이 예수에게서 발견한 의미를 왜 이 유대교 의식의 시각을 통해 발전시키는 것이 적절하다고 생각했는지 그 이유를 살펴볼 것이다.

인간 존재는 모두 자아 의식의 상처에서 발생한 소외, 분리 및 고독에 대한 체험을 지니고 산다고 생각한다. 그것은 무의미성에 대한 불안으로서 나타나는데, 이 불안은 덧없는 인생의 궁극적 의미를 발견하고 그 궁극적 의미를 자신의 것으로 삼으려는 인간의 충동에 수반되는 것이다. 그런 체험은 우리의 죄책감과 공포의식을 조장한다. 그 체험은 참다운 인간이 된다는 것이 무엇을 뜻하는지에 대한 주요 내용을 이룬다. 누구도 이 현실에서 도피할 수 없고 또한 모든 종교 체계는 어떤 방식으로든 그것에 해결책을 제시하는 방식을 제공한다.

유대인들은 인간의 이런 욕구와 삶에 관한 측면들을 해마다 이처럼 속죄일 예배를 통한 집단적인 참회 의식에서 자신들이 생명의 원천으로부터 분리되었다는 생각을 상징적으로 극복했다. 이것이 속죄일의 의미다. 예수의 추종자들이 예수를 속죄일과 연결시키기 시작했을 때, 그들은 예수와의 관계에서 체험했던 의미에 대해 새로운 통찰력을 얻게 되었다. 이것은 매우 복잡한 이야기다. 이 유대교의 성일(聖日)에는 여러 측면이 있기 때문이다.

예수와 속죄일의 연결 역시 바울에게서 시작되었다고 나는 믿는다. 그는 50년대 중반에 고린도 사람들에게 편지하면서, 십자가 처형을 해석한 최초의 글을 남겼다. 거기서 그는 자기에게 전수된 예수의 초기 전승을 반영한다고 주장했다(고전 15:1-11). 그가 예수는 "우리 죄를 위해" 죽었다고 기록할 때, 그는 아마도 일부러 예수의 십자가 처형과 속죄일을 함께 묶음으로써, 예수의 죽음이 구원의 드라마에서 모든 사람들에게 매우 구체적인 효과가 있다는 생각을 표현한 것이다. 이것은 예수의 죽음이 우연이었거나 또는 궁극적인 의미가 없는 것이 아니라는 주장이다. 예수의 죽음은 오히려 목적이 있었고 아마도 하나님이 시키신 것일 수 있다는 것이다. 그러므로 우리는 바울이 예수의 죽음과 우리의 죄가 관계되어 있다고 주장했을 때 그가 무엇을 뜻했는지를 검토해보아야 하겠다. 예수의 죽음과 우리의 죄가 관계되어 있다는 주장은 속죄일 예배에서 희생양과 관련된 핵심적 교훈이기 때문이다.

이것은 무엇보다 먼저, 바울의 글에서 거듭 제기되는 중심 주제이다. 바울은 로마서에서 "하나님께서는 이 예수를 속죄 제물로 내주셨습니다. 그것은 그의 피를 믿을 때 유효합니다"(로마 3:25)라고 했다. 그는 "죄를 덮어 주신 사람[의] 복"(로마 4:7)에 관해서 시편(32:1)을 인용한다. 그는 사람들의 죄를 없애줄 구원자(로마 11:26, 27)에 대하여 이사야 (59:20, 21)를 인용한다. 그가 언급하는 예수는 "... 우리의 죄를 대속하기 위하여 저가 몸을 바친"(갈 1:4) 분이다. 유대인이었던 바울에게 이런 개념은 빗나간 것이 아니다. 이 개념은 그의 사상에서 매우 중요한 부분인 동시에 그가 속죄일을 준수하면서 경험한 강력한 메아리와 직결되어 있는 것이다.

바울이 이처럼 속죄일과 예수의 죽음을 처음으로 연결시킨 사람이었다면, 후대의 저자들은 분명히 그 연결을 바탕으로 글을 썼고 또한 그 연결은 매우 초기부터 예수에 대한 일반적인 이해의 한 부분이 되었을 것이다. 마가의 복음서가 기록될 당시 바울의 이 개념은 의미심장하게 발전되었다. 마가는 예수의 죽음이 인간을 죄의 속박에서 자유롭게 하기 위해 필요한 "몸값"(ransom)이라고 했다(10:45). 마태는 아무런 논평 없이 마가의 이 개념을 문자 그대로 반복한다(20:28). 위의 두 복음서에서는 이 "몸값"이 누구에게 지불되었는지 분명하지 않다. 따라서 기독교 신학은 이 몸값이 하나님에게 지불되었는지 아니면 악마에게 지불되었는지에 관해 여러 세기 동안 토론을 일삼았던 것이다. 어떤 경우이건 간에, 이 해석적 용어가 나타내는 의미는 몸값이 필요했다는 것이다. 왜냐하면 인간의 삶은 자신이 분리되었다는 의식, 의미의 추구, 헤어나올 수 없는 죄의식에 사로잡혀 있기 때문이다. 인간의 삶은 어떤 식으로든 속박되어 있으며 이 불안의 근원에서 스스로 구원할 수 있는 능력이 전혀 없다는 강한 암시가 있다. "몸값"이란 말은 인간이 그 값을 치를 수 없으므로 대리자(substitute)가 개입해야만 했다는 뜻이다. 그러므로 그 대리자는 속죄의 값을 치를 능력이 있는 것으로 간주될 필요가 있었다. 이 개념은 유대교적인 기원에서 벗어나, 종교 제도가 그 상징적 의미를 문자화함에 따라, 흥미로우면서도 매우 파괴적인 역사를 지니게 될 것이었다.

요한복음서가 기록될 시점에 이르러서는 예수와 속죄일 희생의 연결이 마무리되었고, 예수를 속죄일의 상징들 아래서 해석하는 것이 확고하게 굳어졌다. 요한복음서에서 세례자 요한이 나사렛 예수를 처음 보았을 때 그는 예수의 정체성에 대한 자신의 이해를 설명하기 위해 전적으로 속죄일 예배에 나오는 말을 하도록 만들어졌다. 즉 "보시오, 세상 죄를 지고 가는 하나님의 어린양입니다"(1:29).

이 이미지들 배후에는 인간의 죄의식의 시작에 관한 유대인들의 신화가 자리잡고 있다. 고대 유대 전설에 의하면, 그것은 에덴동산에 있던 인간이 불순종의 행위로 인하여 하나님의 현존에서 추방된 사실에 기인한다. 에덴 곧 우리 인간이 처음 창조된 곳은 하나님과 하나(oneness)인 곳이었다. 이 원초적 불순종 때문에 인간은 "에덴의 동쪽,"[1] 혹은 하나님으로부터 분리된 상태에서 지내는 새롭고 불가피한 운명에 처하게 된 것이다. 하나님으로부터 소외되었다는 이런 관점은 인간의 수많은 문제에 해답을 준다. 왜 인간은 날마다 양식을 얻기 위해 싸워야 하는가? 왜 여인들은 해산의 고통을 겪어야 하는가? 왜 우리는 모두 에덴으로 돌아가기를 바라는가? 그것은 모두 우리가 신화적 에덴동산에서 하나님과 하나되었다가 추방된 결과로 빚어진 분리와 소외 때문이었다. 인간은 불멸의 존재로 창조되었고 우리의 본래 신분은 완전한 상태에서 하나님과 함께 지낼 수 있는 것이었다. 그러나 이제 그 영광은 우리에게서 영구히 사라지고 말았다. 그 유대 신화에는 칼을 든 천사가 에덴의 입구를 지키고 있기 때문에 우리는 원위치로 돌아갈 수 없다고 한다(창 3:24). 우리는 우리의 제거된 불멸성과 또한 우리의 죄에 대한 최후 징벌인 죽음과 함께 실존의 고통 속에 삶을 영

---

1) 이것은 John Steinbeck의 소설의 제목이기도 하다. 참고문헌을 보라.

위할 수밖에 없다는 것이다. 이런 인간관에서 구원이란 인간의 소외가 극복되는 미래에 대한 비전이었다. 죄의식은 소외에 대한 불변의 상징으로서, 인간은 부적절한 존재라는 죄의식, 곧 창조된 본래의 모습이 아니라는 죄의식에 시달리게 되었다. 그러므로 구원은 용서와 회복으로 묘사되었다. 구원은 하나님과 다시 하나가 되는(oneness with God) 순간이었다. 이처럼 속죄는 매우 중요한 신학적 용어가 되었다.

이것이 인간의 삶에 대한 최초의 성서적 정의이므로, 성서에는 하나됨(at-one-ment), 곧 속죄(atonement)를 이루기 위해 하나님이 주도권(divine initiatives)을 행사한 사건들로 충만하다고 해서 놀라울 것이 없다. 최소한 이것이 성서가 해석되게 된 방식이었는데, 특히 후대의 기독교 집단에서 속죄의 교리가 지배적인 주제가 되었을 때 그랬다. 먼저 노아와 홍수 이야기가 있었는데 거기에는 하나님이 그의 선한 창조물에 악이 개입된 것에 실망한 나머지, 한 남자와 그의 아내, 세 아들과 그들의 아내들로 구성된 의로운 가정 하나만을 제외하고는 모든 인간을 멸절시키는 극적인 행동을 취했다. 그 이야기는 인간의 악이 너무나 엄청났기 때문에 하나님은 세계를 구원하는 것이 불가능하다고 느꼈다고 주장했다. 그러므로 인간을 모두 멸절하고 이 의로운 한 가정과 다시 시작하는 것이 하나님의 새로운 계획이었다. 이 이야기는 나머지 피조물들은 노아를 통해 구원받았다고 암시했다. 노아는 가급적 세상에 있는 모든 동물들을 종류에 따라 한 쌍씩 방주에 동승시켜서 그것들을 보존했다. 물론 이 홍수 신화는 수많은 합리성의 문제를 지니고 있으나 대부분의 신화들이 문자화되는 경우에는 그럴 수밖에 없는 것이다. 그럼에도 불구하고 이 이야기는 냉혹한 결론으로 끝을 맺는다. 곧 인간은 악에 감염되어 하나님으로부터 소외되었고 인간 스스로는 건널 수 없는 심연을 만들었다는 것이다. 우리는 궁극적으로 우리 자신을 구원할 수 없다는 말이다.

그러나 비록 하나님이 범죄한 인간들을 멸절시키려는 거대하고 폭력적인 홍수 실험은 역시 성공하지 못했다. 노아는 무한히 의롭거나 청렴하지 못했던 것이다. 즉 홍수가 지나고 마른 땅이 새롭게 솟아 오르자마자 노아는 자연인의 악한 성향에 굴복하고 말았다. 그는 새 포도주에 취했고 그의 자녀 중 하나가 벌거벗고 취한 상태에 빠진 그를 바라보게 함으로써 도덕적 규범을 범했다(창 9:21-28). 인간의 영혼을 굴절시킨 악은 너무나 깊은 것이기 때문에 심지어 홍수에 의해서조차 파괴하기에는 불가능했다. 그것은 우리 인간 본성의 근절할 수 없는 부분이 된 것이다. 하나님은 인간을 속죄하기 위해, 즉 세상의 죄를 극복하기 위해, 구원에 대한 보다 포괄적이고 장기적인 프로그램을 채택할 수밖에 없었을 것이라는 말이다.

세상을 구원하기 위해 하나님이 이런 노력을 기울였었다는 이해를 통해 이제는 아브라함을 불러내었고 하나의 민족을 선택하게 되었다고 가르쳤다. 이 선택받은 민족의 과제는 그 민족을 통해 세계의 모든 민족들이 마침내 축복을 받는 것이었다. 즉 그들은 인간의 속죄를 최종적으로 성취하는 데 필요한 민족이 되어야만 했다(창 12:3). 속죄 사상(atonement thinking)이 종교의식(宗敎意識)을 지배하기 시작한 것이다.

이처럼 인간의 속죄를 위해 하나님이 계속해서 주도적으로 수고하신다는 생각은 유대 역사 속에 다른 단계들로 나타났다. 첫째는 시내 산에서 율법이 하사된 것이었다. 만일 율법이 온전히 준수된다면 이 땅에 구원이 올 것이다. 그러나 그런 일은 일어나지 않았다. 둘째는 유대교 내부에서 예언운동이 발흥한 것이었다. 예언자들은 지금 많은 사람들이 생각하는 것처럼 미래에 대한 예고자가 아니었다. 그들은 하나님이 그의 원래 계약에 명시한 대로 유대인들(그리고 그들을 통해 모든 인간들)이 하나님과의 깨어지지 않은 관계로 되돌아가도록 부르기 위해 세워진 사람들이었다. 그러나 예언자들의 이야기도 역시 실패로 끝났다. 예언자들은 흔히 그들의 전형적인 운명을 맞이했다. 즉 그들은 추방당하거나 살해되었다. 하나님과 그 백성 사이의 괴리는 총체적인 것이었기 때문에 심지어 거룩한 하나님조차도 그것을 극복할 수 없었다. 이런 이해가 인간 존재의 의미에 너무 깊이 연관되었기 때문에 유대 민족은 결국 이런 현실을 회당 예배 속에 담게 되었던 것이다.

따라서 속죄일의 예배에는 온전함, 완성, 하나됨에 대한 인간의 갈망이 표현되었다. 1년에 하루는 "속죄일"(Day of Atonement)로 지정되어야만 했다. 그 날에는 예배 행위가 이루어지는데 그 예배는 소외를 상징적으로 극복하고 사람들의 온전함 곧 그들이 본래 누렸던 하나됨(oneness)을 회복하려는 것이다. 이처럼 비록 예배를 통해서이며 순간적이기는 하지만, 속죄를 체험할 수 있었다. 속죄일은 하나님 나라가 도래할 때 인간들이 궁극적으로 맞이할 속죄의 상징으로 부각될 것이다. 따라서 속죄일이 처음 생겼을 때 그것은 유대교 달력에 티쉬리(Tishiri)월 10일에 자리잡게 되었다. 이 날은 유대인의 신년절(사람들이 하나님 나라의 도래를 위해 모여 기도하는 때)인 로쉬 핫샤나(Rosh Hashanah)의 축제(티쉬리 월 첫째날) 직후이며 한 해 농사의 끝을 알리는 추수축제인 초막절(장막절) 직전이다. 속죄일의 제도 및 준수 방법은 레위기에 기록되어 있다(23장). 속죄일은 깊이 참회하는 날로서 인간의 상황이 소외와 악으로 넘치는 것을 다시 깨닫는 날이었다.

사람들은 이 날을 준비할 때 엄숙한 집회에 함께 모여야 한다고 가르쳤다. 그들은 이렇듯 예배를 통해 하나님과 화해하는 상징적 희생물로 동물 두 마리를 선택해야 했다. 두 동물은 양이거나 염소여도

좋다. 그러나 전통적으로 양 한 마리와 염소 한 마리를 선호했다. 두 마리는 모두 어리고 건강하고 수컷이어야 하는데 이것은 고대세계의 가부장적 생리와 가치체계를 반영한 것이었다. 두 마리는 흠, 상처, 긁힘 및 뼈의 이상이 없어야 했다. 그 몸이 완전한지를 가리기 위해 대제사장에게 면밀한 검사를 받아야 했다. 불완전한 것을 하나님께 바칠 수는 없었던 것이다. 그 다음 제비를 뽑아 한 마리는 희생제물로, 다른 한 마리는 속죄물(sin-bearer)로 사용했다.

희생제물로 선택된 어린양은 하나님과의 화해를 성취하는 완전한 피조물로 간주되었다. 이 수컷 어린양은 신체적으로 온전하다고 판단될 뿐만 아니라 이 전통이 발전하면서 도덕적으로도 온전한 것으로 간주되었다. 즉 어린양들처럼 인간의 자유 이하의 차원에서 산다면, 악행이 불가능할 뿐더러 범죄하지 않을 수 있다는 것이었다. 만일 인간의 죄 때문에 인간이 하나님의 현존에 가까이 갈 수 없다면, 신체적으로 또한 도덕적으로 온전한 하나님의 죄 없는 어린양을 통해 하나님께 나아감으로써, 갈망했던 화해는 이 예배 행위를 통해 최소한 상징적으로나마 성취될 수 있을 것이다. 사람들은 적절한 행동을 취함으로써 이 거룩한 순간을 준비했다. 그들은 금식했고 자기비판이 결여된 것은 무엇이나 부정했다. 그들은 살라 바치는 제물을 드렸고 온종일 일손을 놓았으며 외식적인 참회를 일삼았다(레 23:26-32).

사람들이 준비를 마쳤을 때 하나님의 양은 의식진행에 따라 도살되었다. 그 피는 지성소 곧 성전 안 하나님의 거처인 그의 보좌에 안치되었다. 대제사장은 일 년 중 이 날만 엄격한 정결예식 후에 지성소에 들어갈 수 있었다. 때로는 사람들에게 희생의 의미를 주지시키는 방편으로 하나님의 온전한 양의 피가 그들에게 뿌려지기도 했다. 그러므로 그들은 "하나님의 어린양의 피로 씻음을 받았다"고 주장할 수 있었다. 그들은 어린양의 피를 뒤집어 쓸 때 최소한도 순간적으로나마 죄에서 벗어나서 하나님에게 용납되어지고 심지어 그분과 하나된다고 생각했던 것이다.

속죄일 예배의 첫 부분이 끝나면, 유대인 예배자들은 다음으로 대제사장에게 끌려온 둘째 동물에게로 이동했다. 이 피조물은 필연적인 것은 아니나 전통적으로 특히 어린 염소였다. 그런데 그것 역시 악행이 불가능한 것이어야 하기 때문에 육체적으로 온전하고 무죄한 것으로 추정되었다. 대제사장은 이 염소의 뿌리를 잡고 모든 사람들의 죄와 악을 대신 고백하면서 운율적인 참회의 기도를 시작했다. 사람들의 죄는 상징적으로 그들에게서 빠져나와 이 피조물의 머리와 등에 얹혀지는 것으로 묘사되었다. 죄 없는 염소는 사람들의 죄의 운반자가 되었다. 사람들은 자기들의 죄가 이제는 죄를 지는 염소에게 옮겨졌으니, 모두가 깨끗하고 무죄한 것으로 생각되었다. 그 다음 도덕적으로 완전해진 그들은 그 염소를 저주하고 죽이라고 했다. 그렇게 많은 죄를 지고 가는 동물에게 생명을 허용해서는 안 되는 것이다. 그러나 속죄일 의식은 염소를 도살하지 않았다. 대신에 사람들의 죄를 지고 가는 이 염소를 광야로 추방했다. 집회소의 문이 열리고 죄를 걸머진 염소는, 최소한 그 하루만이라도 상징적인 의미에서 사람들을 깨끗하게 만들고 하나님과 하나되도록 만든 채, 거기서 쫓겨났던 것이다.

이 피조물은 속죄염소라고 불리게 되었는데, 이것은 다른 사람들의 죄를 대신해서 벌을 받고, 우리가 받아야 할 벌에서 우리를 구하는 존재다. 그리하여 희생양은 "우리의 죄를 위해 죽었다"고 했다. 죄를 지고 가는 염소는 "세상 죄를 지고 간다"고 했다. 이 말은 원래 속죄일과 관계된 것이었다. 그러나 이 말은 마침내 예수의 십자가 죽음을 해석하는 말이 되어버렸다. 안타깝게도 대부분의 크리스천들은 이 말이 속죄일 예배에서 비롯되었다는 사실과 피의 구속적 효능에 대한 개념에 관해 무지하다. 그럼에도 불구하고 속죄일처럼 예수에 대한 기독교 이해를 형성하는 데 크게 작용한 것은 없다. 기독교가 이방인들의 세계로 점차 이동하는 과정에서 이런 개념들은 그 본래적인 속죄일 예배의 맥락을 떠나게 되었고 일종의 법적인 계약으로 간주되기 시작했다. 기독교를 위해 죄의식과 공포, 참회와 사면, 보상과 징벌의 문이 열렸던 것이다.

우리가 복음서들에서 만나는 예수는 이미 속죄일의 속죄 이해에 따라 형성되었다는 사실은 의심의 여지가 없다. 요한의 복음서에서 읽은 이야기를 회상하기 바란다. 두 강도가 석양에 다다른 안식일을 더럽힐까 염려하여 그들의 죽음을 재촉하려고 십자가에 달린 그들의 다리가 꺾여졌던 것이다. 예수에 관해서는 요한복음서가 말하기를 그 로마 병사들은 예수가 이미 죽은 것을 알고 그의 다리를 꺾지 않았다고 했다(19:33). 이것은 속죄일 상징이 보존되었다는 뜻이다. 즉 속죄일에서 희생된 하나님의 어린양은 그 뼈가 상하지 않은 채 육신적으로 온전해야만 했던 것이다. 요한은 이어서 이 행위는 예언자들의 말을 성취하는 것이라고 했다(19:36). 우리가 앞에서 본 시편 22편에는 그 희생자가 자신의 모든 뼈에 대해 "알았다"고 기록되었다. 이것은 시편 34:20의 "뼈마디 하나하나 모두 지켜 주시니, 어느 것 하나도 부러지지 않는다."는 말로 보완된 개념이다. 시편에 나오는 이 두 구절은 모두 본래 속죄일의 어린양에 대한 언급이었다. 그러나 이 구절이 복음서들에 인용될 때 이 구절들은 분명히 예수에게 적용되었다. 율법서는 유월절 어린양에 관한 언급에서 이와 유사하게 "뼈는 하나라도 꺾어서는 안 된다"(출 12:46)고 했다. 상징적 제물은 온전해야 했다. 속죄일의 상징들은 유월절 희생양의 상징처럼 구전 기간을 통해 예수 이야기 속에 분명하게 통합된 것이다. 이것은 우리가 복음서들에서 대하는 예수가 이미 속죄일 예배에 의해 해석되었다는 뜻이다.

복음서들에는 이처럼 예수를 속죄양과 같은 존재로 보면서 예수 이야기를 형성한 것으로 보이는 두 번째 단서가 있다. 마가복음에서 예수는 죽음을 향해 가는 도중에 빌라도 앞에 희생자로 등장한다. 빌라도는 자기 앞에 서 있는 상징적 죄 짐을 진 예수의 이미지에 대해 속죄일 예배의 언어를 빌어 무리들에게 묻기를 "그러면, 당신들은 유대인의 왕이라고 하는 그 사람을 나더러 어떻게 하라는 거요?"라고 한다. 무리들은 "십자가에 못박으시오!"라고 응답한다. 예수는 죽어 마땅한 죄 짐을 진 자라는 뜻이다. 그 때 빌라도는 "정말 이 사람이 무슨 나쁜 일을 했소?"라고 질문했는데, 이것은 사람들의 죄를 걸머진 희생양과 관련하여 대제사장이 부담 없이 제기할 수 있는 질문이었다. 이에 대해 빌라도 앞에 있던 무리들은 더욱 큰 소리로 외치기를 "십자가에 못박으시오!"라고 했다(15:12-14). 만일 이 예수가 세상 죄를 지고 간다면 그는 극히 사악하므로 당연히 죽어야 한다는 뜻이다. 그 다음 빌라도는 예수가 성밖으로 끌려나가 처형당하도록 넘겨주었다. 속죄일의 희생제물용 어린양과 희생염소가 결합된 것이다. 구전 기간에 이루어진 이 결합은 예수가 죽은 목적을 해석하는 수단이 되었다.

이와 비슷한 메아리가 누가(23:21)에서도 발견되는데 여기서 빌라도는 예수를 석방하려고 노력하는 것으로 묘사되었다. 그러나 무리들은 예수의 죽음을 계속 요구하고, 요한복음(19:13-16)에서는 "없애 버리시오!"란 말이 예수를 죽이라는 외침과 함께 등장한다. 이 이야기들은 모두 속죄일의 흔적을 보이고 있다. 그것들은 역사적 기억이 아니다. 그것들은 속죄일 예배와 관련시킨 해석인 것이다.

끝으로, 요한복음에는 바라바(Barabbas)라는 이름의 수수께끼같은 인물이 십자가 처형 이야기에 나온다(마가 15:7ff., 마태 27:16ff., 누가 23: 18, 요한 18:40). 그는 수난 이야기에서 예수 대신 석방된 인물이다. 바라바는 신비에 싸여 있는데 이 순간 전후에는 전혀 언급되지 않는다. 마가는 그를 "폭동 때에 살인을 한" 자로 규정한다(15:7). 나중의 복음서들에서는 그의 사악함이 증폭되는 것 같다. 즉 마태복음(27:16)에는 그가 "악명 높은"(notorious, 표준새번역에는 "소문난 죄수" - 옮긴이) 것으로 되었고 요한복음(18:4)에서는 "강도"로 되어 있다.

내가 한 평생 주입된 성서 문자주의에서 탈피하게 되자, 바라바란 인물이 홍미의 대상이 되었다. 그에게 매혹된 첫째 이유는 빌라도가 유월절에는 죄수를 석방하는 관행이 있다고 강조한 점이다. 그는 무리들에게 예수와 바라바 중 하나를 선택하라고 요구했다. 나의 연구에 따르면, 당시에 그런 관행이 있었다는 증거는 없다. 두 번째 이유는 그의 이름이었다. 바(Bar)는 "아들"을 뜻하는 두 개의 히브리 낱말 중 하나다.2) 우리는 이미 이 말을 장님 바-디매오의 이야기에서 보았다(마가 10:46). 마태는 베드로를 시몬 바-요나(16:17) 혹은 요나의 아들이나 요나스라고 한다. 아마도 요나는 베드로의 아버지의 이름이었을 것이다. 사도행전(13:6)에서는 거짓 예언자로 알려진 마술사를 바-예수 곧 예수의 아들이라고 한다. 바라바라는 이름의 뒷부분 "아바"(Abba)로서 하나님 혹은 아버지에 대해 사용하는 말이다. "아바"는 하나님의 이름으로서 예수가 선호한 것 같으며(마가 14:36) 바울도 그것을 사용했다(로마 8:15 및 갈 4:6). 달리 말하면, 바-라바는 "하나님의 아들"이라는 의미

---

2) '아들'을 뜻하는 또 하나의 히브리어는 '벤'(ben)으로서, 베냐민과 같은 이름 속에 나타난다. 다음 장에서 우리는 성서의 *ben adam*이 문자적으로 "사람의 아들"로 직역된 것을 볼 것이다.

와 다르지 않다는 말이다.

나는 여기서 유대인들의 속죄일 예배에 익숙한 자들만이 알 수 있는 또 하나의 간접적인 언급을 감지한다. 즉 속죄일에 두 마리 동물, 곧 제물이 되는 하나님의 어린양과 석방되는 희생염소가 있는 것과 마찬가지로, 십자가 이야기에도 하나님의 두 아들, 곧 제물이 되는 예수와 석방되는 바라바가 있다는 것이다.3) 속죄일 예배가 십자가 처형 이야기를 형성했다는 것은 이처럼 우리의 상상을 초월한다. 비극은 너무나 오랫동안 우리가 예수의 십자가 처형 이야기의 자세한 내용을 모두 실제적 사건의 정확한 기록처럼 읽는 것만이 온당한 방법이라고 생각한 것에 있다. 그러나 사실상 십자가 이야기는 회당에 의해 형성된 예배이며, 독자로 하여금 예수의 의미에 참여하는 데 충분할 만큼 장엄한 어휘를 찾고자 한 것이다.

십자가 처형 이야기의 자세한 내용들은 역사가 아니다. 우리는 이 말을 계속 반복해야 한다. 예수의 다리가 손상을 면한 순간도, 예수의 죽음을 요구한 무리들도, 그리고 바라바가 석방된 드라마도 없었다. 아마도 이제 우리는 우리가 취급하는 복음서의 해석 자료들이 구전 시기에 발전한 것이며, 사람들이 예수에게서 찾은 의미에 대한 이해를 도우려고 그 해석 자료들이 사용된 사실을 간파할 수 있을 것이다. 우리는 다시금 정말로 중요한 질문 앞에 서게 된다. 즉 나사렛 예수에게는 과연 무엇이 있었기에 사람들이 예수를 속죄일 예배에 사용되는 피조물과 연결시켜, 그의 역할이 사람들과 하나님을 하나되게 하고 모든 인간의 표징인 소외, 분리, 죄의식과 불안을 극복하게 했을까?

---

3) 이 주제는 아브라함의 이야기에서도 그 흔적이 나타나고 있는 것일지 모르겠다. 즉 아브라함에게는 두 아들이 있었고, 그 중의 하나인 이삭은 희생될 운명이었다. 또 다른 아들 이스마엘은 광야로 쫓겨날 운명이었다.

예수에게는 과연 무엇이 있었기에 사람들이 예수 안에서 생명의 근원과 하나될 수 있으며, 죄의식과 소외가 우리의 일용할 양식일 필요가 없다고 믿도록 만들었을까? 왜냐하면 이것이 곧 예수 체험이 이룩한 일처럼 보이기 때문이다. 예수 안에서 옛 것은 지나가고 모든 것은 새롭게 된다. 예수 안에서 우리는 새로운 피조물이다. 바울은 말하기를 "죄에 대해서는 죽은 사람이요, 하나님을 위해서는 ... 살고 있는 사람이라는 것을 알아야 합니다."(로마 6:11)고 했다. 바울은 기록하기를 "우리 가운데는 자기만을 위해 사는 사람도 없고," 또한 "우리는 살아도 주님을 위하여 살고"(로마 14:7-8)라고 했다. 그는 "우리는 살든지 죽든지 주님의 것입니다."고 결론짓는다. 바울이 "이제 살고 있는 것은 내가 아닙니다. 그리스도께서 내 안에 살고 계십니다."(갈 2:20)고 고백한 것도 이와 비슷한 말이다. 예수의 제자들은 그 자신들의 사랑 곧 자신들을 희생하는 능력으로 세상 사람들에게 알려졌다. 이 모든 선언들은 예수의 죽음의 결과에서 오는 것이라고 말해졌다. 그것들은 모두 속죄일의 언어를 사용하고 있다. 우리는 어떻게 예수 안에서 하나됨과 온전함을 체험하는가? 이것이 문자를 넘어, 신학을 넘어, 신화를 넘어, 고대 이미지들을 넘어 그리고 심지어 종교도 넘어 우리를 계속 압박하는 질문이다. 예수 체험에는 하나님과 하나된다는 것, 서로 하나된다는 것, 우리 자신과 하나된다는 것이 무엇을 뜻하는지에 대해 눈뜨게 하는 바가 있다. 우리가 이 지점에 도달할 때 우리는 목표에 한 걸음 다가서는 것이다. 그러나 여정은 아직 끝나지 않았다.

제16장

인자 예수

인자야, 일어서라. 내가 너에게 할 말이 있다. - 에스겔 2:1

내가 밤에 이런 환상을 보고 있을 때에 인자 같은 이가 오는데, 하늘 구름을 타고 와서, 옛적부터 계신 분에게로 나아가, 그 앞에 섰다. 옛부터 계신 분이 그에게 권세와 영광과 나라를 주셔서, 민족과 언어가 다른 뭇 백성이 그를 경배하게 하셨다. - 다니엘 7:13-14

네가 인자를 믿느냐?... 그분이 어느 분입니까? 내가 그분을 믿겠습니다. ... 너는 이미 그분을 보았다. 너와 말하고 있는 사람이 바로 그이다. - 요한 9:35-37

복음서 저자들이 예수는 기적을 행하는 자라고 주장한 것을 우리는 이미 살펴보았고 검토했다. 우리는 이 주장이 메시아를 소위 "인자"(人子, 혹은 "사람의 아들," Son of man)라고 부르는 특별한 관점과 연관되었다는 것을 알게 되었다. 이 이미지에 대한 언급은 복음서 이야기들 속에 배어있으므로 그것은 구전 기간에 예수에게 적용된 호칭임에 틀림없다. 예수의 추종자들이 "인자"라는 호칭을 그에게 붙였을 때 그 의미는 무엇이었고, 그 호칭은 예수에 관해 무엇을 전달했는가? 이런 것들이 이제 나의 질문이다.

"인자"는 아마도 유대인들의 메시아에 대한 기대를 성취할 자를 가리키기 위해 개발된 가장 오래되고 가장 인기 있는 호칭일 것이다. 이 용어는 처음에 극히 단순한 용어였으나, 계속 발전하여 다른 세상의(otherworldly) 권능을 의미하고 신적이며 기적적인 의미를 내포하게 되었다. 따라서 이 용어는 우리가 본래적인 예수 체험의 차원을 연구하기 위해 통과할 또 하나의 입구인 셈이다.

"인자"란 용어는 포로기의 중요한 예언자 에스겔이 6세기에 쓴 저작을 통해서 유대인들의 전승 속에 처음 편입되었다. 에스겔은 "인자"란 용어를 90회 이상 사용했으나, 그것은 하나님이 단순히 그에게 말을 거는 호칭으로만 사용되었다. 예를 들어, "인자야(공동번역과 표준새번역 개정판에는 '사람아'), 일어서라. 내가 네게 할 말이 있다"(2:1)는 식이었다. "인자"란 말은 히브리어로 '벤 아담'(*ben adam*)으로 "인간"(human being)이란 뜻과 다르지 않은 것 같다. 즉 '벤'은 "아들"에 대한 두 번째 히브리어이며 '아담'은 "인간"(humankind)을 뜻하는 히브리어다. 새 개정표준판(the New Revised Standard Version) 성서는 보통 '벤 아담'을 "죽을 수밖에 없는"(mortal)으로 번역한다. 그것은 본래 에스겔의 신분을 아담의 자식, 곧 인간으로 부른 것에 지나지 않았다.

우리가 에스겔서에서 받는 인상은, 이 저자는 하나님이 예언자에게 지시함으로써 예언자가 보아야 할 것을 보고, 해야 할 일을 하는 것으로 믿었다는 것이다. 에스겔은 유대 역사에서 패배, 유배, 생존 자체가 문제가 되었던 위기의 시대에 살았다. 그는 어느 누구보다도 바빌론 포로기라는 여러 세대에 걸친 유배생활에서 유대 민족이 이방 종교에 물들지 않고 그들로부터 분리된 생활을 유지하기 위한 도구였다. 그는 유대 민족을 철저하게 결속시키는 일에 한 몫을 다했다. 그것은 곧 유배를 극복할 뿐만 아니라 다음 세대들이 조국으로 귀환하여 하나의 생동적인 민족으로 그들의 정체성을 회복할 의지를 지탱하게 하는 것이었다. 그는 또한 소위 제사문서 기자들(priestly writers)이라고 불리게 된 집단에서 주동적 역할을 했을 것이다. 그 집단은 포로기 중에 율법서를 다시 쓰면서 그것을 두 배로 확대했고, 레위기에 있는 것과 같이 예배에 관한 내용으로 가득 채웠다. 나아가서 그 집단은 유대인들의 정신에 안식일 예배, 정결음식 규정 및 남성의 할례와 같은 관례를 문자 그대로 입력시켰다. 유대인들의 이런 독특한 표징들은 유대인들을 그들의 이웃과 차별화하려는 목적에 부합되는 것이었다. 그것들은 유대인들을 차별화하는 것, 곧 유대교의 표징이 되었다. 유대인들은 제7일에 일을 금해야 했고 특별한 부엌에서 마련된 독특한 음식을 먹었으며 남자들은 유대교의 표징으로 몸의 일부를 절단한 것이다. 이것들은 하나님이 "인자"라고만 불렀다는 예언자 에스겔이 준 선물이었다.

　에스겔서 이후 "인자"란 이름이나 호칭은 약 400년 동안 유대교 성서에 나타나지 않다가, 기원전 2세기에 기록된 다니엘서에 극히 변형된 개념으로 다시 등장했다. 이 당시 유대 민족의 상황은 심각할 정도로 되럭했고, 이로 인해 유대인들의 희망은 점점 소멸되어 갔다. 바벨론에 유배되었던 그들을 조국으로 귀환시킨 페르시아인들은 그 지역의 주도적 세력인 마케도니아인으로 교체되었다. 알렉산더 대왕의 죽음과 더불어 마케도니아 제국은 분열되고, 그 당시 작은 나라였던 유다는 시리아와 이집트에 의해 번갈아 가며 지배당했다. 유대인들의 진정한 자유와 세계적 위상에 대한 희망은 점점 희미해지고 드디어 소진되고 말았다. 그 때 유대인들은 소위 묵시문학(apocalypticism)이라는 것에 관심을 돌렸다. 거기서 그들은 결국 역사 내에서 얻게 될 해방에 대한 기대를 포기하고 초역사적으로만 얻을 수 있는 해방과 운명에 대해 꿈꾸기 시작했다. 이것이 묵시 혹은 "세계의 종말" 사상이 유대인의 삶 속에 진입한 관문이었다. 역사의 종말에 동반할 거창한 묵시적 경이에 사로잡힌 유대인들은 하나님의 대리인으로 올 메시아에 대해 꿈꾸게 되었다. 이 메시아는 세계 종말에 최후 심판을 주재할 것이고, 그 후 하나님의 영원한 왕국이 땅 위에 건설된다는 것이다. 이런 이미지들이 유대인들의 메시아 희망에 첨가됨에 따라 "메시아"의 본래적 성격이 서서히 변질되어 갔다. 즉 기대하는 메시아는 점점 더, 단순히 다윗의 왕좌를 회복할 후계자만이 아니라, 초자연적 능력을 지닌 천상의 인물(a heavenly figure)로 묘사되었다. 유대인들의 꿈속에 포장된 바로 이 변형된 인물이 다니엘서를 통해 그들의 의식 속으로 들어간 것이다. 다니엘서는 분명히 에스겔에서 "인자"란 호칭을 빌려왔음에도 불구하고 그것을 매우 다른 의미로 사용했다. 유대 역사 속에서 겪었던 절망적 상황과 거의 직결되었던 메시아에 대한 이 새로운 신화적이고 초자연적인 이미지는 급속도로 인기를 얻게 되었다.

다니엘서 저자는 이 "인자"란 인물을 꿈 혹은 비전의 일부로서 그의 이야기에 소개했다. 그 당시 꿈은 신의 메시지를 받는 매체로 간주되었다. 다니엘은 꿈에서 지극히 찬란한 하늘의 옥좌를 보았다. 그는 말하기를 그 옥좌에는 "옛적부터 계신 분"(the Ancient of Days)이 앉아 있다고 했는데 새 개정표준판(NRSV)에는 단지 "옛 분"(Ancient One)으로 번역되었다. 이 하나님 영상은 눈과 같이 흰옷을 입었고 "머리카락은 양털과 같이 깨끗했다"고 묘사되었다. "옛적부터 계신 분"의 옥좌는 불꽃으로 만들어졌고, 옥좌의 주변에는 불 바퀴가 쉼 없이 돌고 있었다. "불길이 강물처럼 그에게서 나왔다. [천사와 같이] 수종드는 사람이 수천이요, 모시고 서 있는 사람이 수만이었다"(7:9-10). 다니엘은 이런 상황에서 최후 심판이 벌어지고 인간 역사의 종말이 온다고 주장했다.

이 구절은 인간이 하나님 체험을 서술하기 위해 장대하고 장엄한 어휘를 찾으려고 할 때 언어와 이미지를 극대화한 방법 가운데 탁월한 사례라고 하겠다. 그러나 인간 언어의 한계를 자각하는 것은 그것을 문자화하려는 유혹에서 우리를 벗어나게 하는 유일한 것이다.

다음으로 다니엘의 비전에는 다른 인물이 하늘의 구름을 타고 "옛적부터 계신 분"의 옥좌로 온다. 다니엘은 이 인물을 "인자와 같은 이," 즉 '벤 아담'(ben adam) 또는 "인간"이라고 한다. 그러나 이 인물은 전혀 사람처럼 보이지 않았기 때문에 "인간"이라고 부르기에는 약간 초현실적이었다. 다니엘이 "옛적부터 계신 분"에게 두 번째로 나아간 "인자"에 관해 서술한 것은 매력적인 것이다. 그는 기록하기를 이 인물에게 "권세와 영광과 나라를 주셔서, 민족과 언어가 다른 뭇 백성이 그를 경배하게 하셨다"고 했다. 이 인물의 권세는 "영원한 권세" 즉 시간을 초월한 것이었고 이 인물이 행사할 왕권은 "멸망하지 않을 것이다"(7:13-14)고 했다.

다니엘이 이 비전을 해석하는 과정에서 그는 하나님의 거룩한 백성을 지배할 왕국들의 흥망에 관해 언급한다. 그 수는 넷이지만 네 번째 왕국이 가장 잔악하고 그 왕국이 패망할 때 모든 왕국의 막강한 권력이 "가장 높으신 분의 성도들"(7:22)에게 주어질 것이라고 한다. 달리 말하면, 이 왕국들의 막강한 권력이 하나님의 선민이라 주장하는 패배하고 억압당한 유대 민족에게 돌아간다는 것이다. "인자"는 이처럼 초자연적 능력을 소유한 천상적 인물로 변했고 세계의 종말 곧 하나님의 심판과 영원한 통치를 이 땅에 가져오는 과제를 위임받게 되었다.

다시 한 번 흥미로운 사실은 복음서가 기록되기 전에 세상을 떠난 바울은 이런 "인자"의 이미지로 형성된 예수 개념을 알지 못했던 것 같다는 사실이다. 그러나 복음서들이 나타난 시기에는 이 "인자" 이미지가 예수를 해석하는 기본 시각이 되었던 것이 확실하다. 유월절의 새로운 희생양 이미지와 속죄일의 제물인 희생양과 죄 짐을 지는 속죄염소의 이미지와 같이, 이 "인자" 이미지는 이제 예수를 포장했으며, 이 "인자" 이미지는 또한 그의 죽음과 복음서들의 기록 어간의 숨겨진 기간에 예수에 대한 사람들의 기억을 형성했다. 이렇게 해석된 초상화들이 큰 영향을 미치게 된 것은 바로 60년대, 곧 바울 이후로부터 마가 이전까지의 매우 중요한 기간이었다.

그러므로 예수를 "인자"로 보는 것은 또 하나의 창문을 제공하므로 우리는 그 창문을 통해 원래의 예수 체험이 무엇이었는지에 대해 의욕적으로 접근할 수 있다. 그러나 우리가 제기하는 질문은 똑같은 것이다. 즉 나사렛 예수에게는 과연 무엇이 있었기에 당시 사람들은 "인자"라는 이미지를 그에게 적용하는 것이 적절하다고 보았을까? 무엇이 그가 "옛적부터 계신 분"의 일을 위해 하늘에서 내려오는 초월적 존재로 보게끔 사람들을 자극했을까?

내가 이 상징을 파악하는 데 우선 필요한 과제는 "인자"를 나사렛 예수에게 적용한 복음서 본문들을 검토하는 일이다. 마가는 그의 복음서 첫 머리에서 중풍병 환자를 고칠 때 이 말을 처음 사용했다. 예수는 병을 고쳐주면서 "이 사람아! 네 죄가 용서받았다"(2:5)고 했다. 죄를 용서해 줄 수 있는 것은 분명히 신의 몫이므로 예수의 비판자는 "하나님 한 분 밖에, 누가 죄를 용서할 수 있는가?"(2:7)라고 즉각 공박했다. 그러나 예수는 응답하기를 "인자가 땅에서 죄를 용서하는 권세를 가지고 있음을 너희에게 알려 주겠다. ... 내가 네게 말한다. 일어나서, 네 자리를 걷어서 집으로 가거라"(2:10-11)고 했다. 다니엘서에서 "인자"는 최후 심판을 주재할 때 사람들의 죄를 묶고 푸는 권세를 가졌다. 예수는 분명히 이렇듯 새로 적용된 이미지를 통해 이해되고 있었던 것이다.

마가가 "인자"란 용어를 마지막으로 사용한 것은 예수가 대제사장 앞에서 재판받던 그의 마지막 날이었다. 대제사장은 "그대는 찬양을 받으실 분의 아들 그리스도[메시아]요?"(14:61)라고 물었다. 그 용어는 이 질문에서 사용된 바와 같이 매우 초자연적 호칭처럼 들린다. 그런 의미에서 그 질문이 도발적이었던 아니었던 간에 예수는 확실히 대답하기를 "내가 바로 그이요. 당신들은 인자가 전능하신 분의 오른 쪽에 앉아 있는 것과, 하늘의 구름을 타고 오는 것을 보게 될 것이오"(14:62)라고 한다. 마가는 "인자"란 용어를 복음서의 시작과 끝머리에 두 번 사용한 것 이외에도 그 사이에 예수에 대한 호칭으로 그것을 열두 번 사용했다. 마가가 글을 쓴 70년대 초반까지는 다니엘서에게서 온 이 이미지가 예수에 대한 기억 속에 통합되어 있었다. 즉 마가는 당시 일반적인 생각을 사용했는데 그것은 곧 적어도 신자들은 예수가 하나님 나라의 도래를 위해 하나님으로부터 올 초자연적 "인자"로 간주했다는 것이다.

마태는 "인자"라는 용이를 27회 사용함으로써 예수를 다니엘서의 초자연적인 "인자" 이미지로 보는 믿음을 확장했다. 어떤 것은 예수가 "인자는 머리 둘 곳이 없다"(8:20)고 할 때처럼 거의 일상적이며 자신을 가리키는 일종의 자칭(自稱)이기도 하다. 다른 것들은 다니엘의 의미가 보다 많이 입력된 것이 확연하다. 즉 마태는 예수가 제자들을 선교를 위해 파견하면서 이런 훈시를 했다고 한다. 즉 "너희가 이스라엘의 고을들을 다 돌기 전에 인자가 올 것이다"(10:23). 마태는 예수가 "인자"의 운명이 성서에 따라 결정된 것으로 언급했다고 했을 때 (26:24), 그가 참고한 기초 자료는 다니엘서였음이 확실하다.

마태는 예수에 대한 다른 이야기 두 개를 그의 복음서에 첨가한다. 그 이야기들은 마태에게만 있는 특유한 것이고 거기서 그는 불가피한 방식으로 예수와 "인자"의 동일시를 고조시킨다. 첫째는 심판에 관한 비유로서 세상 종말에 세상 나라들이 마치 목자가 양과 염소를 가르듯이 서로 갈라진다는 것이다. 이 비유에서 "인자"는 마지막 날에 세상을 심판하려고 천사들을 대동하고 영광에 둘러싸여 오게 된다. 이 재판장은 양들을 자기에게로 부른다. 그는 염소들에게 "악마와 그 졸개들을 가두려고 준비한 영원한 불 속으로 들어가라"고 명령한다(25: 31-46). 마태가 다니엘서의 "인자" 이미지를 참고한 둘째 증거는 예수의 부활을 다루는 데 있다. 마태는 부활한 그리스도가 그의 제자들에게 오직 한 번만 말하도록 만든다(28:16-20). 여기서 마태는 예수가 "하늘과 땅의 모든 권세"를 가지고 하늘로부터 내려왔다고 말한다. 즉 그는 "인자"의 상징으로 옷 입은 것이다. 마태는 예수로 하여금 미리 독자들에게 인자에 대해 간단히 설명하도록 만들어서, "하늘과 땅의 모든 권세"를 받았다는 예수의 주장에 대해 그의 독자들이 사전준비를 갖추도록 만들었다. 즉 마태는 16장에서 예수가 이렇게 말한 것으로 묘사한다. "인자가 아버지의 영광에 싸여, 자기 천사들을 거느리고 올 것인데, 그 때 그는 각 사람에게, 그 행실대로 갚아 줄 것이다"(16:27). 이것은 다니엘서가 메시아란 인물에게 맡긴 심판의 역할에 대한 다른 표현에 불과하다. 마태는 이런 맥락에서 부활을 보았던 것이다.

누가는 마태보다 나중에 자신의 복음서를 기록하면서, 유대인의 대망보다는 지중해 연안에 흩어진 유대인들과 이방인 개종자들에 더욱 큰 관심을 더 가지면서도 "인자"란 말을 27회나 사용했다. 그의 가장 특징적인 것은 세상 종말에 대한 진술에서 나타난다(17장 및 21장). 거기서 누가는 말하기를 역사의 종말을 가져올 인물은 예수 자신이 분명히 주장했다는 신분 곧 "인자"라고 한다.

요한은 "인자"란 용어를 13회 사용했으나 우리의 의도에 가장 적절한 것은 나면서부터 눈먼 사람이 시력을 회복하는 이야기에 있다. 방금 성전 밖으로 쫓겨난 예수는 이 사람을 만났을 때 "네가 인자를 믿느냐?"고 묻는다. 그 사람이 "선생님, 그분이 어느 분입니까? 내가 그분을 믿겠습니다."고 하니 예수는 응답하기를 "너는 이미 그를 보았다. 너와 말하고 있는 사람이 바로 그이다"고 했다(9:1-37). 이 이야기에서는 세상을 심판하고 하나님 나라를 시작할 초자연적인 "인자"가, 이사야가 밝힌 초기의 덜 묵시적인 메시아적 인물과 결합되었다. 그는 곧 도래하는 하나님 나라의 표징으로서 장님이 보고 귀머거리가 듣고 절름발이가 걷고 벙어리가 노래하게 함으로써 삶의 평화와 온전함을 이룩할 자이다.

예수는 이처럼 두 가지 역할 모두를 지닌 메시아로 해석되었다. 그는 궁극적 심판자인 초자연적 "인자"(the supernatural "Son of man")인 동시에 지금 여기에서 온전함의 원천(the source of wholeness here and now)으로 이해되었다. 그의 첫째 강림은 하나님 나라 도래를 표시하는 치유 기석들과 함께 했지만, 역사의 종말에는 하나님 나라를 성취하기 위한 궁극적 재판장으로 강림할 것이다. 이 두 가지 사건 모두에서, 사람들이 예수와 더불어 체험했다고 믿는 예수 체험을 충분히 묘사하기 위해 장엄한 언어를 모색하려 했던 것이다.

예수의 삶은 사랑 받을 수 없는 자를 변화시키는 사랑, 거부당하는 고통을 치유하는 용납, 파열을 극복하는 온전함, 그리고 모든 한계를 초극하기까지 확대하는 생명이었다. 이 때문에 예수와의 접촉을 통해 자신들의 부활을 체험한 사람들의 이야기가 예수에게 붙여진 것이다. 이 때문에 하나님 나라의 치유하는 표징들이 마치 역사적 사건인 양 예수에 대한 기억에 붙여졌다. 이런 방식으로 사람들은 예수 안에서 하나님 나라가 동터오는 것을 보았다고 말했다. 인간 예수가 이토록 온전하고 이처럼 개방적이고 이처럼 자유하고 그 자신과 하나된 분이었기 때문에, 사람들은 거룩한 하나님이 예수의 삶을 통해 자기들의 삶 속에 들어왔다고 확신하게 되었던 것이다. 하나님은 그리스도 안에 계셨고, 바로 그 하나님이 온전함을 창조한 사랑이었다. 예수의 제자들은 그의 삶을 체험했을 때, 예수는 하나님 나라의 "첫 열매"라고 말하기에 이르렀다. 바울은 이 말을 두 번 사용했다(고전 15:20, 23; 로마 8:23). 야고보는 한 번만 사용했다(1:18). 계시록도 역시 이 말을 사용했다(14:4). 복음서들은 형식상 훨씬 이야기들이 많지만 그 이야기들 역시 이런 예수 이해를 선포했다. 즉 그 이야기들은 위대한 치유 이야기에 대해 언급하고 최후 심판의 비유에 관해 기록하며 예수의 초상을 새로 눈을 뜨게 되며, 새로 듣게 되며, 새로 움직일 수 있게 되며 새로 말을 할 수 있는 능력을 지닌 생명으로 회복시키는 "인자"로 묘사한 것이다.

이것들은 인간의 가면을 쓴 신의 마술적 이야기가 아니다. 역사의 예수가 자기가 마지막 날에 구원받은 자들을 하나님 나라로 초대할 재판장이라고 말한 사실을 들은 사람은 아무도 없다. 그럼에도 불구하고 초기 크리스천들은 이 모든 사실들을 인간 예수와 연결시켰다. 강렬한 체험은 확대된 언어를 새로운 형식 속에 입력한 것이다. 예수의 추종자들은 자신들이 체험한 의미를 전달하기에 손색없는 언어를 모색하면서 황홀한 언어와 묵시적 상징들로 예수의 의미를 전달하려고 했다. 이것이 "인자"의 의미이고 이 때문에 그 호칭이 예수 기억에 붙여진 것이다.

이처럼 예수를 통해 생명을 얻게 된 강력한 체험이 기원후 30년과

70년 어간에 회당 생활에서 유대교 개념들로 표현되었고 유대교 예배 안에서 경축되었다. 예수는 "인자"였으며 하나님 나라를 시작하는 분이었다. 이 체험이 70년에서 100년 사이에 문서화될 때, 그 유대교 이미지들이 예수에게 결합되면서 예수 체험은 이야기 형태를 취하게 되었다.

우리는 첫째 복음서에 예수의 기적적인 출생 이야기가 없다는 사실을 잊어서는 아니 된다. 예수는 심지어 죄를 용서받기 위해 세례를 받기까지 한다. 비록 우리는 전통적으로 예수가 무죄하다고 생각하지만 말이다. 세례 받을 때 하늘이 열리고 성령이 그 위에 임한다. 하나님의 음성은 예수가 "신의 아들"임을 인정한다. 예수는 이 두 가지 정체성(double identity)을 안고 씨름했으며 그의 제자들도 그랬다. 어떻게 거룩한 하나님이 인간 예수 안에서 만날 수 있는가? 이것이 복음서들이 대답하려고 한 질문이다. 이것은 또한 우리가 예수 체험을 하려면 반드시 대답해야 할 질문이기도 하다.

인자? 그렇다. 온전한 참 사람(the whole one), 완벽한 "벤 아담"(ben adam), 불멸성의 영원으로 가는 문을 여는 유한자. 이것이 예수의 정체성이다. 즉 그분 안에서 하나님의 생명이 돌파해 들어올 정도로 온전한 참 사람의 삶이다.

제17장

부차적인 이미지들: 종, 목자

그는 멸시를 받고 배신당했으며 슬픔의 사람 그리고 고뇌로 가득 찼다.
- 헨델의 메시아 중 콘트랄토 솔로에서

복음서들이 기록되기 전에 예수의 제자들이 예수의 생존시에 품었던 기대는 그의 죽음이란 현실로 인해 완전히 물거품이 되고 말았다. 예수는 자신의 목적을 성취하기 위해 힘을 사용하지 않았다. 오히려 그는 자신에게 힘이 있다는 모든 주장을 포기하고 힘없음을 받아들이면서 살았다. 그는 생명을 얻으려면 오히려 생명을 기꺼이 잃어야 한다는 원칙에 따라 행동한 것 같다. 그는 죽음을 정복하기 위해 죽음을 받아들여야만 하며 심지어 죽음 속으로 들어가야 한다고 믿은 것 같다. 그는 본래적 자아가 되기 위해 자기 자신을 기꺼이 내어주어야만 했다. 이런 생각들은 예수의 제자들이 살던 세계의 규범이 아니었다. 이런 삶의 자세는 제자들이 알고 있던 인간성에 대해 역행하는 것이었다. 그러나 제자들은 예수와의 체험을 통해서 예수의 길을 확신하게 된 것 같다.

이런 예수 체험과 인간 현실 사이의 갈등은 제자들로 하여금 예수 체험의 빛 가운데서 삶의 의미를 이해하는 길을 추구하도록 만들었다.

제자들은 또다시 자신들의 신성한 전통, 곧 회당에서 경축하며 기억하던 신성한 전통을 뒤졌다. 그들은 그 전통 속에서 이야기 두 개, 곧 연약하고 힘이 없지만 궁극적으로는 힘과 의미에 이르게 되는 이야기 두 개를 발견했다. 그 다음에 제자들은 이 전통으로 예수를 철저하게 포장했기 때문에 마치 예수가 그 두 가지 패턴 모두를 살아낸 것처럼 보이게 되었다. 이런 이미지들은 어느 것도 대중적인 것은 아니었다. 그러나 제자들이 자신들의 예수 체험을 이런 이미지들을 통해 표현했을 때, 이 패턴들은 그들 자신의 종교의 핵심 자체를 변화시켰다. 이 이미지들은 각각 예수 체험을 뿌리깊게 형성했고, 마침내는 예수를 완전히 참 사람(fully human one)으로 새롭게 이해하는 차원을 마련했다. 즉 나는 이것이 오늘날 우리가 "신성"(divinity)이라는 말의 의미를 이해할 수 있는 유일의 방법이라고 믿는다.

첫째 이미지는 "종"(servant), 때로는 "고난받는 종"(suffering servant)이라고 한다. 이 이미지는 아마도 기원전 6세기에 익명의 예언자가 기록하여 예언자 이사야의 두루마리에 첨부된 것에서 빌려온 이미지다. 오늘날 우리는 그를 "제2 이사야"라고 부르며, 이사야서 40장에서 55장까지를 그가 기록한 것으로 본다.

둘째 이미지는 "목자"(shepherd), 때로는 "목자 왕"(shepherd king)이라고 한다. 이것 역시 익명의 예언자가 아마도 기원전 5세기 후반이나 4세기 초반에 기록한 것으로 보이는데, 이 문서의 기록연대를 밝히는 것은 제2 이사야보다 더 어렵다. 그것은 예언자 스가랴의 두루마리에 첨부된 것이다. 보다 엄밀하게 말하자면, 우리는 이 예언자를 "제2 스가랴"라고 부를 수 있을 것이다. 그러나 사람들이 대부분 제1 스가랴가 누구인지 알지 못하므로, 제2 스가랴라는 말을 사용하는 것은 일반적이지 않다. 그러나 제2 스가랴는 9장에서 14장까지 자리잡고 있다.

제2 이사야와 제2 스가랴가 예수 체험의 이해 방식을 형성했으며 복음서들에 기록된 자세한 이야기 내용에 색칠을 했다는 것은 대부분 크리스천들의 상상을 초월하는 것이다. "고난받는 종"과 "목자"라는 이미지들은 유대인들의 과거에서 나온 목소리들로서, 복음서 저자들이 예수의 입술 속에 넣어 (마치 예수가 직접 하신 말씀처럼 만들어) 놓은 말씀들을 제공해주었다. 먼저 "고난받는 종"을 검토하기로 하자.

제2 이사야의 고난받는 종

유대 민족은 기원전 598년에, 그리고 마침내는 586년에 보다 철저하게 바빌로니아인들에 의해 패망했다. 유대인들 가운데 노인, 절름발이, 귀머거리와 장님만이 유대 지역에 남게 됨으로써, 그 지역으로 다른 민족들 곧 "거짓 신들"과 생소한 관습을 지닌 외국인들과 이방인들이 이주했다. 바빌로니아에 포로로 끌려간 유대인들은 모두 하급 노동자가 되었다. 유대인들은 뒤에 남겨두고 온 고향 땅이 수많은 이방인들이 거주하게 되어 부정해졌다고 생각했다. 한층 더 유감스러운 것은 유대인들이 포로로 잡혀가 있는 동안, 자신들의 고향 땅에서는 민족간 결혼이 성행하여 결과적으로 사마리아인이란 부족이 나타났다. 이 사마리아인들이 유대 민족의 순수성, 종교와 통전성을 모두 더럽혔다고 믿게 되었다.

제2 이사야가 그의 문서를 기록할 때 바빌로니아 포로생활이 끝나가고 있었다. 해방에 대한 희망이 솟아오르고 있었다. 포로생활의 제2세대와 제3세대 당시였다. 그들의 사랑하는 고향, 성전이 위치한 수도 예루살렘이 있는 유대 땅은 오직 기억 속에만 생생하게 살아 있었다.

포로생활 제1 세대가 죽은 다음에는 이 기억들이 꿈과 환상으로 변했다. 그 다음 세대는 그 꿈과 환상을 간직하여, 자신들이 한번도 본 적이 없는 실재와의 연결고리를 삼았고 생전에 그 땅을 보지 못할까 염려했다. 꿈과 환상이란 지식이나 체험이 그 울타리가 되지 않을 때는 항상 확대되는 것 같다. 따라서 오직 그들의 마음의 눈에만 어른거리는 예루살렘은 더욱 금빛 찬란하고 더욱 아름답고 더욱 신비하며 더욱 소유하고 싶은 대상이 되었다. 이 유배자들은 먼저 새로운 영광을 가져올 귀환, 곧 자신들의 부모, 조부모 및 심지어 증조부모가 자신들의 마음에 깊이 심어준 곳으로 돌아갈 미지의 그 날을 꿈꾸었다. 우리는 제2 이사야 문서에서 그 배후에 있는 환상과 열망을 직시하지 않을 수 없다. 이런 환상과 열망은 자신들의 패배를 만회하고 다시 한번 유력한 민족이 될 날을 위해 연명하고 있는 피정복 민족들에게 전형적인 것이다. 그들은 자신들의 나약함 속에서 힘을 얻게 되기를 바라며, 자신들의 가난함 속에서 물질적 풍요와 특권을 꿈꾸었다. 제2 이사야는 유대인들이 바라는 대로, 언젠가는 그들의 원수들에게 수치와 불명예가 주어지고 멸망에 이른다고 말했다(41:11-12). 그는 하나님이 유대인들을 "날이 날카로운 새 타작기"로 만들어 산을 쳐서 부스러뜨리고 "언덕을 겨로 만들" 권세의 회복을 꿈 꾼 것이다(41:15). 이 저자는 회복을 꿈꾸면서도 여전히 복수를 바라고 있었다. 즉 "이집트가 수고하여 얻은 재물과 에티오피아가 장사하여 얻은 이익이 [유대인들]에게 넘어온다." 그들의 원수들은 "사슬에 매여 와서 [유대인들] 앞에 엎드린다" (45:14ff.)고 한다. 그의 본문은 그들이 지금은 예속되어 있으나 어느 날에는 자신들을 정복한 자들과 원수들을 지배하게 되리라는 천박한, 그럼에도 불구하고 극히 인간적인 희망으로 넘치고 있었다.

이 희망을 부채질한 것은 기원전 6세기 후반에 페르시아의 왕 고레스가 패권을 장악했기 때문이었다. 고레스 휘하의 군사력은 바빌로니아와 대결할 만 했다. 더욱이 고레스는 종교적 관용과 포로 된 백성들을 해방하여 고향 땅으로 귀환조치하는 정책을 폈다. 기원전 539년, 고레스가 바빌론을 정복했을 때 유대인들의 희망은 구체화되었다. 포로가 되었던 백성들은 기뻐 노래했고 임박한 자유를 축하하기 시작했다.

포로생활하던 백성이 자신들의 고향으로 돌아가는 데는 시간과 조직이 필요했기 때문에, 당장 귀환이 이루어지지는 않았다. 그럼에도 불구하고 귀환을 위한 첫 답사 원정팀이 출발하는 시간은 다가왔다. 제2 이사야라고 알려지게 된 사람이 이 집단의 일원이었음이 확실해 보인다. 그 당시에는 여행이 어렵고 위험한 것이었다. 귀환하는 유배자들은 힘이 미치는 한 짐을 가지고 발로 걸어갔다. 그들은 현실적으로 무기를 갖지 않은 사람들이었다. 그들의 안전을 최대로 보장하는 것은 아마도 그들의 나약함과 가난함이었을 것이다. 왜냐하면 그들은 강도들과 도둑들에게 유익한 표적이 아니었기 때문이다. 그들이 잘 알던 땅을 떠나 미지의 땅으로 향하도록 용기를 북돋아준 것은 조상들이 그들의 마음에 심어준 그림같은 꿈, 곧 그들의 하나님이 약속한 고향의 아름다움과 신기함에 대한 꿈이었다. 이것이 자유하려는 열망과 결합되어, 하나님이 자신들에게 준 용기에 대해 찬양하도록 만들었다. 제2 이사야의 말은 이 기대감을 잘 표현하고 있다. 그 말은 다음 본문에 가장 잘 표현되어 있다. 이것은 헨델이 그의 절묘한 크리스마스 오라토리오인 「메시아」에 옮겨놓은 말이기도 하다.

"너희는 위로하여라! 나의 백성을 위로하여라!"
너희의 하나님께서 말씀하신다.
"예루살렘 주민을 격려하고, 그들에게 일러주어라.

이제 복역 기간이 끝나고, 죄에 대한 형벌도 다 받고.
지은 죄에 비하여 갑절의 벌을 주님에게서 받았다고 외쳐라."
  (40:1-2, 표준새번역)

이 익명의 예언자는 이어서 고향으로 돌아가는 의미에 대해 말한다. 그것은 하나님 나라가 오는 것과 다르지 않았다.

"모든 계곡은 메우고, 산과 언덕은 깎아 내리고,
거친 길을 평탄하게 하고, 험한 곳은 평지로 만들어라.
주님의 영광이 나타날 것이니...."(사 40:4-5)

제2 이사야는 고레스 왕을 하나님의 구원자로 보았다. 그는 심지어 그를 "기름 부어 세운 자"(anointed one) 혹은 "메시아"의 히브리어인 '메쉬악'(meschiach)이라고 했는데 이것은 영어의 '그리스도'(Christ)에 해당하는 말이다(45:1). 제2 이사야는 다음과 같이 썼다. 즉 "희소식을 전하려고 산을 넘어 달려오는 저 발이여! 평화가 왔다고 외치며, 복된 희소식을 전하는구나. ... 시온을 보고 이르기를 '너의 하나님께서 통치하신다' 하는구나"(52:7). 이렇게 쓸 때 그는 아마도 고레스를 염두에 두었을 것이다.

그는 감정을 자제하지 못한 것 같다. 그는 "너희 예루살렘의 황폐한 곳들아, 함성을 터뜨려라. 함께 기뻐 외쳐라. 주님께서 당신의 백성을 위로하셨고, 예루살렘을 속량하셨다. ... 땅 끝에 있는 사람들은 모두 우리 하나님의 구원을 볼 것이다"(사 52:9-10)고 썼다.

그러나 환상과 희망은 현실과 일치하지 않는다. 그리고 이 익명의 예언자는 현실을 뼈저리게 체험할 수밖에 없었다. 아마도 그의 말은 유배자들이 단지 조상들의 기억을 통해 전해진 고향으로 돌아갈 때 예상했던 기대를 반영했을 것이다. 즉 그는 언덕 위에 세워진 하나님의 빛나는 도시, 금빛 찬란한 도시, "너의 하나님이 통치하는" 곳을 떠올렸다(50:1). 그러나 답사 원정대가 도착할 순간은 다가왔고 그들이 본 현실은, 잠에서 깨어날 때처럼, 그들의 모든 희망을 산산이 무너뜨렸으며 그들의 모든 꿈은 사라지고 말았다. 지친 여행객들은 아마도 차라리 고향에 돌아오지 않았더라면 더 좋았겠다고 생각했을 것이다. 이것이 약속의 땅이란 말인가? 이것이 우리 조상들이 결코 잊지 않겠다고 맹세했던 곳이란 말인가? 고향은 자신들이 받아들일 수 없는 곳이었다. 유대 땅은 황무지였다. 예루살렘 도시는 부서진 돌 더미에 불과했다. 성전은 잡초와 부서진 돌로 가득 찼다. 아름다운 곳은 어디에도 보이지 않았다. 화려한 미래에 대한 환상은 모두 이 냉엄한 현실로 인해 물거품이 되어버린 것이다.

제2 이사야는 유대 민족이 다시 일어설 수 없을 것이라고 생각하기 시작했다. 그들은 미래에도 힘을 갖게 될 수는 없을 것 같았다. 어떻게 유대인들은 선민으로서 하나님의 축복을 세계 모든 민족들에게 전해줄 사명을 감당할 수 있다는 생각을 다시 할 수 있을까? 이처럼 가난에 찌든 가련한 유대인들에게 무엇인가를 기대하는 자는 아무도 없을 것이다. 그들은 이제 스스로 자신들이 이 세상에서 나약하고 패망하고, 힘이 없고, 방어할 수 없으며, 절망적이며 능욕 당한 백성으로 살아갈 수밖에 없는 운명이라고 생각했다. 이 현실이 그들의 희망에 대한 환상과 부딪칠 때, 현실이 승리한 것이다. 제2 이사야는 그의 민족, 그의 유산, 그들의 하나님과 선민으로서의 사명을 다시 생각해 볼 때 의기소침해질 수밖에 없었다. 그 순간에 하나님의 도구로서 영광스럽게 귀환하게 될 민족의 운명은 소멸되고 말았다. 이 예언자와 하나님의 관계도 끊긴 것 같았다. 그는 자기 민족의 미래에 대한 가능성, 곧 이 새로운 고장에서 하나님의 백성의 사명을 찾을 수 있을 가능성에 대해 절망했다. 유대라는 땅과 하나님의 백성 가운데 절망에 사로잡힌 이 남은 자들은 이제 철저하게 무의미하며 무능해서 누구에게나 관심 밖의 존재가 되어버렸다. 제2 이사야는 영혼의 캄캄한 밤에 휩싸이고 말았다. 그가 거기에 얼마나 오래 머물렀는지는 아무도 모른다.

그러나 그가 다시 등장할 때는 아무도 그를 알아볼 수 없을 정도로 다른 사람으로 변화되어 있었다. 그는 이렇게 변화된 인격으로 소위 "하나님의 종"(the servant of the Lord)의 초상을 그렸다. 그 종은 단지 미래를 현실적으로 직시하는 유대 민족을 상징하는 것이었다고 나는 생각한다. 그 종의 사명은, 이 익명의 예언자가 보게 된 바, 하나님의 선민이라는 사람들의 소명을 살아내는 것이었다.

이스라엘의 역할은 이제 권력(power)을 추구하는 것이 아니라 무력함(powerlessness)을 삶의 방식으로 수용하는 것이다. 그 "종"은 유대인의 경계를 넘어서 이방인들에게 정의와 함께 세계에 빛과 구원을 가져오는 것이다(49:6). 그 "종"은 모든 민족들을 위해 하나님의 겸손을 구현하고(55:5), 목마른 사람들을 물가로 인도하고(55:5), "갇힌 이들을 풀어주며"(42:7), 사람들을 온전하게 만드는 것이다(42:7). 그는 이것을 힘이 아니라 나약함과 겸양을 통해 성취할 것이다. 그는 증오에 대항하거나 모욕을 피하지도 않을 것이다(50:5-6). 그는 자신의 목적을 위해서는 어떤 타협도 하지 않을 것이다(50:7). 그 "종"은 비록 괴로움을 당해도, 역사 이편에서가 아니라 역사 저편에서 다가올 최후의 설욕을 기다리면서 살아갈 것이다. 이 인물은 종국적으로 죄수처럼 반항도 없이 수치스러운 죽음을 맞게 될 것이다. 이것이 무력함의 사명을 받아들이기에 감내해야 할 것들이었다.

사람들은 그 종을 우리의 병을 앓는 자, 우리의 슬픔을 지는 자, 우리의 죄로 인해 상처받고 우리의 악으로 인해 멍든 자 그리고 그가 매를 맞으므로 우리의 병이 낫는 자로 볼 것이다(53:5). 그의 고통은 대속적인 고통이었다. 그는 자발적으로 학대를 용납함으로써 분노의 세계를 해소시킬 것이며 사람들은 그를 통하여 온전하게 될 것이다(53:5). 하나님은 이런 방식으로 유대 민족이 아니라 피조물 자체를 그 영광으로 회복할 것이다.

제2 이사야의 종은 하나님의 편에 서서 악에 대항했다. 이 종에게 주어진 "전리품"은 불안정한 세계에서 열심히 추구하는 생존 도구 곧 명예와 권력이 아니었다. 그의 보상은, 이 말이 적절한 표현이라면, 자유와 온전함과 새로운 의식을 지향하는 삶이었다. 그것은 놀라운 이미지이지만 인기 있는 것은 분명 아니었다. 그것은 고난을 즐기는 자들에게만 호소력이 있어 보였다. 그러므로 유대 백성들은 집단적으로 제2 이사야의 문서를 도외시하고, 포로기 이후 유대 사회의 다른 지도자들 곧 에스라와 느헤미야와 같은 예언자들에 의해 후대에 기록된 보다 매력적인 영광의 길을 따랐다. 승리적인 "인자" 이미지가, 패배하고 능욕당한 하나님의 "종"의 이미지에 비해 훨씬 더 그들의 상상력을 지배하게 되었고, 따라서 고난받는 종 이미지는 수세기 동안 그 자취를 감추었다. 그럼에도 불구하고 그것은 유대인들의 성서에 편입되었다. 그것은 기본적으로 이사야 두루마리에 덧붙여졌기 때문이었을 것이다.

약 500년 후, 예언자 전통을 계승한 유대인 선생이 1세기 갈릴리에 나타났다. 그는 인기 있는 이미지들에 전혀 어울리지 않았다. 그는 인간이 자기를 보호하기 위해 둘러친 모든 경계선을 감히 벗어나 행동했다. 최종적으로 그는 기원후 1세기에 로마인들에 의해 살해되었다.

이제 그의 제자들은 제2 이사야가 형성한 폐기되고 거부당한 "종," 그 나약하며 무력한 모습에서 예수의 삶의 의미를 찾을 수 있었다. 복음서들이 기록되기 오래 전에 나사렛 예수에 대한 기억은 불가피하게도 "종"의 이미지로 포장되었다. 예수의 삶 전체는 그 "종"의 영향력에서 벗어날 수 없었다. 이것은 그 "종"의 역할을 선명하게 반영하는 누가복음에서 특히 그렇다. 제사장 시므온은 태어난 지 40일 된 아기 예수를 축복하기 위해 팔에 안고 말하기를, 예수는 "이방 사람들에게는 계시하는 빛이요, 주님의 백성 이스라엘에게는 영광입니다"(누가 2:32)라고 말하는데 이것은 분명히 "종"의 역할을 보여준다(사 42:6). 복음서들은 예수의 세례 이야기를 전할 때, 제2 이사야의 "종" 이야기에서 직접 인용한 말(사 40:3)로 세례자 요한이 주의 길을 예비하는 것으로 묘사하고 있다. 예수가 세례를 받을 때 하늘에서 들린 말씀과 변화산에서 하늘로부터 들린 반복된 말씀 역시 그 "종"으로부터 직접 인용한 것이다(사 42:1). 그 "종"은 학대, 거부, 박해 및 죽음을 겪지 않고서는 자기의 목적을 달성할 수 없었다. 예수는 그 "종"의 길을 걸어간 것으로 묘사되었다. 예수의 죽음을 그 "종"의 이미지를 통해 이해하게 된 것이다. 우리는 십자가 처형의 내용이 대부분 제2 이사야의 작품에서 온 점에 대해 이미 지적한 바 있다. 그렇게 하는 것이 매우 용이했던 것은 예수에 대한 기억이 그 "종"의 사명을 실현하는 것으로 이미 정리되어 있었기 때문이다. 그밖에도 여러 가지 접촉점들이 있다. 즉 예수의 변모 이야기 이후에, 예수는 그 "종"이 이사야(50:7)에서 한 것과 똑같이 그의 운명에 대해 "마음을 굳히시고"(누가 9:51)라고 되어 있다. 그 "종"은 불을 지피러 간(사 50:11) 반면에 예수는 누가에 묘사된 것과 같이 "성령과 불로"(3:16) 세례주기 위해 왔다. 누가는 예수가 말하기를 "보아라, 우리는 예루살렘으로 올라가고 있다. 인자를 두고 예언자들이 기록한 모든 일이 이루어질 것이다."(18:31)고 기록할 때 누가가 마음에 둔 예언자는 제2 이사야였다는 사실에는 의심의 여지가 없다.

누가의 부활 이야기에는 제자들이 엠마오로 가던 길 이야기가 나오는데, 제자들이 미처 알아볼 수 없었던 예수는 "성경 전체에서 자기에 관하여 써 놓은 일을 그들에게 설명하여 주셨다"(24:27)고 말했다. 나중에 예수가 제자들에게 나타났을 때 그가 한 말은 "성경을 깨닫게 하시려고, 그들의 마음을 열어 주시고, 그들에게 말씀하셨다. '이렇게 기록되어 있다. 곧 그리스도[메시아]는 고난을 겪으시고'"(24:45-46)라고 누가는 기록했다. 고난과 죽음을 통해 사람들을 해방하는 자의 초상화는 제2 이사야에만 있는 것이다.

이 탁월한 그림은 성육한 신(an incarnate deity)이나 신적인 방문객(a divine visitor)에 관한 것이 아니라, 세계를 변혁시키고 낡은 인간성 한복판에서 새로운 인간성을 창조함으로써 인간성의 의미를 살아낼 길을 찾은 사람에 관한 것이다. 그러므로 제2 이사야는 예수를 보는 새로운 방식을 제시한 몇 가지 유대적인 이미지들 가운데 또 하나가 되었다. 이제 예수는 하나님의 종, 곧 무력함의 길을 걸었던 사람이 되었다. 아마도 이것은 우리가 복음서들에서 발견하는 모든 이미지들 가운데 가장 심오한 것으로 인식해야 할 것이다. 왜냐하면 예수의 추종자들이 제2 이사야의 시각을 통해 전적으로 새로운 예수의 초상화를 그리기 시작했기 때문이다.

제2 스가랴의 목자 왕

우리가 제2 스가랴라고 부르는 예언자는 "목자 왕"(shepherd king)에 대한 자신의 이미지를 만들기 위해 제2 이사야의 "종"에 의존했던 것으로 보는 이유는, 그 두 문서들 사이에 비슷한 점들이 뚜렷하기 때문이다. 두 문서는 모두 초기 문서들에 덧붙여짐으로써 성서에 편입되었으나 거의 도외시되었다. 시간이 지나 기독교 학자들은 제2 이사야를 새롭게 발견했고 이 문서는 인기 있는 해석 수단으로 떠올랐다. 이와는 달리 제2 스가랴는 눈에 띠지 않았고 그 영향력은 미미했다. 그러나 나는 제2 이사야만이 아니라 제2 스가랴도, 히브리 전승 가운데 다른 어느 것보다도, 예수에 대한 기억을 극적으로 형성했다고 믿는다.

첫째로 지적하고 싶은 것은 제2 스가랴가 각 경전 복음서들의 배경에 뚜렷하게 그리고 암암리에 자리잡고 있다는 점이다. 이미 언급했지만 가장 명백한 곳은 예수의 예루살렘 입성 이야기다. 이 구절들은 히브리 성서에서 온 교훈으로서 종려주일에 자주 읽는다.

> 도성 시온아, 크게 기뻐하여라.
> 도성 예루살렘아, 환성을 올려라.
> 네 왕이 네게로 오신다.
> 그는 공의로우신 왕,
> 구원을 베푸시는 왕이시다.
> 그는 온순하셔서,
> 나귀 곧 나귀 새끼인
> 어린 나귀를 타고 오신다.(슥 9:9)

이런 연결은 종려주일 이야기의 역사성에 대해 문제를 제기한다. 이것은 전통적 메시아 대망의 관점에서 예수를 묘사하려는 또 하나의 시도처럼 보이기 때문이다. 이 문제는 제2 스가랴의 작품을 살펴볼 때 더욱 심각해진다. 전통주의자들은 예수가 자신이 메시아임을 밝히기 위한 방식으로서 이 이미지를 의도적으로 또한 공공연하게 행동으로 옮겼다고 주장하지만, 내 생각에 그런 주장은 문자주의자들의 마지막 헐떡거림에 불과한 것으로서 진실과는 완전히 동떨어진 주장이다.

제2 스가랴의 이야기가 발전하면서, 목자 왕의 원수는 성전 안에서 양을 매매하는 상인들이다. 이 예언자는 14장에서 주님의 날에 "만군의 주님의 성전 안에 다시는 상인들이 없을 것이다"(14:21)고 말한다. 예수가 성전에서 동물들을 매매하던 상인들을 몰아낸 극적인 이야기 역시 메시아 상징이 발전한 것에 불과하다. 이 말은 이 이야기들도 예수의 출생지가 베들레헴이며 제자들도 열둘이었다는 것과 똑같은 범주에 속한다는 뜻이다.

제2 스가랴를 자세히 읽어보면, 메아리는 더 계속된다. 상인들은 "목자 왕"을 내쫓기 위해 그에게 은 삼십 개를 지불한다(11:12). 그러나 그는 받지 않는다. 그는 더 이상 그들의 목자가 되기를 원하지 않기 때문이다. 그 다음에 "목자 왕"은 그 은 삼십 개를 성전 금고에 내던진다. 그런 후에 예루살렘의 모든 사람들은 자신들이 찔러 죽인 그를 바라보고 외아들을 잃은 듯 운다고 스가랴는 기록하고 있다(12:10)

예수의 초기 제자들이 이 구절들을 회당에서 읽을 때, 그들은 이 구절들이 사실상 예수에 관한 기록으로 믿게 되었다. 부활절의 관점에서 볼 때, 제2 스가랴의 이야기 줄거리는 종려주일에서부터 배신과 십자가 처형으로 이어지는 것 같다. 마지막 장인 14장은 초막절(Sukkoth) 축제의 일부로 회당에서 정기적으로 읽은 것인데, 기대했던 체험을 서술한 것으로서 나중에 기독교의 오순절 이야기에서 그 메아리를 들을 수 있다(행 2). 스가랴는 거기서 "주의 날"(the day of the Lord)이

오는 것에 대해 말하는데 세상의 종말에 묵시론적인 전쟁(an apocalyptic battle)이 일어날 것이라고 한다. 즉 세상의 모든 나라들은 아마겟돈 전쟁에서처럼 예루살렘에 대항하여 모일 것이다. 예루살렘은 점령되고 집은 약탈당하고 여인들은 강간당할 것이다. 시민의 반은 유배될 것이고 나머지 사람들은 그 도시에서 추방될 것이다. 암흑의 순간이 닥치고 절망만이 남았을 때 "주님께서 나아가셔서, 이방 나라들과 싸우실 것이다.... 그 날이 오면, 주님께서 예루살렘 맞은편 동쪽, 올리브 산 위에 발을 디디고 서실 것이다"(14:3-4). 우리는 예수의 개선 행진이 올리브 산에서 시작된 것으로 기억하고 있다. 제2 스가랴는 지진으로 인해 올리브 산이 둘로 갈라지고, 바로 그 때 하나님이 오신다고 한다 (14:4ff.). 예수가 죽었을 때 일종의 영적인 지진이 일어났다는 복음서들의 언급을 기억하기 바란다. 마태는 그것을 문자 그대로 이용한다 (27:51). 그러나 지진은 올리브 산을 가르는 대신에 사람들이 모이는 성소와 하나님의 거처인 지성소를 분리하는 성전 휘장을 갈라놓는다. 마태복음은 지진이 죽은 자를 일으켰다고도 한다(27:52). 이 모든 일은 "주의 날"이 오기 전에 일어나는 전주곡일 뿐이다.

그 다음에 제2 스가랴는 "주의 날"의 표징들을 열거한다. 성령의 상징인 생수(living water)가 예루살렘으로부터 동서로 흘러 세계의 모든 민족들을 품어 안을 것이다. 사도행전에 기록된 오순절 이야기에서 누가는 이와 비슷한 말을 한다. 즉 제자들에게 성령이 임했을 때 그들은 사람들이 이해할 수 있는 여러 가지 언어로 말할 수 있었고, 따라서 모든 민족들이 모일 수 있었다는 것이다. 제2 스가랴는 이어서 말하기를, 주님은 이 지상에서 왕이 되고, 그 날에 하나님은 한 분이며 하나님의 이름도 하나가 될 것이라고 한다. 모름지기 하나님의 백성도 하나가 되고 평화가 다스리게 될 것이다. 땅은 꽃으로 만발하고 포도주 틀은 차고 넘치며 예루살렘은 안전해질 것이다. 한때 싸우려고 예루살렘으로 올라갔던 민족들이 이제는 오직 만군의 주님을 예배하고 마지막 추수의 축제인 초막절을 지키기 위해 올라갈 것이다.

이 작은 작품이 예수 이야기를 형성하는 데 이용되어 오늘의 복음서들의 내용 순서 속에 채택되지 않았다는 것을 어느 누가 상상할 수 있겠는가? "목자 왕"은 예수의 제자들이 예수 체험의 의미를 밝히려는 또 하나의 이미지가 되었다. 제자들은 구전 시기에, 유대교 성서와 유대인 의식(意識) 속에서 거듭 발견된 메시아 대망을 기초로 삼아 예수 이야기를 구성했던 것이다. 우리가 복음서의 많은 초상화들이 역사적 인물을 목격한 기억이라기보다는 해석이었다는 가능성에 대해 눈뜨게 될 때, 역사의 예수 곧 실제 인간 예수는 희미해진다. 그러나 역사의 인물 예수가 이런 성서 이미지들 하나하나에 어떻게든 부합했다고 생각되었다는 사실은 적절한 사실 같다.

그러나 역사의 예수가 희미해질 때, 그를 통해 체험했던 것은 점점 더 커진다. 우리는 역사의 예수를 사실상 결코 완전히 포착할 수 없다는 사실을 매우 안타깝게 생각한다. 한때 예수는 확실하고 틀림없어 보였다. 우리는 그가 칠석같다고 느꼈다. 그러니 이제 그는 역사처럼 위장된 신화적 해석들의 복합체로 보인다. 예수 세미나(Jesus Seminar)는 예수의 말씀 가운데 84%와 예수의 행적 가운데 거의 비슷한 비율에 해당되는 것이 역사적으로는 진정하지 않은 것으로 간주한다.1) 그 말씀들과 행적들은 당시에 예수의 것이라고 주장한 공동체의 산물이라는 주장이다. 그럼에도 불구하고 역사의 예수를 상실한 것은 비극이 아니다. 왜냐하면 우리는 아마도 환상적인 방법으로 밖에는 예수를 소유했던 적이 없기 때문이다.

---

1) *The Five Gospels* 참조.

이런 분석이 거듭해서 제기한 문제는 다음과 같은 것이다. 즉 이 예수에게는 도대체 어떤 강력한 것이 있었기에, 그의 제자들은 자신들의 예배의 신성한 상징들로 예수를 둘러싸고, 메시아 대망에 관한 신화들, 자신들의 전통 가운데 가장 성스러운 영웅들을 초자연적인 비율로 확대시켜 예수를 포장하는 것이 타당하다고 생각했는가 하는 문제다. 예수에게는 무엇인가가 있었기 때문에 제자들은 자기들이 믿는 하나님이 자기들이 알았던 예수 안에(in) 현존했으며, 또한 어떤 방식으로든 예수와 더불어(with) 현존했다고 결론짓게 되었다. 이것이 바로 우리가 복원해야 할 사실이다.

제18장

예수: 유대인의 모든 절기를 위한 사람

기독교가 주장하는 본질은 인간 예수 안에서 실재, 심지어 소위 하나님의 충만함(fullness)을 만났으며 관여했다는 것이다. 이런 실재를 신조, 교리 및 교의에서 분리할 수 있을까?

심지어 오늘날에도 복음서를 읽는 사람들은 복음서들의 이야기가 얼마나 철저하게 구약의 이미지들에 의해 형성되었는가를 깨닫게 되면 놀람을 금치 못할 것이다. 복음서들이 실제로 일어난 사건들에 관한 문자적인 기록이 아니라 해석적인 문서들이라는 사실이 확인될 때, 성서에 내한 전통직인 주징들에 대힌 독지들의 확신은 흔들리기 시자한다. 이것이 성서에 대한 학문적 통찰에 대해 강하게 항의하는 이유 중의 하나다. 지난 2000년 동안 계속된 문자주의의 영향력 때문에, 복음서 저자들이 역사적 정확성에 대해 별 관심이 없었다는 사실을 상상하거나 인식하기는 매우 어렵다. 그들이 열망했던 것은 자기들이 예수와 가졌던 체험을 해석하는 것이었다. 따라서 그들은 변명이나 양심의 가책 없이, 히브리 성서를 참조해서 자신들의 이야기를 전했고 유대 전통의 영웅적 인물들의 이야기를 극대화하여 예수에게 적용했던 것이다.

우리는 복음서들의 거의 모든 페이지마다에서 유대인 영웅들을 참조한 선명하고 호의적인 구절들을 보게 된다. 사실상 예수의 생애가 전적으로 히브리 성서를 뒤져서 형성되었음을 파악하기 전까지는, 복음서들을 지적인 면에서 충분히 이해할 수 없다. 나는 그 해석 과정이 오직 회당에서만 일어났다고 이미 논증한 바 있다. 우리는 그 다음으로 회당 예배에 포함된 메시아적인 이미지들로 옮겨갔다. 이처럼 유대적인 이미지를 통해 예수를 보는 과정에서, 우리는 초기 크리스천들이 예수와 회당의 예배생활 사이를 연결시킨 것을 인식하기 시작했다. 나는 이 책의 이 부분을 마치면서 분명한 패턴, 즉 예수에 대한 처음 기억으로 들어가는 또 하나의 문을 열어주며 원초적인 예수 체험에 가장 가깝게 이끌어주는 분명한 패턴에 대해 설명하려고 한다.

크리스천들은 대부분 교회력에 대해 잘 알고 있다. 그것은 예수 생애의 가장 중요한 두 사건, 즉 성탄절의 출생축제와 부활절의 부활축제에 근거를 두고 있다. 그 다음 교회력은 성탄절을 중심으로 하여 그의 출생을 기다리는 대림절(待臨節, Advent) 절기와 그의 출생에 대한 축하를 연장시키는 주현절(主顯節, Epiphany) 절기로 나누어진다. 그리고 부활절은 한편으로는 사순절(四旬節, Lent)이라는 40일간의 참회 절기와 다른 한편으로는 승천과 성령의 강림을 기점으로 하는 오순절(五旬節, Pentecost) 절기로 확대된다. 그러므로 교회력은 크리스천들로 하여금 예수의 생애에 있었던 중요한 계기를 해마다 회상하게 하고 그것을 영적 생활에 적용하게 하는 것이다.

유대인들의 회당도 역시 예배력(禮拜曆, liturgical year)을 갖고 있었는데 그것을 통해 유대인 역사의 위대한 순간들이 재연되고 영구적인 것이 되었다. 크리스천들은 대부분 이 유대력의 축제를 잘 모르기 때문에 레위기(23)에 있는 순서대로 독자들에게 제시하고자 한다.

* 유월절: 니산 월(Nisan) 제14일과 제15일(3월 하순, 4월 초순). 출애굽에 의한 유대 민족의 출생을 축하함.

* 샤부와(shavuot) 또는 오순절: 유월절 후 50일, 시완 월(Sivan) 제6일(5월 하순 혹은 6월 초순). 모세가 시내 산에서 율법 받은 것을 기념함.

* 신년절(Rosh Hashanah): 티쉬리 월(Tishri)의 첫째 날(9월 하순 혹은 10월 초순 경). 하나님 나라의 도래를 위해 기도하는 사람들의 연차모임.

* 속죄일(Yom Kippur): 티쉬리 월의 열 번째 날. 인간의 죄와 하나님으로부터의 소외를 극복하게 하는 하나님의 능력에 대해 생각하고 참회하는 날.

* 초막절(Sukkoth) 혹은 장막절(Tabernacles): 티쉬리 월의 열다섯 번째 날(통상적으로 우리의 10월)에 시작되는 8일 간의 추수감사제.

* 수전설(修殿節, Dedication) 혹은 하누카(Hanukkah): 기슬르 월(Kislev) 25일째 날(12월 중순에)에 시작됨. 마카비 시대에 "하나님의 빛"이 성전에 되돌아온 것을 기념하는 8일 간의 축제.

복음서들이 기록되기 전에는, 예수의 제자들이 회당에서 안식일마다 읽는 성서의 맥락 속에서 예수를 기억하고 회상했다. 나는 여기서 유대교 예배력이 예수에 대한 기억 형성에 크게 작용한 사실에 주목하고자 한다. 사실상 나는 첫째 복음서인 마가복음이 이 예배력을 중심으로 구성되었고, 또한 마태복음과 누가복음도 마가의 줄거리를 따르고 마가의 작품에서 상당 부분을 그대로 베낀 것으로서, 이와 동일한 구성원리를 크게 반영하고 있다는 사실을 주장하고 싶다. 나는 별로 제기되지 않았던 두 질문을 통해 이 주제에 접근하고자 한다. 즉 당신은 마가복음이 다른 공관복음서들에 비해 훨씬 짧다는 이유에 대해 의아스럽게 생각한 적이 있는가? 당신은 마태와 누가가 모두 마가에게서 어떤 결함을 발견했기에 마가를 확대하여 다시 쓰게 되었는지 의아스럽게 생각한 적이 있는가? 이것이 바로 나중에 기록한 두 복음서 저자들이 한 작업이다. 즉 마태는 마가복음을 특히 유대적인 방향으로 확대한 반면에, 누가는 예수의 메시지에 매료되기 시작한 흩어진 유대인들과 이방인 개종자들처럼 보다 범세계적인(cosmopolitan) 청중들을 대상으로 마가복음을 다시 썼다. 나는 이처럼 유대교 예배력의 시각을 통해 복음서들을 검토해 봄으로써 우리가 이 질문들에 대한 대답을 찾을 수 있으며, 또한 이 과정에서 얻게 되는 통찰은 많은 깨달음을 주리라고 믿는다. 이제 유대교 예배력과의 연결고리가 어떻게 복음서들의 구성 원리가 되었는지, 먼저 마가에서 시작하여 마태와 누가까지 살펴보기로 하겠다.

이런 해석 작업의 첫 번째 기초는 예수의 십자가 처형이 유월절 행사의 맥락 속에 자리잡은 것이 실제로 역사적 사실이라기보다는 오히려 예배와 연결된 것이라는 사실에서 비롯된다. 이 통찰에 대한 나의 주장에서부터 시작하겠다. 이처럼 나는 십자가 처형 이야기를 유월절에 귀속시키고 나서 다음에는 마가복음을 유대교 예배력의 나머지 부분에 대해 거꾸로 거슬러 내려오는 것으로 추적하겠다. 즉 마가복음 14장과 15장은 크리스천들이 유월절에 읽은 예수의 수난이야기였을 것이다. 나는 앞에서 이미 마가의 수난 이야기가 24시간 철야 예배에 이용하려고 기획된 세 시간 짜리 8회분으로 작성된 것으로서, 그

8회분이 마가의 본문 속에 드러나 있다는 사실을 입증하려고 했었다. 이것은 마가의 부활절 이야기(16:1-8)를 유월절 바로 다음의 안식일에 읽었다는 말일 것이다.

14장과 15장에서부터 거슬러 내려오면, 다음으로 중요한 유대교의 예배적 축제는 수전절이다. 이 축제는 오늘날 하누카라고도 하는데 대략 우리 달력 12월에 해당하는 기슬르 월에 온다. 이것은 유월절이 시작하기 약 3개월 전이다. 우리가 두 가지 축제 곧 유월절과 수전절 사이에 각각의 안식일마다 (읽을 성서 본문으로) 마가복음의 일관된 단락 하나씩을 할당하면서 거슬러 내려오면, 예루살렘으로의 여행이 시작(마가 9:30부터)되기까지, 각각의 안식일마다 읽을 충분한 재료들이 있음을 보게 된다. 이 부분은 예수가 예루살렘으로 가는 도중에 제자들에게 가르친 모든 내용들, 예루살렘 입성(11장에 시작하여), 성전 정화 및 예수가 예루살렘에서 가르친 것들을 포함한다. 이 부분은 예루살렘 성전에서 세상의 종말을 논하는 묵시적인 13장에서 그 절정에 이르고 있다.

우리는 이제 수전절을 접하게 되는데, 이것은 마카비 시대에 하나님의 빛이 성전에 회복된 순간을 기념하는 것이다. 마가복음은 바로 이 지점에서(9:2-8) 예수의 변모 이야기가 나오는데, 이 변모 이야기는 예수 자신이 새로운 성전으로서 그에게 지금 하나님의 빛이 임한다는 것을 선포하는 것이다. 예수와 함께 등장하는 모세와 엘리야(유대교의 두 기둥의 대변자)가 예수에게 복종하는 것으로 되어 있다. 이 곳은 같은 등급의 초막 세 개를 세울 장소가 아닌 것이다. 구름 속에서 하늘의 음성은 선포하기를, 예수는 "내 사랑하는 아들"이라고 한 다음에 "그의 말을 들어라"는 하나님의 명령이 떨어진다. 예수의 변모는 수전절을 예수 이야기 속에 접합시킨 완벽한 이야기이며 또한 예배력과 정확하게 일치하는 것이다. 마가가 이 이야기를 쓸 당시에는 이미 하나님과 인간이 만나는 장소인 성전이 로마인들에 의해 파괴되었다고 나는 확신한다. 이런 재난에 대응하여 예수의 추종자들은 예수를 하나님과 인간이 새롭게 만나는 장소 곧 제2의 성전으로 투사하고 있다. 수전절은 하나님의 빛이 성전에 회복된 것을 축하한다. (그에 상응하여) 변모는 하나님의 빛이 예수에게 임하는 것을 축하한다. 이 두 이야기는 깊이 관련된 것으로서, 예수의 이야기가 회당의 예배력을 따르고 있음을 암시한다. 마가보다 30년 후에 글을 쓴 요한은 예수와 성전을 동일시하는 주제를 마가의 이 초기 이야기에서 빌려왔을 것이다. 즉 요한복음의 예수는 "이 성전을 허물라. 그러면 내가 사흘만에 다시 세우겠다"고 한다. 예수의 믿기 힘든 이 선언에 대해 종교 지도자들은 "이 성전을 짓는 데에 마흔 여섯 해나 걸렸는데, 이것을 사흘만에 세우겠다구요?"라고 대꾸한다. 그 다음 저자는 "그러나 예수께서 성전이라고 하신 것은 자기 몸을 두고 하신 말씀이었다"(요한 2:19-21)고 설명을 붙인다.

12월 중순의 수전절과 그 다음에 오는 추수감사절 곧 초막절이라는 유대교의 축제 사이에는, 하누카가 언제 시작되는가에 따라, 대략 일곱 번 내지는 아홉 번의 안식일이 있다.1) 우리는 다시 마가복음을 거슬러 내려오면서, 예수가 공적 활동 중에 갈릴리에서 행한 사건들을 보게 된다. 군대 귀신에 사로잡힌 자를 고치는 이야기가 있는데 귀신들이 그에게서 나아와서 유대인들이 불결하게 여기는 돼지 떼 속으로 들어간 이야기(5:1-20), 혈루증에 걸린 여인에 관한 이야기가 삽입된

---

1) 유대인들의 달력은 유월절을 기점으로 돌아가는데, 유월절은 달의 주기에 따라 3월 21일 이후 언제든 올 수 있다. 부활절은 유월절에 기초하기 때문에 3월 21일 이후 첫 번째 보름달 이후 첫 주일에 온다.

야이로의 딸을 다시 살린 이야기(5:21-43), 예수가 고향에서 그의 가족과 회당에 있는 사람들로부터 배척당한 이야기(6:1-6), 세례자 요한의 죽음에 관한 이야기를 포함하여 제자들의 파견과 그들의 선교가 불러일으킨 논쟁 이야기(6:7-29), 5천 명을 먹인 이야기와 예수가 호수에서 물 위로 걸어간 이야기(6:31-56), 불결한 것에 대한 예수의 교훈(7:1-23), 예수가 두로와 시돈의 경계를 따라 이방 지대로 여행한 것과 시로페니키아 여인의 딸과 귀 먹고 말 더듬는 사람 등 이방인들을 고친 이야기(7:24-27), 갈릴리 호수의 이방인 지역에서 4천 명을 먹인 이야기와 이에 대한 해석(8:1-21), 끝으로 벳새다의 장님 이야기에 뒤이어서 가이사랴 빌립보에서 예수를 그리스도라고 고백한 베드로의 이야기가 배치되어 있는데(8:22-38), 베드로의 고백 이야기는 우리가 이미 지적한 것처럼 그 벳새다의 장님이 단계를 거쳐 치유된 이야기와 연결되어 있다. 이 아홉 개의 에피소드가 초막절과 수전절 사이에 있는 안식일마다 하나씩, 필요하다면 이것들이 일곱 번 또는 여덟 번의 안식일에 맞추어 사용되었음에 틀림없다.

이것이 의미하는 바는 마가복음 4장이 초막절 즉 티쉬리 월 보름에 시작되는 8일 간의 축제에 읽힐 본문이라는 것이다. 추수축제인 초막절은 유대인의 추수감사절이다. 그것은 10월 중순에서 하순까지 지켰다. (예수가 유월절에 앞서 예루살렘에 입성한 이야기를 논할 때 초막절의 내용을 잠시 살펴본 것을 기억하기 바란다.) 초막절 축제가 벌어지는 바로 그 시점에 마가는 그의 복음서를 통해 어떤 이야기를 전하고 있는가? 그것은 씨뿌리는 사람이 네 가지 다른 토양에 씨를 뿌려 그 토양에 따라 수확이 각기 다른 이야기이다. 이 이야기에 대해 제자들이 설명을 요청하고 그에 따라 주석도 하게 된 긴 비유이다. 그 비유에 덧붙여서 추수와 관계된 자연 이야기로 이어진다. 즉 땅에 씨를 뿌려 놓고 추수 때 땅이 열매를 맺도록 기다리는 사람의 비유, 겨자씨의 비유, 그리고 끝으로 예수가 풍랑을 잔잔케 하여 자연의 힘을 제압하는 이야기 등이다. 이 4장은 8일 동안의 초막절 축제에서 읽을 수 있는 충분한 자료를 제공한다. 여기서 우리는 다시금 예수에 대한 마가복음의 해석과 유대인들의 가을 축제가 긴밀하게 연결되어 있음을 보게 된다. 마가의 작업과정이 선명하게 드러나기 시작한다.

마가복음이 처음에 예수의 십자가 처형과 유월절을 연결시킨 것에서 출발하여 거슬러 내려오면, 우리는 초막절과 유대교 예배력 가운데 다음으로 중요한 거룩한 절기인 속죄일(Yom Kippur, 티쉬리 월 제10일) 사이에는 통상적으로 안식일이 하나뿐임을 발견한다. 속죄일의 상징들이 나사렛 예수의 생애와 어떻게 관계되었는지에 대해서는 이미 자세히 살펴보았다. 이제 우리의 과제는 이 엄숙한 참회의 날에 읽을 수 있는 적절한 예수 이야기가 있는지에 대해 마가복음서를 더욱 거슬러 내려오며 찾아보는 일이다. 만일 마가복음 3장의 후반(後半)이 초막절과 속죄일 사이의 안식일을 위한 예수 이야기였다면, 속죄일을 위한 마가의 본문은 2장과 3장의 전반(前半)이 해당될 것이다. 여기에는 치유하고 온전케 하는 이야기들이 몇 개 나온다. 즉 지붕을 통해 내려지는 중풍병 환자와 예수가 그의 죄가 용서받았다고 선언한 이야기(2:1-13), 세관에 있는 레위를 제자로 부른 것과 예수가 세리들 및 죄인들과 음식을 나눈 이야기(2:14-17), 금식을 통한 참회에 대한 가르침(2:18-22), 안식일 준수와 안식일이 인간의 악을 통제하기 위해 있는 것인지 아니면 인간의 생명을 연장하기 위한 것인지 그 여부에 관한 논쟁(2:23-28), 안식일에 회당에서 손이 오그라든 사람을 치유한 이야기와 함께 질병의 치유와 악한 귀신을 내쫓는 이야기들, 끝으로 예수가 열두 제자들을 부르고 그들에게 병을 고치고 마귀를 내쫓는 권능을 주는 이야기(3:13-20) 등이다. 이 마지막 에피소드는 예수가 "미쳤다" 즉 정신이 나갔거나 사탄에게 사로잡혔다는 비난에서 그 절정을 이른다(3:21-34). 이 모든 에피소드의 특징은 예수가 사탄과 대항하여 사탄의 희생자를 온전하게 회복하는 것으로 묘사되어 있다는 것이다. 이것이 바로 속죄의 날인 욤 키푸르의 메시지이다! 균이나 바이러스가 육체적 질병의 원인이라는 것을 몰랐던 당시에는 질병이 악에 대한 징벌로 간주되었다. 정신병은 악마에 사로잡힌 것으로 규정되었다. 불결한 이방인들을 위해 일하는 세리 레위와 같은 유대인은 자신을 종교적으로 불결하게 만들었던 것이다. 그렇다면 이 모든 이야기는 예수가 악마의 소굴 속에 직접 들어가서, 그것에 사로잡힌 희생자들을 깨끗이 낫게 하고 구원하는 것으로 묘사한 것이다. 속죄일의 메시지는 바로 이런 이야기들의 주제이며 그것은 당시 예배력의 주제에 부합하는 것이다.

우리가 유대교 예배력에서 속죄일을 지나 좀더 거슬러 내려오면, 열흘 만에 곧 티쉬리 월 첫째 날에 레위기가 정한 신년 축일(Rosh Hashanah)을 만나게 된다(레 23:23-25). 마가복음은 그 열흘 동안에 오는 한 번 혹은 두 번의 안식일을 위해 읽을거리가 필요했을 것이다. 마가복음을 더 거슬러 내려오면 1장 16절에서 45절까지 그 안식일에 충당할 자료가 풍성하다. 이 본문은 처음 제자들의 부르심, 귀신들이 예수를 알아차린 이야기, 베드로의 장모를 포함해서 고향에서 치유한 이야기, 예수가 많은 사람들에게 알려지게 된 이야기 등을 포함하고 있다.

우리의 주장이 옳다면, 마지막으로 남은 마가의 서론(1:1-15)이 유대인들의 신년 축제에 적절한가 하는 문제가 남는다. 신년 축제는 양의 뿔로 만든 뿔나팔(shofar)을 불고, 사람들이 모이고, 하나님 나라가

가까웠다는 선포와 그 나라의 준비 수단으로 사람들의 참회를 요청하는 것 등으로 진행되었다. 마가복음 첫 머리에 나오는 구절은 무엇인가? 그것은 세례자 요한이 인간 뿔나팔(human shofar)로 등장하여 광야에서 외치며 사람들을 모으고, 사람들에게 주님의 길을 예비하도록 촉구하며 하나님 나라를 시작할 분이 오신다고 선언하는 이야기다. 요한은 요단강에서 세례를 받으려고 모여드는 사람들에게 세례를 참회의 표징과 함께 도래할 하나님 나라를 위한 준비행위로 가르쳤다. 그는 자신보다 나중에 올 사람을 찬양한 것으로 기록되어 있다. 마가는 세례자 요한이 언급한 그가 누구인지 독자들에게 확인시키기 위해, 예수를 처음부터 그런 맥락에서 소개한다. 그는 물로 세례를 주지 아니하고 성령으로 세례를 줄 분이다. 예수는 세례를 받을 때, 성령이 비둘기처럼 그에게 임하며 하늘의 음성은 그를 메시아(maschiach) 곧 하나님의 아들로 확인한다. 이것은 철두철미 신년절기의 메시지이다.

마가복음의 구성 원리는 기억도 아니고 역사도 아니라는 점이 분명하다. 그것은 유대교 예배력 곧 예수의 제자들이 회당에서 예배드린 동일한 예배력에 적절하게 맞추어 예수 이야기를 들려준 것이다. 이렇게 생각해 볼 때 그 적절성은 극히 완벽하며 또한 그 순서는 매우 정확하다. 첫째 복음서는 예수의 제자들 곧 그 길을 따르는 자들이 여전히 회당에서 예배하면서도 일 년 동안 안식일마다 예수 이야기를 읽을 수 있도록 구성된 것이다.

마가는 마태와 누가에 비해 그 길이가 왜 그렇게 짧은가? 마가는 제자들이 신년 축일에서부터 유월절까지, 곧 그 달력의 6개월 반에 해당하는 안식일에 사용할 예수 이야기를 마련했기 때문이다. 마태와 누가는 왜 마가를 확대할 필요를 느꼈는가? 그것은 예수의 제자들에게 그 나머지 안식일에도 읽을거리를 제공하려고 했기 때문이다. 이 가설의 타당성을 인정받으려면, 우리는 나중에 기록된 두 복음서에서 이것을 뒷받침하는 증거를 찾아내야만 한다.

먼저 마태가 그의 복음서를 확대하는 것에 주목하자. 마태복음서의 근거인 마가와 마태를 비교해 보면, 마태는 13장에서부터 마가를 매우 밀착해서 추적하는 것을 볼 수 있다. 만일 마태의 의도가 부활절 이야기를 읽는 유월절 다음 안식일에서부터 9월 하순에 있는 신년 축일까지의 안식일들을 위한 자료를 채우는 것이라면, 마태는 약 5개월 반을 충당할 정도의 예수 자료가 필요하다. 그가 어떻게 그것을 채우는지 살펴보기로 하자. 마가는 예수의 세례와 함께 시작한다. 그러나 마태는 긴 족보에서부터 시작하는데, 이것은 두 장에 걸친 출생 이야기의 일부분이다. 마태는 예수가 요한에게 세례 받은 것을 3장에서 다룬다. 그 다음 마가가 단 한 절로 끝맺은 광야의 유혹 이야기를 마태는 4장에서 유혹마다 설명하면서 완전한 드라마로 확대한다. 마태는 5, 6, 7장에서 예수의 산상 교훈에 관해 확대된 부분을 우리에게 제시한다. 그가 11장에 이르면 신년절에 도달하게 된다. 그러나 마태는 마가가 세례자 요한을 등장시킨 신년절 이야기를 이미 써버렸다. 즉 마태는 예수의 세례가 그의 공식 활동이 시작될 때 행해져야 했기 때문에, 신년절을 위해 세례 이야기를 보류할 수 없었다. 그래서 마태는 어떻게 하는가? 마태는 영화 감독 세실 B. 드밀처럼 플래쉬백(flashback, 과거 장면으로 순간적인 전환) 기법을 사용해서, 세례 요한을 다시 끌어들여 헤롯왕이 세례 요한을 투옥한 이야기를 확대한다. 이것은 마태와 누가에게만 있는 것으로서 옥중에 있는 세례 요한이 예수에게 사람을 보내, 그가 오실 분 곧 대망의 메시아인지 묻는다. 우리가 이미 치유 기적에 관한 장에서 탐구한 바와 같이, 예수는 이사야 35장의 구절로 응답한다. 그는 자기 주변에서 일어나고 있는 하나님 나라의 징조들을 열거한다. 즉 장님이 보고 귀머거리가 듣고 절름발이가 걷고 벙어리가 노래한다는 것이다. 이것은 바로 신년절의 메시지다. 사람들은 이 징조들을 보고 하나님 나라가 임박했음을 안다. 예배력과의 이런 시간적 일치는 절묘하다.

마태복음에는 유대교 예배력과 밀접하게 연결되고 있으며 또한 마태가 자신의 구성 원리로 이용한 증거를 보여주는 또 하나의 분명한 표시가 있다. 마가는 신년절에서부터 유월절까지의 읽을거리를 마련했기 때문에, 유월절 50일 후에 오는 샤부와 혹은 오순절이라는 중요한 유대교 축제를 빼놓았던 것이다. 유대인들은 그 날 시내산에서 율법 받은 일을 회상했다. 그것은 24시간 철야 축제였다. 시편 중에 가장 긴 119편은 24시간 예배드릴 때 율법의 아름다움과 놀라움을 노래하기 위해 엮은 찬송이다. 시편 119편은 첫 문단이 8절로 구성되어 있는데 처음 두 절은 "복이 있다"(blessed)는 말로 시작된다. 그 다음에 24절씩 7회분이 이어지는데, 그 각각의 24절은 세 연(stanza)으로 분리된다. 이것은 이 시편의 각 부분이 24시간 철야를 위한 세 시간짜리 8회분 가운데 하나라는 뜻이다. 마태가 오순절을 맞이하게 되었을 때 그는 어떤 내용으로 자신의 복음서를 채웠는가? 그것은 산상수훈으로서 3장을 차지하고 있으며 분명히 시편 119편을 따른 형태로 되어 있다. 산상수훈은 8절로 이루어진 서론적 문단으로 시작하는데, 모두 "복이 있다"(blessed)는 말로 시작한다. 우리는 이 구절들을 팔복(beatitudes)이라고 한다. 그 다음에 마태는 팔복을 역순으로 해서 8회에 걸쳐 간단히 주석을 붙인다. 마태는 산상수훈 전체를 통해서, 예수를 새로운 산 위에서 율법을 새롭게 해석하는 새로운 모세로 부각시킨다. 이것은 그 이상 완벽할 수 없는 것이다.

우리가 자료를 확인하기 위해 누가복음을 보면, 이것이 그리 선명하게 드러나지 않는다. 그것은 누가가 상대하는 공동체가 흩어진 유대인들과 이방인 개종자들로 구성되었기 때문에, 마태의 전통적 공동체에 비해 유대교 예배력 준수에 그리 철저하지 않기 때문이다. 그 자료들은 정통 유대교 공동체의 특징인 24시간 철야나 혹은 8일간 축제를 위해서는 미흡한 것이다. 그럼에도 불구하고 그 형태는 찾아볼 수 있다.

우리가 누가복음을 자세히 검토해 보면, 사실은 누가도 역시 마가보다 더 긴 출생 이야기와 족보를 서술하고 있음을 발견하게 된다. 누가는 세례자 요한의 설교 내용을 가지고 예수의 세례 이야기를 확대하고 있다. 누가는 오순절에 이르면 세례자 요한이 말한 에피소드를 발전시킨다. 즉 "나는 여러분에게 물로 세례를 주지만, [내 뒤에 오시는 분은] ... 성령과 불로 세례를 주실 것이오."(3:16)라고 말한다. 누가는 사도행전 2장에서 오순절에 대한 기독교 이해를 충분히 설명하려고 한다. 하나님이 유대인들에게 준 최고의 선물은 시내 산의 율법이었다. 이것이 유대교 오순절의 특징이다. 바울의 영향을 받은 누가는 하나님이 크리스천들에게 준 최고의 선물은 성령의 은사라고 말한다. 누가는 사도행전에서 유대교 오순절의 내용을 성령으로 대체한다. 그는 누가복음서 가운데 가장 적절한 곳에서 세례자 요한이 오순절 이야기를 가리키는 것으로 엮는다. 누가는 신년절에 이르면 마태처럼 옥에 갇힌 세례자 요한을 다시 소개하고 이사야 35장의 맥락에서 도래하는 하나님 나라의 징조들을 다시 언급한다(7:21-22). 이 복음서들이 회당 예배력에 기초해서 작성되었다는 주장은 재론의 여지가 없다.

누가의 순서가 유대교 예전력에 따라 작성되었다는 사실을 보여주는 또 하나의 사례가 있다. 누가복음에서만, 신년절을 위해 옥에 갇힌 세례자 요한의 이야기를 한 플래쉬백 에피소드에 뒤이어, 한 여인이 향유로 예수의 발을 씻는 이야기가 나온다(7:36-50). 이 이야기는 언급할만한 가치가 있다. 첫째로 그 위치 설정이 이례적이다. 마가와 마태에서는 이 이야기가 예수의 생애 중 마지막 주간에 온다(마가 14:3-9, 마태 26:6-13). 이 복음서들에서는 이 사건이 예루살렘에 있는 문둥이 시몬의 집에서 일어난다. 그 여인의 이름은 거명되지 않고 그녀의 행위는 결례로 치부되지 않으며 예수의 장례를 위해 몸에 기름을 부은 것은 격찬의 대상이 된다. 그러나 누가의 이야기에서는 이 에피소드가 바리새파 사람 시몬의 집에서 일어나 그 맥락이 보다 도덕주의적인 환경이다. 누가에서는 이 사건이 발생한 것이 십자가 처형이 임박한 때가 아니라 예수의 갈릴리 선교 초기에 해당한다. 마가와 마태와는 달리, 그 여인의 행동은 죄로 묘사되어 있다. 그녀는 창녀와 동의어인 "거리의 여인"이라고 한다. 그녀는 예수의 발에 애무한다. 여인이 자기 눈물로 그의 발을 씻고 자기 머리칼로 그의 발을 닦는 것은 공관복음서 가운데 누가복음이 유일하다. 식탁에 있는 사람들이 그녀의 비도덕적인 신분을 지적한다. 예수는 "이 사람이 예언자라면, ... 어떠한 여자인지 알았을 터인데!"(7:39)라고 비난받는다. 예수가 이 부정한 여인이 자기를 만지도록 허락한 것은 자신을 부정하게 만드는 것을 의미하기 때문이었다. 그렇다면 누가는 그 이야기의 위치 설정과 이 여인의 죄에 대한 강조를 통해 무엇을 전하려고 하는가?

유대교 예배력을 누가복음에 대비해 볼 때 이 에피소드는 속죄일을 지키는 시간과 일치한다. 누가는 속죄일을 지키기 위해 어떤 예수 이야기가 필요했다. 부정한 여인이 예수를 만지지만 예수는 부정해지지 않고 오히려 그 여인을 온전하고 깨끗하게 만드는 것은 그의 목적에 부합했다. 그가 여인의 죄를 강조한 것은 예수가 세상을 변화시키려고 죄많은 세상에 들어올 때 이 이야기가 속죄일을 위해 완전무결한 이야기가 될 수 있게 하려는 것이었다. 그것은 적중했다! 우리가 본 바와 같이 유대교 예배력은 그 이야기들의 편집순서에 결정적인 역할을 했다. 이것이 마가복음의 패턴인 동시에 마가에 의존하고 있는 두 복음서 곧 마태복음과 누가복음에 있는 패턴이기도 하다.

요한복음은 이 패턴의 일부가 아니다. 제4 복음서는 오히려 자연, 질병 및 심지어 죽음을 정복하는 예수의 신적 권능을 과시하는 표적들(signs)을 중심으로 구성된 것으로 보인다. 요한의 구성 원리를 분석하려는 시도는 이 책의 범위를 넘어서는 것이다. 다만 이 복음서에 대한 깊이 있는 많은 주석에도 불구하고 요한복음에 대한 결정적인 해석은 아직 등장하지 않은 것이 확실하다는 말로 충분할 것이다. 물론 요한복음도 어떤 예배적 틀을 따르는 것이 분명하다고 나는 확신한다.

마지막으로 한 가지 지적하고자 한다. 사람들이 오랜 동안 언급해 온 것은 마가, 마태 및 누가는 모두 예수의 공적인 활동 기간을 1년으로 잡는 반면에 요한은 그것이 3년 간 계속되었다고 보는 것이었다. 그러나 지금 우리가 이해하는 것은 이 1년이 예수의 공적인 활동의 기간이 아니라 유대인들의 예배력의 기간으로서 그 예배력에 예수의 생애 이야기들이 덧붙여졌다는 사실이다.

우리는 다시 한번 새로운 출발점으로 되돌아가게 되었다. 복음서들이 문서화될 때는 예수가 이미 유대교 성서에 의해서(by) 해석되었으며 유대교 성서를 통해서(through) 이해되고 있었다. 유대교의 메시아 이미지가 예수에게 적용되었고, 예수의 생애는 그 이미지들에 일치하도록 만들어졌다. 그의 생애 이야기는 회당에서 사용하던 예배력에 따라 전해졌으며 구성되었다. 이제 이 예배력은 최소한 공관복음서들 속에서는 그것을 통해 예수의 말씀과 행적들이 기억된 구성 원리로 인정되고 있다.2)

우리는 예수 체험이 애당초 어떻게 해석되었는지를 검토해 보았다. 지금 우리의 과제는 (어느 특정 시대에 국한되지 않는) 이 무시간적 하나님 체험(timeless God experience)이 애당초 무엇이었으며, 그것은 오늘날 무엇이며, 이제 우리는 어떻게 그 체험 속으로 들어갈 수 있는가를 모색하는 일이다. 이 책이 치열하게 추구하려는 것은 바로 그 실재이다. 남은 문제는 가능한 한 그것을 선명하게 탐구하는 것뿐이다. 그 이유는 기독교 주장의 본질이 그 실재, 곧 심지어 우리가 생각하는 하나님의 충만함까지도 인간 예수 안에서 만나졌으며 맞부딪쳤다는 것이기 때문이다. 그 실재를 신조, 교리 및 도그마로부터 분리할 수 있을까? 이런 분석을 통해 드러나는 예수는 그에 대해 역사적으로 형성된 심오한 주장들과 여전히 접목되는가? 나는 그렇다고 믿는다. 따라서 나는 그 믿음 때문에 큰 기대와 활기찬 신앙을 갖고 이 책의 마지막 부분 속으로 들어가고자 한다.

---

2) 공관복음서들이 유대인들의 예배력에 따라 구성되었다는 사실은 내가 마이클 도널드 굴더(Michael Donald Goulder) 교수의 책들을 통해서, 나중에는 직접 만나서 배우게 된 것이다. 그는 당시 영국 버밍험대학교 신약학 교수였다. 그의 책들은 나에게 충격을 주었으며 나는 이 유대적인 예수를 새로운 맥락에서 이해할 필요가 있었다. 마이클은 존 엘브릿지 하인즈(John Elbridge Hines)와 존 로빈슨(John A. T. Robinson)과 더불어 나에게 신학적으로 또한 인간적으로 가장 큰 영향을 끼친 분이다. 나는 마이클의 학문을 탐독하여 나 자신의 것으로 소화했다. 그러나 이제 나는 모든 자세한 부분들에서 마이클의 입장에 동의하지 않으며, 마이클도 가장 먼저 나의 입장에 거리를 둘 것이다. 그러나 공관복음서가 유대인들의 예배력에 따라 구성되었다는 주장을 전개할 수 있었던 것은 그의 덕택이었으며, 내가 이 점에 대해서 그에게 경의를 표하지 않는다면 온당한 일이 아닐 것이다. 나는 독자들에게 마이클의 책들을 추천하지만, 그 책들은 일반 독자들을 위한 것이 아니라 학자들을 위한 것이다. 더군다나 그는 과거에 주장했던 것을 철회한 점도 있다. 내가 특별히 추천하는 책들은 *The Evangelist's Calendar, Midrash and Lection in Matthew*와 *Luke: A New Paradigm*이다.

제3부

비종교인들을 위한 예수

제19장

서론: 예수는 실제로 살았다

"선생님, 우리가 예수를 뵙고 싶습니다"(요 12:21). 사실상 그는 눈으로 볼 수 있는 역사의 인물이었다.

우리는 지금까지 인간 예수를 신화로부터 분리시키는 것에 심혈을 기울여 왔다. 기독교 역사의 구전기(口傳期)에 유대인 제자들이 예수에 관해 (신화적으로) 해석했던 과정들을 살펴본 것이다. 나는 이제 비종교인들을 위해 예수에 관한 새로운 주장을 펴고자 한다. 그것은 곧 역사적으로 예수를 소유하고 있다고 주장해왔던 종교제도의 언어와 전통 속에 안주하지 못하는 사람들에게 예수를 새롭게 소개하려는 것이다.

나는 이에 대한 포괄적 접근을 위해 소박하면서도 본질적인 것에서 시작하려고 한다. 무엇보다 먼저, 예수는 특정한 시대에 특정한 장소에서 실제로 살아간 인간이었다. 인간 예수는 신화가 아니라 역사의 인물로서, 그에게서 막강한 에너지가 흘러나왔는데 오늘도 여전히 적절한 설명이 요구되는 힘이 흘러나온다. 갈릴리 나사렛이 그의 고향이었고, 그가 지구상에서 생존한 기간은 기원전 마지막 무렵에 시작하여 기원후 1세기 첫 30년대에 종결되었다.

내가 이런 주장에서부터 시작하는 이유는, 이 책 앞부분에서 전개한 것처럼 예수를 포장하고 있던 해석의 층들을 벗겨내기 시작하면, 특별한 목적에 따라 예수는 전설적 인물이라고 주장하는 자들이 항상 있기 때문이다.1) 나는 다음 몇 가지 이유 때문에 그들의 주장이 신빙성이 없다고 생각한다.

첫째로 신화적 인물을 만들려는 사람은 결코 그가 나사렛 동네 출신이라고 말하지 않을 것이다. 그러나 예수는 "나사렛 예수"로 알려졌고 그 동네가 갈릴리에 있기 때문에 그를 "갈릴리 사람"이라고 했다. 이런 이름 모두가 예수가 신화라고 할만한 어떤 존엄성도 주장하지 않는다. 나사렛은 아무런 특색이 없는 작고 더럽고 별 볼일 없는 마을이었다. 심지어 갈릴리의 다른 곳에 사는 사람들도 그 마을을 무시했다. 나사렛에 대한 부정적 시각은 복음서에 나타난다. 나다나엘이 "나사렛에서 무슨 선한 것이 나올 수 있겠소?"라고 한 말이 바로 그것이다. 이것은 빌립이 나다나엘에게 "모세가 율법서에 기록했고, 또 예언자들이 기록한 그분을 우리가 만났습니다. 그분은 나사렛 출신으로, 요셉의 아들 예수입니다"(요한 1:45)라는 말을 전할 때 그가 대꾸한 것이다. 그러나 나사렛에 붙여진 부정적 이미지에도 불구하고 복음서에는 예수의 초라한 출신지를 숨기려는 흔적이 없다. 마가와 마태는 각기 나사렛에 대해 네 가지 다른 경우에서 언급한다. 누가는 나사렛에 대해 복음서에서 여덟 번, 사도행전에서 일곱 번 말한다. 요한은 그의 이야기에서 나사렛에 대해 다섯 번 언급하는데, 그 중 세 번은 십자가 처형 이야기와 관련된 것이다. 이것을 미루어 볼 때 예수가 나사렛 출

---

1) 내가 여기서 말하는 사람들은 캐나다인 저술가 Tom Harpur와 그의 책 *The Pagan Christ*, 그리고 두 영국인 Timothy Freke와 Peter Gandy와 그들의 책 *The Jesus Mysteries: Was the Original Jesus a Pagan God?*과 같은 사람들이다. 이들은 Alvin Boyd Kuhn, Gerald Massey, Godfrey Higgins에 크게 의존했다.

신인 것은 의심의 여지가 없다. 예수는 확실히 나사렛 마을 출신이다.

예수에 대해 베들레헴 출생 전승이 생겨났다는 사실 자체는 곧 그의 뿌리가 나사렛이었다는 것이 초기 크리스천들에게 당혹감을 주었다는 또 하나의 증거이기도 하다. 만일 예수가 신화적 인물에 불과하다면, 그 신화 창작자들이 왜 사람들을 당혹케 만드는 이런 신화를 만들겠는가? 만일 성서 기자들이 이처럼 사소한 사실을 바꿀 수 있었다면 충분히 바꾸었을 것이다. 그러나 이 사실은 바뀌지 않았다. 그것은 절대로 지울 수 없는 예수 기억의 일부였기 때문이었다. 나사렛은 예수의 고향이었다. 예수는 갈릴리 사람이었다. 이 두 가지 사실은 사람들의 상식에 맞서는 역사성으로 다가온다.

둘째로 내가 나사렛 사람 예수의 역사성을 주장하는 이유는 그의 생애가 세례자 요한의 제자로 시작되었기 때문이다. 사실상 예수는 요한에게 "죄를 용서받게 하는"(마가 1:4) 세례를 받았다. 이 사실에 대한 부정적 입장이 너무 강했기 때문에 제4 복음서가 기록될 때에는 세례자 요한이 사실상 예수에게 세례를 베풀지 않은 것으로 간주되었다(요한 1:19-34). 초기 크리스천들은 요한에 대한 예수의 우월성을 증명하려고 계속 노력했는데, 이런 노력은 분명히 예수가 세례자 요한의 제자로서 그의 공적 활동을 시작했다는 역사적 사실에 대한 반응이었다. 바로 이것이 세례자 요한이 선구자로 해석되고 새로운 엘리야로 묘사된 이유이다. 이것이 또한 세례자 요한의 죽음이, 엘리야를 죽이겠다는 이세벨의 맹세(왕상 19:1-2)[2]를 성취한 것으로 기록된 이유이기도 하

---

[2] 아합 왕이 왕비 이세벨에게, 엘리야가 갈멜 산에서 승리를 거둔 후에 바알의 예언자들을 모두 죽였다는 소식을 전하자, 이세벨은 자신이 엘리야를 죽이겠다고 신에게 맹세했다. 이런 맹세는 물릴 수 없는 것이었다. 엘리야 생전에는 이 맹세가 이루어지지 않았지만, 이 맹세는 헤롯 왕 때 그 왕비 헤로디아의 요청으로 엘리야의 후계자에게 집행되었다. 이것은 복음서 기자들이 히브리 성서를 이용해서 자신들의 매혹적인, 그러나 비문자적인 이야기를 엮어간 또 하나의 방식이었다.

다. 이런 이유 때문에 이미 본 바와 같이 세례자 요한은 계속 자기를 비하하는 말을 한 것으로 만들어졌다. 나는 이것을 강조하기 위해 여기에 다시 반복한다. 즉 "나보다 더 능력이 있는 이가 내 뒤에 오십니다. 나는 몸을 굽혀서 그의 신발 끈을 풀 자격조차 없습니다.3) 나는 여러분에게 물로 세례를 주었지만, 그는 여러분에게 성령으로 세례를 주실 것입니다"(마가 1:7-8). 마가는 계속해서 지적하기를 예수가 갈릴리로 와서 "하나님의 복음을 선포했다. ... '하나님 나라가 가까이 왔다'"(1:14)고 설교한 것은 세례자 요한이 잡힌 후였다고 한다. 한편 마태는 세례자 요한 자신이 예수에게 세례를 베푸는 것에 반대하면서 오히려 자신이 예수에게 세례를 받아야 한다고 주장한 것으로 만들었다(마태 3:14). 누가는 가장 극단적인 입장을 취했는데, 두 사람이 출생하기 전에 요한의 태아가 이미 예수의 태아의 우월성을 인정했다는 것이다(누가 1:41). 요한복음은 이 변증적인 문제를 세례자 요한의 말로 마무리한다. 즉 "내가 와서 물로 세례를 주는 것은, 이분을 이스라엘에게 알리려고 하는 것입니다"(요한 1:31).

예수가 세례자 요한의 제자 곧 제2인자였다는 기억이 복음서가 기록될 시점에서 극히 보편화되었기 때문에 이 사실을 기록하지 않을 수 없었을 것이라고 나는 생각한다. 그러므로 복음서 저자들이 그 문제를 처리할 때 요한 자신이 가능한 방법을 모두 동원해서 예수의 우월성을 제시하게끔 만든 것이다. 다시 말하지만, 만일 예수 이야기가 신화라면, 예수가 세례자 요한의 제자였다는 그런 당혹스러운 내용들이 결코 복음서들 속에 포함되지 않았을 것이다. 그러나 그런 구체적 사실들은 성서의 어떤 기록에서도 누락되지 않았다. 예수에 대해 이

---

3) '신발 끈'에 해당되는 영어 thong의 의미가 최근에는 달라졌다고 내 딸이 말해주었지만, 복음서 기자는 분명히 샌들의 가죽 끈을 뜻했다.

처럼 자세한 내용들까지 사실대로 기록할 수밖에 없었던 것과 마찬가지로 예수는 실제적인 인물이었기 때문이다.

셋째로 내가 인간 예수의 역사성에 대해 확신하는 이유는 그가 처형당했다는 사실에 있다. 초기 크리스천들은 그의 십자가 처형에 관한 설명을 승리로 만드는 데 혼신의 노력을 다했다. 우리는 이미 그들이 시도한 바를 검토했다. 그들의 작업은 히브리 성서를 뒤져서 예수를 그 성서 본문들 속에 깊이 감싸는 작업이었기 때문에 그의 죽음을 특별한 죽음으로 변형시킬 수 있었다. 다시 말하지만, 이것이 역사를 만드는 자료이다. 설명해야만 하고 방어해야만 하는 실체가 없이는 변증적 설명이 발전하지 못한다. 예수가 역사의 인물이었다는 것은 부정할 수 없다.

위의 세 가지 이유만이 아니라, 바울이 역사의 예수를 아는 사람들과 접촉했다는 사실을 객관적으로 증명하고 방어하는 것 역시 가능하다. 이것은 분명히 바울 자신이 쓴 초기 저작인 갈라디아서의 직접 증거에 의해 가능할 것이다. 우리는 바울이 그 편지에서 개인적으로 기억한 시간들을 받아들임으로써, 바울이 예수의 십자가 처형 직후 예수의 제자들 가운데 몇 사람과 실제로 접촉한 사실과 그들은 역사적 예수에 대한 체험적인 기억을 바울과 함께 나누었다는 결론에 이르게 된다. 이것은 예수가 살았었다는 확실한 증거이므로 이 이야기 줄거리를 간략하게 말하고자 한다.

만일 우리가 신약성서 학자들의 합의점 곧 예수는 기원후 30년 경에 죽었다는 것과 또한 갈라디아서는 기원후 53년경(51년 초일 수도 있음)에 기록되었다는 것(이 두 가지 사실은 신약학 분야에서 잘 정립된 것이다)을 받아들인다면 우리가 다루어야 할 범위는 21년 또는 23년 동안이다. 19세기의 탁월한 교회사가 아돌프 하르낙(Adolph Harnack)

이 바울의 회심 시기에 관해 연구한 바가 있는데 그의 주장은 반박된 적이 없다. 하르낙은 바울의 회심 시기가 십자가 처형 1년 이후에서 6년 이전이었을 것이라고 주장했다.4) 이것은 바울의 회심 시기가 기원후 31년에서 36년 사이라는 말이다.

우리는 이제 갈라디아서를 찾아보자. 바울은 거기서 회심 직후에 무엇을 했는지 설명하고 있다. 그러나 바울은 회심 체험 자체에 대해서는 거의 아무 말도 하지 않는다. 그것은 바울이 죽은 뒤 약 30년에서 40년이 지나 누가가 기록한 사도행전에만 나타난다. 사도행전 이야기의 역사성이 매우 의심스러워지는 대목이다. 바울이 갈라디아서에서 진술한 것은 예수의 교회를 핍박하고 박멸하려고 했다는 것이 전부이다. 그가 덧붙인 것은 하나님이 그를 불렀을 때, 혹은 바울의 말로 하나님이 "그의 아들을 나에게 보이셨을 때"(갈 1:16), 그는 예루살렘으로 가지 아니하고 아라비아로 갔고 거기서 그는 3년간 체류했다. 이것은 바울이 선교활동을 시작한 연도를 기원후 34년 혹은 39년으로 늦추게 되는 것이다.

그 다음 바울은 예루살렘으로 가서 15일간 게바(시몬 베드로)와 의논했고 주님의 동생 야고보 이외에는 만나지 않았다고 한다(갈 1:18-20). 바울은 그 다음에 시리아와 길리기아에 갔고 거기서 14년간 지냈다고 한다(갈 1:21, 2:1). 이것은 기원후 48년에서 53년으로 추정되고 이 시기에 갈라디아서를 집필한 것으로 보인다. 바울은 이 14년 동안의 격리 후 바나바 및 디도와 함께 예루살렘으로 돌아가서 그가 이방인들에게 전하던 복음을 사도들에게 설명했다고 한다(갈 2:2-5). 바울은 그 모임에 가게 된 경위를 자세하게 술회하고 있다(갈 2:6-10). 우리가

---

4) Harnack, *The Mission and Expansion of Christianity in the First Three Centuries*, vol. 1.

갈라디아서에 있는 직접 자료를 통해 알 수 있는 것은 바울이 개종한 지 3년 내에 베드로를 만나 의논하고 예수의 동생 야고보를 만났다는 사실이다. 이것은 십자가 처형 후 약 4년에서 9년 사이의 기간이었을 것이다. 베드로와 예수의 동생 야고보는 역사의 예수를 아는 사람들이었다. 보다 폭넓은 협의는 18년에서 23년 후에 이루어졌다. 나는 독자들이 이 시간의 재구성을 지나치게 강요하지 않기를 바라는 동시에 그럴듯한 신화란 이처럼 짧은 기간에 창작되지 않는다는 것이 확실하다고 생각한다. 그러므로 예수의 역사성에 대한 역사적 사실은 그에 대한 새로운 연구의 시발점이 된다는 것이다. 예수의 진정한 인간성은 의심의 여지가 없다.

이것이 우리의 출발점이다. 요한복음에 기록된 것처럼, 그리스에서 온 방문객들은 제자들에게 "선생님, 우리가 예수를 뵙고 싶습니다" (12:21) 하고 요청했다. 사실상 예수는 당시에 사람들이 볼 수 있었던 역사적 인물이다.

제20장

예수 안에서 만난 하나님은 누구인가?

주님은 나의 빛,... 내가 누구를 무서워하랴? (시 27:1)
주님은 내 편이시므로, 나는 두렵지 않다.... 주님께서 내 편이 되셔서 나를 도와주시니. (시 118:6-7)

그러므로 예수는 1세기에 살았던 실제 인간이었다. 1세기에 살았던 실제 인간은 수백만 명에 달할 것이다. 그러나 예수의 독특성은 그의 실제 인간성을 통해서 하나님이 이 세계 속에 들어온 것으로 간주되었다는 점이다. 그러나 "하나님"이란 말은 인간의 언어이고 그것은 삭멸한 의미를 지니고 있다. 인간의 언어는 인간 체험 밖의 실재를 서술하지 못한다. "하나님"이란 말은 인간이 사용하는 그 언어 영역 밖에 존재하는 것이 아니다. 그러므로 예수에 대한 새로운 이해로 가는 둘째 단계는 "하나님"이란 말의 의미를 우리가 의식하는 것에서 찾아야 한다. 나는 이야기의 실마리를 실화에서 찾고자 한다.

나는 몇 년 전에 영국의 정평 있는 신문인 『선데이 인디펜던트』(*Sunday Independent*)라는 잡지에 실릴 특별 기사를 위해 앤드류 브라운이라는 종교담당 기자와 인터뷰를 한 적이 있었다. 앤드류는 현명하고 단정하며 인습에 물들지 않은 젊은이로서 그를 만나게 된 것은 큰 기뿐이었다. 당시 내가 주교로 있던 교구에서 우리 교회들이 미국 도시 문제에 참여하는 현황을 참관하도록 한 다음에, 그는 나의 하나님 개념에 관해 질문을 던졌다. 나는 이런 말로 응답했다. 즉 지난 5~6백 년 동안의 지식 혁명은 전통적 하나님 개념을 믿을 수 없도록 만들었다. 이 말은 "저 위에"(up there) 혹은 "저 밖에"(out there) 있는 하나님, 곧 거룩한 섭리에 따라 인간 세상에 개입하고 기도에 응답하고 보상하고 심판하는 존재라고는 더 이상 생각할 수 없게 되었다는 뜻이다. 앤드류는 인터뷰가 계속되는 동안 어안이 벙벙해지고 믿기지 않은 듯이 보였다. 몇 주 후 간행된 글에서 그는 우리 교구 교인들의 솔선수범에 대해 칭찬을 아끼지 않은 반면에, 이 주교가 제아무리 창의적이고 개혁적이라고 할지라도 결국 그는 사실상 하나님을 믿지 아니하고 실제로 "무신론자 주교"가 되었다고 평했다. 그것은 인용하고 반복하기에 명쾌한 표현이었다. "무신론자"와 "주교"란 단어가 연결될 때 온갖 부정적 요인들이 작동하는 것이다. 또한 내 견해로는 그것은 극히 무식한 결론으로서, 인간 언어의 한계를 드러낼 뿐 아니라 인간 정신이 하나님이라고 하는 영역 혹은 존재를 실제적으로 서술할 수 있다고 상상하는 인간의 자기중심주의를 드러낸 것이다. 예외가 없는 것은 아니지만,1) 오늘날 전 세계 종교담당 기자들 대부분은 신학적으로 무지한 인물들이다. 앤드류 브라운 역시 그랬다.

초보자들을 위해 한 마디 하자면 "무신론자"라는 말은 사람들이 보통 생각하는 것처럼 하나님과 같은 존재가 없다고 주장하는 사람을

---

1) 예외적인 신문기자는 Gustav Niebuhr로서, 그는 *Wall Street Journal*의 첫 번째 종교 전문 기자로 일하다가 나중에는 *New York Times* 기자로 일했다. 그는 H. Richard Niebuhr의 손자로서 신학적 분위기 속에서 성장했다. 또 다른 예외적 인물은 *New York Times* 기자로 활동한 정통적 유대인 Ariel Goldman이다. 그는 기자생활을 하던 도중 휴직을 하고 하버드대학교 신학대학원에서 공부했으며, 나중에는 자신의 하버드에서의 체험에 관해 책을 쓰기도 했다.

뜻하는 것이 아니다. 그것은 오히려 하나님에 대한 유신론적인 정의 (the theistic definition of God)를 거부하는 자를 일컫는 말이다. 그러므로 유신론을 부정하면서도 하나님을 부정하지 않는 것(to reject theism without rejecting God)은 극히 가능하다. 앤드류 브라운은 이 차이를 구별할 수도 없었고 구별하지도 못했다. 사람들은 대부분 이와 흡사한 사고방식에 사로잡혀 있다. 이것을 약간 다른 방식으로 표현해 보기로 하자. 나는 하나님에게 도취된 사람이다. 그러나 나는 더 이상 나의 하나님 체험을 하나님에 대한 유신론적 정의로 설명할 수 없다. 그러므로 내가 하나님은 그리스도 안에 계셨다고 말하거나 또는 예수의 인격에서 하나님을 만났다고 주장할 때, 성육신과 삼위일체와 같은 교리들(이 두 가지는 하나님에 대한 유신론적 정의에 의존하고 있다)을 형성한 과거의 신학적 정의와는 전혀 판이한 것을 의미하는 것이다. 그러므로 예수가 누구였는지 그리고 지금 예수는 누구인지 그 본질을 파악하기 위해 나는 하나님에 대한 전통적인 유신론적 정의를 극복해야 한다. 그런 정의는 잘못된 것이라고는 할 수 없으나 나의 생각에는 너무 단순하고 순진해 보인다.

이 문제는 나로 하여금 인간의 자의식(自意識)이 돋터왔던 때, 곧 유신론이 만들어진 때로 인도한다. 이 문제는 또한 유신론이 인간 정신을 그토록 철저히 장악하는 이유, 그리고 유신론이 충족시켜 주는 인간의 심리적 욕구를 이해하는 데 도움이 될 것이다. 그것은 근대 세계를 만들어낸 지식의 발전을 통해 하나님에 대한 유신론적인 정의가 완전히 파괴된 반면에, 종교인들은 비합리적 고집으로 유신론에 계속 집착하는 기이한 현상을 해명해 줄 것이다. 오늘날 현대인들은 무신론자처럼 행동하지만 종교적인 차원에서는 인공호흡기에 의지해서 마지막 숨을 헐떡이는 유신론을 굳게 붙잡으려고 고전분투하고 있다.

사람들이 바로 알고 이해해야 할 것은, 하나님에 대한 유신론적 정의는 하나님에 관한 것이 결코 아니라는 사실이다. 그것은 항상 인간의 의미에 대한 불안과 더불어 생존 가능하게 할 체계를 필사적으로 요구하는 인간에 관한 것이다. 그러므로 하나님은 죽지 않고도 유신론은 죽을 수 있다. 이것이 나의 결론이다. 이제 나는 이런 결론에 도달하기 위해 내가 걸어왔던 단계들을 제시하고자 한다. 그것은 기나긴 여정이었다. 그러나 성공적인 여정이 되기 바란다. 그 여정은 문자 그대로 지구 역사의 출발점에서 시작되는 것이다.

오늘날 천문학자들과 물리학자들의 탁월한 계산에 의하면, 이 지구 행성은 17세기 아일랜드의 주교 제임스 어셔가 기원전 4004년 10월 23일에 출생했다고 주장한 것보다 그 역사가 훨씬 더 오래되었다! 이 행성은 현대 과학자들이 말하는 빅뱅(the big bang) 곧 우주 전체를 생겨나게 만든 대폭발이 확장되어 태어났다. 그것을 빅뱅이라고 하는 것은 오늘날 존재하는 모든 것이 한때 표현할 수 없는 큰 물질 덩어리의 일부였던 것으로 보이는데, 그것의 폭발로 인해 거대한 공간 속에 엄청난 입자들과 우주적 먼지를 뿌렸기 때문이다. 이 먼지와 입자들이 궁극적으로는 무한한 시간을 경과하면서 갤럭시들과 행성체계를 이루게 되어, 별들을 중심으로 회전하면서 중력과 같은 다양한 힘들에 의해 그 궤도에 묶인 것이다. 우주 자체는 120억 년에서 160억 년 정도 되었고, 태양계의 지구는 약 46억 년에서 47억 년이라는 비교적 짧은 연륜에 속하는 것이다. 태초에 태양계에는 생명이 없었고 최소한 이 지구에도 생명이 없었다. 지구는 생명을 지탱하는 데 필수적인 조건들을 아직 갖추지 못했기 때문이다. 지구의 표면은 용암이 끓는 붉고 뜨거운 바다와 같았고, 외부 공간으로부터 혜성, 작은 혹성 및 파편 등이 계속 떨어졌다. 생명체 곧 재생산이 가능한 생명체가 등장하기까지는 아마도 10억 년 정도 걸렸을 것이다.

이 행성 위에 처음에 언제 어떻게 생명체가 생겨났는가 하는 문제는 여전히 논란이 되고 있지만 결국 생명체가 나타났다. 그 처음 형태는 단세포로서 다시 나뉘어질 수 있는 단세포였다. 생명이 거기까지 발전하는데 아마도 20억 년은 족히 걸렸을 것이다! 생명 발달의 다음 단계는 단세포들이 서로 밀집하기 시작하면서 일어났는데 이것은 세포 분화가 발달하고 다세포 유기체가 이 세계의 일부가 되는 과정이었다. 생명이라는 이 실체는 여전히 크기가 현미경적이고 주로 바다에 살았기 때문에 수천만 년 후에야 다음의 중요한 발전을 겪었을 것이다. 즉 오늘날 우리가 "식물"과 "동물"이란 말로 구별하는 두 분야로 현저하게 분리되었다는 말이다. 식물과 동물이 분화되는 순간에도 식물의 생명과 동물의 생명은 서로 깊이 연결되어 있었고 항상 상호 의존적이었다. 이 생명체들은 다시 수백만 년이 지나 다음 시기로 넘어오면서 확장되고 번창하여 바다는 생명체들로 채워졌다. 수천만 년 후 마침내 땅 위에 생명체들이 생존할 수 있게 되었을 때 식물과 동물들은 바다로부터 강바닥과 강어귀로 들어가고, 마침내 물에서 나와 마른 땅에 올라감으로써 이 새로운 환경에 정착하게 되었다. 2006년에 과학자들은 캐나다에 면한 북극에서 바다 생물과 육지 생물 사이에 변이 단계를 보여주는 4족(tetrapod) 생물을 발견했는데, 그것은 약 3억7천5백만 년 전의 것이라고 한다.2)

생명체들과 이 새로운 땅의 환경 사이의 발전적인 상호작용을 통해 생명체들은 더욱 치열한 생존경쟁에서 보다 많은 적응력을 키웠다. 그래서 엄청나게 다양한 생명체들이 이 거친 세계에서 진화하게 되었는데 이것 역시 수백만 년이 걸렸다. 이 생명체들은 그 어느 것도 아

---

2) *New York Times*, 2006년 4월 6일자.

직 감각이 없었거나 고작해야 극히 초보적인 감각만 지녔을 것이다. 날마다 수백만 개의 생명체들이 다른 생명체들의 생존을 위해 소비되었으나 아무도 이 사실을 의식하지 못했다. 지구상에 나약한 생명은 거의 멸종될 위기를 몇 차례나 겪었지만, 그러나 생명력은 궁극적으로 소멸되지 않았고 매번 그 대멸종의 위기가 끝나자 곧 회복되었다. 맨 처음에 의식은 환경의 자극에 대한 일종의 화학적 반응으로 나타났다. 그리고 다른 생명체들이 발달함으로써 이 초보적인 의식은 그 생명체들과 더불어 발달하게 되었다.

수백만 년 후 생명은 파충류 형태로 진화했고 결과적으로 이 파충류는 세계의 생명을 지배하게 되었다. 이 생물들의 두뇌가 충분히 발달하여 공포와 위협에 대한 의식적인 반응, 곧 "도주 혹은 투쟁 반응"(flight-or-fight response)을 보이게 되었고 이를 통해 생명의 주기 속에 들어가게 되었다. 초기의 반응은 충동적인 것에 불과했다. 이 진화 초기의 의식은 아직 시간에 대한 감각이나 과거에 대한 기억이나 미래와 연결된 불안감도 없었기 때문이다.

아마도 6,500만 년 전에 지구의 기후를 극적으로 변화시킨 어떤 사건이 발생했을 것이다. 많은 과학자들은 이것이 지구를 그 궤도에서 이탈시킬 수 있는 거대한 혜성과의 충돌이었다고 추정한다. 그것이 어떤 것이었던 간에, 이 지구상에서 파충류인 거대한 공룡들은 멸종했고 공룡들이 지배하던 시대는 끝나게 되었다. 자연계에서 항상 발생하는 것과 같이 이런 재앙은 다른 생명체들이 등장할 기회를 마련해주어 포유류가 새로운 지배자로 등장하게 되었는데, 포유류는 온혈동물로서의 새로운 잠재력을 지니고 있었다. 최초의 포유류 조상들은 지금의 동부 아프리카 초원지대에 서식했던 쥐와 같이 작은 생물이었던 것 같다. 파충류의 우월한 경쟁력이 사라진 다음이라 포유동물은 지구 표면에 넓게 퍼져나가면서 무수한 새로운 형태와 종으로 번창할 수 있었다.

생존경쟁과 지배를 위한 갈등은 처음에는 포유동물들 사이에서 이 집단에서 저 집단으로 계속 바뀌다가, 새로운 지능의 잠재력을 지닌 특수한 원숭이 집단이 지배하게 되었다. 지능은 육체의 물리적 힘을 능가하는 정신적 힘으로서 탁월한 재능으로 판명되었다. 힘과 속도를 갖춘 큰 고양이들과 거대하고 힘있는 맘모스와 코끼리들은 주어진 환경에서 비교적 안정을 누릴 수 있게 되어 후에 "밀림의 왕"이란 호칭을 얻게 되었지만, 그들은 지능을 계속 확대할 수 있는 능력이 부족했다. 그러나 육체적 힘이 약한 원숭이 같은 포유동물들은 두뇌의 크기가 확대되고 의식 수준이 높아짐으로써 지배자로 등장하기 시작했다. 이런 동물들은 자기들의 군집생활을 흥미 있게 조직하고 눈에 보이는 위계 질서도 만들었다. 이들은 단순히 개별적인 약탈 대신에 집단적으로 먹이를 얻기 위한 사냥술을 개발했다. 이들의 지적인 성취는 점차 자신들의 보잘것없는 몸집과 속도의 결핍을 상쇄했다. 이들의 두뇌가 보다 더 복잡한 방식으로 계속 발전하면서 이 동물들의 생활은 신축성이고 계획적인 요소들을 지니게 되었고 이런 유리한 입지를 생존경쟁을 위해 활용했다. 때때로 집단 사냥은 성공의 대가로 구성원의 희생이 요구되었다. 종(種)의 생존이 개체의 생존보다 더 높은 가치가 되었기 때문에, 이 동물들은 그 대가를 받아들였다. 이것은 부족의 정체성이 발전하는 초기 단계인데, 나중에 이것은 애국심, 곧 집단의 생존을 위해 희생된 자를 명예롭게 여기는 태도로 발전했다.

1~2백만 년 전, 혹은 그 이후에, 생명의 계속적 진화과정에서 완전한 인간은 아니지만 인간과 흡사한 존재들이 등장했다. 이것은 직선적으로 발생한 것이 아니고 여러 차례의 시행착오를 거쳐 이루어졌

고 어떤 종들은 진화과정에서 멸종하고 말았다. 이 존재들은 도구와 무기를 만드는 데 능숙해지기 시작했다. 도구나 무기를 만드는 것은 그것들의 사용 가능성을 예상하는 능력의 개발을 의미했다. 초보적 단계이기는 하지만 최소한의 추상적인 사고능력과 시간 속에서 일어날지도 모를 사태에 대한 대비 및 계획 능력은 진화과정에 있는 이 생명체들의 특징이 되었다. 완전한 인간이 가까이 왔으나 아직 도착한 것은 아니다.

우리가 지금 인간이라고 정의하는 그런 인간의 도착을 선언하려면 세 가지 요소가 필수적인데, 5만 년 전에서 10만 년 전 사이의 어느 때에 비로소 그런 일이 일어나게 되었다. 첫째는 의식이 자의식(自意識)으로 그리고 인식이 자아-인식으로 성장한 것이었다. 둘째는 이 인간이라는 동물이 의식적으로 과거를 기억하고 그것을 회고하며 미래를 예측하고 그것을 위해 계획할 수 있을 정도로 시간이 확대된 것이다. 셋째로 이 동물들은 물체와 행동에 대해 같은 음성을 내기 시작하여 언어를 발전시켰는데, 언어는 추상적 사고의 핵심이다. 어떤 특별한 순간에, 아마도 동시적이거나 혹은 같은 장소는 아니지만, 그리고 신화적 아담과 하와라고 부를 수 있는 고독한 개인이 결코 아닌, 우리가 호모 사피엔스(Homo sapiens)라 부르는 최초의 종자가 생겨났다. 이제 이 지구에는 자의식을 갖고 시간을 인식하며 언어로 소통할 능력을 갖춘 주민이 살게 된 것이다. 진화과정에서 새롭고 놀라운 사실 곧 자연의 역사를 인간의 역사로 변화시키는 사건이 발생한 것이다.

나는 의식이 자의식이 되고 인식이 자아 인식이 된 신화적 계기를 상상해 보려고 한다. 그 차원에 이르기까지 얼마나 오랜 세월이 걸렸던지 간에 이 새로운 현실이 인간에게는 무엇처럼 보였을까? 우리가 아는 바는 이 인간들은 자신들이 자연의 일부가 아니라 자연으로부터 분리된, 심지어 자연 세계에 대립하는 것으로 보는 데까지 진화했다는 것이다. 이 인간들은 자신들이 새로운 중심, 곧 자연과는 분리된 존재로서 자의식적이며 또한 자아 인식적인 존재로서 새로운 중심에서 세계를 바라보는 데까지 진화했다. 그것은 아마도 엄청난 놀라움의 순간이었을 뿐만 아니라 공포와 엄청난 불안을 느낀 충격적 순간이었을 것이다. 당신이 확인할 수 있으나 통제할 수 없는 강력한 자연의 힘 한가운데서 고독하고 나약하고 공포를 의식하는 존재라는 것을 돌연 감지하게 된다면 어떨 것인가? 내 생각에는 우리의 최초 조상들은 생명의 발전이 이루어놓은 능력에 대한 모든 사실을 새롭게 보게 되었을 때 아마도 온몸이 전율할 수밖에 없었을 것이다. 그들은 이 강력한 변화들을 체험할 수 있었지만 그것을 가장 원시적인 방식으로 밖에는 이해할 수 없었을 것이다.

자의식과 함께 따라온 것은 자신들의 삶이 영원히 흐르는 시간 속에서 영위된다는 사실을 깨닫게 된 것이다. 이 인간들은 자신들이 의식적인 생물로 존재하기 이전에도 시간이 있었고 자신의 존재가 끝난 후에도 시간은 있으리라는 것을 깨달았다. 즉 그들은 자신들이 시작과 끝남 사이에 묶여 있는 덧없는 존재로 보게 된 것이다. 그들은 자기들의 유한성을 받아들이면서 어쩔 수 없이 자신들의 죽음에 대해 관조했다. 마침내 인간들은 자신들의 공포를 상징적 음성으로 표현하는 동시에 언어의 힘으로 자신들의 한계성, 무력함 및 허무감을 받아들이는 능력을 개발했다.

이것이 무엇을 의미하는 것인지 살펴보기로 하자. 죽는다는 것은 엄연한 현실이다. 다양한 형태를 지닌 무수한 생명들이 날마다 죽는다. 그러나 당신 자신이 죽을 것임을 아는 것 그리고 그 죽음을 위해 준비하며 그 불가피성을 받아들인다는 것은 별개의 문제다. 이것이 인간의 상황이었다. 수 억 마리의 곤충들이 날마다 다른 생물들의 먹이가 되는 것처럼 당신의 존재가 무의미하다는 것을 자각하는 것은 하나의 현실이다. 그러나 그 현실을 의식적으로 생각하고 그 현실과 싸운다는 것은 별개의 문제다. 인간이 자연 세계 안에서 삶과 죽음의 일상적인 순환과정의 한 부분이라는 것은 하나의 현실이다. 그러나 당신이 먹이사슬과 연결되었다는 사실을 인식하고 스스로 의식하게 된다는 것은 별개의 문제다.

이제 의식의 중심인 인간은 자기들이 죽는다는 것을 인식하고 소멸될 것을 자각한다. 이런 인식 때문에 사람들은 인생의 의미와 무의미의 문제를 제기하게 되었다(그리고 지금도 제기한다). 이런 인식은 본래적인 것이므로 모든 인간은 자의식적 삶이 어떤 궁극적 의미가 있는지 묻지 않을 수 없다. 따라서 인간이 된다는 것은 자의식의 고통을 감수하는 것이다. 그것은 비존재(nonbeing)의 위협이 가하는 실존적 충격을 자각하는 것이다. 우리보다 앞서 있던 생물들은 결코 이런 높은 차원의 불안을 받아들이도록 강요당한 적이 없었다. 인간이 된다는 것이 뜻하는 한 부분은 우리 자신이 만성적으로 불안한 생물임을 인식하는 것이다. 그것은 우리가 자신의 죽음을 받아들여야만 하는 존재로 본다는 말이다. 만일 삶에 궁극적 의미가 없다면 모든 생물들 가운데 우리만이 무의미의 위협을 용납해야 한다는 말이기도 하다. 인간은 이 위협에 대응하기 위해 의미를 창조할 수밖에 없다. 이런 깨달음 앞에서 전율하는 것이 옛날이나 지금이나 인간이 체험하는 것이다. 그러나 의미를 찾기 위한 수고와 생존을 위한 투쟁에서 승리하지 못한다는 것이 또한 인간의 운명으로 받아들여지고 있다. 모든 생물의 운명은 결국 패배다. 그러나 인간만이 그것을 자의식적으로 인식한다. 그러므로 인간이 된다는 것은 쉬운 것이 아니다. 우리는 결국에는 쓰러지고 파괴되어 세균과 바이러스와 같은 자연의 원수들에게 먹히게 될 것이다. 이번에는 우리의 살과 뼈가 다른 생명체들의 먹이가 될 것이다.

우리의 고대 선조들이 최초에 이런 인식에서 비롯되는 불안을 막아내지 못했다면 자의식은 살아남지 못했을 것이다. 자의식은 지탱될 수 없었던 진화과정의 한 단계였을 것이다. 자의식을 지탱하는 데는 인간이 대처할 수 있었던 정신기제(coping mechanism) 이상의 것이 필요했기 때문이다. 바로 이 순간에 인간들이 던진 질문에 대한 대답이 유신론적으로 이해된 하나님 개념이었다. 나는 유신론이 자의식의 충격에 대한 직접 결과라고 믿는다. 유신론은 하나님이 아니다. 오히려 그것은 인간이 대처하는 정신적 기제일 뿐이다.

인간들은 다음과 같은 질문을 하기 시작했다. 즉 우주에는 나와 같이 자의식을 갖고 있으며 인식하는 동시에 나보다 더 큰 힘을 갖고 있어서 내가 지금 직면하고 있는 존재의 불안을 대처할 수 있는 어떤 존재가 있는가? 이 존재는 어디에 사는가? 내가 생존투쟁을 벌일 때, 이 존재는 나의 편이 될 것인가 아니면 나의 원수가 될 것인가? 이 존재가 갖고 있다고 믿겨지는 그 힘을 나를 위해 사용할 것인가? 내가 어떻게 이 존재의 총애를 받을 수 있을까? 내가 어떻게 이 "타자의" 존재에 적응할 수 있을까? 내가 어떻게 이 힘의 축복을 받을 수 있을까?

처음에는 이 사고 과정이 매우 기초적인 형태를 취했다. 고독한 자의식적 인간들은 자신들과 별개로 존재하는 식물과 동물 등의 생물들이 있음을 알았고, 따라서 우리의 고대 조상들은 자신의 기원에 대해 궁금해했던 것과 마찬가지로 다른 생물들이 어디서 왔는지에 대해 궁금해했다. 그들은 강물의 흐름, 바다의 조류, 바람의 힘, 태양열 및 달빛과 같이 매우 중요한 자연의 힘이 세상에 있는 것을 알았다. 그들은 어떤 힘이 사물들에게 생명력을 주고 또한 사물들이 고유한 작용을 하도록 만들고 있음에 틀림없다고 생각했다. 그 힘은 또한 사물들을 보호하고 방어할 수 있을까? 인간들은 이런 힘들에 대해 영(spirit)이라고 부르기 시작했다. 영은 눈으로 볼 수 없고 신비한 것이지만 그 힘은 쉽게 확인할 수 있었다. 인간들은 영의 세계와 관계를 맺고 그것의 은총과 보호를 받을 수 있을까 하고 생각했다. 그들은 하늘로부터 천둥, 번개, 바람, 비, 더위, 추위 등이 내려오는 것을 목격했다. 이런 힘들을 통제하는 영이 하늘 위에 있는가? 그 영은 자비로운가 아니면 악한가? 그 영을 보다 우호적이도록 만들기 위해 무엇을 할 수 있는가? 이처럼 살아있는 생물들의 원천을 기쁘게 만들 수 있는 것은 무엇인가?

시간이 지나면서, 자연 세계 안의 생물들과 중대한 힘들 속에 내재한다고 생각되는 이 개별적 영들은 소위 물활론(animism), 곧 영들이 살아있는 모든 것에 생명력을 준다는 가장 원시적 종교의 내용을 제공했다. 종교적 과제는 이 영들을 화나게 만들지 않고 그들을 즐겁게 만들어, 그들이 우리의 욕구를 위해 봉사하도록 만드는 것이었다. 우리의 삶 바깥에 존재하며 초자연적 힘을 지닌 존재로서의 하나님이 출생한 것이다. 이것이 유신론(theism)의 출현이다.

생명이 진화하고 발전하면서 유신론도 보조를 같이 했지만 그 원래의 정의를 넘어서지 못했다. 인간들이 수렵과 채집생활에서 정착된 농경생활로 바뀌면서, 유신론은 지모신(地母神) 곧 대지의 어머니로서 그 자신의 태(胎)로부터 생명을 낳아 인간의 생존을 지탱시켜주는 것으로 간주되었다. 생활방식이 이처럼 바뀌면서 유신론은 여성의 특성을 나타내기 시작한 것이다. 나중에 이 초자연적 영들은 다신론적 우주 속에 살고 있는 신들의 가족 혹은 영들의 가족으로 간주되었다. 더욱 나중에는 이런 신적인 힘들이 때로 신들(gods)이라고 불려졌는데, 부족생활의 조직이 다양한 능력과 기능에 따라 조직된 것처럼 신들도 하나의 최고신이 하급 영들을 지배하는 것으로 간주되었다. 이 시기가 인간이 상상력을 통해 주피터와 주노 혹은 제우스와 헤라가 주도하는 천상의 궁정(宮廷)을 구상한 때였다. 그 후 가부장제(家父長制)는 여성성을 몰아내었고 유신론은 다신론의 세계에서 유일신의 형태로 바뀌었다. 이 신은 부족의 추장처럼 일종의 확대된 부족신으로서 세계를 관장했고 이 특유한 신을 섬기는 부족만을 그의 선민으로 인정했으며, 나중에는 일종의 전 세계의 왕으로서 보편적인 신이 되어 생명 세계 전체를 지배하기에 이르렀다.

그러나 이런 모든 이미지들 속에서 하나님에 대한 유신론적 정의는 그대로 확고부동했고 더욱 숭상되었으며 손상되지 않았다. 내가 볼 때 유신론적으로 정의된 하나님은 "초자연적 능력을 갖고 있으며, 이 세계 밖에 거주하며, 기적적인 방법으로 이 세계에 개입하여 축복을 주거나 징벌하고 신적인 의지를 성취하며 기도에 응답하고 또한 연약하고 무력한 인간을 돕기 위해 오는 존재"였다. 이 유신론적 신관이 정립되자 불안은 곧 감소되었다. 왜냐하면 애당초 그 불안 때문에 인간이 유신론적 신을 창조했기 때문이다. 이제 인간들은 우리보다 더 강한 존재, 자의식적 존재인 우리를 보호하고 방어할 수 있는 존재가 우리를 초월해 있다고 생각했다. 이처럼 인간의 자의식에서 비롯된 불안에 대처하기 위한 유신론적 장치를 종교제도로 전환하는 데 필요한 것은 이 신을 즐겁게 할 방법을 찾는 것뿐이었다. 생존투쟁 속에서 이 초자연적 존재의 지원을 얻기 위해 신의 은총을 받거나 또는 신의 진노를 피하기 위해서는 무엇이 필요할까? 이 질문이 제기되는 순간, 그 목적을 달성하기 위해 모든 것이 의도적으로 고안된 종교제도가 생겨났다. 이제 인간은 포괄적 의미에서 "종교적 인간"으로 정의되었다. 우리가 어떤 종교제도를 분석하거나 간에 그것이 두 가지 특유한 요인을 내포하고 있음을 발견할 것이다. 첫째, 하나님의 은총을 얻을 수 있는 적절한 예배 방식은 무엇인가? 둘째, 하나님의 인정을 받기 위한 행동 혹은 삶의 적절한 방법은 무엇인가? 나중에 보다 형식화된 종교제도에서는, 이 두 가지를 하나님과 우리 이웃에 대한 우리의 의무라고 부르며, 또한 히브리 전통에서는 십계명이라고 하는 두 개의 석판에 보존되었다.

그러나 그 종교제도가 어떤 신적인 계시에 의해 궁극적 진리를 소유한다는 주장이 인정될 때까지는, 안전이 완전히 보장되지 않는다. 이런 권위의 주장이란 보통 두 가지 방식 가운데 하나로 표출되기 마련이다. 즉 이 진리는 하나님과 가까운 어떤 인간, 예를 들면 대제사장에게 계시되었거나 혹은 하나님의 대변자만이 제대로 해석할 수 있는 하나님의 절대 의지가 어떤 문서에 영감으로 기록되었다는 것이다. 이처럼 절대적 진리를 소유하고 있다는 주장이 불안을 억제한다. 종교적 주장에서 상대성은 억제되어야 한다. 왜냐하면 그것은 언제나 우리의 원초적 불안을 재발시키기 때문이다. 우리가 이런 종교제도 아래에서 요지부동한 안전을 장악했다고 주장하려면, 우리 자신이 만든 안전장치의 의미에 대해 추호도 의심해서는 아니 된다. 따라서 우리를 지키고 보호하는 전능자(全能者) 하나님의 개념이 등장하게 되었다. 우리는 적절한 예배를 통해 이 하나님의 은총을 받는다. 우리는 적절한 행위와 생활로써 이 하나님을 기쁘게 만든다. 우리는 역경, 슬픔, 궁핍, 질병 혹은 그 밖의 어떤 곤궁에 빠질 때 이 하나님께 도움을 청하기 위해 기도하고 응답을 고대한다. 우리는 비극에 휩싸일 때 어떤 일을 했기에 신의 진노를 샀는지 반성해 본다. 이것이 유신론의 의미와 유산이며, 이것은 유신론이라고 자처하는 모든 종교의 지배적 내용이 되었다. 우리가 이 통찰에서 파악해야 할 것은 인간의 종교제도들은 본래 진리를 탐구하려는 것이 아니라 처음부터 일관되게 안전을 추구하는 것이었다는 사실이다.

유신론은 인간들이 하나님을 개념화하는 기본 방식이었기 때문에, 1세기에 한 무리의 집단이 예수 이야기 안에서 하나님을 만났다고 확신했을 때, 그들이 유신론을 예수의 본질로 인식한 것은 불가피한 것이었다. 그러므로 예수 이야기는 유신론적 하나님이 우리를 구출하려고 위로부터 인간 세계에 개입하는 내용으로 변한 것이다. 유신론은 우리가 예수 안에서 만났다고 주장하는 그 하나님에 대한 정의였다. 성육신에 관한 문자적 개념은 예나 지금이나 이 사상을 전달하기 위해 사용된 신학 용어다. 하나님의 실재를 정의하려는 삼위일체 교리는 예수와 유신론적 하나님 개념을 하나로 묶은 것이다.

위로부터 침입하는 하나님은 인간 상황에 개입하기 위해 인간의 공간으로 진입하는 길이 필요했다. 따라서 신을 영접할 수 있는 착륙지가 마련되었다. 크리스천들은 그 착륙지를 동정녀 탄생으로 보았다. 유신론적 하나님이 이 시적을 통해 인간의 육신을 입고 우리 가운데 왔다. 이 예수는 (기록된 바와 같이) 이 땅 위에 머무는 동안 사람들이 예상했던 바 하나님이 할 수 있다는 일들을 모두 할 수 있었다. 그는 인간의 형태를 입은 하나님이었기 때문이다. 따라서 예수는 폭풍을 잠재우고 물 위에서 걸었고 음식을 늘렸고 병자를 고치고 심지어 죽은 자를 일으켰다는 이야기들이 전해졌다. 만일 사람들이 예수에게서 만났다고 하는 하나님을 기쁘게 만들었다면, 유신론적 하나님은 본질상 그들을 축복하기 위해 기도에 응답하고 역사에 개입하며 마침내는 죽는 순간에 그들을 영원한 생명으로 영접함으로써 유한성에 대한 인간의 불안을 단번에 영원히(once and for all) 극복할 것이다.

하나님에 대한 유신론적 이해가 발전됨으로써 충족된 고대 인간의 불안은 오늘날에도 대부분의 전통적 형태의 기독교에서 계속 작용하고 있다. 종교제도는 변화의 속도가 매우 느리다. 유신론은 아직도 삶의 의미를 부여하고 우리의 자의식적 실존에 관한 질문에 권위적으로 응답하며, 우리의 죽음에 대한 불안을 영원한 생명의 약속으로 진정시키려고 한다. 그러므로 자의식에서 배태된 불안의 불길은 종교에 의해 억제되고, 우리는 인간들이 창안한 유신론적 하나님 정의 속에 생존하는 것에 대해 감사하지는 못할지언정 흡족해하는 것이다. 그러므로 유신론은 하나님의 실재가 아니다. 유신론은 하나님의 실재에 대해 인간이 만든 정의에 불과하다. 여기에는 엄청난 차이가 있는 것이다.

따라서 우리가 제기하는 예수에 관한 질문은 새롭고 혁신적인 방향으로 바뀌어야 한다. 예수의 제자들이 인간 예수 안에서 유신론적 하나님이 계시되었다는 것을 다양한 방식으로 선포했을 때 그들이 표명하고자 한 체험은 무엇이었는가? 그 하나님 체험을 의미 있게 표현하는 방식은 지금 죽어 가고 있는 유신론이라는 방식뿐인가? 우리는 하나님 이해에서 유신론적 하나님 개념을 제거하고도 계속 예배드릴 수 있을까? 우리는 예수의 생애를 포장한 유신론적 하나님을 벗겨내고도 크리스천일 수 있을까? 나는 그럴 수 있다고 믿는다. 실제로 나는 우리가 21세기 크리스천으로 살기 바란다면 다른 선택의 여지가 없다고 본다. 이 때문에 우리는 앞의 여러 장을 통해 역사의 예수(the Jesus of history)로부터 예수의 신화(the myth of Jesus)를 분리시키는 작업을 거쳐야만 했던 것이다. 이 때문에 우리는 예수를 이해했던 원시적 이미지들을 검토할 필요가 있었다. 이 때문에 이제 우리는 예수 안에서의 하나님 체험이라고 주장하는 것을 유신론적으로 이해된 하나님으로부터 분리시켜야 한다. 이것이 내가 추구하고자 하는 통찰이다.

예수의 정체성을 규명하는 다음 단계는 이제까지 예수를 포장했던 유신론적 언어, 이제는 상관성이 없는 언어가 된 그 유신론적 언어가 산산조각이 날 때까지 내버려두는 것이다. 그런 다음 우리가 다시 바라볼 때 비종교인들을 위한 예수는 보이기 시작한다. 인간 존재에 대한 새로운 의미도 그렇게 나타나는 것이다. 이것은 유신론이 인간에게 유익한 것이었는가 그 여부를 묻는 순간이다. 생존은 산다는 것과 동일한 것인가? 우리는 여정을 계속하면서 다음으로 이 질문에 주목하고자 한다.

제21장

종교적 분노의 근원에 대한 인식

일단 하나님 개념이 죽어가기 시작하면 그것은 험티 덤티(Humpty Dumpty, 한번 넘어지면 일어나지 못하는 사람 또는 물건 - 옮긴이)와 같다. 즉 "왕의 모든 말들과 왕의 모든 신하들은 험티 덤티를 다시 일으킬 수 없었다."

우리가 그리스도 이야기를 전하는 전통적 방식은 하나님을 사람 잡아먹는 도깨비로, 예수를 (자발적인) 희생자로, 그리고 우리를 영원히 고마워하고 어쩔 수 없이 의존하는 분노의 인간으로 만드는 것이다.

하나님을 유신론적으로 이해하는 것이 이제는 불가능하게 되어 유신론이 죽어산나는 징표는 우리 주변에 널려 있다. 많은 사람들이 그것을 보려고 하지 않을 뿐이다. 우리에게는 다른 대안이 없을 뿐만 아니라 유신론의 죽음을 현실로서 받아들이기보다는 오히려 환상을 지닌 채 살려고 하기 때문이다. 그러나 그것은 별 도움이 되지 않을 것이다. 일단 하나님 개념이 죽어가기 시작하면 그것은 험티 덤티와 같기 때문이다. 즉 "왕의 모든 말들과 왕의 모든 신하들은 험티 덤티를 다시 일으킬 수 없었다."

우리는 데이터만 보면 곧 알 수 있다. 즉 우리는 초자연적 하나님이 악한 자들을 처벌하는 수단으로 쓰나미, 태풍 혹은 폭염 등을 이용한다고 보지 않는다. 우리는 인간의 질병을 어떤 진노의 신이 희생자들에게 부과한 징벌로 해석하지 않는다. 우리는 전쟁에서 하나님이 우리 원수들을 멸망시키고 우리의 입장을 옹호해 주리라고 생각하지 않는다. 우리는 한때 이 모든 것을 유신론적 하나님의 탓으로 돌렸으나, 지금은 어떤 초자연적 신에 대한 언급 없이 그것들을 해명할 수 있다. 영국의 성서학자 마이클 굴더의 말을 빌리면 오늘날 유신론적 하나님은 "실직했다"(unemployed). 이 초자연적 하나님은 "어떤 바람직한 일거리가 없는 것이다."[1]

그러나 유신론적 이미지들은 그 의미가 소통되지 않고 있음에도 불구하고 예배, 설교 및 찬송가에서 계속 활용되고 있다. 익숙한 유신론적 울타리 밖에서 새롭게 예수를 보려는 시도에 대해 성직자 집단은 맹렬하게 저항한다. 그들이 이처럼 이상하고 비합리적인 반응을 보이는 것은 아마도 우리가 하나님에 대해 달리 말할 수 있는 방안이 없다는 말일 것이다. 우리는 유신론이 와해되면 지옥만 남는다고 불안해하고 있다. 우리는 최초의 원시 조상들처럼 이렇게 모든 것을 소진시키는 직관적 불안과 공포를 지닌 채 살아갈 가능성이 없어 보인다. 종교의 여러 형태들은 무(nothingness)에 대한 공포를 문화적으로 드러낸 것에 불과하다. 이 때문에 사람들은 유신론이 도전을 받을 때 히스테리를 일으키는 것이다.

오늘날 교회 안에서는 이런 유신론적 하나님 이미지들을 계속 믿는 척하면서도 정직성의 문제에 시달리는 사람들이 많아지고 있다. 그들은 자신들의 종교생활이 그냥 앵무새처럼 다른 사람을 흉내내는 것이 되기를 바라지 않는다. 나 자신도 그 범주에 속한다고 고백하지 않을 수 없다. 나는 과거의 유신론적 신관을 극복하기 위해 새로운 길,

---

1) *Why Believe in God?* by Michael Goulder and John Hick에서 인용.

곧 하나님이라는 궁극적 실재에 대해 말하고 그 실재와 관계를 맺는 새로운 길을 발견하든지, 아니면 무신적(godless) 세계에 살고 있음을 솔직히 시인하든지, 둘 중의 하나를 선택할 수밖에 없다. 다른 대안은 없다. 그러므로 내가 비종교인들을 위한 예수를 탐구하는 다음 단계는 예수와 유신론을 철저하게 분리시키는 작업이 필요하다.

종교에서 변화라는 것은 그리 쉽게 이루어지는 것이 아니다. 사람이 전통적이고 안락한 공간에서 벗어나려면, 낡은 공간은 더 이상 가치가 없다는 단순한 선언 이상의 것이 필요하다. 사람들은 어떤 강력한 것이 그들을 움직이기 전에는 종교적 안전지대에서 빠져나오지 않는다. 만일 움직이지 않으면 실제로 피해를 보게 된다는 사실이 먼저 입증되어야 한다.

우리가 믿을 수 없는 유신론을 간직하고 계속 살아갈 때 입게 될 피해에 대해 두 가지로 말하겠다. 첫째로 나는 하나님을 설명하는 한 방식(a way)인 유신론은 사실상 우리의 인간성을 파괴하는 데 작용했다고 믿는다. 둘째로 유신론은 무절제하고 파괴적인 종교적 분노를 야기시키는 것 같다. 나는 이 두 주장에 살을 붙임으로써 독자들이 기독교의 전통적 유신본 이해를 초월하여 과감하고 새로운, 그리고 이직 해명되지 않은 곳으로 나아가려는 열망을 불러일으키고 싶다.

나는 기독교 복음의 본질이 제4 복음서에서 예수가 했다는 말씀으로 요약될 수 있다고 확신한다. 즉 "나는 양들이 생명을 얻고 또 더 넘치게 얻게 하려고 왔다"(10:10). 만일 풍성한 생명(abundant life)이 기독교가 지향하는 궁극적 가치라면, 기독교의 모든 당대적 표현들은 그것이 생명을 증진시키는 능력을 기준으로 삼아 판단되어야 하고, 부실한 곳이 있다면 그 원인을 밝혀야 한다는 것이다.

나는 먼저 약 1900년 동안 제도적 기독교가 성, 인종, 성적인 성향에 대해 편견을 가지고 안락하게 존속해 왔다는 사실을 언급하고 싶다. 그러나 기독교는 20세기의 등장과 함께 급격히 소멸되기 시작했는데 이런 추세는 유럽에서 시작하여 미국으로 확산되었다. 제도적 기독교가 누렸던 권력은 새롭게 등장하여 힘을 얻게 된 세속적 인본주의(secular humanism)로 극적으로 이동했다. 이 세속 정신은 장기간 기독교가 편승했던 편견들을 말살시킨 장본인이 되었다. 이것이 20세기를 인류 역사상 인권(human rights)을 가장 극적으로 신장시킨 세기가 되도록 만들었다.

먼저 여성들이 사회질서를 개방시켜 투표에서, 법 앞에서, 교육, 직업, 전문직 및 심지어 군대에서도 평등을 요구했다. 다음으로 인종분리(segregation)가 해체되면서 인종차별의 근간이 무너졌고, 미국의 흑인들은 열린 문을 통해 미국에서 사회적, 정치적 및 기업의 영역에서 최고의 위치에 오르게 되었다. 끝으로 20세기 후반에 남성 동성애자들과 여성 동성애자들은 그들의 골방에서 뛰쳐나와 평등과 인정을 요청하고 쟁취했다. 나는 이것이 20세기 이후 성차별, 인종차별주의 혹은 동성애공포증이 모두 사라졌다는 뜻이 아니라, 이 모든 편견들은 지난 세기에 이미 퇴출되었고 망각의 세계로 불가피한 후퇴를 시작했다는 뜻으로 본다. 인류 역사상 편견들이 이처럼 공개적으로 논쟁을 불러일으킨 적은 없었다. 논란이 되는 편견들은 항상 소멸되어 가는 것들이다. 그런 논쟁들은 사실상 소멸 과정의 일부분이다.

나는 다음과 같은 질문을 던진다. 왜 기독교가 물러가고 세속주의(secularism)가 그것을 대체하게 될 때야 비로소 이처럼 거대한 의식의 변화가 일어난 것일까? 왜 제도적 기독교는 힘이 있을 때에도 그처럼 비인간화시키는 차별적 현실에 대해 도전하지 않았는가? 만일 여기에는 아무런 연결고리가 없고 이 사건들이 일어난 것이 우연의 일치에 불과하다면, 왜 조직화된 수많은 기독교 교단들이 이런 사회적 변화들에 대해 그토록 맹렬하게 저항했는가? 제도적 교회는 왜 아직도 교회와 사회에서 여성의 완전 평등에 맞서 가차없는 투쟁을 계속 벌이고 있는가? 최고위직에 있는 기독교 지도자들은 왜 새롭게 해방된 여성들로부터 그들의 신체에 대한 자기결정권을 박탈하려고 하는가? 왜 미국에서는 인종 분리가 극심한 때가 아직도 예배 시간인가? 왜 오늘날과 같이 발전된 세계에서 동성애공포증에 대해 적대적인 난공불락의 요새는 아직도 교회인가? 오늘날 유신론적 신관을 중심으로 조직화된 기독교 주변에는 도대체 무엇이 있기에 끊임없이 희생자를 요구하는가? 편견의 제거, 곧 우리 종교가 전형적인 정의를 내려 희생시킨 자들(예를 들어 동성애자들)의 인간성을 고양시키는 것이 모든 사람들에게 풍성한 생명을 주려는 예수의 목적에 사실상 부합하는 것이 아닌가? 유신론적 설명, 곧 우리가 전통적으로 하나님을 개념화하고 그것을 통해 예수를 정의한 유신론적 방식이 우리의 눈을 멀게 한 요인이 아니었는가? 나는 그렇다고 생각한다. 그러나 이 결론을 맺기 전에 그 밖의 자료들이 제공하는 다른 시각에서 기독교 및 종교의 역사를 검토해 보기로 하사.

기독교 역사를 살펴보면 유신론적 종교와 살인적 분노(killing anger) 사이에는 밀접한 상관관계가 있다는 결론에 이르게 하는 증거가 많다. 종교인들은 이 사실을 직시하기를 꺼려한다. 그러나 그것은 고통스러운 것이지만 숨길 수 없는 사실이다. 종교에 대해 서로 다른 입장을 가진 사람들의 대화를 들으면 분노가 순식간에 표출되는 것을 보게 된다. 그 대화는 급속도로 극단적인 무례함으로 치닫는다. 음성이 높아지고 감정이 솟아오르고 말을 중단시키고 협박하고 그리고 피차 모독한다. 종교적 대화는 빈번히 전쟁을 방불케 함으로써 오히려 길거리의 언쟁이 교양 있어 보일 정도다.

내가 교구의 주교로 일하는 동안 직면했던 갈등 중에서 감내할 수밖에 없었던 적개심의 정도는 상상을 초월하는 것이었다. 비방은 증오에 찬 편지, 욕설을 퍼부어 대는 전화, 그리고 내 가족들의 안전에 대한 협박 등의 수단을 통해 쏟아졌다. 여기에는 사소한 것으로 치부할 수 없는 열여섯 차례의 살해 협박이 포함된다. 내가 수 년 전 명문 대학에서 명예박사 학위 수여식에 앞서 대학 기장 행렬에 참여했을 때 그 대학의 의과대학장은 자기가 교회에서 누리는 신앙생활을 뒤흔든다면서 나를 공박했다. 사회의 어떤 분야에서 의견의 불일치 때문에 안면이 없는 사람들 사이에 그런 종류의 무례함이 일어나는 곳이 있는가? 이런 종류의 모욕적 행태가 보여주는 놀라운 사실은 그런 증오가 특히 동료 크리스천들에게서, 나의 경우에는 복음주의 및 가톨릭 집단의 저명인사들에게서 온다는 것이다. 나를 죽이겠다는 협박은 무신론자, 불교신자 혹은 회교도에게서 오는 것이 아니다. 스스로를 진정한 신앙인으로 규정하고 하나님을 방어하거나 그의 지시에 따라 행동한다면서 성서를 인용하는 크리스천들이 이런 협박을 일삼는 것이다. 실로 하나님은 그들의 살인적 분노 곧 그들의 공공연한 증오를 정당화화해 주는 것으로 보였다. 종교와 증오 사이의 상관관계를 절감하게 된다.

나와 똑같은 결론을 맺은 사회학적 연구는 지난 세기에 우리 사회가 직면한 대부분의 문화적 편견들이 비-종교적이거나 세속적 사람들에게서보다는 종교인들에게서 훨씬 강하다고 지적하고 있다. 적절한 사례는 소위 "성서 지대"(Bible Belt)라고 하는 미국의 남부지역 곧 내가 출생하여 44년을 지낸 지역에서 찾아볼 수 있다. 미국의 "성서 지대"는 주로 미국 남북전쟁 때 남부연합에 속했던 주들이다. 모든 통계는 이 지역이 미국의 어느 지역보다 교회 출석률이 높다고 한다. 거기서는 이 나라의 어느 곳보다도 성서를 철저하게 읽고 가르친다. 거기서는 종교행사가 공적으로 이루어진다. 그러나 이 종교는 역사적으로 분노와 폭력적인 행동을 노출한다. 노예제도는 속박된 자의 인간성을 잔인무도하게 억압한다. 그러나 "성서 지대"의 사람들은 그 악한 제도를 혼신의 힘을 다해 수호했고 그 제도를 보존하려고 성서 인용까지 마다하지 않았다. 성서를 읽는 사람들은 보복의 공포도 모른 채 노예들을 구타하고 처형했을 뿐만 아니라 노예들의 배움을 거부했고 그 가족들을 뿔뿔이 노예시장에 내다 팔았다. 이런 행태는 확실히 분노와 폭력을 실증하는 것이다. 그럼에도 불구하고 노예 억압자들의 대다수는 독실한 크리스천이었다.

남북전쟁의 패배로 노예제도가 끝나게 되었을 때 노예제도의 이상한 서자(庶子)인 인종분리(segregation) 제도가 나타났는데 "성서 지대"에서는 이것이 극히 자의식적으로 노예제도를 대체했다. 1876년에 정치적 거래가 행해졌는데 그것은 인종분리에 관한 합법적 제도의 형태로 남부에서 흑인 억압을 허용하려는 의도와 교환 조건으로 미국 대통령직을 공화당의 러더포드 B. 헤이스에게 넘긴 것이있다. 이처럼 비인간화시키는 사회형태는 역사의 우연이 아니었다. 그래서 이처럼 동료 인간에 대한 잔인한 분노는 미국의 가장 종교적인 지역에 잔존하게 되었다.

그 후 약 75~100년 후 민권운동(the civil rights movement)을 통해 인종분리정책을 종식시키려던 시도들은 수많은 사람들의 희생을 포함하여 보다 큰 폭력과 고통을 초래했다. 오늘날 조지아 주 민주당 하원의원으로 활동하는 존 루이스가 1960년대에 극히 합법적 수단을 통해 인종분리를 종식시키려고 했을 때 "준법적" 경찰이 휘두르는 쇠몽둥이에 얻어맞았다.2) 소방차의 물대포와 경찰견이 남부 전역에서 시위자들을 겨냥했다. 아이들이 교회 안에서 폭탄에 의해 살해되었다. 민권운동가들은 납치되었고 처형당했다. 교회 출석률이 가장 높은 주들은 흑인 아동들의 입학을 막기 위해 공립학교들의 문을 폐쇄했다. 인종차별이 사라지는 것보다는 차라리 완전한 무지(無知)를 선택했던 것이다. 인종분리제도가 사라질 수밖에 없게 되었을 때, 그 지역에 팽배했던 분노를 아무도 부정할 수가 없다. 그 지역의 기독교는 그 분노를 정당화하고 조장한 것을 누구도 부인할 수 없다.

나는 이 시기에 인구 7,500명이 사는 노스캐롤라이나 주 동부에 위치한 작은 도시에서 살았다. 분노는 문자 그대로 사람들의 사적인 대화와 인종분리정책의 시행에 관한 정서적 태도에서 들끓었다. 마틴 루터 킹 2세가 1968년 "성서 지대"의 중심지인 멤피스에서 암살되었을 때, 어느 남부 신문의 논설위원은 흥겨워하면서 그는 당연한 대가를 받았다고 선언했다.3) 바로 이 논설위원들은 대부분의 경우 그들의 공동체에서 사회 및 종교 기관을 대변했으며 따라서 종교적 남부의 공식 대변인들이었다. 그들은 성서를 통독하고 교회에 출석하는 크리스천이면서도 판사들, 여러 배심원들 및 그 밖의 관리들과 함께 이런 폭력을 행사하는 데 계속 협력했다. 민권운동가들을 살해한 죄로 고발된 마지막 사람에 대한 판결이 2005년에 있었다. 그의 이름은 에드가 레이 킬렌이었고 그의 범죄는 제임스 채니, 앤드류 굿맨, 마이클 슈베너 등을 살해한 것으로서 1964년 미시시피 주 필라델피아에서 일어

---

2) 민권운동에서 John Lewis가 했던 역할은 David Halberstam, *The Children*에 자세히 나와 있다.

3) 버지니아 주 린치버그에서 Carter Glass III세가 발행하던 *Lynchburg News*가 그랬다. 또한 *Richmond Times-Dispatch*의 James Kilpatrick과 Ross MacKenzie도 그 악담의 논조가 뒤떨어지지 않았다.

난 사건이었다. 이 사람을 정당하게 재판하려는 이전의 모든 노력은 그 주에 있는 여러 계층의 사람들에 의해 좌절되고 말았었다. 그 이전의 재판들은 배심원들의 불참으로 무산되었다. 킬렌이 마침내 유죄판결을 받게 되었을 때 드러난 점은 그가 단순히 잘 알려진 KKK의 단원이었을 뿐만 아니라 더욱 심각한 것은 그가 침례교회 목사였다는 것이 신문기사에 실린 것이다.4) 참으로 종교와 분노 사이에는 실질적인 연관성이 있다.

우리가 개신교 목사들의 설교를 들을 때 이 연관성에 대한 증거는 더욱 분명해지는데, 목사들은 흔히 자신의 메시지를 받아들이지 않는 자들을 위해 하나님이 창고에 쌓아놓은 것에 대해 열을 뿜으며 토로한다. 이것은 종교적 분노를 징벌하는 신에게 투영한 것이 아닌가? 이런 개신교 부흥사들 못지 않게 로마 가톨릭 지도자들 역시 그들이 분리주의자들이라고 지탄하는 사람들의 운명에 대해 확실한 어조로 표현한다. 분노는 거듭해서 신의 재가(裁可)를 받는다.

기독교 역사를 통해 교회의 고위 직책을 맡은 자들이 종교적 박해에 공식적으로 참여한 사실들은 그 증거가 문서들로 남아 있다. 교회의 공식 입장에 동조하지 않는 자들은 출교되고 고문당하고 화형에 처해졌다. 나는 샌디에고 박물관에서 기독교 역사 어느 시기에 기독교 지도자들이, 소위 이단자들이라고 낙인찍힌 사람들에게 사용한 고문기계의 순회 전시를 본 적이 있다. 거기에는 희생자의 목구멍을 겨냥한 송곳이 붙은 철제 칼라도 있었는데 그것은 "개종"과 죽음 가운데 하나를 선택할 때까지 조일 수 있는 장치이었다. 또한 희생자의 창자를 토막내지 않은 채 버려둔 직무유기의 간수를 처벌하기 위해 사용

---

4) 레이 킬렌에 대한 판결은 2006년 6월 22일, CNN과 *New York Times*를 통해 전해졌다.

하는 도구도 있었다. 이런 것들이 종교적 분노의 발로라는 사실을 어느 누가 감히 부정할 수 있을 것인가?

종교 전쟁은 역사 가운데 가장 잔인무도한 것이었다. "십자군"은 교회가 허락한 고문과 테러 행위에 다름 아니다. 그들의 본래 목적은 단순히 이교도들을 살해하는 것이었고, 이것은 그들이 섬기는 하나님에 의해 정당화된다고 생각했다. 그러므로 분노는 종교적 향수의 냄새를 뿜게 된 것이다.

기독교는 여러 세기 동안 반-유대주의(anti-Semetism)를 조장했는데 그것은 "교부들"5)에서 시작하여 종교개혁 지도자들을 거쳐,6) 피우스 12세와 같은 교황에까지 미쳤다. 오늘날 많은 개신교 지도자들이 여전히 반-유대주의를 목청 높여 외치고 있다. 남침례교 총회에서 피선된 어느 지도자는 미국 텔레비전에 나와서 "전능하신 하나님은 유대인의 기도를 듣지 않으신다."고 말할 정도다.7)

이런 폭거적 수사(修詞)의 결과로서 유대인들은 크리스천 국가들로 구성된 유럽의 거의 모든 나라에서 빈번히 추방되었다. 추방되지 않은 자들은 집단주거지역(게토)에 갇혔다. 14세기에 페스트의 발생원인을 유대인들에게 돌린 반-유대주의는 20세기 나치 독일의 유대인 대

---

5) Polycarp, Jerome, John Chrysostom 등의 교부들도 포함된다. 이들의 반유대주의적 언사는 인터넷에서 폴리캅과 유대인들, 제롬과 유대인들, 존 크리소스톰과 유대인들을 치면 찾아볼 수 있다. 나의 책 *The Sins of Scripture*(『성경과 폭력』)을 참조하라.

6) 종교개혁의 아버지라 불리는 마틴 루터와 정도가 조금 약하기는 하지만 존 칼빈 모두가 유대인들에 대해 분노에 찬 글을 썼다. 미국의 복음주의적 루터교는 실제로 루터의 반유대주의에 대해 사과했다. 내가 랍비 잭 대니얼 스피로와 함께 쓴 책 *Dialogue in Search of Jewish-Christian Understanding*(『그리스도교 신앙의 뿌리와 날개』)의 머리말을 쓴 Frank Eakin(리치몬드대학교 종교학과 교수)의 글을 참조하라.

7) CNN의 Larry King Live쇼에 출현해서 이런 말을 한 사람은 Bailey Smith인데, 그는 이 프로그램에서 동성애자들이 자기의 아내가 수영복 입은 모습을 보기만 한다면 그들을 고칠 수 있다고 말하기도 했다.

학살(Holocaust)에서 그 참혹함이 절정에 달했다. 유럽의 기독교 국가들과 미국은 이 고난을 완화하기 위해 별로 또는 전혀 한 일이 없었다. 이것이 고금을 통하여 기독교 중심에 항상 현존해 온 살인적 분노를 대변하는 것이 아니라고 누가 감히 주장할 수 있겠는가?

전통적인 기독교의 가르침에서 경건과 스테인드 글래스를 벗겨내면, 분노의 오물 웅덩이 곧 시대마다 종교적 폭력을 끓인 솥단지를 발견하게 될 것이다. 크리스천들은 그들의 역사 가운데 이 부분을 자백해야만 한다.

이 분석이 나에게 제기하는 질문은 다음과 같은 것이다. 즉 기독교 자체 안에 도대체 무엇이 있기에, 혹은 기독교가 전통적으로 이해된 방식이 무엇이기에 도대체 예수의 제자들이라고 자처하는 사람들 속에 이토록 분노를 조장하고 실제로 그 분노를 분출했는가? 이 분노는 너무나 끔찍하고 편만하기 때문에 우연이거나 혹은 우연의 일치로 간주할 수는 없는 것이다.

이 종교적 분노가 내뿜는 고통을 느낀 것은 교회가 지목한 원수들만이 아니었다. 이 분노는 또한 신자들이 예배하러 모일 때 그들 자신을 향하기도 했다. 우리는 기독교 예배와 찬송가 가사에 자기-부정과 자기-거절에 관한 엄청난 내용이 들어있는 것을 증명할 수 있다. 이것은 하나님의 이름으로 적개심을 감소시키려는 것에 불과하다. 그러나 오늘날 어떤 집단은 이런 행태를 참 종교의 긍정적 표상으로 인정한다. 이것은 예배라는 것이 자기혐오를 체험하는 투기장이라는 사실을 드러내는 것이 아닌가?

우리는 하나님의 은총은 "놀라워"(amazing)라는 익히 아는 찬송가 (우리 찬송가 305장, 옮긴이)를 부른다. 왜냐? 그것은 나처럼 "비참한 죄인" (wretch)을 구원했기 때문이다! 우리는 묻는다. 왜 우리의 인간성을 폄하할 때 하나님의 은총은 최고라고 생각되는가? 다른 찬송가 "주 하나님 지으신 모든 세계"(우리 찬송가 79장, 옮긴이)는 전도자 빌리 그래함의 부흥집회와 관련된 것인데 거기서 하나님의 위대성은 예수가 우리의 죄짐을 스스로 진 행위에서 가장 잘 부각되었다고 한다. 또 한 가지 부질없는 것은 "그는 내 죄로 인해 죽었네"라는 찬송가가 주일 아침 예배에서 자주 들리는 것이다. 죄의식에 관한 이 강력한 메시지는 인간의 죄가 예수의 죽음을 불가피하게 만들었다고 한다. 우리 자신은 이 예배에서 구원의 드라마에 등장하는 악당으로 격하되는 것이 아닌가? 우리 찬송가 중의 하나는 이 사실을 극명하게 일러주고 있다.

> 누가 죄인입니까? 누가 죄를 당신에게 지웠습니까?
> 오, 예수여, 나의 반역죄가 그렇게 했습니다.
> 주 예수여, 그것은 나였습니다. 당신을 부인한 것은
> 나였습니다: 내가 당신을 십자가에 못 박았습니다.8)

기독교 예배가 계속해서 자비를 간구할 때, 그 간구는 인간을 무엇이라고 정의하는가? 우리는 "주여, 우리에게 자비를 베푸소서. 그리스도여, 우리에게 자비를 베푸소서. 주여, 우리에게 자비를 베푸소서."라고 읊조린다. 어떤 종류의 인간이 끊임없이 자비를 구걸하는가? 내재화된 분노가 생명의 근원이 될 수 있는가? 우리 인간은 절망적이고 비참하고 악하다는 말이 보탬이 될 수 있을까? 그것이 우리를 온전하게 만들까? 그것은 우리를 더욱 사랑스럽게 만들까?

교회가 이처럼 끊임없이 인간에 대한 부정적인 공격을 일삼는 것은 전통적으로 하나님을 징벌하는 어버이로 이해한 우리의 유신론적

---

8) Episcopal Hymnal(1940), 71장. Johann Hermann 작사(1630).

이해에서 직접 유래하는 것이라고 나는 생각한다. 기독교의 예수 해석 가운데 대부분은 예수가 갈보리 십자가에서 우리 대신 벌을 받았다는 것이다. 전적으로 무죄한 자가 신적인 피(divine blood)를 흘림으로써 하나님의 진노가 우리에게서 떠나갔다는 것이다. 우리의 죄악은 제거된 것이 아니라 덮어 씌워졌다고 한다. 따라서 우리는 유신론적인 내용으로 예배를 가득 채운다. 나는 하나님의 식탁에서 "부스러기를 집을 만한 자격도 없습니다." "나는 그 양의 피로 씻음을 받았습니다."고 고백하는 것이다.

만일 크리스천들이 잠시 멈추어 서서 이런 고백들에 대해 진지하게 생각해본다면, 이런 고백들이 우리의 정신건강에 양호한 것이 아니라는 것을 확실히 깨닫게 될 것이다. 끊임없이 죄의식을 불러일으키고 우리 자신을 폄하하는 메시지들은, 전통적으로 이해된 기독교가 타자에게 분노를 투사하는 것으로 특징지어진다는 사실을 보증하는 것이 아닌가? 그것은 죄의식을 기독교인 생활의 본질적 요소로 만들지 않는가? 교회는 인간 생활을 통제하기 위해 수세기 동안 죄의식을 무기로 활용하지 않았는가? 역사적으로 기독교의 기본적인 운영방식(modus operandi)은 신도들에게 그들의 실수, 무능함 및 나약성을 계속 각성시키는 것이었다. 이런 행태는 또한 기독교인들을 만성적으로 의존적인 존재, 심판자 하나님의 진노를 받아 마땅한 반역의 자녀들로 규정하는 것이 아닌가? 예수의 복음은 절망적인 죄인들이 스스로 자초한 운명으로부터 구원받는, 거룩하고 은혜로운 하나님의 이야기로서 매번 선포되지 않는가? 하나님에 대한 유신론적 이해에서 비롯되는 구원의 메시지는 인간을 특징짓는 어리석음과 본래적인 죄악성에 대한 죄책감으로 가득 차 있다. 그것은 하나님만이 제거할 수 있고, 우리는 다만 구걸하고 굴복할 뿐이며 영적으로 결코 성장하지 못하는 것이다.

우리가 그리스도 이야기를 전하는 전통적 방식은 하나님을 사람 잡아먹는 도깨비(ogre)로, 예수를 (자발적인) 희생자로, 그리고 우리 자신을 영원히 고마워해야 하며 전적으로 의존적인 성난 인간으로 만들어 버린다. 이것은 복음의 "기쁜 소식"일 수도 없으며 하나님의 사랑에 대한 표현일 수도 없다. 이런 사고방식은 우리를 자유롭게 해방시켜 우리가 지음받은 의도대로 온전한 인간이 되기 위해 필요한 능력을 결코 마련해주지 못할 것이다. 우리는 항상 절름거리고 상처를 입을 것이다. 결코 풍성한 생명에 이르지 못할 것이다. 구원받은 것에 대한 감사는 온전함으로 전환되지 않는다. 이 모든 것들은 인간 존재에 대한 전통적 정의에 따라 형성된 것이며, 교회는 이런 자세로 예배자들을 정기적으로 대한다. 분노의 중요한 원천이 크리스천 생활에 깊이 자리잡을 수밖에 없는 것이다. 폄하된 사람들은 항상 폄하한다. 학대받은 사람들은 항상 학대한다. 처벌받은 사람들은 항상 처벌한다. 이것이 인간의 특이한 법칙이다. 우리가 하나님과 예수를 이해하는 방법이 우리의 종교적 분노를 창출하는 데 크게 작용한 것이다. 그것은 우리의 편견을 정당화했고 우리에게 증오하라고 가르쳤으며 우리를 정서적으로 학대했고 우리가 어쩌면 영원히 벌을 받을 수밖에 없다고 일러주었다. 이렇게 함으로써 그것은 기독교 역사를 통해 기독교인들이 정기적으로 표출한 폭력을 조성했다.

2000년 하버드대학교 신학대학원에서 내 학생이었던 캐티 포드가 이 사실을 나에게 명백히 밝혀주었다. 그녀는 설교학 시간에 설교하면서 자기가 체험한 전통적인 기독교를 다음과 같은 말로 설명했다. "기독교가 우리에게 제시한 하나님은 그의 아들의 죽음, 불신자에 대한 저주, 여성의 종속, 십자군의 처참한 대량학살, 심판에 대한 공포,

동성애자들에 대한 분노, 그리고 노예제도의 정당화 등의 원인제공자라는 것입니다. 교회 신조에 표현된 아버지 하나님은 세상의 어떤 사람들은 선택하는 반면에 또한 어떤 사람들은 배척하는 신입니다. 그는 분노의 아버지, 남성에게 서품을 주고 여성을 억압하는 아버지, 현실적 및 정신적 노예제도의 아버지인 것입니다."

우리 크리스천들은 역사적으로 신앙 이야기의 근거를 하나님이 창조한 세계의 아름다움과 경이감이 아니라 인간의 가상적 타락에 두었다. 우리는 매튜 폭스(Matthew Fox)가 말한 "원복"(original blessing)보다는 오히려 "원죄"(original sin)라는 안경을 만들어 끼고 그것을 통해 예수를 본 것이다.9)

오늘날 종교가 그토록 포악하게 된 이유는 하나님에 대한 초자연적 개념 자체가 죽어버렸다는 사실, 공포와 통제의 종교가 유지될 수 없다는 사실을 우리가 의식적 차원과 무의식적 차원에서 알고 있기 때문이다. 우리는 이 하나님의 죽음을 받아들일 능력이 없기 때문에 우리의 불안은 고조되고, 우리의 방어벽을 더욱 높이 쌓지 않을 수 없다. 그것은 또한 히스테리에 가까운 종교적 분노를 일으킨다. 그럼에도 불구하고 한 가시 사실 곧 유신론적 하나님은 죽고 있다는 사실, 아마도 이미 죽었을 것이라는 사실은 부정할 수 없는 사실이며, 우리는 어떤 방법으로도 이 현실을 부정할 수 없다.

우리는 유신론적 신이 하늘 위에서 장부책을 기록하면서 우리의 공과(功過)를 근거로 상벌을 주려 한다고는 더 이상 믿지 않는다. 우리

---

9) 역자주: 매튜 폭스, 황종렬 역, 『원복』 (분도출판사, 2001). 34년 동안 도미니크 수도회 회원으로서 창조영성의 주창자였던 매튜 폭스는 추기경 조셉 라칭거(현 교황 베네딕트 16세)에 의해 가톨릭교회에서 출교된 후 미국 성공회에 소속했으며, 라칭거 추기경이 교황에 선임되자 그 날 밤에 95개 논제를 작성했다. *A New Reformation: Creation Spirituality and Transformation of Christianity*(2006).

는 수학적으로 정확한 자연법칙이 시계 장치와 같은 우주를 관리하는, 질서정연한 세계에 살고 있다. 신의 뜻을 성취하기 위해서나, 또는 자비를 위한 것이든 치유를 위한 것이든 간에 신자의 간절한 기도에 응답하기 위해서, 유신론적 신이 위로부터 개입한다는 것은 더 이상 믿을 수 없다. 기적과 마술은 모두 우리 세계에서 사라졌다.

우리는 오늘날 진화에서 자연선택과 적자생존에 대한 다윈의 개념, 그리고 DNA 증거를 통해,10) 인간이란 우리가 한때 가르친 것처럼 천사보다 조금 열등한 것만이 아니라 우리가 지금 이해하는 것처럼 원숭이보다 조금 우월하다는 것을 알고 있다. 진화에 대한 종교적인 반대는 그 반대자들의 저의(底意)를 드러낸다. 진화는 우리에게 인간의 의미에 대한 새로운 정의를 환영하라고 촉구하기 때문이다. 인간 존재는 사실상 생명이 펼쳐내는 통일체의 일부분이다. 우리는 원숭이에서 배추에 이르기까지 모든 살아있는 생물들과 깊이 연결되어 있다. 인간 존재가 지닌 특유한 사실은 우리 안에서 이 생명의 실재가 완전히 자아 의식화되었다는 것이다.

기독교인들은 이제 더 이상 이런 현실을 부정하면서 살 수는 없다. 유신론은 도덕적으로 중립적인 것이 아니다. 유신론의 소멸은 거부할 수 없는 대세이기도 하다. 그 진실이 드디어 우리 눈앞에 다가오고 있다. 우리는 유신론으로부터 벗어나는 것이 새로운 인간성과 새로운 성숙함으로 들어가는 문이 될 것이라고 감지하게 되었다. 그것은 또한 유신론이 육성한 인간 타락의 부정적 이미지를 부드럽게 함으로써

---

10) DNA는 모든 생명의 세포 형태들의 생물학적 발전을 지시하는 유전 정보를 담고 있다. 그 연대는 35억 년에서 46억 년 전으로 소급되는 것으로 간주된다. Francis Crick과 James D. Watson이 1953년에 발견한 DNA는 모든 생명체들 사이의 관계를 이해하는 데 도움을 준다. 인간의 DNA는 99%가 침팬지와 동일하며, 양배추와도 상당한 유사성을 공유하고 있다.

종교적 분노 지수를 감소시킬 수 있을지도 모른다. 타락한 인간을 용서하기에 앞서 자신의 아들의 죽음을 요구하는 신을 그 누가 필요로 하겠는가? 그것은 하나님을 신적인 아동 학대자(a divine child abuser)로 둔갑시키는 것에 불과하다. 우리는 그런 신의 죽음을 기뻐해야 한다. 그런 신의 방식대로 자녀를 대하는 부모는 비도덕적이라고 규정될 것이다. 나는 지금 유신론적 하나님 역시 비도덕적이라고 선포해야 할 적절한 시기가 되었다고 생각한다. 우리가 유신론을 넘어서는 일, 하나님에 대한 유신론적 이해로부터 예수에 대한 이해를 분리시키는 것은 단지 도덕적 명령에 그치는 것이 아니다. 그것은 사랑의 기독교가 미래로 가는 오직 하나의 좁은 길이다. 그러므로 예수를 유신론적 신의 성육신으로 보는 견해는 소멸될 수밖에 없는 운명이다. 우리는 새로운 가능성들을 향해 중단 없이 전진해야만 한다. 우리가 유신론과 결별할 때 그것은 가능하다고 생각한다.

나는 오늘날 제도적 기독교 안에서 어떤 일이 일어나고 있는지에 대해 관심이 없다. 나의 견해를 말하자면, 그것은 임종 직전에 허공을 향해 내젓는 마지막 헛손질에 불과하다. 현대 교회는 권위, 성서, 여성, 성, 동성애와 같이 벌벌 알지도 못하는 사실들에 대한 지는 싸움에 모든 에너지를 쏟고 있다. 오늘의 교회 상태를 가장 잘 보여주는 사실은 제도적 기독교 안에 표출되거나 또는 은폐된 분노이다. 어떤 제도가 방어할 수 없는 것을 방어하려고 시간을 낭비할 때, 그것이 본질적 진리를 선포할 새로운 형식을 모색하는 책임을 포기할 때, 그것이 우리가 세계에 관해 알고 있는 모든 지식에 역행하는 신화로 포장된 예수를 세상에 제시하거나 아니면 예수를 전혀 재현하지 못할 때, 그것이 진리보다는 일치를 부추길 때, 그것은 분명히 그 제도가 붕괴되는 순간이거나, 아니면 과감한 새로운 방향전환의 계기인 것이다. 진정

다른 길이 있음에 틀림없다.

　이제 나는 그 길을 제시하려고 한다. 나는 전통적 예수 해석과 결별하는 반면에, 예수 체험에 대해 진실한 새로운 기독론의 윤곽을 그리고자 한다. 여기서 점차 나타나게 되는 초상화는 한 인간의 삶 속에서 인간이 신을 향해 개방하며, 거룩한 것은 현실적인 것과 동떨어진 것이 아니라 거룩한 것이 현실적인 것을 표현하는 삶의 초상화이다. 이것이 내가 "비종교인을 위한 예수"라고 부르는 초상화이다.

제22장

예수: 부족 경계선의 파괴자

모든 유신론적 종교 체계가 부족적 사고방식의 표현이라는 점에서, 종교는 결국 모든 인류의 자산이 아니라는 것이 판명될 것이다.

내가 어릴 때 자라난 노스캐롤라이나 주는 북쪽으로는 버지니아와 남쪽으로는 사우스캐롤라이나 사이에 자리잡고 있다. 그 때 나는 우리 주(州)의 명성을 높이는 일에 동참하면서 노스캐롤라이나를 "절망의 두 골짜기 사이에 있는 희망의 봉우리" 또는 "자만의 두 봉우리 사이에 있는 겸손의 골짜기"라고 말하기도 했다. 나는 주와 관련된 이런 자부심의 자기-확대가 소위 부속수의(tribalism)라는 인간생존 기능의 다른 표현이라는 생각을 하지 못했던 것이다. 인간은 정의상 부족의 인간이다. 자의식이 생겨날 때, 부족주의는 생존의 지름길이었다. 우리는 부족주의를 선택했고 그것에 근거해서 인간을 정의했다. 유신론적 하나님은 부족의 하나님이 된 것이다.

부족적인 사고방식은 국제적인 것에서 지역적인 것에 이르기까지 인간 생활의 거의 모든 차원에 존재한다. 오늘날 미국은 수많은 부족들로 구성된 다인종 다문화 국가다. 그러나 2001년 9월 11일, 미국이 다른 나라와 문화의 테러리스트들에게 공격을 받았을 때 미국 국민들은 한 민족처럼 뭉쳤고 또한 전통적인 부족적 방식으로 대응했다. 가정과 직장에서 예전에 볼 수 없었던 성조기가 휘날렸다. 베트남 전쟁이 한창이던 한 세대 이전에 성조기가 불에 타고 반미(反美)주의가 예외가 아니라 원칙이던 바로 그 대학 교정에서 자동차와 자전거에는 성조기가 나부꼈다. "하나님은 미국을 축복하신다"(God bless America)는 노래가 모든 공식 집회에서 울려 퍼졌다. 나는 이것이 기도였는지 아니면 명령이었는지 잘 모르겠다. 여하간 미국의 집단적 목표가 공격자들을 처벌하고 심지어 박멸하라는 통일된 의지로 표명되었던 것이다.

월드컵과 같은 국제경기에서 여러 참가국들의 부족적 사고방식은 관중석에서 극명하게 드러난다. 그 국가를 상징하는 색깔로 물들인 옷을 입고 얼굴과 몸에 색칠을 하고 정열이 넘쳐난다. 중남미에서는 축구경기의 패배가 전쟁 선포의 원인이 된 적도 있었다. 부족주의는 민족국가의 차원에서 명백하게 나타나는 동시에 낮은 차원에도 여전히 존재한다. 주(州)에 대한 충성과 지역 간의 경쟁도 부족적 열정으로 넘쳐난다. 우리는 뉴욕 양키스 대 보스턴 레드 삭스의 야구경기가 얼마나 부족적 감정이 짙은지를 보면 이를 알 수 있다. 심지어 같은 지역 안에 있는 대학 간의 대항전은 이런 감정을 조장하는데 이것은 관중석을 온통 메울 뿐만 아니라 동문들까지 그 감정의 절정에 이르게 하는 것이다. 그것은 나이든 졸업생들이 젊은 시절의 부족적 충성심을 결코 버릴 수 없기 때문이다. 세계적으로 가장 유명한 것들 중에 몇 개만 소개하자면, 케임브릿지 대 옥스퍼드, 하버드 대 예일, 버지니아 대학 대 버지니아 공대, 노스캐롤라이나 대 듀크, 혹은 텍사스 대 텍사스 A&M과 같은 전통적 대학 간의 대항전은 부족적 수사로 넘친다. 버지니아 대학 학생이 버지니아 공대 야외 운동장에 인조 잔디를

간 이유를 설명하면서 "그들의 홈커밍 퀸이 잔디를 모두 먹어버렸기 때문이다."고 했다는 것이다.

부족주의는 우리가 원수들을 묘사하는 방식에서 부각된다. 어떤 뉴질랜드 운동복에는 "나는 두 팀, 곧 뉴질랜드 팀과 또한 오스트렐리아와 맞붙는 어느 팀이나 응원한다."고 쓰여 있다. 전쟁 때 부족감정이 격화되면 부족적 선전은 항상 우리 원수를 비인간화함으로써 양심의 가책 없이 손쉽게 증오하고 살인하게 만든다. 우리는 전쟁에서 인간을 죽이는 것이 아니다. 우리의 희생자는 어느 사람의 자녀나 배우자나 부모가 아니다. 우리는 헝가리놈들(the Huns), 독일놈들(the Krauts), 일본놈들(the Japs), 베트콩(the VC), 반란자들, 광신자들 혹은 테러리스트들을 죽이는 것이다. 인간의 부족적 본질에 대한 이런 통찰력 없이는 제2차 세계대전 중 난징(南京) 대학살(1937년 12월에서 1938년 1월 사이에 일본군이 중국인 34만여 명을 잔인하게 학살한 사건 - 옮긴이), 베트남 전쟁의 미라이(My Lai) 학살(1968년 3월 16일 미군이 베트남에서 주로 여성과 어린이 등 347~504명을 학살한 사건 - 옮긴이), 혹은 제2차 아랍전쟁 때의 아부 그라이브(Abu Ghraib) 수용소 사건(미군 점령 후 7,000명까지 수용했던 이곳에서 미군 헌병대와 CIA에 의한 조직적인 고문과 학대가 있었다 - 옮긴이) 등을 파악할 수 없을 것이다. 부족중심의 사고방식은 모든 인간 속에 깊이 깃들어 있다. 우유부단한 편견에 사로잡힌 서구인들은 아프리카의 부족 전쟁이 마치 전근대적이거나 또는 개명되지 못한 것처럼 치부한다. 그들은 서유럽이 항상 부족의 혈통에 따라 분열된 것과 거의 모든 인간의 분쟁이 부족의 역사에서 비롯된 것을 인식하지 못하는 것 같다. 즉 영국은 앵글로 색손 족에 의해 지배되었고 프랑스는 프랑크 족의 나라이며 독일은 게르만 족들, 특히 프로이센 족들의 연합으로 세워진 나라이며 헝가리는 훈스 족의 나라인 것이다. 우리 모두에게는 우리 자신과 다른 부족들에 대한 기본적, 지배적, 본질적 공포와 그들에 대해 방어하고 그들을 배척하고 그들을 공격하고 심지어 그들을 죽이려는 성향이 있다. 이런 부족전통은 우리 속에 깊이 자리 잡은 생존의식에서 일어나며 또한 그것은 우리의 불안전한 인간성 중심에 파괴적인 공격성을 키운다. 우리는 근본적으로 부족적 인간들이다. 우리가 의식적으로 수긍할 수 없을 정도로, 기독교를 포함한 세계종교들은 우리의 부족적 사고방식에서 연유되었고 또한 그런 사고방식을 뒷받침하고 있다. 세계종교들은 모두 부족의 유신론적 보호자를 숭배하는 부족적 사고방식의 심오한 표현이기도 하다.

그러나 우리가 부족적 태도에 빠지면 빠질수록, 우리의 삶은 증오로 인해 더욱 소진된다. 그 직접적인 결과는 우리가 비인간화되는 것이다. 부족적 갈등 시대에는 우리의 자연적 생존충동이 지배적이었고 그것이 우리 원수들에게 투사되었다. 공동의 적이 있을 때는 우리의 증오심이 항상 외향적이다. 정치적 단합은 부족적 공포를 증폭시키는 동시에 증오의 대상인 적을 확인함으로써 형성된다. 히틀러는 유대인들에 대한 독일인의 잠재적 증오심을 나치 운동의 정책으로 활성화시킴으로써 권력을 장악했다. 미국에서는 눈에 보이는 공동의 적에 대한 인종적 또는 성적인 공포가 정치적 승리를 쟁취하게 만들었다. 원수를 섬멸하는 것은 생존의 지름길이며 원수에게 패하는 것은 파멸로 가는 지름길이라고 믿는다. 부족의 분열은 항상 우리의 증오와 편견, 방어의 정도를 더욱 높게 만든다. 이런 부족적 사고방식은 진화과정을 거치면서 당연히 인간의 생존투쟁을 위한 자산이었다. 그러나 이것이 극복되지 않으면 보다 심원한 인간성은 존재할 가능성이 없다.

우리가 우리의 생존을 위협하는 자들을 증오하는 한, 참다운 인간이 될 수 없다. 최근에 폭탄 자살자들의 현상은 이런 의식을 충분히 밝혀주었다. 참된 인간성은 항상 부족의 생존 욕구와 부족주의 사고방식의 희생제물이 되고 말았는데, 부족주의 사고방식은 자의식이 생긴 이래로 인간 사회의 한 부분이었다. 그러나 만일 예수의 목적이 과거나 지금이나 생명을 풍요하게 하는 것이라면, 우리의 부족적 사고방식과 부족적 공포를 정면으로 다루기 전에는 그 목표가 성취될 수 없다는 사실을 인식할 필요가 있다. 예수는 본래 부족의 하나님이었던 유신론적 신이 성육신한 사람이라는 견해는 이 문제를 다루지 못할 것이다. 모든 민족의 모든 종교 체계와 부족의 증오를 정당화하는 그들의 유신론적 하나님 묘사에는 이와 같은 요소들이 지나치게 많다.

부족적 증오는 그 희생자의 인간성을 파괴한다. 그것이 목적이다. 그러나 부족적 증오는 증오하는 자들의 인간성도 파괴한다. 사람들은 이 사실을 잘 이해하지 못하고 있다. 모든 유신론적 종교체계가 부족적 사고방식의 표현이라는 점에서, 종교는 결국 모든 인류의 자산이 아니라는 것이 판명될 것이다. 이것은 다른 경우에서와 같이 유신론적 종교의 능력으로 포장된 예수의 경우에도 마찬가지다.

이스라엘 부족의 하나님은 나사렛 예수가 살았던 1세기 유대 사회에 여전히 선새하게 살아 있었나. 그너므로 참 사람인 예수가 이 부족적 사고방식과 대결한 것은 불가피했다. 이제 우리의 첫 번째 과제는 예수 체험에는 무엇이 있었기에 제자들로 하여금 그에게서 변혁적인 하나님-현존(a transforming God-presence)을 만났다고 확신하게 했는지를 이해하는 것이다. 그리고 예수가 부족적 사고방식을 어떻게 처리했는지, 또한 제자들이 부족의 경계선을 넘어서 예수의 삶이 일목요연하게 보여준 인간의 완전성을 지향하도록, 예수 체험이 어떻게 제자들에게 능력을 부여했는지에 대해 주목하는 것이다.

예수가 대결한 부족의 경계선은 인간의 궁극적인 단층선(斷層線),

곧 유대인의 세계관을 형성한 단층선에서 볼 수 있었다. 유대인들은 세계를 둘로 나누어, "우리"라는 자기들의 작은 나라 구성원들과 "그들"이라는 이방인들로 나누었다. 모든 유대인들은 이 구분을 원칙으로 삼고 살았다. 유대인들은 하나님의 "선택받은 백성"이었고 이방인들은 하나님의 "선택받지 못한 백성"이었다. 유대인들은 하나님의 뜻을 안다고 확신했다. 하나님이 시내 산에서 그들에게 토라를 주면서 살아가는 법과 예배하는 법을 가르쳤기 때문이었다. 유신론적 신을 기쁘게 하는 것은 하나님이 그들을 사랑하고 보호하며 또한 방어하게 하는 방편이었는데, 이것은 부족 신들이 창안된 목적이기도 했다. 반면에 이방인들에게는 토라도, 하나님의 계시도 그리고 율법도 없었다. 그러므로 그들은 불결하고 할례 받지 못했으며 불결한 음식을 먹고 사는 백성으로 간주되었다. 유대인들은 이방인들과 함께 먹지 않았다. 이방인들과는 결혼하지 않았다. 심지어 이방인들과는 인간관계를 맺지도 않았다. 예수 시대에 유대인들의 인간성은 이런 부족의 경계선을 그 특징으로 했다. 여기서 제기되어야 할 질문은 이런 것이다. 즉 만일 그들이 비-유대인들을 모두 배척하는 데 몰두했다면 어떻게 온전한 인간이 될 수 있을까? 이것이 1세기 유대인 사회가 당면한 부족의 딜레마였으며, 참 사람(fully human) 예수는 그 딜레마 속으로 걸어들어 갔다.

그 다음 우리의 과제는 예수가 가시적이고 공개적으로 행사한 변혁적 능력의 메아리들을 복음서 전승 속에서 추적하는 것이다. 우리는 이 메아리들을 통해 예수의 삶 속에 현존하는 능력, 곧 사람들이 하나님과 동일시하기 시작한 능력을 가리키는 일관된 초상화를 발견할 것이다.

비록 예수의 지상 생활이 기원후 30년경에 끝났다고 할지라도, 예수의 능력은 여전했기 때문에 바울이 50년대 초에 편지를 쓸 당시에도 그렇게 놀라운 것이었다. 따라서 그것은 마치 외계에서 온 메시지처럼 그의 독자들에게 충격을 안겨줄 정도였다. 바울은 갈라디아 사람들에게 편지하면서, 사람들이 예수와 함께 가진 그리스도 체험을 통해 그들의 부족적 장벽은 모두 무너졌다고 했다. 그리스도 안에는 "유대 사람도 그리스 사람도," 유대 사람도 이방 사람도 없었다(3:28). 몇 년 후 바울은 로마인들에게 예수 체험에 대해 같은 의미를 전했다. 그는 거기서 구원은 예수의 인격 안에 임재하는 하나님에게서 오고 "유대 사람을 비롯하여 그리스 사람에게"(1:16)까지 이른다고 했다. 바울은 몇 구절 뒤에 "하나님께서는 사람을 차별함이 없이 대하시기 때문입니다"(2:11)라고 말했다. 나중에 바울은 이렇게 주장한다. 즉 "유대 사람이나, 그리스 사람이나, 차별이 없습니다. 그는 모든 사람에게 똑같이 주님이 되어 주시고, 그를 부르는 모든 사람에게 풍성한 은혜를 내려 주십니다. 주님의 이름을 부르는 사람은 누구든지 구원을 얻을 것입니다"(10:12-13). 이것은 실로 놀라운 선언이다. 예수의 능력은 바울의 부족적 경계선을 확장시켰고 바울을 통하여 예수의 추종자들은 세세를 포용하도록 만들었나.

골로새서에서는 바울 혹은 그의 제자 중의 하나가 부족의 정체성을 척결하는 똑같은 초월적 메시지를 진술한다. 그는 기록하기를 "여러분이 그리스도와 함께 살려주심을 받았으면"(3:1) "거기에는 그리스인과 유대인도, 할례 받은 자와 할례 받지 않은 자도, 야만인도 스구디아인도 종도 자유인도 없습니다. 오직 그리스도만이 모든 것이며, 모든 것 안에 계십니다"(3:11). 이런 주장들은 온전히 이해가 된다면, 여전히 그리스도 체험에 대한 강력하고도 심원한 진술인 것이다. 이처럼 예수에게는 우리로 하여금 백만 년 이상 묵은 부족적 정체성의 특성인 인간의 생존본능을 물리치게 하고 새로운 차원의 인간성(a new level of humanity)으로 초대하는 그의 음성을 듣게 하며 삶을 변혁시키는 그 무엇이 있었던 것이다. 이것은 타락한 자를 구원하기 위해 침입하는 신(an invading deity)의 초상이 아니다. 이것은 오히려 다른 사람들에게 깊은 의미에서 참 사람(fully human)이 되는 능력을 부여함으로써, 그들이 원시적 생존욕구를 위해 구축한 안전망에서 탈출하도록 만든 한 사람의 이야기다. 그것은 인간 의식의 돌파에 해당되는 것이다.

이것을 인식하게 되면 신약성서 거의 모든 페이지에 나타나 있는 이 주제를 파악할 수 있다. 사람들이 예수에게서 발견한 본질 자체는 새로운 인간성(new humanity)에 대한 총체적 변화의 의미였다. 그것은 사람들이 예수 체험에서 가졌던 기억 속에 깊이 간직되었다. 처음 기록된 복음서에서 마가는 레위라는 사람, 곧 증오의 대상인 이방인 정복자들의 피고용인이 됨으로써 자기의 신앙과 부족의 주체성을 저버린 유대인 세리(稅吏)에 대해 언급한다. 그 당시 유대인 기준에 의하면 그는 불결했으나, 예수는 그로 하여금 그 장벽을 넘고 자기의 제자가 되게 했다(마가 2:13-15). 레위는 응했고 그렇게 되었다. 그것은 변혁적인 예수 기억(a transforming Jesus memory)이 되었다.

마가는 나중에 보다 구체적으로 언급하기를 예수가 갈릴리 바다를 건너 유대 지역을 떠날 때 큰 무리가 그를 따랐다고 했다. 그는 무리들이 "유대와 예루살렘과 이두매와 요단 강 건너편과 그리고 두로와 시돈"(3:7-8)에서 온 것으로 본다. 이 지역 중 여러 곳, 특히 요단과 두로와 시돈 건너편 지역들은 이방인들이 거주하는 곳이다. 예수는 "불결한" 이방인들에게 그의 화해의 메시지를 선포했고, 그렇게 함으로써 그의 추종자들이 부족의 경계선을 넘어 새롭고 고양된 인간성, 곧 다른 부족을 증오하거나 두려워하거나 폄하하지 않는 새로운 인간성의 의미를 맛보도록 촉구했다. 내가 이미 언급한 바와 같이, 마가는 십자가 밑에 서 있던 이방인 군인이 예수 죽음의 의미를 처음 해석한 자로 보고 자신의 복음서를 마무리한 것은 결코 우연이 아니다. 하나님은 예수의 삶 속에서 하나의 능력으로 나타났는데, 그 능력은 남들에게 심지어 "다른" 부족들에게도 줄 수 있었던 능력이지, 부족적 증오심 배후에 숨기는 능력이 아니었다. 예수의 이런 참 사람의 모습은 후대에 예수상과 예수 기억을 압도한 모습, 즉 예수를 희생제물로 보는 사고방식(sacrifice mentality)을 훨씬 능가한 것이었다.

마태는 어떤 면에서 복음서 저자들 중에 가장 유대적이고 따라서 부족의 경계선에 대해 가장 민감한 사람이었을 것이다. 그럼에도 불구하고 마태는 예수에 관한 이야기를 부족적 사고방식을 타파하고 부족의 경계선을 넘어서기 위한 틀 속에서 해석한다. 마태는 예수의 출생, 죽음 및 부활에 이르는 생애의 일관된 주제를 발견하고 격찬하면서, 인간 생활의 궁극적인 것에서부터 사소한 것에 이르기까지, 부족의 경계선이 어떻게 예수에 의해 변형되었는지 보여주고 있다. 그는 계속해서 선포하기를, 우리 인간성에 한계를 설정하고 원시적 생존의식에 우리를 묶는 것은 그것이 어떤 것이든 간에 예수 체험 안에서는 잔존할 수도 없고 잔존하지도 못할 것이라고 한다.

마태는 예수의 출생을 알리기 위한 하늘의 빛나는 별 이야기로 그의 복음서를 시작한다. 그 별빛은 유대 민족의 경계선 안에 사는 사람들의 눈에만 국한된 것이 아니다. 별은 모든 인간이 볼 수 있는 우주적 상징이다. 마태는 말하기를 이 별은 이방의 박사들이, 그가 주장하는 것처럼, 예수가 출생한 곳으로 오는 여정에서 공포와 위협으로 쌓아올린 부족의 장벽을 뛰어넘도록 인도했다고 한다. 이것이 그의 첫째 이야기가 주는 의미이다. 우리는 동방박사들의 이야기를 문자화함으로써 그 뜻을 놓쳐서는 아니 된다. 이것은 그 옛날 이동하는 별을 따랐던 사람들에 관한 실화가 아니다. 박사들은 예수를 찾아온 상징적 이방인들이라는 이해를 통해서 이 이야기를 정확히 읽어내지 못한다면, 우리는 어쩔 수 없이 마태의 놀라운 결론을 놓치고 말 것이다. 왜냐하면 이 복음서의 마지막 이야기는 똑같이 강력하고 포용적이기 때문이다. 마태는 자신의 이야기에서 부활한 그리스도가 갈릴리에 있는 산 정상에 서 있는 것으로 묘사한다. 그는 거기서 부활한 예수가 그 제자들에게 한 마디의 말씀만을 남겼다는 것이다. 이 저자의 생각에는 그 마지막 말씀이 확실히 의미심장한 것이었음에 틀림없다. 그것은 무엇이었을까? 그 말씀은 이방인들을 유대인 예수에게 인도했던 별에 관한 역(逆) 메시지(reverse message)였다. 마태는 예수의 마지막 말씀이 그의 유대인 제자들을 이방인의 땅으로 가라고 촉구하는 것이었다고 선언한다. 즉 "그러므로 너희는 가서, 모든 민족을 제자로 삼아서 ... 내가 너희에게 명령한 모든 것을 그들에게 가르쳐 지키게 하여라[예를 들면 내가 너희를 사랑한 것 같이 다른 사람을 사랑하여라]. 내가 세상 끝 날까지 항상 너희와 함께 있을 것이다"(28:19-20). 부활한 예수는 제자들로 하여금 이방인들에게로 가, 너희의 공포의 경계선을 뛰어넘으라고 말한 것이다. 다른 사람들 곧 네가 불결하다고 규정한 사람들에게 가서 하나님의 경계선 없는 사랑을 선포하라는 것이다.

이 구절뿐만 아니라 기독교의 중심인 선교 명령은 제국주의적인 기독교가 지난 몇 세기 동안 주장했던 것같이 이교도들을 개종시키기 위해 고안된 것이 아니다. 그것은 다른 사람들의 생각을 당신의 하나님 이해에 맞추도록 만들라는 명령이 아니다. 그것은 오히려 새로운 인간성, 곧 부족의 경계선 및 생존의 본능 너머로 신장된 새로운 인간성의 체험에 동참하라는 초대인 것이다. 그것은 인간의 삶을 항상 드높이며 기존의 안전망을 뛰어넘게 하여 생명을 주는 사랑의 능력(life-giving power of love)을 모든 사람들과 나누라는 요청이다. 이것이 예나 지금이나 예수 체험의 모든 것이다.

우리는 누가복음에서도 이처럼 참 사람이 되기 위해 부족적 사고의 안전망을 벗어버리고 모든 인류를 포용하라는 주제를 극적으로 다시 보게 된다. 누가복음서와 사도행전의 저자인 누가는 예수가 그 생애와 사역을 나사렛이라는 초라한 마을, 곧 유대 사회의 변두리에서 시작했다는 이야기를 창작했다. 그 다음에 예수는 유대 사회의 중심인 예루살렘으로 들어가 그 도시의 종교적인 열광자들과 부족적인 사람들에게 사랑의 능력을 가르친다. 누가는 예수나 그의 제자들이 갈릴리로 다시 돌아왔다고 하지 않는다. 오히려 그는 이처럼 새롭게 떠오르는 보편주의(universalism)가 이방인들의 세계 속으로 파급되고, 마침내 비유대인 사회의 수도인 로마로 확산되는 것으로 자신의 이야기를 마감한다.

누가는 그의 독자들에게 예수의 제자들이 예수의 생애의 의미에 대한 증인들이었다는 사실을 상기시키는 것으로 그의 복음서를 끝내는데, 예수의 생애가 고난, 죽음, 부활을 거친 것은 오직 "예루살렘으로부터 시작하여"(24:47) 모든 민족들을 초청하려는 목적 때문이었다. 당신은 이제 부족에서 벗어나 인간성으로 넘어가야 한다고 그는 말한다. 누가는 사도행전 첫머리에서 예수가 이 행진 명령을 반복한 것으로 만든다. "너희는 … 예루살렘과 온 유대와 사마리아에서, 그리고 마침내 땅 끝까지 이르러 내 증인이 될 것이다"(1:8). 땅 끝은 이방인들이 사는 곳임을 깨닫기 바란다. 그의 말은 사실상 당신의 인간성을 위축시키는 생존의식을 극복해야 한다는 것이다. 당신은 다른 부족의 사람들, 당신의 안전을 위해 증오해야 하며 불결하다고 배운 사람들에 대한 부족의 장벽을 넘어서라는 것이다. 예수에게는 부족의 경계선들을 지워버리고, 사람들로 하여금 안전장치로부터 벗어날 것을 요구하며, 보호주의라는 장벽에 매이지 않은 새로운 인간성으로 나아가게 만드는 무엇이 있다. 이것이 바로 인간 예수 안에서 하나님의 현존을 체험했다는 심원한 의미의 차원이다.

끝으로 누가가 사도행전에서, 공포에 사로잡혀 다락방에 몸을 숨겼던 제자들에게 성령이 임하는 이야기를 할 때, 예수의 체험적 의미가 매우 극적으로 재차 확인된다. 이 이야기에서 예수의 제자들은 교회 곧 그리스도의 몸(the body of Christ)으로 부름 받는다. 이 오순절 이야기에서 성령의 임재는 제자들로 하여금 모든 부족의 경계선들을 넘어서도록 만드는데, 이런 현실은 제자들이 사용한 다양한 언어, 곧 청중들이 이해할 수 있는 언어를 구사한 것으로 상징화되었다. 누가는 그의 청중들이 이 메시지의 온전한 능력을 받은 사실을 확인하기 위해 덧붙이기를, 그들은 "바대 사람과 메대 사람과 엘람 사람이고, 메소포타미아와 유대와 갑바도기아와 본도와 아시아와 브루기아와 밤빌리아와 이집트와 구레네 근처 리비아의 여러 지역에 사는 사람이고, 또 나그네로 머물고 있는 로마 사람과 유대 사람과 유대교에 개종한 사람과 크레타 사람과 아라비아 사람"(행 2:9-11)으로 구성되었다고 했다. 1세기에 알고 있었던 지리학 지식의 수준을 고려할 때, 이것은 매우 인상적인 세계관으로서 서쪽에 있는 리비아와 로마로부터 그리스를 거쳐서 아랍, 페르시아 및 바빌로니아, 그리고 오늘날 이라크 중심부에 있는 티그리스와 유프라테스 강에 의해 만들어진 계곡에 자리한 메소포타미아까지 뻗어나가는 것이다.

신약성서의 이런 모든 이야기들은 예수 체험의 의미가 사람들로 하여금 생존을 위한 장벽들을 허물도록 만들고, 부족, 언어 및 공포로 가득 찬 안전지대를 벗어나게 했음을 밝히려는 것이다. 이 성서적 증인들의 명단이 전하는 것은 우리 자신들도 삶의 의미와 하나님의 의미를 모든 사람에게 전달하는 인간으로 변화하도록 초청받았다는 것이다. 이것이 예수가 주려던 선물이었다.

우리가 복음서에 기록된 이 그리스도 의미(Christ meaning)를 간파할 때, 복음서 저자들이 전하려는 것은 부족적 메시지, 곧 죄인들을 구원하고 잃은 자를 찾거나 우리의 불안전을 해소시키려는 부족적 메시지가 아니라는 사실을 깨닫게 된다. 그것은 오히려 예수의 현존을 체험한 자들로 하여금 예수에게서 만난 온전한 인간성을 자기 자신들이 새롭고 포용적인 삶으로 살아내라는 메시지였다. 그것은 사람들로 하여금 공포와 위기를 무릅쓰고 방어벽 밖으로 뛰쳐나와 예전에 미처 몰랐던 방식으로 참 사람의 길에 투신하라는 부름이었다.

이런 초청을 제안하고 그의 제자들로 하여금 이런 새로운 삶의 방식으로 초대한 것은 예수의 완전한 인간성이 지닌 능력이었다. 우리의 인간성이 공포로 위축되고 스스로 구축한 안전벽 뒤에 몸을 숨길 때, 우리는 필연적으로 생존지향적 인간들 사이에서 갈등을 빚게 마련이다. 우리가 삶을 더욱 풍성하게 해주는 완성을 추구하면서 우리와 다른 방식으로 살아가는 이웃을 사랑하라는 요청을 받을 때, 사람됨의 의미에 대해 매우 다른 이미지를 갖게 될 것이다. 참 사람 예수 안에서 우리가 보는 것은 하나님의 생명으로 들어가는 유일한 길은 우리의 인간성 곧 완전한 인간성의 의미 속으로 걸어 들어가는 길뿐이라는 사실이다. 기독교가 늘 가르친 것처럼 신성(divinity)은 우리를 인간 이상의 존재로 만들지 못한다. 신성은 오히려 인간성의 충만함(fullness of humanity) 곧 한계가 사라지고 증오가 가시고 새로운 피조물이 나타나는 인간성의 완성에서 드러나는 것이다.

이 때문에 내가 신적 그리스도의 현존을 주장할 수 있는 유일한 길은 인간 예수의 완전한 인간성, 곧 유일하고 고독한 삶을 선포하는 데 있다. 예수의 인간성은 총체적이고 완전했기 때문에 영적인 영역 곧 인간이 하나님의 생명 자체 속으로 들어가는 공간을 향해 열려진 것이다. "신적"(divine)이란 말도 인간의 체험을 표현내기 위해 만들어진 인간의 말임을 인식할 필요가 있다.

이런 예수를 볼 때, 나는 더 이상 하나님이 인간의 형태를 취한 것이 예수라고 보지 않는다. 그것은 신성의 의미에 대한 극히 부적절한 유신론적 이해라고 생각된다. 그것은 부족적인 생존욕구에 부응하기 위해 고안된 것이다. 나는 오히려 예수에게서 하나님의 존재 전체를 향해 열려진 인간성, 곧 생명, 사랑 및 존재를 향해 열려진 인간성을 보는 것이다. 이것은 예수를 새롭게 생각하는 방식이다. 이것은 유신론이 완전히 붕괴되고 초자연적 하나님이 소멸될 때 환영할 만한 대안이다.

그러므로 부족의 정체성으로 우리의 인간성을 제한시키는 첫 번째 장애물은 파괴되고, 그 과정에서 예수는 부족 종교의 감옥에서 탈출한다. 우리의 인간성 속에 깊이 잠복하고 있어 우리의 인간성을 철저하게 저해시키는 부족의 한계성들을 극복하게 하는 것은 바로 이처럼 근본적으로 인간적인 예수이다. 바야흐로 비종교인들을 위한 예수는 그 모양을 갖추기 시작한다.

제23장

예수: 편견과 상투성의 파괴자

모든 형태의 편견은 모든 인간에게 있는 질병이다. 그것은 생존의 수법이다.

부족적 정체성은 인간 역사의 그 모든 가공스러운 함의와 함께 새롭게 자의식을 갖게 된 사람들이 생존수법으로 개발한 유일한 무기는 아니다. 자의식은 생존을 인간의 삶 전체를 조직하는 기본 목표로 삼았고, 따라서 이것은 부족적 종교가 발전하는 방식에 영향력을 미쳤다. 자기중심적 생존의식은 인간이란 종의 특징인 자기중심주의의 보편적 현상이다. 그러나 그것은 종교인들이 단정하는 것처럼 타락의 결과이거나 인간성 중심에 자리잡고 있는 본래적 악의 결과가 아니다. 그것은 오히려 진화적 갈등 곧 적자생존을 위한 투쟁의 실체이다. 우리 인간성의 본질은, 어떤 수단을 이용해서든지 간에 동료 인간에 비해 윗수이고 우리의 적수들을 패배시키며 다른 사람들보다 우월하다는 것을 증명하기 위해 시간을 소비하는 것이다. 이것은 우리 모두에게 편견이 깊숙이 깃들어 있다는 말이다. 모든 형태의 편견은 모든 인간에게 있는 질병이다. 그것은 생존의 수법이다. 그러므로 참 사람을 이해하고 참 사람이 되는 길을 걷기 위해서는 인간의 편견이라는 실체를 현미경으로 치밀하게 검토해야 한다. 편견은 부족주의와 마찬가지로, 참 사람의 길을 가로막는 왜곡된 힘이다.

편견은 인간의 노골적인 투사 행위를 통해 작용하는데 거기에는 세 단계가 있다. 첫째로 우리는 희생자를 지목한다. 그 다음으로 우리는 그 희생자에게, 사실적이거나 상상적이거나 간에 관계없이 우리의 모든 무능, 고통, 공포를 투사한다. 셋째로 우리는 이런 인간적 감정의 투사 대상인 사람들을 거부한다. 그러므로 우리는 우리의 무능과 고통과 공포로 인해 받게 될 비난을 면하게 된다. 그 희생자를 비난하면 되는 것이다. 크리스천들은 한때 이런 논리를 폈다. 즉 하나님 나라가 완전히 도래하지 않은 것은 유대인들의 잘못 때문이었다. 그들은 구원의 메시지를 배척함으로써 기독교가 세계지배의 목표를 달성하지 못하게 했기 때문에 크리스천들의 분노를 사서 마땅하다는 논리였다. 남북전쟁이 미국 남부에서 벌어진 것은 흑인들의 잘못 때문이었다. 1930년대에 경제공황이 세계를 강타한 것은 공산주의자들의 잘못 때문이었다. 가족의 가치가 하락하는 것은 여성들의 잘못 때문이다. 여성들이 동등한 직업, 동등한 임금 및 동등한 권리를 요구하기 때문이라는 것이다. 오늘날 결혼이 어려워진 것도 동성애자들의 잘못 때문이라는 식이다.

편견은 언제나 편견에 사로잡힌 자의 무능, 고통 및 공포를 공공연하게 선포한다. 편견은 우리가 생존경쟁에서 우위를 차지하려는 또 하나의 수단에 불과하다. 만일 우리가 그 희생자에게 우리 자신의 무능을 성공적으로 발산하고 우리가 지니고 있는 자기혐오 전체를 그에게 떠넘길 수 있다면, 우리가 지목한 희생자를 거부하는 것은 정당화된다. 이런 식으로 우리는 감정적인 합리화를 만들어낸다. 우리가 지목한 희생자를 거부하는 것은 사실상 우리의 자존감을 높여주는 것처럼 느끼게 만든다. 이렇게 타인을 깔아뭉개서라도 자기의 자존감을 높일 필요가 있는 사람들은 그들 자신의 생활환경이나 종교가 그들 자신이 구제불능일 정도로 속수무책이라고 선언했기 때문에 정신적으로 매우 심각한 문제에 봉착한 사람들이다.

우리 사회에서는 인종, 성, 성적 성향 등이 편견의 주요 투기장이다. 나는 그런 각각의 편견들을 없애려고 시작했던 혁명의 와중에서 살았고 또한 참여하기도 했다. 그러나 역시 지금 나에게 분명한 사실은 나의 기독교 신앙, 곧 타락하고 무기력한 인류를 구원하기 위해 외부 세계로부터 구원자가 왔다는 메시지를 지닌 나의 기독교 신앙은 사실상 그 희생자들에 대한 나의 낡은 편견들을 축복하고 정당화하기 위해 이용되었다는 사실이다. 이런 사실을 깨달은 후 예수가 누구인가에 대해 전적으로 새로운 이해를 갖도록 만들었다. 이제 나의 예수 이해는 침입하는 신(the invasive deity), 곧 그가 우리를 구원하기 위해 찾아옴으로써 우리 인간성의 구제불능인 상태를 확인하고, 더욱 많은 희생자들을 만들어냄으로써 우리가 자존감을 회복한 것처럼 위선을 떨게 만드는 침입하는 신이 아니라, 우리를 새로운 인간성으로 초청하는 분이다. 구원은 우리의 죄 많음을 확인하는 것이 아니라 어떤 무력감도 극복하는 새로운 의식에로 진입하는 능력을 부여하는 것이다.

나는 먼저 인종에 근거한 편견들을 검토해 보겠다. 우리는 분노를 취급한 앞장에서 인종차별의 외적 현상을 살펴보았다. 여기서는 인종차별이 예나 지금이나 종교적으로 어떻게 정당화되는지 알아보고자 한다. 이것은 나의 자전적(自傳的) 시각에서 가장 잘 다룰 수 있을 것 같다. 인종에 대한 편견은 내가 유년기에 지내던 공간에 실재했기 때문이다. 나는 인종차별이 극심한 미국 남부에서 자랐다. 거기서 무지와 빈곤에 찌든 흑인들의 존재 때문에 나의 가족들처럼 교육받지 못한 백인들은 열등감에서 벗어날 수 있었다. 나의 가족들은 "우리는 적어도 니그로들이 아니야"라고 말하곤 했다.(이것은 점잖은 사회에서 쓰는 말이었다.) 남부에서 흑인들은 한편으로는 의존적이며 유치하고 무능한 멍청이들로 정의되었고, 다른 한편으로는 힘이 세고 강건하며 정력(sexual power)이 넘치는 자들로 정의되었다. 사람들은 이렇듯 서로 상반된 공포에 내포된 모순을 감지하거나, 또는 흑인들에 대한 그런 두 가지 상반된 정의를 내릴 필요가 있었던 백인들의 심리적 욕구를 인식하지 못하는 것 같았다. 오히려 이 모든 표현들은 흑인들이 일상적으로 당한 잔인하고 비인간적인 대접을 정당화하는 데 기여했다. 예를 들어, 가령 아프리카의 후예들은 자연적으로 멍청이며 교육시킬 수 없다고 확신했다면, 다음의 논리적 결론은 당국자들이 그들의 열등한 인간성에 내재하는 근본적 및 본래적 결함을 극복하기 위해 노력이나 예산을 낭비할 필요가 없다는 것이었다. 그러므로 흑인 아동에게 극히 열등한 교육을 시행하는 인종분리 교육제도는 정당하고 적절하고 또한 자연적인 것이었다. 흑인들은 무식한 인종이라는 상투적인 이미지를 주입시키기 위한 많은 표현들이 있었다. 예를 들어, 나는 한때 이런 조언을 들은 적이 있었다. 수박이 잘 익었는지 알려면 그것을 때려 보라는 것이다. "수박이 니그로의 대가리처럼 빈 소리가 나면 익은 것이다." 나에게 이런 귀띔을 해준 사람은 이 말이 살인적 편견을 조장한다는 생각 없이 그냥 그대로 내뱉은 것이다.

위에서 지적한 바와 같이, 인종분리체제 속에서 자라난 나의 유년기에 흑인들은 본질상 의존적이고 유치하다는 것이었다. 물론 이것은 흑인들을 아이들로 취급함으로써 백인들은 스스로 어른처럼 느끼는 것을 정당화하는 것이었다. 미국 역사상 흑인 노예들은 심지어 어른이 되어서도 정기적으로 체벌을 당했다. 그들은 경제적으로 독립할 정도로 충분한 임금을 받지 못했다. 따라서 그들은 생존에 필요한 물질을 충분히 얻기 위해 백인 상급자들에게 굴종할 수밖에 없었다. 후대에 와서 흑인 행동주의자들은 그들이 "엉클 톰스"(Uncle Toms)라고 부르는 흑인들을 멸시하곤 했는데, "엉클 톰스" 신드롬은 그 흑인들이 생존하기 위한 필수적 수단으로 사용한 수법이었던 것을 깊이 인식하지 못한 채 멸시했던 것이다. 흑인들은 "엉클 톰스"의 특징인 비굴하고 아첨하는 굴종의 덕분으로 농장에서부터 그 착취자들의 가정으로 들어갈 수 있었다. 거기에는 좋은 음식이 있었고 그들은 거기서 일상적으로 주인들과 마님들의 비위를 맞출 수 있었다.

흑인들은 게으르고 주변머리 없는 인종이라는 주장은 특히 많은 것을 드러내는 주장이다. 나는 성장과정에서 이 두 형용사가 흑인들의 별명처럼 따라다니는 것을 여러 번 들었다. 나는 유럽인의 후예인 백인들이 아프리카에서 납치하여 자기들이 농장에서 할 수도 없고 하기도 싫은 육체노동을 시키기 위해 미국으로 데려온 사람들을 게으르고 주변머리 없다고 하는 말을 들었을 때 비로소 이 두 가지 말이 투사의 수단임을 인식했다. 여기서 게으르고 주변머리 없는 사람들은 과연 누구였는가? 유능한 흑인 노예들이 백인들의 무의식적인 무능을 섬기기 위해 얼마나 고생했는가! 그러나 편견과 그것의 진성한 의미는 항상 우리 언어에서 슬며시 빠져나간다. 나의 유년기에 내 부모와 같은 백인이 하루 종일 고된 육체노동을 한 다음 그들이 하는 속어적 표현은 "나는 오늘 니그로처럼 일할 수밖에 없었다!"는 것이었다. 다시 말하지만, 누가 게으른 자인가? 누가 주변머리 없는 자인가? 편견이란 그 피해자의 현실보다는 오히려 가해자의 자존감의 결핍에 대해 더 많은 것을 말해주는 것이다.

남부 지역의 백인들의 마음 속에 있는 또 하나의 불안의 원천인 큰 공포는 본질상 성적인(sexual) 것이었기 때문에 흑인들에 대한 두 번째 편견을 작동하게 만들었다. 남부의 민간전승에서 흑인 남성들은 동물과 같은 열정과 성적인 능력이 강력한 것으로 묘사되었다. 여기에는 다른 나라에서 다른 시기에 기록된 셰익스피어의 비극『오셀로』(Othello)가 한몫 거들었다. 남부 백인들의 가장 큰 공포는 인종분리에 대한 거의 모든 논쟁에서 반박할 수 없는 결론으로 나오던 말, 즉 "당신은 당신의 딸이 니그로와 결혼하기를 바라는가?"였다. 나는 남부에서 자랄 때 이 말을 수천 번이나 들었다. 이 나라에서는 중매결혼을 하지 않으므로, 그 말에 담긴 무의식적 생각은 우리 딸들이 흑인 남자와 결혼한다면 그들은 백인 남성들이 두려워할 정도의 성적인 능력을 갖고 있기 때문에 흑인들과 결혼한다는 것이다. 아마도 이런 이유 때문에 백인 남성들은 백인 여성들을 흑인들의 성폭력으로부터 보호해야 한다는 항목이 남부 기사도(騎士道) 규약에 삽입된 것 같다. 남부에서 흑인 남성들에 대한 린치의 대부분은 백인 여성들에 대한 실제적 혹은 가상적 성폭행과 직결되었다. 흑인 애인에 의해 임신한 백인 여성들은 항상 "강간"이라고 호소하고 그녀가 애 아버지가 되기 원했던 사람을 고발함으로써 자신을 보호할 수 있었다. 백인 여성이 흑인과의 성관계에 동의했다는 것은 백인 남성으로서는 상상할 수 없었기 때문에, 따라서 백인 여성에게 이런 죄를 범한 자로 지목되거나 혹은 의심되는 가해자를 린치로 처형한 것이다. 백인 남성들은 정기적으로 (그리고 벌을 받지 않고) 흑인 여성들을 성폭행한 것은 널리 알려진 사실이었는데도 말이다.

인종의 역사에 대한 어떤 입장도 미국 남부의 편견 속에서 성(sex)과 인종이 얼마나 깊이 연관되었는지를 무시할 수 없다. "이종족혼교"(異種族混交, miscegenation, 특히 흑인과 백인간의 결혼- 옮긴이)와 "인종들의 혼혈화"(mongrelizaion of races)에 대한 백인들의 공포는 물론 실제로 현실화되었지만, 백인 남성들이 흑인 여성들에게 가해자가 됨으로써 그것이 현실화되었다. 흑인들의 기억에는 이런 에피소드로 가득 차 있다.1) 이것이 노예제도와 인종분리 시대에 거의 보편적인 현실이었기 때문에, 지금 미국에는 아프리카 가문의 순수한 토종 혈통만을 가진 사람들은 거의 없다. 백인 남성들은 흑인 남성들을 억압하고 흑인 여성들을 범함으로써 자기들의 성적인 무력감을 상쇄했다. 이런 범법자들의 일부가 새롭게 발견한 DNA 증거로 인해 그 이름이 밝혀졌는데, 그 중에는 미국의 제3대 대통령인 토마스 제퍼슨과 같은 유명 인사들과 보다 최근에는 인종분리를 옹호한 사우스 캐롤나이나의 주지사와 상원의원을 역임한 J. 스트롬 써몬드가 포함되어 있다.

만일 편견이 인간의 생존 신드롬의 일부라는 것을 우리가 받아들인다면, 그것은 우리를 어디로 몰고 갈 것인가? 만일 우리가 그 편견의 피해자를 패배자로 만들어버림으로써 우리가 승리자가 된다면, 이 승리자는 자신의 무력감, 곧 애당초 생존 문제를 자신의 생활의 중심에 자리잡게 한 무력감을 극복하겠는가? 어려울 것이다. 그것은 자신이 무능하다는 또 하나의 표현이기 때문이다. 여기서는 예수 이야기, 곧 인간성의 자기멸시적 측면에서 구원하기 위해 하나님이 인간의 삶에 개입해 들어오는 하나님으로서의 예수 이야기를 한다는 것도 이런 생존 문제를 다루지는 않는다. 그런 이야기는 오히려 우리의 고질적인 열등감을 확인해 줄뿐이다. 우리는 타인을 거부하거나 또는 증오하는 것을 통해서는 결코 온전하게 될 수 없다. 이것이 예수가 이해했던 사실이다. 그러나 예수가 이것을 이해한 것은 신성(외부적 실재)이라는 어떤 가상적 정체성 때문이 아니라 그 자신의 인간성을 통해서 이해한 것이었다.

---

1) 이런 이야기들은 특히 Alex Haley의 책 *Roots*와 *Queen*에 잘 나타나 있다.

우리가 역사적 예수를 그토록 왜곡시킨 초자연적 구조에서부터 한 걸음 더 물러서서 그의 인간성을 다시 살펴보기로 하자. 예수가 당시의 비인간화시키는 인종적 편견에 대처한 방식을 직시하자. 1세기 유대 사회에서 사마리아인들은 불결하고 거부당한 쓰레기라고 불렀다. 그들은 유대 조상들이 이방인들과 결혼하여 혈통의 순수성을 잃은 혼혈이었다. 이처럼 사마리아인들의 조상 가운데 이방인들(이교도들)이 있었기 때문에, 당시 유대인들의 제도종교는 사마리아인들의 하나님 예배가 진정한 예배가 아니라고 보고 그들을 이단자로 여겼다. 유대인들은 사마리아인들을 매우 싫어했기 때문에 갈릴리에서 예루살렘으로 여행할 때는 주로 동쪽에 있는 요단강을 건너 광야를 거쳐 갔고, 남쪽에서 다시 요단강을 건너 서쪽으로 예루살렘에 가곤 했다. 그들은 이 길을 택함으로써 여행 중에 사마리아의 더러운 공기를 마시지 않을 수 있었다. 이처럼 유대인들이 사마리아인들에 대해 가졌던 편견은 실제로 가해자들의 삶을 불편하게 만들 정도로 극렬하고 뿌리깊은 것이다.

예수는 이 편견을 어떻게 대했는가? 복음서들을 잠시 살펴보기만 해도 우리는 인간 예수가 당시의 이런 저런 비인간화시키는 현실들에 대해 어떤 행동을 취했는지를 알 수 있다. 요한도 편견에 대해 강한 어조로 말하지만 누가는 편견에 관한 예수의 반응에 대해 가장 강도 높게 초점을 맞춘 복음서 저자이다. 바울은 그리스도 안에는 "노예나 자유인이 없다"(갈 3:28)고 말하지만, "사마리아"나 "사마리아인"이란 말은 사용하지 않고, 마가와 마태도 역시 그렇다. 그럼에도 불구하고 누가는 이 문제에 관해 매우 구체적이다. 그는 예수가 복음의 메시지는 사마리아에도 전파되어야 한다고 말한 것으로 기록했다(행 1:8). 복음의 빛은 편견이라는 열악한 인간 조건에도 비춰져야 하는 것이다.

누가는 예수가 두 개의 의미심장한 이야기에서 사마리아인을 만난 것으로 묘사하고 있다.

누가의 첫째 이야기(10:29-37)는 예수가 강도 만난 사람에 관해 말하는 "착한 사마리아인" 비유이다. 이 제목이 흥미를 끄는 것은 "착한"이란 형용사가 통상적으로 "사마리아인"이란 명사를 수식하기 위해 사용되지 않았기 때문이다. 이 비유는 부족의 배타성과 종교적 의무의 상관관계에서 시작한다.2) 토라는 종교의 궁극적 의무를 곤경에 처한 자들에게 자비를 베푸는 것으로 정의하고 있다. 토라는 또한 이방인들(및 사마리아인들)만이 아니라 죽었거나 또는 죽을지도 모를 사람도 불결하다고 정의한다. 예수의 이 비유는 유대교의 두 대표자 곧 제사장과 레위 사람을 제의적 거룩함과 자비가 충돌하는 상황에 배치한다. 이 이야기는 이 두 사람에게는 자비가 없다는 것에 초점을 맞춘다. 이것은 다른 부족들의 인간성을 폄하하는 부족의 종교에서 자주 있는 일이다. 또 한편으로는 혼혈족이고 이단적이며 불결한 사마리아인들, 아마도 토라를 공부할 수 있는 혜택을 받지 못한 이들 사마리아 사람들은 부족의 종교적 정의에 감염되지 않았다. 따라서 그 사마리아 사람은 곤경에 처한 사람, 곧 그가 시간, 관심, 돈을 줄 수 있는 곤경에 처한 사람만을 볼 수 있었다.

예수가 이 비유에서 청중들에게 하려는 말은 모래 위에는 하나님의 사랑과 연민의 한계선이 그어져 있지 않기 때문에, 어떤 사람이 다른 사람을 사랑하는 것에도 한계선이 있어서는 아니 된다는 것이었다. 이것은 급진적이고 도전적인 결론이었다. 예수의 말은 편견을 가지고는 인간이 될 수 없고 편견은 항상 인간성을 파괴한다는 것이다. 편견

---

2) 이 비유에 대한 자세한 설명은 나의 책 *A New Christianity for a New World*, 134ff.를 참조하라.

은 당신의 생존욕구를 충족시킬 수 있을지 모른다. 그러나 그것은 온전하게 되는 것 곧 참 사람이 되려는 당신의 욕구를 충족시키지는 못한다. 만일 당신이 이렇듯 허약한 인간성에서 벗어날 수 없고 다른 사람을 파멸시켜서 당신 자신을 옹립하려는 공포의 경계선을 넘을 수 없다면, 당신은 결코 참 사람이 될 수 없다. 이것이 예나 지금이나 예수의 메시지다. 구원은 예수가 당신을 부르는 데서 오는 것이며, 또한 당신이 생존지향적이 아니라 새롭고 자아를 부정하는 인간성을 추구할 때 예수가 부족과 편견 같은 안전체계를 포기하도록 당신에게 능력을 부여하는 데서 구원이 오는 것이다. 이것은 인간으로 가장한 신이 성취할 수 있는 것이 아니라 온전한 참 사람만이 줄 수 있는 선물이다. 이것이 예수 당시의 사람들로 하여금 예수 안에 현존하는 하나님을 보게 한 예수의 온전한 인간성(the wholeness of the humanity)에 대한 통찰이었다.

누가의 두 번째 사마리아 사람 이야기(17:11-19)에서도 궁극적 의미는 위와 다르지 않다. 예수가 갈릴리와 사마리아 지역 사이로 지나갈 때 나병환자 열 명이 그에게 다가와서 자비를 구했다. 나병은 문자 그대로 육체를 썩게 만드는 피부병으로서 중동지역의 재앙이었다. 나병환자들은 버림받고 불결하고 접촉해서는 아니 되며 주민의 거주지 밖의 나병환자 촌에서 살도록 규제되어 있었다. 예수는 열 명의 나병환자들을 보고, 토라가 요구하는 것과 같이 제사장들을 만나서 그들의 나병이 깨끗해졌고 사회질서에도 적응할 수 있음을 확인하라고 말했다고 한다. 이 나병환자들은 예수의 명령에 복종했고, 그 이야기에 따르면 그들은 기적적으로 치유되었다. 세상에서 거부당하던 사람들이 이제 육신적으로 온전한 사람들이 되었다. 열 명 중 아홉은 뒤를 돌아보지 아니하고 그들의 새로운 신분을 보이기 위해 달려갔다. 예수는 한 사람만이 자기가 깨끗해진 것을 알고 치유의 근원이고 대행자인 예수에게 감사를 표하려고 돌아왔다고 했다. 다른 아홉은 아마도 신앙이 돈독한 유대인이었던 반면에 이 사람은 불결한 혼혈아, 이단자, 이방인 사마리아인이었던 것이다. "일어나 가라. 너의 믿음이 너를 온전하게 했다"고 한 예수의 말은 그의 메시지의 본질, 곧 "가서 네 자신이 되라!"(Go and be who you are!)는 뜻이라고 나는 믿는다.

예수는 온전함에 관심을 두었다. 결국 그는 인간성을 새로운 시각에서 본 것이다. 예수는 한 인격의 인간성이 다른 인격의 인간성에 영향을 줄 수 있고, 다른 사람들이 공포와 부족의 안전체계, 상투적 편견과 경계선들, 즉 그 뒤에 숨어서 망상적인 안전을 추구하는 것들로부터 벗어날 수 있게 하는 능력을 부여할 수 있다고 믿었다. 그것은 예수만이 할 수 있는 것이 아니었다. 즉 참 사람인 예수 안에 나타난 하나님의 요청은 인간성의 의미를 모든 사람이 받을 수 있는 선물로 만들었다. 바로 이 때문에 사람들이 인간 예수 안에서 하나님을 보았다고 말한 것이다. 예수의 인간성은 하나님이 의미하는 바 모두를 향해 그 자신의 삶을 열었다. 예수를 체험한 사람들은 이 새로운 삶의 차원을 체험했다. 그들은 그것을 보았고 그것을 느꼈고 그것을 주장했다. 우리가 추구하는 것은 예수 체험이지, 예수 체험에 대한 1세기의 해석이 아니다. 이 두 가지 사이에는 엄청난 차이가 있다.

요한은 그의 복음서를 기록할 때, 사마리아 사람이라는 의미와 여인이라는 의미에 대한 이해를 결합시킴으로써, 성(gender) 문제와 편견 문제에 초점을 맞추어, 자기중심적이며 생존지향적 인간들이 자의식적이고 두려울 만큼 무능한 존재라는 충격을 다루는 방식을 보여주는 또 다른 상징으로서 초점을 맞추었다. 요한복음에서는 사마리아 사람들에 대한 공통적 편견이 분명히 작용한다. 그는 유대인의 무리 중 한 사람이 예수에 대해 한 이야기를 전한다. 즉 "우리가 당신을 사마리아 사람이라고도 하고, 귀신이 들렸다고도 하는데, 그 말이 옳지 않소?" (8:48). 사마리아 사람이라는 것과 귀신들린 것을 결합한 것은 예수에게 "당장 꺼지라!"는 말이었다. 그러나 요한은 그 이전의 이야기에서 사마리아 사람이라는 것과 여인이라는 것을 결합함으로써, 당시 가부장 사회에서 이중적으로 무능한 사람을 우리에게 제시했다. 요한의 이야기는 다음과 같다(4:7-42, 의역하여 인용함).

사마리아 여인은 물 길러 우물가로 갔다. 그녀가 도착할 때 우물가에 홀로 있던 예수는 그녀에게 물을 달라고 청했다. 그녀는 그가 유대인이면서 사마리아 여인에게 물을 달라고 했으므로 관습을 어겼다고 대답했다. 요한은 예수의 이런 행동이 얼마나 부적절한 것인지를 자신의 독자들이 아는지 확인하기 위해, 이 시점에서 이야기 줄거리를 중단했다. 예수는 매우 의도적으로 그 여인과 대화를 계속함으로써 문화적 금기(taboo)를 계속 범했다. 그는 여인이 예수의 정체를 알았다면 "생수"(living water)라는 선물을 요구했을 것이라고 했다. 유대 사회에서 "생수"는 항상 성령, 곧 기본적으로 생명을 주시는 분(a life-giver)으로 간주되는 성령과 동의어다.3) 문자적 사고방식에 갇힌 여인은 예수가 그녀에게 물을 줄 방법이 없다고 한다. "선생님, 선생님께서는 두레박도 없고, 이 우물을 깊은데, 선생님은 어디에서 생수를 구한다는 말입니까?"라고 주장했다. 그 여인은 계속해서 예수를 자신의 조상 야곱 곧 그 우물을 사람들에게 준 조상 야곱보다 더 위대하냐고 묻는다.

그러자 예수는 다시 물의 심오한 의미를 영과 생명에 연관시켰다.

---

3) 니케아 신조에는 "나는 성령, 곧 주님이며 생명을 주시는 분을 믿습니다"라고 고백되고 있음을 주목하라.

그는 우물의 물은 항상 순간적 갈증만을 해소할 따름이라고 덧붙였다. 예수의 말씀은 생존 추구는 갈증을 해소하기 위해 물을 마시는 것과 같이 날마다 끝없이 추구하는 것이며 제아무리 노력한다고 할지라도 생존 추구는 종국적으로 성공할 수 없다는 것이었다. 유한성과 죽음은 우리 존재의 일부인 것이다. 완전해지려는 갈망은 갈증을 영원히 해소하려는 갈망과 흡사한 것이다. 예수는 자신이 주는 물은 권력, 성공 또는 모종의 승리감에 대한 인간 추구의 반복을 중단시킬 것이라고 한다. 그는 "내가 주는 물은, 그 사람 속에서, 영원히 목마르지 않는 샘물이 될 것이다."고 말했다.

그 여인은 그런 선물이 필요하다는 것을 인정했으나 그것을 여전히 문자적 수준에서 이해하고 나서 그 "생수"를 요청했다. 그 여인은 자기가 더 이상 물을 길러 우물에 오지 않아도 되기 때문에 그것은 자기 생활을 편하게 만든다는 것이었다. 예수는 대화를 계속하면서 여인의 희망을 감지하고 나서, "가서, 네 남편을 불러오너라"고 했다. 그러면 그 여인이 원하는 바를 얻게 된다는 의미였다.

그 여인은 이 시점에서 자신이 인간적 성취를 위해 추구하던 것이 무산되었다고 자백했다. 그녀는 "나에게는 남편이 없습니다."고 한 것이다. 그 때 예수는, 요한이 기록한 바에 따르면, 그 여인의 연약한 삶을 폭로했다. 예수는 "너에게는 남편이 다섯이나 있었고, 지금 같이 살고 있는 남자도 네 남편이 아니다."라고 한 것이다. 그녀는 예수가 자기 영혼을 깊이 직시한 사실에 당혹감을 감추지 못하면서 자기방어를 위해 하나님을 이용하려고 했다. 그녀는 사마리아에 있는 산에서 하나님께 예배드려도 좋을지 혹은 유대인들이 생각하는 대로 하나님이 계시다는 예루살렘 성전으로 가야할지 물었다. 예수는 다음과 같이 말함으로써 이 대화의 전환점을 찾았다. 즉 진정한 예배는 장소나

의식과는 아무런 관계가 없으며, 온전함을 체험하고 진리를 인식하는 영적 생활과 관련되어 있다는 것이다. 그 때 여인은 또 다시 대화의 주제를 도래할 메시아 사상으로 바꾸었다. 그것은 유신론적 이미지로서 그녀가 생각하는 메시아는 구원을 위해 하늘로부터 내려올 초자연적 인물이었다. 요한의 기록에 의하면, 그 때 예수는 메시아의 명칭을 자기 자신에게 돌리는 동시에 "메시아"는 그녀를 지금 온전함으로 초대하는 자라고 새롭게 정의했다. 이것은 구원하는 자와는 매우 다른 개념이다.

이 에피소드에서 예수는 다시금 편견의 의미에 대해 언급했다. 그러나 그는 그의 관심(및 우리의 관심사)을 여성들에게 돌렸다. 예수 시대에는 인류의 절반에 달하는 여성들이 인구의 절반에 달하는 남성들에게 동산(動産) 정도로 취급되었다. 이것은 유대교의 입장이기도 했다. 즉 창세기에 의하면, 여성은 다만 오만한 남성을 섬기기 위해 내조자로 창조되었다(2:18). 이처럼 여성이 2등급 시민으로 개념화된 것에 기초해서 나중에 십계명에서는 사실상 여성이 재산으로 간주되었다. 즉 "너희 이웃의 아내나 ... 소나 나귀나 할 것 없이 너희(남성의) 이웃의 소유는 어떤 것도 탐내지 못한다"(출 20:17). 만일 여성이 재산으로 규정되었다면 일부다처제는 이치가 맞는 것이었다. 남자는 자기가 할 수 있는 대로 수많은 부인, 양 및 소를 소유할 수 있었기 때문이다.

인류 역사를 통해서 남성과 여성 사이에는 전쟁이 그칠 줄 몰랐다. 남성은 때때로 여성에 대해 생사의 권리마저 행사했다. 예수 시대에 유대인 남성은 증인들 앞에서 "이혼하자"라는 말 한 마디로 부인과 이혼할 수 있었다. 이와 반면에 여성은 남편이 아무리 잔인하다고 할지라도 결혼생활을 피할 수 없었다. 여성에게는 인권이 없었기 때문이다. 어떤 사회에서는 과부들에게 그 남편의 시체를 화장시키는 불구덩이에 투신할 것을 권장했다. 그런 사회에서 여인은 남편의 아내라는 것 이외에는 아무런 가치가 없었기 때문이다. 또 어떤 사회에서는 여인의 발을 묶어버림으로써 그들의 기동성을 빼앗고 손쉽게 감시할 수 있었다. 또한 다른 문화권에서는 소녀들의 음경을 절단시켜 성적 쾌락의 가능성과 함께 여인이 남편의 지배에서 벗어나려는 욕망을 제거하기도 했다. 대부분의 기독교 역사를 통해서 남자들은 자기 아내들을 제멋대로 손찌검했고, 20세기 및 21세기에서까지도 여인들은 기독교 결혼 예문대로 남편에게 복종할 것을 서약해야만 했다. 우리의 삶에 대한 문화적 이해에 여전히 깊게 자리잡고 있는 이런 비인간적 행태의 근원은 무엇인가?

생존수단이 열악한 여성들은 그들의 몸과 능력으로 남성들의 성적 욕구를 만족시킴으로써 최소한의 안전을 보장받을 수 있었다. 대부분의 서구 역사를 통해서 여성들은 2등급 신분으로 격하되었는데, 기독교는 이런 조치를 하나님이 영감을 주고 정한 것으로 정당화시켰다. 어느 시대와 사회를 막론하고 여성들은 교육을 받거나 자기 명의로 재산을 소유할 수 없었을 뿐만 아니라 투표로 통한 시민권 행사도 불가능했다. 그들은 이런 저런 여러 형태로 희생당했는데, 이 모든 것은 여성들에게 열등한 신분을 부과하기 위해 고안된 것이었다. 여성들이 몸집이 작고 민첩성과 육체적 힘이 부족한 것을 이유로 여성들을 어린 아이처럼 부양의 대상으로 격하시켰는데, 여성들을 이처럼 의존적인 존재로 만든 것은 남성들이 지니고 있는 영원한 생존 욕구에 부응하는 것이었다. 인간 사회의 가장 기본적 관계에서 남성들은 여성들의 낮은 신분이 하나님의 창조 계획에 의한 것이라고 주장함으로써 자기들의 생존 욕구를 충족시켰다. 여성이 이것에 반대한다면 그녀는 또한 하나님과 싸워야만 했던 것이다.

여기서 제기되는 문제는 여타의 모든 생존지향적 관계에서와 마찬가지로 사람이 다른 사람을 폄하함으로써 권력을 장악한다면 그는 인간이 될 수 없다는 것이다. 성차별은 인간성을 강탈하는 또 하나의 편견이다. 성차별은 여성을 인간 이하(subhuman)로 취급함으로써 여성을 희생시키는 것이다. 우리가 이것을 이해하려면 생각할 시간이 필요하다. 그러나 예수는 그 이상의 것을 이해했다. 예수는 성차별적 편견은 또한 남성을 뒤틀리게 만들고 그의 인간성을 파괴한다고 생각했다. 다른 인간에 대한 비인간적 취급은 항상 그 가해자를 비인간화하는 것이다. 어떤 인간도 종국적으로 어느 누구의 희생 위에 자기를 올려놓을 수 없다. 그렇게는 되지도 않는다.

그러나 남성 아버지 하나님을 둔 기독교는 그것이 가능하다고 주장하는 것 같다. 교회는 인간을 타락한 것(그러므로 2등급)으로 간주하는 초자연적이며 침입하는 유신론적 신의 이름을 부를 때 남성의 행태를 인준하는 것으로 생각된다. 만일 기독교의 아버지 하나님이 인간을 깨지고 타락하고 죄많고 무능하고 나약하고 의타적이며 어린아이와 같아 하나님의 보호와 구원이 필요한 존재로 간주한다면, 크리스천들은 여성들을 깨지고 타락하고 죄많고 무능하고 나약하고 의존적이며 어린아이와 같고 또한 어쩌면 가장 중요한 남성의 보호와 구원이 필요하다고 간주할 때, 하나님의 본성을 모방한다는 남성들의 편에서는 여성 혐오적 태도를 확인하는 것이 아닌가? 그러나 그런 부류의 인간 행태는 수많은 종교체계와 관련되어 있는데, 이것은 남성이나 여성 모두를 온전함으로 인도하지 못하며, 나사렛 예수가 우리에게 보여준 하나님에 대한 심오한 이해를 부정하는 것이다.

우리는 다시 한 번 천당에서 내려보낸 구세주라는 예수의 이미지를 제거하고, 예수가 한 일을 통해 드러난 그의 정체성, 곧 과거에나 지금이나 그의 인격에 대해 크게 외친 메아리에 주목할 필요가 있다. 그는 우물가에서 만난 사마리아 여인과의 대화에서 신학 곧 하나님의 본성과 예배 그리고 하나님을 예배하는 적절한 방법에 관해 대화를 나누었다. 이렇게 함으로써 예수는 그 여인에게 존경과 존엄성을 불어넣었으며, 이로써 그 여인은 새로운 차원의 인간으로 올라설 수 있게 되었다.

복음서들의 다른 이야기들도 예수에 대해 이처럼 혁명적이면서 근본적으로 참 사람의 길로 이끄는 모습을 보여준다. 예를 들어, 누가복음은 예수가 두 자매인 마르다와 마리아의 집에 방문한 이야기를 한다(10:38-42). 요한복음은 이 자매들이 예루살렘 가까운 베다니 동네에 살았다고 한다(12:1). 언니인 마르다는 귀한 손님을 맞아서 사회의 인습에 의한 여성의 역할에 따라 부엌에서 음식을 장만하며 바쁘게 일한다. 이와 반면에 마리아는 여성의 전통적 기대치를 벗어나 유능한 선생의 제자로서 그 앞에 앉아 학습에 열중하고 있었다. 마르다는 자유롭지 못한 사람들에게 항상 있게 마련인 증오심을 품고 방으로 들어와 마리아를 부엌의 "여인의 일거리"로 보내라고 예수에게 요청했다. 누가는 기록하기를 예수는 그 요청을 거절했고 마르다를 위로했으며 "마리아는 좋은 몫을 선택했다. 그러니 아무도 그것을 그에게서 빼앗지 못할 것이다"고 하면서 마리아의 선택을 옹호했다. 이것은 여성됨 및 인간됨의 의미를 새롭게 이해하라는 요청에 의해 여성에 대한 전통적인 정의(定義)가 혁파되는 놀라운 이야기다.

복음서들은 예수가 온전함과 인간성을 옹호하기 위해 종교적 및 사회적 정의를 부정한 또 하나의 사례를 제시한다. 즉 그에게는 여성 제자들이 있었다는 것이다. 마가, 마태 및 누가는 모두 이 사실을 기록하고 있다. 남성지배적 기독교는 역사적으로 하나님의 자녀의 영광스런 자유가 무엇인지에 대해 전혀 감지한 적이 없었기 때문에 성차별을 하지 않는 예수를 이해하는 것은 극히 어려웠다. 서구 역사를 통해서 남성 교회지도자들은 인류의 반에 해당하는 여성을 억압함으로써 자신들의 권력을 누렸다. 그러나 성서 이야기에는 예수가 여성 제자들을 둔 사실이 심도 있게 서술되어 있다. 여성 제자들은 복음서 안에서 대체로 주목을 받지 못하다가, 예수의 생애 마지막 순간인 그의 죽음과 부활에 이를 때 비로소 눈에 띠게 된다. 그 때 여성 제자들이 돌연히 등장할 뿐만 아니라 중요한 역할을 하는데, 이것은 아마도 마가의 말과 같이 예수가 잡혔을 때 남성 제자들은 모두 "예수를 버리고 달아났기"(14:50) 때문이었을 것이다. 마가는 다만 십자가 앞에 있는 이 여인들이 예수의 공생애 시작부터 그를 따랐다고 독자들에게 알려준다. 즉 이 여인들이 갈릴리에서부터 예루살렘까지 예수와 함께 올라왔다는 것이다. 그 다음 마가는 이 여인들이 막달라 마리아와 야고보와 요셉의 어머니 마리아 그리고 살로메라고 이름을 밝힌다(15:40).

마태는 예수의 여성 제자들에 대해 다음과 같이 증언한다. 즉 "거기에는 많은 여자들이 멀찍이 지켜보고 있었는데, 그들은 예수를 시중들면서 갈릴리에서 따라온 사람들이었다." 그는 또한 그들의 이름을 열거한다. 막달라 마리아, 야고보와 요셉의 어머니 마리아 및 세베대의 아들들의 어머니(이름이 없음) 등이다(27:55, 56). 누가는 십자가 앞에서 애통하는 자들을 이렇게 기록한다. 즉 "예수를 아는 사람들과 갈릴리에서부터 예수를 따라다닌 여자들은, 다 멀찍이 서서 이 일을 지켜보았다"(23:49). 누가만이 예수의 갈릴리 선교와 연결시켜 이 여인들에 관해 언급했다. 그는 그들이 "자기들의 재산으로 예수의 일행을 섬겼다"(8:3)고 기록했다. 누가 역시 그들의 이름을 나열한다. 막달라라는 마리아와 요안나 및 그밖에 많은 사람들이라고.

예수가 선교할 때 그를 돕고 그가 죽을 때 돌본 바로 그 여인들이 4복음서 전체에 묘사된 부활 드라마의 주역이 된다. 특히 막달라 마리아는 모든 부활절 이야기에서 마치 비교적 높은 신분에 속한 것처럼 여인들의 명단 첫 머리에 기록되어 있거나(마가 16:1, 마태 28:1, 누가 24:10) 무덤에서 유일한 애도자인 동시에 부활의 첫 증인으로 되어 있다(요한 20:1). 베드로가 남성 제자들의 대표였던 것처럼 막달라 마리아는 여성 제자들의 대표였다는 것은 의심의 여지가 없다. 따라서 예수가 열두 남성 제자들과 함께 갈릴리 주변을 방랑했다는 전통적 표현은 분명히 성서적으로 정확하다고 할 수 없다. 공적 선교활동 전체를 통해서 그에게는 이름이 알려진 남성 및 여성 제자들이 있었던 것이다. 이것은 1세기 상황에서는 놀라운 일이다. 그러나 이것은 모든 장벽을 부수고 완전한 인간성을 저해하는 모든 한계를 극복한 참 사람(the fully human one) 예수에 대한 이해와 전적으로 일치하는 것이다.

오랫동안 사람들은 예수와 막달라 마리아의 진정한 관계가 무엇이었는지에 대해 여러 가지로 추측했다. 그녀는 예수의 동료였는가, 그의 아내였는가, 그의 애인이었는가? 어떤 자료도 확실성을 보장할 만한 실질적 증거가 되지 못한다. 그러나 나는 예수와 막달라 마리아가 부부였을 가능성에 대한 주장을 펼칠 수 있다고 믿는다. 나는 이 주장을 나의 책에서 밝히려고 했으므로4) 여기서는 반복하지 않겠다. 지금 나의 관점은 전혀 다른 것이기 때문이다. 즉 나는 여기서 예수가 인간의 생존 욕구에 매이지 않은 삶을 드러냈으며, 다른 사람을 폄하함으로써 자기를 높이는 안전지향적 편견을 거부함으로써, 그의 완전하고 자유로운 인간성(whole and free humanity)을 온몸으로 살아냈다는 사실을 제시하려는 것이다. 신성(divinity)은 바로 여기에 있는 것이지, 하

---

4) 나의 책 *Born of a Woman*, 13장을 보라.

나님 곧 예수 안에서 신적인 방문객(divine visitor)이 되어 천당에서 인간의 영역으로 진입한 하나님 안에 있는 것이 아니다. 예수의 능력은 인간의 온전성(human wholeness)의 능력인데, 그것은 궁극적으로 사람들로 하여금 온전한 인간성을 체험하도록 하기 위해, 불완전한 자신을 엄폐하는 방어선을 뛰어넘도록 사람들을 개방시키고 초대하며 가능케 하는 능력이다. 나사렛 예수 안에 나타난 하나님의 거룩한 임재는 여러 성육신 이론을 통해 인식할 수 있는 것이 아니다. 성육신 이론들은 우리가 말로 표현할 수 없는 실재에 대해 설명을 구성하려는 시도에 불과하다. 신성을 만나게 되는 때는 인간성이 온전해지고 심오해져서 인간이 자기 자신을 전적으로 내어줄 수 있을 정도로 개방적이고 무력한 자가 될 때이다. 이 순간이 바로 인간 예수가 하나님이 의도하는 모든 것에 대해 우리의 눈을 뜨게 하고 우리로 하여금 하나님의 존재를 볼 수 있게 하는 순간이다.

이 예수는 후대의 교회가 만들어 놓은 예수상, 곧 죄인들의 타락한 세상을 구출하기 위해 외계에서 오는 유신론적 신 이미지의 노예가 되게 해서는 안 된다. 신의 구출(divine rescue)에는 구원이 없다. 오히려 구원은 온전함에로 초대받았다는 의미이며 당신 자신과 하나님 자신과의 일치(oneness with who you are and who God is)를 축하하는 것이다. 구출은 감사를 유발할 수는 있으나 온전함을 창출하지는 못한다. 바로 이런 이유 때문에 예수를 외계적이며 천상적인 신의 성육신으로 간주하는 것은 예수 체험의 궁극적 의미가 될 수 없다. 나는 구원이 인간의 삶의 가능성을 보여준 참 사람 예수 안에, 곧 부족의 한계, 편견, 성차별 및 공포에서 자유로운 실존 안에 있다고 믿는다. 그런 삶은 필연적으로 다른 사람들로 하여금 그 약속에 동참하도록 용기를 줄 것이다. 따라서 나는 그들이 그 약속에 동참할 때 그들은 하나님의 실재를 체험하리라 믿는다.

내가 묘사하려는 이 예수상은 성서 가운데 제4 복음서에 가장 잘 나타나 있다. 그러나 이런 신적인 예수는 우리의 시야에서 감춰질 수 있다. 만일 우리가 요한복음을 읽으면서, 요한복음이 예수에 관한 전통적 신화, 곧 침입하는 신으로서의 예수, 인간 형태 속에 들어온 하나님으로서의 예수를 확인하는 것으로 읽는다면, 이 신적인 예수는 우리의 시야에서 감춰질 것이다. 이것이 바로 사람들이 요한의 예수상을 체험적으로가 아니라 문자적으로 이해하려는 성향이다. 그러나 우리가 인간적인 것을 체험하는 것은 신적인 것을 통해서가 아니다. 이와 반대로 우리의 신적인 체험은 인간적인 것 안에서 연유된다.

우리는 예수를 참 사람으로 볼 수 있기 전에, 낡은 형식을 타파해야 한다. 우리의 삶은 참 사람을 통해서 "하나님"이란 말의 의미 전체를 체험하도록 열려지게 된다. 이것이 "아들도 자기가 원하는 사람들을 살린다"(요한 5:21)고 한 말씀의 진정한 의미이다. 요한의 이 주제는 계속 메아리치고 있다. "그것은 아버지께서 자기 속에 생명을 가지고 계신 것 같이 아들에게도 생명을 주셔서, 그 속에 생명을 가지게 하여 주셨기 때문이다"(5:26); "너희가 나를 알았다면 나의 아버지도 알았을 것이다"(8:19); "나를 보는 사람은 나를 보내신 분을 보는 것이다"(12:45); "나를 본 사람은 아버지를 보았다"(14:9); 끝으로 "[하나님]이 나를 사랑하신 것 같이 나도 너희를 사랑했다"(15:9). 이 구절들이 주장하는 바는 예수는 하나님(what God is)이라는 것이다. 왜냐하면 우리는 예수의 완전한 인간성 안에서, 우리의 진화적 과거의 장벽들을 넘어서 날아올라 영적으로 충만하며 생명과 사랑의 근원, 곧 폴 틸리히가 하나님이라고 부른 "존재의 근거"(the ground of being)에 대해 개방된 인간성 속에서 살아간다는 것이 무엇을 뜻하는지를 체험할 수 있기 때문이다.

충만한 삶과 희생적인 사랑 및 인간의 완전한 존재됨에 대한 비전은 실로 강력한 영상이다. 이것들은 예수가 주는 선물이기 때문에 그는 "신성"이란 말이 뜻하는 의미로 들어가는 현관이 된다. 이것이 내가 예수를 주님이라고 하는 뜻이고, 따라서 기독교인의 삶은 예수를 통해 하나님의 생명으로 나아가는 나의 여행길이 되는 것이다. 예수의 인간적인 삶은 그의 삶의 심오한 의미인 하나님을 볼 수 있도록 나의 마음을 열어 준다. "그리스도 안에"(in Christ) 산다는 것은 우리의 삶이 본래 의도되었던 바가 되는 것이다. 이것이 바울이 "새로운 피조물" (new creation)이라고 한 것으로서, 거기서는 인간의 존재 의미에 관한 견해를 포함해서 모든 것이 새롭게 만들어지는 것이다. 예수는 이런 방식으로 하나님의 계시가 되며, 심지어 하나님이 의도하는 모든 것을 담지하는 분이 된다. 이것이 내가 섬기고 싶은 예수이고, 내가 주님이라고 부르는 예수이며, 내 마음을 끄는 동시에 나에게 도전하는 예수이다.

제24장

예수: 종교적 경계선의 파괴자

크리스천이란 종교인이 되는 것이 아니다. 그것은 온전한 인간이 되는 것이다. 예수는 이 온전함의 초상이다. 이 때문에 그의 완전한 인간성은 하나님의 궁극적 표현이라고 나는 생각한다.

우리 인간이란 종(種)이 자의식과 공포의 자각에 대처하기 위해 이용한 또 하나의 도구는 종교를 발전시킨 것이었다. 사람들이 생존 욕구에서 충분히 벗어나서 이런 관점에서 종교를 이해하는 데는 큰 어려움이 있다. 그러나 우리가 피상적으로 볼 때도, 종교가 그 핵심에는 보상적이며 인간적인 활동이라는 것이 확실하다.

무력한 인간들은 자신들의 주체할 수 없는 공포를 흥미로운 방식으로 대처한다. 그들은 방어자인 전능한 신의 능력이 나약한 자신들을 보호한다고 확신하는 것이다. 그 다음으로 그들은 삶의 현저한 무의미성의 공포를 회피하는 수단으로 손수 만든 이 외계적, 신적 존재에 대해 궁극적 의미와 목적을 투사한다. 끝으로 그들은 자신들의 삶에서 피할 수 없는 죽음이 궁극적인 것이 아니라는 희망을 만들어낸다. 그들이 영원한 신 안에서 자신들의 삶의 덧없는 성격을 극복할 수 있는 무한의 차원을 발견하기 때문이다. 이런 세 가지 방식에서부터 생겨난 대부분의 종교제도들은 인간의 삶의 현실인 자의식에 대한 충격으로 인한 불안 자체를 진정시켜주는 답변을 제공했다.

이것이 모든 종교의 본질이라는 것을 인식할 때만 비로소 우리는 종교제도에서 주기적으로 유출되는 비합리적 주장들을 깊이 이해하게 된다. 당신은 궁극적 진리의 소유자라는 확신이 큰 위로가 되는 것이다. 이 때문에 종교제도들은 자기들이 신의 권위를 갖고 말하며 따라서 자신들의 말에 대해 아무도 도전할 수 없다는 행태를 보이는 것이다. 이런 이유 때문에 종교제도 속에는 대안적인 주장이나 빗나간 주장을 제거하거나 말살하려는 의욕이 강한 것이다.

내가 20장에서 이미 밝혔고 강조하기 위해 여기서 되풀이하는 것처럼, 종교제도들은 원초적으로 인간의 진리 탐구에 관심이 있는 것이 아니다. 종교제도들은 오히려 인간의 안전 추구와 직결된 것이다. 그러므로 종교는 인간이 극히 불안정한 세계에서 안정을 찾으려고 심사숙고 끝에 마련한 또 하나의 대처수단으로 이해되어야 한다.

자의식적인 인간이 된다는 것이 무엇을 뜻하는지 그 의미를 받아들인다는 것은 엄청난 용기가 필요한 행동이다. 인간 생활의 표징인 불안을 항상 느끼면서 산다는 것은 결코 수월한 일이 아니다. 이 때문에 인간들은 거의 필연적으로 종교적 동물이 될 수밖에 없다. 종교는 인간 정신에 내재하는 절망적 및 만성적 요구에 응하고, 따라서 인간의 삶 자체를 집요하게 장악한다. 그러나 스스로 창조한 안전은 실재가 아니다. 사실상 종교는 전통적으로 보여준 바와 같이 진정한 안전이 아니라 그 환상만을 마련해 주었을 뿐이다. 종교는 대부분 민중의 아편 구실을 한 것이 사실이다.[1] 그러므로 "비종교인을 위한 예수"를 제시하는 것은 거룩함으로 가는 대안적 오솔길이 될 수 있는 것이다.

---

[1] 이것은 칼 마르크스의 입장이다.

예수가 자기를 키워준 종교와 신앙체계에 대해 취한 태도를 검토하는 것은 매력적인 연구라고 하겠다. 그는 사람들을 새로운 인간성으로 초대하고 또한 그의 완전한 인간성 안에 드러난 하나님의 임재를 그들에게 소개하려는 동기에서 종교적 경계선들을 거듭 파괴했다. 인간성을 제한하는 것, 다른 사람을 증오하고 거부하고 폭행하도록 가르치는 것 등은 하나님에게 속한 것이 아니다. 예수는 이 사실을 다양한 형식으로 언급했다. 이 때문에 그는 당시 종교 지도자들에게 심각할 정도로 위협적 존재가 되었다.

복음서에 묘사된 최초의 예수에 대한 초상은 하나님이 주입(a God-infused) 되었으면서도 온전한 참 사람의 모습이었다. 이 초상의 예수는 안전을 생산하는 종교적 규율들에 매이지 않은 삶을 살았다. 하나님은 그의 안전망의 일부분이 아니었다. 하나님은 인간됨의 의미와 연결되어 있었다. 인간의 온전함을 추구하는 것과 종교적 규율들이 상충하는 곳에서는 어디서나 하나님은 그 규율들을 물리칠 수 있는 능력을 그에게 부여한 것처럼 이해되었다. 그의 추종자들은 예수가 생명 지향적이었다고 전한다. 그의 가르침 중 상당 부분은 축하하는 것이었다. 그는 빈번히 잔치를 베풀었다. 그의 삶에는 향취가 있었다. 나는 이제 그가 종교 자체에 대해 어떤 입장을 취했는지 복음서의 초상을 살펴보기로 하겠다. 이것은 매력적인 연구가 될 것이다.

유대교가 예수에게 가르친 것은 도덕법(moral rules)은 궁극적이라는 것과 만일 사람이 이것을 범하면 하나님의 진노가 공동체 전체에 내리지 않기 위해 규정된 처벌을 감수해야 한다는 것이었다. 이것이 필연적으로 형식적 의로움과 가혹한 심판 의식을 낳게 한 사고방식이었다. 이 때문에 공동체 안에 하나님의 법 집행자를 두게 되었던 것이다. 그러나 그것은 사랑을 낳지 못한다. 그것은 생명을 풍성하게 하지 못한다. 그렇다면 예수는 이 사고방식을 어떻게 처리했는가? 복음서만 읽어보아도 그가 그 경계선들을 확장하고 종교의 벽을 뛰어넘으며 사람들에게 따라오라고 초청한 것을 알 수 있다.

나는 요한복음에 기록된 간음하다 잡힌 여인의 이야기(8:1-11)에서 시작하고자 한다.2) 그녀는 애인의 침상에서 서기관들과 바리새파 사람들에게 붙들려 당시 도덕적 재판관들 앞에 끌려오게 되었다. 그들은 법을 알고 있었다. 그들은 모세가 가르친 것을 알고 있었던 것이다. 그들은 공동체 전체가 도덕적 무정부주의로 떨어져 하나님의 진노를 받지 않으려면 도덕법을 지켜야 한다고 믿고 있었다. 그들은 성서에 기록된 대로 일어날 결과에 대해 알고 있었다.3) 그들은 심판과 보상 또는 징벌을 기본 특징으로 하는 유신론적 신의 이미지에 감염되어 있었다. 이 여인은 분명히 죄를 지었다. 그들은 그녀를 범죄 현장에서 붙잡았다. 그러나 만일 그들이 심판하지 않는다면, 하나님은 그들의 이름과 함께 장부에 기록하기를 "그는[혹은 그녀는] 이 간음한 여인이 마땅히 받아야 할 벌을 주지 않은 죄를 범했다"고 할 것으로 믿고 있었다.

아마도 그들의 통제된 마음 속에는 질투심도 숨어 있었을지 모른다. 즉 만일 그녀가 법을 어기고도 무사히 빠져나간다면, 왜 그들도 이처럼 자유 분망하게 행동하지 않았는가? 왜 그들은 법에 순응할 수밖

---

2) 이 이야기의 권위와 위치에 대해 신약학자들 사이에 논쟁이 있다. 고대 사본들에서는 이 이야기가 서로 다른 장소에서 나타나기 때문이다. 그러나 이런 것은 나에게 큰 관심거리가 아니다. 나는 예수에게 돌려진 것들의 상당부분의 역사성을 의심하기 때문이다. 그러나 이 이야기는 복음서 전승의 중요한 부분들과 일치하는 예수 상을 보여준다.

3) 이스라엘의 몇 사람 혹은 심지어 왕의 죄 때문에 역병이 백성 전체에 퍼졌다는 것을 생각하면 된다. 이런 이유 때문에 소돔과 고모라가 멸망한 것이라고 보기도 한다(창 18-19).

에 없었는가? 그들은 자기들의 의로움에 대한 보상을 원했던 것이다. 그들은 폴 틸리히가 말한 소위 "거부된 가능성의 보복"(the vengeance of the denied possibility)[4]이라는 것을 겪고 있었을지도 모른다. 예수에게 있는 자유의 의미는 제도적 종교인들에게는 항상 위협적인 것이었다. "우리가 하나님이 만든 도덕법을 준수해야 한다면 그녀도 그래야만 한다!"고 그들은 말했던 것이다. 따라서 범법한 여인은 예수 앞에 끌려오게 되었다. 돌로 치는 것이 사형집행의 방법이었다. 그것은 참으로 편리한 것이었다. 돌은 이 좁은 지역에 무수하게 널려 있었고 집어던지기는 힘든 것도 아니었으며 특별한 형 집행 장소가 필요한 것도 아니었다.

그러나 요한은 예수의 반응을 종교 지도자들이 기대했던 것보다는 훨씬 판이한 것으로 묘사한다. 예수는 도덕주의와 심판이 온전함을 성취하는 무기가 아니라는 것을 알기 때문에, 그 여인과 그녀의 고발자들 중간에 서 있을 수밖에 없었다. 그는 그녀의 고발자 중에 누가 심판할 자격이 있는지 물음으로써 도덕적 기준을 문제삼는다. 그것은 오늘날도 마찬가지라고 생각한다. 우리 중의 어느 누가 다른 사람의 입장에 설 수 있겠는가? 우리 중의 어느 누가 다른 사람의 특수한 행동을 자극한 원인이 무엇인지 알 수 있겠는가? 의식적이든 무의식적이든 간에 비난하는 말이나 행동을 유발시키는 원인은 무엇인가? 이런 욕구들은 어떤 내적 근거에서 발생하는가? 예수는 "너희 가운데 죄가 없는 사람이 먼저 이 여자에게 돌을 던져라"고 말한다. 외견상 의로운 사람들은 도덕법을 어기지 않았기 때문에 의로운 것인가? 아니면 이 사람들은 사랑할 능력을 억제했거나 단지 붙들리지 않았기 때문에 의로운 것인가? 만일 공개적인 돌팔매질이 행해졌다면, 이 여인

---

4) Tillich, *Systematic Theology*, vol. 2: *Christ and Existence*.

의 고발자들이나 혹은 예수 자신은 보다 깊은 의미에서 완전한 인간이 되는 것인가? 아니면 그들은 더욱 비인간적이고 더욱 폭력적이며 또한 증오와 거부와 비인간적인 것을 자행하는 성향이 더 짙어지는 것인가? 도덕주의와 의로움은 결과적으로 사랑이나 새로운 삶을 낳지 못한다. 그것들은 법칙과 종교적 통제만을 만들 따름이다. 인간이 되려는 것은 종교인이 되려는 것과 똑같은 것이 아니다.

예수는 언제나 인간성을 종교법 위에 올려놓았으므로, 종교법을 보다 더 높은 목표에 종속된 것으로 만들었다. 다른 사례를 들면, 위로부터 명령하는 유신론적 신을 섬기는 예배와 관련된 종교법에 대해 예수는 도전한다. 마가는 제자들이 안식일에 밀밭 사이로 지나간 이야기를 한다(2:23-28). 그들은 배가 고파 밀 이삭을 잘랐다. 유신론적 통제 종교의 수호자들은 이 범행을 규탄하기 위해 하나님의 법을 즉각 끌어들였다. 도덕주의자들은 제자들이 안식일에 해서는 아니 될 일을 범한다고 고발했다.5) 예수는 다윗 왕이 하나님의 집에 들어가서 율법에 따라 제사장들만 먹게 된 제례용 빵을 먹은 사례를 들어 응답했다. 이 빵은 극단적인 경우 곧 굶어 죽게 되었을 때만 사용하기로 되어 있었다. 그런 다음 예수는 비록 안식일에 지키도록 규정된 종교법이라 할지라도 인간의 생명을 보호하는 데 부합하지 않으면 부도덕이라고 선언함으로써 종교의 우선순위를 뒤집었다. 그는 이것이 모든 종교법의 유일한 목적이라고 역설했던 것이다. 인간의 생명은 안식일 법에 적응하도록 만들어진 것이 아니라는 선언이다. 진실은 그 반대인 것이다. 오히려 안식일 법이 인간의 생명을 고양시키기 위해 창안되었다는 말이다. 만일 종교법이 삶을 제고하지 못한다면 그것은 인간성의 이름으로 제거되어야만 한다. 이것은 권위, 전통 및 율법에 대한 놀

---

5) 이런 행동의 불법성을 이해하려면 출애굽기 14:11을 보라.

라운 종교적 전환이었다! 예수는 수천 년 간의 종교적 교훈과 실천에 반하여 종교의 궁극적 목적이 가상적 타계의 초자연적 신을 만족시키는 것이 아니라 오히려 인간성을 고양시키는 것이라고 한 것이다. 이 두 가지가 상충될 때는 인간성의 고양이 항상 법보다 우선하기 마련이다. 이것은 놀라운 통찰의 순간이었고 새로운 의식의 변혁적 상징이며 예수가 인간의 삶을 하나님 만나는 공간으로 보았다는 표징이다. 그 순간 타계의 권위적 어버이 상을 지닌 하나님은 하늘에서 내려와 인간의 삶 중심에 내재하는 현존으로 체험되는 것이다.

마가는 이 통찰을 예수의 다음 이야기(3:1-6)에 도입한다. 그것은 예수가 또 다시 안식일에 회당에 나타나 이번에는 손이 오그라들고 마비된 사람과 만나는 이야기다. 그의 증상은 분명히 만성적이었고 생명이 위험한 질병은 아니었다. 그러므로 거룩한 안식일까지 범할 일은 아니었다. 만일 안식일에 선을 행하므로 하루의 고통을 감소할 수 있다면 그래도 선행을 연기해야 하겠는가 하는 질문이 사실상 예수의 대답이었다. 달리 말하면 지연되는 정의나 선이 정의와 선일 수 있겠느냐 하는 것이다. 삶은 유한한 것이므로 선행이 지연되면 그 사람은 하루의 삶을 잃어버리게 된다. 마가는 말하기를, 예수는 종교가 삶을 왜곡시키고 고통을 증가시키는 데 악용된 것에 분노하여 안식일에 병을 고쳤고, 종교 지도자들은 이에 대해 크게 반발했다고 한다. 그들은 사람들의 행동을 규제하기 위해 고안된 종교법에 항거하는 자에 의해 자기들의 권력이 위협 당했기 때문에 그렇게 반응할 수밖에 없었을 것이다. 즉 예수 때문에 그들의 권위가 상대화되었는데, 예수는 외계적 하나님의 거룩한 총애를 받기 위해 사용된 종교법은 타당성이 없다고 주장했던 것이다. 그들은 이것이 무정부 상태를 초래할 것이라고 외쳤다. 그 법은 삶을 종교적으로 지배하는 데 필수적인 것이었기 때문이다. 만일 예수로 하여금 그런 종류의 도전을 계속하도록 수수 방관한다면 그들의 종교적 권위는 땅에 떨어졌을 것이다.

통제하는 신을 수호하는 자들이 법과 질서에 대한 위협, 그리고 무엇보다도 자신들의 종교 권력에 대한 위협을 제거하기 위해 정치 권력자들과 모의한 것은 놀랄 일이 아니다. 교회와 국가는 항상 타락하고 통제할 수 없는 세계에 대해 질서를 확립할 권력을 모색한다. 이와는 달리 예수는 종교법을 이용하여 삶을 규제하려는 것은 불완전한 인간 조건을 영속시킬 뿐이라고 믿은 것 같다. 권위주의적 종교는 손상된 것을 관리하는 일(damage control)에만 개입한다. 그 목적은 인간의 위험한 성향을 억제하려는 데 있다. 그러나 예수는 인간의 상황을 전적으로 달리 보았다. 그는 인간성을 통제와 법에서 탈피하여 온전함을 지향하는 여정으로 간주했던 것이다. 그는 사람들이 풍요한 삶을 향유하기 위해 규율, 방어, 부족적 경계선, 편견 및 심지어는 종교를 초월하도록 요청했다. 이것은 삶과 종교에 대한 독특한 접근방식이다. 바로 이것 때문에 예수는 질적으로 달랐고, 별개의 인간 차원에 속한 것 같았으며, 그의 추종자들은 하나님을 그의 정체성의 일부로 보게 되었다.

거의 모든 종교제도의 또 다른 특징은 종교적 순결을 규정하며, 누가 정결하며 누가 불결한지를 규정하는 것이다. 토라에는 월경기에 있는 여인에게 접촉을 금하는 언급이 많다(레 12:1-8 및 15:19-30 참조). 유대교도 예외는 아니지만 고대의 많은 종교제도에서 월경기의 여인은 불결한 것으로 치부되었다. 그녀는 부정적인 힘을 소유한 것으로 간주되므로 그 기간에는 부족의 복리에 잠재적 위해 요인으로 판단되어 격리되어야 한다는 것이다. 그녀는 매달 이 기간에 문화적으로 규정된 수치를 안고 살았다. 종교는 여러 차원에서 사람들에게 이런 일을 자행한 것이다.

우리가 이것을 배경 삼아 마가복음을 읽어보면 월경이 주기적이 아니라 지속적인 여인의 이야기를 볼 수 있다. 이것은 그 문화의 가치 체계에 의하면 그녀가 항상 불결하다는 뜻이었다. 그녀는 자기 문제를 위해 치료의 손길을 찾았으나 무위로 끝났다. 그녀의 자존심은 땅에 떨어졌다. 그녀는 자신을 저주했고 자기의 인간성을 폄하했다. 그녀는 공포와 경멸의 대상이 되었다. 그러나 그녀는 강인한 성격의 소유자였기에 자기 종교가 지어준 감옥에서 탈출하기로 결심했다. 그녀는 자기가 풍문에 들은 예수를 찾았고 그의 옷을 만지려했다. 그녀는 자기가 접근할 때 예수는 저주보다는 오히려 용납해 주리라는 예감을 품고 자신의 인간성을 억압하고 더럽히는 벽을 허물었을 것에 틀림없다. 이런 행동을 통해 그녀는 치유되기를 기대했다. 마가는 그녀가 이런 만짐으로 병이 치료되었고 예수는 자기에게서 능력이 나간 것을 감지했다고 했다.

마가는 예수가 돌아서서 "누가 내 옷에 손을 대었느냐?"고 물었다고 한다. 제자들은 그의 물음을 비웃었다. 그는 무리들과 항상 부딪쳤기 때문이다. 그러니 예수는 말하기를 이것은 의도적으로 만진 것이라고 했다. 자기에게 변화가 일어났음을 감지하고 자기가 치유된 것을 깨달은 여인은 공포와 전율에 사로잡혔다. 그는 예수에게 다가와서 자기가 고의적으로 예수의 옷에 손을 댔다고 고백했다. 토라의 법에는 이런 접촉이 예수를 불결하게 만들고 정결법이 정한 날 수대로 정결 행사에 참여해야 한다고 기록되어 있다. 예수를 감염시킨 것을 알고 그 앞에 무릎을 꿇은 여인은 종교법과 정결법이 자기를 규탄하리라는 우려를 느끼고 있었다.

그러나 그녀가 자기 행동을 예수에게 자백했을 때 예수는 그것을 사랑과 은총으로 받아들였다. 나는 예수가 그녀를 건져 올리기 위해 다시 그녀의 손을 잡으면서, 친밀한 인간관계에서 쓰는 말, 곧 "딸아, 네 믿음이 너를 구원했다."고 말했을 것이라고 생각한다. 그녀를 구원한 믿음이란 그녀가 옳은 사실을 믿었다는 뜻이었는가? 물론 그렇지 않다. 그녀의 믿음은 자신의 삶이 지금까지 알아왔던 것보다 더 크고 풍성한 삶일 수 있다는 것을 믿은 것이다. 그것은 사랑에 대한 믿음, 곧 자기를 자유롭게 하여 전적으로 새로운 존재로 바꿀 수 있는 사랑에 대한 믿음이었다. 그녀의 믿음은 한 사람에게서 흘러나와 다른 사람을 치유하는 신적인 능력에 대한 믿음이었다. 예수는 그녀가 새로운 의미의 온전함을 지니고 평화 가운데 떠나갈 수 있게 했다고 마가는 말했다.

우리는 이 이야기에서 예수의 확신을 또 하나 파악하게 된다. 그것은 곧 인간이 온전한 참 사람이 되기 위해서는 안전을 제공하는 종교를 넘어서야 한다는 것이다. 그는 어떤 여건에서든지 이것을 온몸으로 살아냈다. 이 때문에 사람들이 예수에게는 인간성 이상의 것이 현존한다고 믿었을 것이다. 그들은 이런 유형의 인간성을 대면한 적이 없었다. 이것 때문에 그들은 예수와 하나님을 동일시한 것이다. 자유롭고 온전한 인간성은 그 차원을 달리하는 것이었다. 그들은 하나님을 하늘 위에 모셨기 때문에 예수는 위에서 내려온 것이 틀림없다고 생각했다. 그러나 실제로 신성은 항상 아래로부터, 땅으로부터 오는 것이다. 하나님은 인간의 삶 속에 들어오기 위해 하늘 위에 있는 어떤 천상적 영역에서 내려오지 않았다. 인간의 삶이 온전함 속으로 등장하게 되었으며 이것이 바로 하나님의 현현으로 간주되었으며 신성이라 불리게 되었다. 이것이 바로 예수 체험이 뜻하는 것이다.

외계적이고 초자연적인 신을 섬기는 종교는 항상 부랑자(outcasts)를 지목하고 그 부랑자가 거룩한 영역 안에 들어와 오염시키는 것을 차단함으로써 종교의 권력을 쟁취하고 유지한다. 일반적으로 부랑자는 별종의 존재로 치부된다. 공포는 메스꺼운, 무서운, 전염되는 등의 형용사를 첨가하고 하나님이 거부한다는 징표를 덧붙인다. 이런 판단은 통상적으로 무지에서 기인하는 것이다. 예수가 살던 문화에서는 문둥병자들이 주로 그런 대상이었다. 레위기 법에는 모든 문둥병자들은 그 불결한 질병이 다른 사람에게 전염되는 것을 방지하기 위해 즉각적으로 확인할 수 있어야 한다고 기록되어 있다. 문둥병자들의 옷은 찢겨지고 머리카락은 헝클어져서 사람들이 그들을 식별하고 기피하게 했다. 문둥병자들은 그들의 윗입술을 가리고 "부정하다, 부정하다"고 계속 외쳐야 한다(레 13:45). 문둥병자들은 문자 그대로 사회에서 추방되어 집단 및 도시의 성곽 밖에서 거주할 수밖에 없었다. 그 법은 또한 문둥병자들이 깨끗하다는 확인을 받기 위해 거쳐야 할 의식을 규정해 놓았다. 문둥병자들은 이 의식을 마친 후에만 사회로 돌아갈 수 있도록 허락되었다(레 14:2-3). 그러므로 복음서 저자들은 예수가 문둥병자들을 대하는 것을 보고 놀라움을 금할 수 없었던 것이다.

마가는 제일 먼저 이 대면을 거론한다(1.40-45). 한 문둥병자는 예수가 자기를 치유할 능력의 소유자라고 생각하면서 그 앞에 무릎을 꿇는다. 그는 "선생님께서 하고자 하시면, 나를 깨끗하게 해 주실 수 있습니다"고 한다. 마가에 의하면 예수는 문둥병자에게 손을 대며 응답했다. 이것은 확실히 신중하고도 인격적인 행위를 간략하게 묘사한 것이었다. 문둥병 감염자에게 공개적이고 직접적으로 손을 대는 것은 무리들에게 큰 충격을 주었을 것이고, 그것은 또한 정결한 자와 불결한 자를 구별하는 능력에 기초한 제도적 종교의 권력을 공포에 떨게 했을 것이다. 마가는 예수가 "그렇게 해 주마. 깨끗하게 되어라"고 말한 것으로 기록한다. 여기서 예수의 행동은 다른 복음서 본문에서와 같이 종교법을 파기하고 생명과 온전함을 우선시하는 데 일관성을 보여준다. 당신은 문자 그대로 접촉할 수 없도록 규정된 사람을 접촉한다는 것이 무슨 뜻인지 상상할 수 있는가? 이 접촉은 생명의 회복과 함께 인간성의 제고를 함의하는 것이다. 사람들을 배제하는 장벽을 인정하지 않는 인간성 앞에서는 무지가 후퇴할 수밖에 없다. 이것이 예수가 체현한 종류의 인간성이었고, 이것이 또한 신성을 극히 새로운 방식으로 정의한 인간성이었다.

도덕적 심판은 생명을 주지 못한다. 예수가 단행한 것처럼 심판의 경계선들을 초월하는 사랑만이 생명을 줄 수 있는 것이다. 우리가 이해하지 못하는 것에 대한 공포는 항상 생명에 저해되는 벽을 쌓는다. 이것이 외계적인 신을 만족시키고 신의 총애를 받으려는 종교가 반복해서 하는 일이다. 예수의 제자라고 하는 자들의 후손들은 자신들이 "그리스도의 몸"이라고 자처하면서 공포에 질린 사람들과 권위주의적 제도의 요구에 모두 부응하기 위해 예수의 존재 의미 전체를 때때로 훼손하는 것이다.

기독교 역사에서 문둥병자들 곧 불결한 사람들은 누구인가? 그들의 얼굴은 다양하다. 첫째로 그들은 이방인들로서, 기독교 공동체가 주로 유대인 운동의 성격을 띠고 있을 때 예수의 메시지에 응답하면서 그 공동체의 일원이 되려고 했던 이방인들이었다. 바울은 이방인들을 포용할 것을 역설했다. 그러나 베드로는 유대교 전통이 예수에게로 가는 유일한 관문이라고 주장한 것이다. 그러나 결국 베드로는 빛을 보았다고 한다.

베드로가 이 보편적 하나님을 체험했다는 회심 이야기가 사도행전에 기록되어 있다(10:1-48). 베드로는 지붕 위에서 낮잠을 자고 있을 때 토라에 불결하다는 온갖 동물들이 그려진 큰 보자기가 하늘에서 내려오는 꿈을 꾸었다. 하늘의 음성은 베드로에게 이르기를 "베드로야, 일어나서 잡아먹어라!"고 했다. 베드로는 자기는 깨끗한 것만 먹는 유대인으로서 불결한 음식은 먹지 않는다고 대답했다. 하늘의 음성은 "하나님께서 깨끗하게 하신 것을 속되다고 하지 말아라"고 했다. 베드로는 일어나 고넬료라고 하는 이방인의 집에 가서 그에게 세례를 베풀었다. 누가는 말하기를, 베드로가 그 다음에 성령이 이방인들에게 내려오는 것을 목격했다고 한다. 베드로가 이 현상에 대해 "하나님께서는 사람을 외모로 가리지 아니하시는 분"임을 안다고 해석한 것은 삶이 변하는 순간이었다. 장벽을 허무는 예수는 그의 제자들을 통해서도 사람들을 새로운 의식의 차원으로 계속 전환시킨다. 새로운 생명을 창조하기 위해 공포의 안전망을 넘어서는 예수는 복음서 초상의 백미(白眉)이다.

이보다 앞서 사도행전(8:26-40)에는 집사 빌립이 에티오피아 내시에게 세례를 베풀 때 벽이 또 하나 무너지는 이야기가 있다. 이 남자는 당대의 종교법에 이중적으로 저촉되었다. 즉 그는 불결한 이방인일뿐만 아니라 그의 육체적 거세 상황이 그를 용납할 수 없게 만든 것이다. 모세는 "고환이 터졌거나 음경이 잘린 사람은, 주님의 총회 회원이 되지 못합니다"(신 23:1)는 말을 한 것으로 토라에 인용되어 있다. 이 본문은 상대성이나 애매성으로 인해 무시된 적이 없음을 기억해야 한다. 그것은 오랜 세월 동안 성서를 인용하는 자들이 그들의 편견을 방어할 때 "하나님의 말씀에 대한 명쾌한 가르침"이라고 한 것이다. 그 의미는 제자들에게 명약관화한 것이었다. 그럼에도 불구하고 빌립은 그 법을 노골적으로 무시하고 거세한 내시에게 세례를 베풀었고 고차적 인간성의 이름으로 종교법에 다시 한번 도전한 것이다. 그는 예수의 의미가 자기를 주관한다는 확신대로 행동한 것이다.

역사를 통해 예수의 제자들이 공포로 인해 쌓아올린 여타 장벽들도 흡사하게 붕괴될 운명에 처했다. 시대를 초월하여 예수의 제자들은 그들 자신의 생존 의식에 대항하여 투쟁했다. 실상 기독교 역사는 과거의 종교법과 나사렛 예수에게서 힘차게 흘러나오는 자유 사이의 지속적 투쟁이라고 볼 수 있다. 피해자는 비록 다르다고 할지라도 그들의 완전한 인간성을 고양하는 데 역행하는 장벽들은 역사를 통해 거듭 붕괴되었다. 우리는 정신병자들, 흑인들, 유대인들, 왼손잡이들, 남성 및 여성 동성애자들의 사례를 들 수 있는데 그들은 모두 종교적으로 거부당하는 고통을 감수할 수밖에 없었다. 그럼에도 불구하고 이 모든 배타적 장벽들은 결국 사람들이 예수에게서 체험한 능력 앞에서 무너지고 말았다. 하나님은 천상의 재판장이 아니다. 하나님은 인간성이 장벽들이 없는 상태가 되기까지 인간성 안에서 작용하는 생명의 힘(a life force)이다. 이것이 참 사람 예수의 충만한 인간성에서 계시된 하나님이다. 그것은 하나님에 대한 새로운 정의, 곧 외계적 힘(an external force)에 대한 우리의 낡은 견해로부터 우리의 삶의 중심에서 발견된 것으로 바뀐 새로운 하나님 정의였다. 이 하나님의 존재는 우리를 존재하도록 초대하며, 이 하나님의 생명은 우리를 살도록 초대하며, 이 하나님의 사랑은 우리를 사랑으로 초대한다. 예수는 하나님의 생명을 살아냈다. 이 때문에 우리는 그의 삶 속에서 생명의 원천(the source of life)을 보았다고 선포하는 것이다. 그의 사랑에서 사랑의 원천(the source of love)을 볼 수 있었다. 그를 참 사람이 되게 한 그의 용기에서 우리는 모든 존재의 근거(the ground of all being)를 볼 수 있었다. 이런 체험을 전달하기 위해 만들어진 것이 "성육신"이란 말이다. 그것은 믿어야 할 교리라기보다는 오히려 체험해야 할 현존인 것이다.

디트리히 본회퍼가 "종교 없는 기독교"(religionless Christianity)라는 용어를 처음 사용했다.6) 본회퍼는 인간성이 "성숙한 세대"(comes of ages)라고 할 때 인간이 유신론적 종교의 타계적이며 초자연적인 어버이 하나님을 제쳐둘 수 있는 능력을 발전시킨 때를 가리킨 것인데, 이 때 인간의 의식에는 새 날이 밝아온다는 것이다. 이 유신론적 하나님은 너무나 오랫동안 새로운 하나님, 곧 인간성의 중심에서 등장하며 예수 체험의 궁극적 깊이와 의미인 생명과 사랑과 존재의 하나님을 보지 못하게 우리의 눈을 가렸던 것이다.

그러므로 그리스도의 초청은 우리의 인간성과 그 잠재력을 속박하고 제한하는 모든 장벽을 넘어서게 하는 여정으로의 초청인 것이다. 예수는 전통적 기독론이 주장한 바와 같이 외계적 하나님이 그의 삶 속에 들어왔기 때문에 신적이라는 것이 아니다. 과거에나 현재에나 예수가 신적인 존재라는 것은 그의 인간성과 의식이 철두철미 온전하고 완벽했기 때문에 하나님의 의미가 그를 통해 흘러나올 수 있었기 때문이다. 그러므로 그는 사람들로 하여금 우리가 하나님이라고 부르는 생명, 사랑 및 존재의 초월적 차원을 향해 개방할 수 있게 한 것이나.

이것이 미래의 기독론을 위한 기초이다. 다시 본회퍼의 말을 빌리면, 크리스천이란 종교적 인간이 되는 것이 아니라, 온전한 참 사람(a whole human being)이 되는 것이다. 예수는 이 온전함의 초상이고, 따라서 바로 이런 이유 때문에 나는 예수의 완전한 인간성(complete humanity)이 하나님의 궁극적 표현이라고 생각한다.

---

6) *Letters and Papers from Prison*, p. 219.

제25장

십자가: 하나님의 사랑에 대한 인간의 초상

세계는 항상 옆으로 비껴서는 것 같고, 바다는 항상 갈 곳을 아는 사람을 위해 갈라지는 것 같다.

당신은 담대한 일을 할 때 당신의 담대함에 대해 전율하지 않는다.

전통적으로 이해해왔던 종교의 영역 밖에서 예수의 새로운 초상화에 대해 결론을 맺기 전에, 나는 기독교 이야기의 중심에 있는 결정적 순간으로 되돌아가야겠다. 갈보리의 십자가란 도대체 무엇인가? 왜 십자가는 찬송가의 가사처럼 우리가 그 밑에 서서 영광을 돌리려 하는 것인가?[1] 십자가는 무엇을 의미하는가? 그것을 어떻게 이해해야 하는가? 타락의 대가를 지불한 곳이 곧 십자가라고 보는 낡은 방식은 전적으로 부적절한 것이 확실하다. 그리스도의 십자가에 대한 전통적인 이해는 죄의식을 조장하며 하나님의 징벌의 필요성을 정당화하고 자신과 남을 학대하는(sadomasochism) 초기 증상을 오랜 세월 동안 유발시킨 것을 제외하고는, 모든 면에서 그 효력을 잃었다. 내가 앞에서 이미 지적한 바와 같이, 구출하는 신은 그 신자들에게 감사하는 마음을

---

1) "십자가 그늘 아래"(415장)와 "영화로운 주 예수의"(148장)을 참조하라.

자아내지만 인간성의 확장을 초래하지는 못한다. 십자가의 이야기가 고무하는 듯한 끊임없는 감사는 신자들에게 나약성, 유치함 및 의존성을 초래할 따름이다. 그것은 우리로 하여금 하나님의 위대함을 예배를 통해 격찬하게 하는 반면에, 인간 생명의 비참함과 나와 같은 자를 구원하기 위해 하나님이 지불한 대가를 인정하는 것이다. 그럼에도 불구하고 우리는 십자가를 궁극적인 계시의 순간으로 보지 않고서는 예수 이야기를 이해할 수 없다. 그러므로 구태의연한 해석을 넘어, 사람들이 십자가에서 죽은 분과 함께 나누었던 체험을 그 해석으로부터 분리시킬 필요가 있다. 나는 바로 그 체험이 부활 이야기에 영감을 주었고 기독교 성만찬을 형성했다고 생각한다. 이런 해석의 과제는 예수가 하나님의 뜻에 죽기까지 복종했다는 유신론적 신의 이미지를 극복하도록 요청한다. 이것은 십자가에서 죽은 분에게 현존했음이 확실한, 생명을 변화시키는 능력을 발견하기 위한 것이다. 이것이 우리의 마지막 과제다.

복음서들은 십자가를 예수의 필연적 운명으로 제시했다. 복음서들은 예수가 예언자들의 기대에 따라 십자가에 달렸다고 기록했다. 십자가는 나약함을 통해 완전을 성취하는 것이라고 했다. 우리가 이제는 알게 된 바와 같이, 예수의 십자가 처형은 히브리 이미지들의 시각에서 해석된 것으로서, 그 히브리 이미지들은 이를테면 유월절, 속죄일, 세상의 학대를 용납하고 그것을 사랑으로 갚은 제2 이사야의 "종," 주님이 오시는 날의 서곡으로서 성전에서 동물을 매매하는 자들의 손에 배신당한 제2 스가랴의 "목자 왕" 등의 이미지였다. 우리의 과제는 이것들을 역사로서 액면 그대로 읽으려는 것이 아니라 그의 십자가 처형의 폭거에 대해 이런 해석을 하도록 만든 예수 체험이 무엇이었는지를 묻는 것이었다. 이제 십자가에서 그 절정을 이룬 드라마 전체를 재구성해보기로 하겠다.

예수와 그의 가장 가까운 추종자들 사이의 관계는 각별했다고 말해도 좋을 것이다. 그들은 다양한 차원에서 피차 관계를 맺었다. 예수의 제자들은 그의 교훈을 경청했으며 그 감동이 그들 자신들에게 뿐만 아니라 다른 사람들에게도 미친다는 것을 알게 되었다. 예수 주변의 인물들은 그의 언행에 대한 권리와 권위에 대해 물었으나 그에게는 질적으로 다른 진정성이 있음을 그들의 질문 자체가 웅변적으로 말해 주었다. 복음서들은 이런 반응을 다음과 같은 구절에 담았다. "이 사람이 어디서 이 모든 것을 얻었을까? 이 사람에게 있는 지혜는 어떤 것일까? ... 이 사람은 마리아의 아들 목수가 아닌가?"(마가 6:2-3). "사람들은 그의 가르침에 놀랐다. 예수께서 율법학자들과는 달리 권위 있게 가르치셨기 때문이다"(마가 1:22). "무리가 이 일[중풍병 환자의 치유]을 보고서... [그들은] 이런 권한을 사람에게 주신 하나님께 영광을 돌렸다"(마태 9:8). "예수께서 어느 날 성전에서 가르치실 때 ... 대제사장들과 율법학자들이 장로들과 함께 예수에게 와서 말했다. '당신은 무슨 권한으로 이런 일을 합니까? 누가 이런 권한을 당신에게 주었습니까?'"(누가 20:1-2). 예수에게 있었던 능력, 예수가 추종자들과 다른 사람들에게 미친 영향과 같은 것은 필연적으로 예수 현존의 부분으로서, 제자들이 며칠, 몇 주, 몇 달, 심지어는 그들이 그와 함께 했던 아마도 몇 해 동안에 걸쳐서 느리게, 점진적으로 흡수한 것이었다.

제자들은 또한 예수가 하나님과 맺고 있는 것처럼 보였던 관계성 안에서 살아갈 기회도 얻었다. 제자들은 이런 관계성도 표현해야만 했다. 예수는 하나님을 "아바"(Abba)라고 불렀는데, 이 말은 친밀감과 교제를 나누고 있음을 보여주는 말이다. 제자들은 예수가 기도하는 것도 지켜보았다. 제자들은 아마도 예수가 성경 구절을 암송하고 그

의미에 대해 고뇌하는 것도 들었을 것이다. 제자들 사이에는 예수가 어떤 식으로든 자신들을 사랑하는 존재가 되도록 사랑했다는 느낌이 있었다. 예수는 자신들에게 유대인과 이방인을 분리하는 부족의 장벽을 넘어서도록 촉구했으며, 예수 자신은 시로 페니키아 여인(마가 7:24-30)과 로마의 백부장(누가 7:1-10)을 그렇게 대했다. 그들은 예수가 사마리아인들, 여인들, 아이들에 대해 유대인들이 지녔던 뿌리깊은 편견에 매이지 않은 것을 보았다. 이 모든 계기들은 제자들에게 성장시키는 체험이 되었고, 그들의 삶은 그 경험들을 통해 분명히 확장되었다. 예수는 제자들에게 인간 역사 속에 비집고 들어오는 하나님 나라에 관해 계속해서 이야기했던 것 같다. 이것이 최소한 그의 교훈이 기억된 방식 가운데서 지배적인 주제였다. 제자들은 아마도 예수의 삶 자체가 어떤 면에서 하나님 나라의 표징이라고 느꼈을 것이다. 그들은 "하나님의 나라"란 말이 무엇을 의미하는지 궁금해했고, 예수의 삶이 그 나라와 어떤 관계가 있는지에 대해서도 궁금하게 생각했다.

제자들은 예수에게서 매우 희귀한 완전함(integrity)을 보았던 것으로 보인다. 그들은 말하기를, 예수에게는 어떠한 여건 아래서도 그 자신의 참된 존재 의미에 충실하는 용기가 있었다고 한다. 제자들이 기억한 예수는 그가 친구들이나 원수들이 부연할 필요가 없는 자유로운 존재였다. 그 자유는 불가항력적인 것이었다. 제자들은 그런 자유를 얻게 되기를 갈망했을 것이다.

예수는 또한 다른 사람들에게 깊숙이 현존했었던 것으로 보인다. 그는 폴 틸리히가 말한 "영원한 현재"(the eternal now) 안에 살았던 것으로 보인다.2) 예수는 전심을 다 해서 사람들과 만났기 때문에 어떤 사람이 그와 관계를 맺었을 때는 마치 시간이 사실상 멈추었던 것처럼

---

2) Paul Tillich의 저서(1963) 제목이다.

보였다. 예수가 대면한 사람이 부자 청년이었거나 우물가의 여인이었 거나 간에 그는 제자들이 말하는 것처럼 소위 "영원한 밀도"(the intensity of eternity) 안에서 그 사람과 만났던 것이다. 그렇게 함으로써 그의 현존 자체가 인간을 차별화하는 계급제도에 대한 도전이 되었다. 예수는 모든 사람이 온전해질 가능성, 영원한 가치를 투자할 잠재력이 있는 것으로 본 것 같다. 그를 만난 사람들은 그 만남으로 인해 성숙해진 것처럼 보였다.

질병과 아픔이 신의 혐오와 징벌의 징표로 여겨지던 시대에, 예수는 병자들을 감싸주고 그들에게 손을 얹고 신의 저주를 받았다는 그들의 몸을 씻어준 것으로 기억되었다. 그는 또한 거리의 여인이 눈물로 그의 발을 씻고 머리털로 그의 발을 닦는 것을 허락한 것으로 기억되었다(누가 7:36-50). 종교 지도자들은 이 여인의 비도덕성을 하나님의 도리에 역행하는 표시라고 비판했다. 예수는 비도덕성에 관한 이런 정의에 대해 거듭 도전했던 것 같다. 그는 유대인들을 정복한 이방인들과 결탁한 것 때문에 불결한 것으로 치부된 세리(稅吏)를 자신의 제자들의 무리 속에 불러들였다(마가 2:13-14). 만일 자신의 직위를 이용해서 동족의 고난을 증폭시킨 이 사람마저도 가치가 있다면, 예수에게는 변화되지 못할 인간이란 아무도 없었다. 예수는 제자들이 거부하려 했던 힘없는 아이들을 그의 사랑으로 환대했다. 이처럼 관대한 행동들을 제자들이 지켜보았으며, 곰곰이 생각하게 되었으며, 그들을 매혹시켰고 유인했으며, 심지어 어떤 경우에는 이 예수에 대해 반발하도록 만든 것들이다. 그러나 제자들은 항상 예수의 행위 하나 하나가 자신들의 가치를 재평가하도록 촉구할 때마다, 예수에 대해 놀라움을 느끼게 되었다. 예수와 함께 했던 삶은 영원히 변하는 만화경(萬華鏡) 속의 삶과 같은 것임에 틀림없었다.

예수가 하나님의 존재를 사실상 어떻게 생각했던지 간에 그 실재는 그 자신의 삶 속에 내재하는 강력한 현존이었다. 예수는 자신의 가르침에서 하나님을 다양하면서도 상당히 일반적이고 심지어 평범한 상징들로 표현했다. 즉 하나님은 탕자의 귀향을 환영하는 아버지와 같았다(누가 15:11-32). 하나님은 잃은 양 한 마리를 찾는 목자와 같거나(누가 15:3-7), 잃은 동전을 찾을 때까지 열심히 방을 쓰는 여인과 같았다(누가 15:8-10). 예수가 인식한 하나님은 모든 사람들을 지금의 모습 그대로 환영하는 분이었던 것 같다(마태 11:28). 하나님에게 가는 길을 찾은 사람들은 자신의 모든 요구가 충족될 때까지 계속해서 문 두드리는 성가신 과부처럼 소란스럽거나(누가 18:1-8), 내밀한 마음속에 무한한 자비와 용서를 지님으로써 영원한 의미에 가서 닿는 사람들과 같을 수 있다(요한 8:1-11). 그의 제자들은 이런 모든 체험에 틀림없이 동참했을 것이다.

예수를 가장 잘 아는 사람들에게 예수는 실제보다 훨씬 더 크게 비쳤던 것으로 보인다. 이 때문에 사람들은 예수가 대부분의 인간들에게 무력감을 주는 세력들에 대해 통제력을 지닌 것으로 보았다. 그러므로 기적이 편만한 시대에 예수 주변에 초자연적인 이야기들이 모여들게 된 것은 결코 놀랄 일이 아니다. 아마도 예수와 가까웠던 사람들은 그의 깊은 영적인 우물에서부터 그처럼 완전하게 또한 지속적으로 목마름을 채울 수 있었기 때문에, 그들은 무리의 숫자와 상관없이 음식의 소모량보다는 항상 더 풍성한 영적 만찬에 큰 무리가 참여하는 것에 대해 상상하게 되었을 것이다(마가 6:36-44, 마태 14:13-21, 누가 9:10-17, 요한 6:1-14).

제자들은 또한 예수가 사명감에 충만했음을 간파했다. 그들은 그 사명이 무엇인지 정확히 몰랐으나 그 실재는 의심의 여지가 없었다.

세상은 항상 사명감에 불타는 자에게 길을 내주기 위해 비껴서는 것 같고, 바다는 갈 곳을 아는 사람을 위해 항상 갈라지는 것 같다. 복음서 이야기에는 "그의 때"가 아직 오지 않았다거나 드디어 그 때가 십자가 처형의 시간에 이르렀다는 개념이 확실히 있다(마가 14:41, 마태 26:45, 누가 22:53, 요한 2:4). 이 특별한 "때"가 그 제자들의 마음 속에서 어떤 식으로든, 고대 히브리 사람들이 "주의 날"이라 불렀던 것과 결합되었다. 이 결합은 예수를 신비한 존재로 숭배하는 분위기를 고조시켰을 뿐만 아니라 조만간 유대인 성서 여러 곳에 있는 메시아 대망을 예수와 연결시키는 결과를 낳았다. 한 가지 확연한 사실은 예루살렘이 자석처럼 예수를 끌어당겼다는 것이다. 그의 "때"는 그 거룩한 도시에서 와야만 했다. 어떻든지 간에 그를 기억했던 사람들의 기본 주제들은 그의 "때," "주의 날" 및 예루살렘이 예수의 마음속에 함께 뒤얽혀 있었다고 주장했다. 그는 황홀함을 갖게 하며 신비를 느끼게 하는 현존이었다.

이 모든 주제들은 예루살렘에서 일어난 예수의 십자가 처형 이야기 속에 합류된 것 같다. 즉 예수가 십자가에서 처형된 것은 가장 큰 상처를 남겨준 치명적인 기억으로서, 그의 제자들이 예수에 대해 생각했었던 많은 것들에 대한 철저한 도전이었다. 그의 죽음은 극도로 비탄에 빠진 제자들에게 그의 삶의 의미를 판단하는 외계적 하나님이 보여준 철저한 부정(no)과 다름없는 것으로 보였다. 메시아는 죽을 수 없었다. 유대인들은 죽은 메시아의 관점에서 생각하지 않았다. 그러므로 예수가 죽었을 때, 그들은 예수와 약속된 메시아 사이를 연결시켰던 생각들이 어쩌면 영원히 물거품이 되고 말았다고 생각했다. 종교적 권위에 강하게 도전했던 예수는 수치스럽게 죽었고, 토라는 나무에 매달려 죽은 자를 "저주를 받은" 자라고 했다(신 21:23). 그 종교권력의 구성원들은 분명히 승리자들이었다. 예수는 패배자였다. 예수의 제자들은 이렇듯 불가피하게 보였던 결론으로 자신들의 마음을 달래야 했다. 만일 예수가 죽었다면, 하늘 아버지이신 하나님은 그를 살려두는 것이 옳지 않다고 본 것이 분명했다. 제자들은 예수의 생각이 틀렸거나 혹은 착각했었다고 생각할 수밖에 없었다. 따라서 만일 예수가 틀렸다면 자신들도 틀렸던 셈이었다. 그들은 자신들이 "속았고" "오도되었고" "잘못이었다"는 말로 자신들을 달랠 수밖에 없었다.

그러나 이런 결론으로는 결코 만족할 수 없었다. 제자들의 내적 갈등이 사라지지 않았기 때문이었다. 예수가 죽었다는 현실은 자신들이 그와 함께 지낸 체험의 현실에 의해 계속해서 도전받고 있었던 것이다. 하나님은 예수의 용서와 사랑의 메시지에 대해 어떻게 '아니오'(no)라고 말할 수 있단 말인가? 하나님은 어떻게 자신이 창조한 모든 사람의 인간성을 드높이기 위해 모든 분리장벽을 극복한 분 때문에 마음이 상할 수 있단 말인가? 어떻게 예수는 그처럼 철저하게 생명의 대리인(an agent of life)이면서 또한 하나님의 대리인(an agent of God)은 아닐 수 있단 말인가? 사람이 어떻게 자신의 생명과 사랑을 그처럼 거저 주면서도 사형죄에 해당될 수 있단 말인가? 이런 황당한 현실에 대해서는 보태진 것도 전혀 없으며, 따라서 어떤 해답도 나올 수 없는 것 같았다. 십자가 처형이 예수의 제자들에게 가져온 내적 갈등과 긴장은 확연했고 격렬했으며 끝이 없었다.

이처럼 해결되지 않는 긴장 때문에 십자가 처형(이 체험이 긴장을 만들었다)과 부활(이 체험을 통해 그 긴장이 궁극적으로 해소되었다) 사이에는 상당한 시간이 필요했다고 나는 믿는다. "3일"은 그 시간의 길이를 나타내는 예배적인 상징이다. 이미 지적한 바와 같이, 복음서 이야기들은 십자가로 인한 정신적 상처로부터 상당한 시간이 지난 다음에야 부활절의 변화가 있었음을 함축하고 있다(누가 24, 행 1, 2, 요한 21). 애도의 주기를 연구한 학자들이 보기에는, 이 본문들 속에 제자들의 심리 상태가 십자가 처형 후 6개월에서 1년 사이의 어느 시점이라는 증거가 있다.[3]

십자가 처형이라는 비극을 겪은 후 최소한 2세대, 아마도 심지어 3세대가 지난 다음에 기록된 복음서들에서 이런 긴장이 해소되는 것을 보게 된다. 바울은 말하기를 그것은 "우리의 죄 때문"이었고 "성서에 따라" 이루어진 것이라고 했다. 예수가 십자가에서 마지막으로 했다는 말씀, 즉 마가(15:34)와 마태(27:46)에만 기록되어 있는 "나의 하나님, 나의 하나님, 어찌하여 나를 버리셨습니까?"라는 버림받음에 대한 외침이 누가에서는 "아버지, 내 영혼을 아버지 손에 맡깁니다"(23:46)로 바뀌어져 승리한 모습으로 표현되고, 또한 요한에서는 예수가 "다 이루었다"(19:30)고 선포함으로써 새로운 창조를 암시하는 것으로 바뀌어지는데, 이것은 창세기의 이야기에서 창조 작업이 완성되고 영원한 안식일이 시작되었다는 이야기(2:1)를 새로운 관점에서 풀이한 것이다.

예수의 죽음이 유월절 어린양의 죽음에 비유되기 시작한 것은 십자가 처형 이후 한참 지난 다음이었다. 또한 바로 이 시섬에서 예수의 죽음은 속죄일 희생양의 죽음에 비유되기 시작했는데, 이 양의 죽음은 하나님이 창조가 파괴된 것을 극복하기 위해 하나님이 요구한 몸값으로 이해되었으며 타락의 대가를 지불하는 피의 제물로 이해되었다. 예수를 유월절 어린양과 연결시킴으로써 죽음의 권세는 파멸되었다고 선포되었다. 예수와 속죄일 희생양을 연결시킴으로써 속죄의 의미가 성취되었다고 선포되었다. 이처럼 마침내 상징적인 해석들 속에서 이해된 예수의 죽음은 이제, 성전에서 사람들이 모일 수 있는 성소

---

[3] Elizabeth Kübler-Ross는 *On Death and Dying*에서 이 과정을 잘 보여준다.

와 하나님만이 계시다고 하는 지성소 사이를 언제나 분리시켜왔던 휘장을 둘로 가르는 능력을 지녔다고 선포되었다(마가 15:38, 마태 27:54, 누가 23:45). 이런 상징들이 예수의 죽음을 견디기 힘든 비극에서부터 목적이 있는 구원의 행위로 바꾸어놓은 것이다.

이렇듯 예수에 대한 이해가 발전하게 된 것은 모두 일반적으로 받아들여지던 유신론적 하나님 개념 속에서 벌어졌다. 즉 이 창조의 하나님은 인간의 불복종으로 인해 마음에 상처를 받았다. 하늘 위에 있는 이 하나님은 징벌과 손해배상을 요구했다. 타락한 인간이 견딜 수 없을 정도로 그 징벌이 가혹했기 때문에, 세상 죄악을 극복하고 하나님과 하나되는 길은 오로지 하나님만이 이룰 수 있는 것이 되었다. 그러므로 하나님은 무한한 은총의 행위를 통해, 기적적인 출생을 거쳐 예수의 인격으로 역사 속에 들어왔다는 것이다. 하나님은 예수의 삶 속에서 신적인 능력을 드러냈으며, 하나님 자신만이 할 수 있는 일을 예수의 능력을 통해 드러냈다. 즉 죄인을 용서하고 병을 치유하고, 타락하고 왜곡된 세상을 극복하고, 창조자로서 자연의 힘들을 통제하고, 죽은 자를 살리고 그를 묶어놓은 무덤에서 걸어 나오고, 끝으로 왕복여행을 마치고 마침내 하나님에게 구속받은 피조물과 인간성을 봉헌하기 위해 기적적인 승천을 단행함으로써 삶과 죽음 사이에 좌정(坐定)하고 있다는 것이다. 이런 방식으로 예수 이야기는 전해졌고, 복음서에 처음으로 기록되었으며, 나중에는 신조에 구체적이고 교의적으로 나타나게 되었을 뿐만 아니라, 더 나아가서는 교회의 교리들과 성례전으로 만들어진 것이다. 그러나 설명은 항상 그 설명이 이루어진 세계관의 현실을 전제로 한다. 그 세계관이 죽게 되면, 그것에 첨부되었던 설명도 사라지게 마련이다. 만일 예수 안에서 하나님을 만난 체험이 1세기 세계관을 바탕으로 한 설명, 즉 하나님, 천당 및 기적에 대한

1세기 세계관을 바탕으로 한 설명과 같은 것으로 본다면, 그 체험 또한 필연적으로 소멸할 것이다. 이것이 오늘날 우리가 처한 상황이며, 이 때문에 예수를 과거 종교관의 사슬에서 풀어놓고 "비종교인들을 위한 예수"의 초상화를 제시해야 하는 것이다.

우리의 질문은 달라지는 것이다. 즉 예수 체험은 삶에 대해서, 하나님에 대해서, 목적에 대해서, 하나됨을 위한 영원한 추구에 대해서, 하나님과 하나된다는 것이 무엇을 뜻하는 것인지에 대해서, 무엇을 드러내는가? 만일 우리가 이 질문에 대해 대답할 수만 있다면, 십자가는 우리의 죄값을 치르기 위해 아들의 희생을 요구하는 유신론적 신의 가학적(sadistic) 본성의 표징 대신에, 우리에게 유용한 상징이 될 수 있다. 그 신학이 우리 예배의식에 들어올 때, 그것은 인간을 폄하하는 데 기여했을 뿐만 아니라, 크리스천들이 예수의 피의 정화 능력을 중심으로 발전시킨 물신숭배(fetishes)를 조장하는 데 기여했다. 이런 타계적 구조는, 희생제물에 관한 그 언어, 징벌하는 하나님에 대한 그 가학적인 모습, 타락과 범죄와 파멸로 인해 자비를 구걸할 수밖에 없는 인간에 대한 정의와 더불어, 이제는 파산되었고 철거되어야만 한다. 이것이 우리가 이 책 선제를 통해서 추구했던 우리의 여정이나. 많은 사람들은 이 구조물이 철거될 때 남을 것이 없다고 불안해한다. 만일 그렇다면, 우리는 이제 기독교는 사멸했고 탈기독교 세계(a post-Christian world) 역사가 시작되었다는 사실을 솔직히 직시하도록 하자.

그러나 나는 21세기의 크리스천으로서 그 결론을 받아들이지 않는다. 나의 과제는 과거의 상징들에 인공호흡을 시키는 것이 아니다. 내가 보기에 그것들은 그럴 가치도 없으며 그럴 가능성도 없는 것들이다. 나의 과제는 이제 유통기한이 지나고 사멸하는 상징들을 생산한 그 체험 속에 들어가서, 그 예수 체험의 능력을 전달하기 위해 나의 세계관에 적절한 언어를 발견하는 것이다. 나는 예수의 제자들과 마찬가지로 모든 시대를 위해 이 작업을 할 수는 없다. 나는 다만 나의 시대를 위해서만 할 수 있을 따름이다.

나는 어느 누구에게도 하나님의 정체성과 그의 본질에 관해 말할 수 없다. 비록 우리는 오랜 세월 동안 신조와 교리를 통해 그것에 대해 말할 수 있다고 위선을 떨었지만, 어느 누구도 그 일을 할 수 없다. 하나님의 실재는 정의할 수 없다. 그것은 다만 체험할 수 있을 따름이며, 우리는 그 체험마저도 환상에 불과할 수 있다고 항상 인식해야 한다. 초자연적 유신론은 하나님에 대한 인간의 부적절한 정의 가운데 하나이기 때문에 버릴 필요가 있다.

내가 나의 하나님 체험을 말하고자 할 때는 오직 인간적인 유비들(analogies)만으로 할 수 있다. 곤충은 새가 되는 것이 무엇과 같은지 어느 누구에게도 말할 수 없다. 말은 인간이 된다는 것이 무엇과 같은지 어느 누구에게도 말할 수 없다. 인간은 하나님이 되는 것이 무엇과 같은지 어느 누구에게도 말할 수 없다. 이것은 가장 초보적인 것 같다. 그러므로 나는 인간적 유비의 언어로 나의 체험을 말하고자 한다. 그것은 내가 할 수 있는 유일의 언어이기 때문이다.

나는 스스로 포용할 수 있는 것 이상의 삶을 체험한다. 내가 그런 삶을 완전히 살기 위해서는 나의 인간 의식의 한계를 넘어서야 한다. 그러나 나는 그 삶의 꿀맛을 볼 수 있고 또한 그 영원성을 묵상할 수 있다. 나는 그 때 내가 하나님이라고 부르는 생명의 원천(the Source of Life)과 교통하게 되는 것이다.

나는 사랑을 나를 넘어선 어떤 것으로 체험한다. 나는 사랑을 창조할 수는 없으나 사랑을 받을 수는 있다. 내가 일단 사랑을 받았으면 그 사랑을 남에게 줄 수 있다. 그러므로 사랑은 내가 참여할 수 있고 나를 변화시키는 초월적 실재이다. 나는 보다 심오한 사랑을 이해할 수 있고, 그 원천을 묵상할 수 있는데, 그 사랑의 원천(the Source of Love)을 나는 하나님이라고 부른다.

나는 존재를 내가 참여하는 어떤 것으로 체험한다. 그러나 나의 존재는 존재 자체(Being itself)의 내용을 소진할 정도로 가까이 접근하지는 못한다. 나는 나보다 훨씬 위대한 어떤 것에 근거하고 있다. 존재 자체는 소진될 수 없고 무한하며 또한 파괴될 수 없다. 내가 존재의 근거(the Ground of Being)와 접촉했을 때 나는 내가 하나님이라고 부르는 것과 접촉한 것으로 믿는다.

바로 이런 초월적 체험에 대한 확대된 의식을 통해서, 나는 나사렛 예수를 직시하고 그의 삶 속에서 "하나님"이라는 말의 뜻을 깨닫는다고 감히 주장한다. 하나님에 대한 나의 견해와 심지어 내가 예수 안에서 만나는 하나님에 대한 나의 견해도 객관적 실재라고 믿는 것에 대한 나의 주관적 서술이다.

나는 예수를 경계선-파괴자(a boundary-breaker)로, 사람들로 하여금 자신들의 안전체제(security systems) 울타리를 벗어나도록 촉구하는 분으로 이해하고자 했다. 예수의 삶은 공포가 인간성을 질식시키고 벙어벽을 구축하고 규정적인 편견을 조작하고 종교제도를 설립하는 등, 만성적인 공포증에 걸린 사람들에게 안전을 제공하기 위해 고안된 현실을 인식한 삶이었다. 그리스도의 길을 따른다는 것은 이런 인간적이며 다양한 안전체제에서 벗어나고 초월하는 능력을 갖는 것이다. 그것은 비종교적인 새로운 인간성의 세계에 들어가기 위해 우리 인간성을 속박하는 모든 종교 형태에서 벗어나는 것이다. 그것은 신성(divinity)을 외부적인 데서 찾는 것이 아니라, 인간이 된다는 것이 무엇을 뜻하는지에 대한 가장 깊은 차원으로서(as the deepest dimension of what it means to be human) 찾는 것이다. 그것은 우리가 자기 자신을 내어줄 만큼 자유롭게 될 때만 신성에 들어갈 수 있다는 말이다. 그것은 하나님의 정체성과 본질에 대해 사색하는 것이 아니라 하나님의 의미를 살아내는 것이다. 그것은 예수의 완전한 인간성을 직시하는 것이고 그 안에서 신의 현존을 인지하는 것이다. "하나님이 그리스도 안에 계셨다"는 것은 성육신론과 삼위일체론으로 이끄는 교리가 아니다. 그것은 온전함, 새로운 창조, 새로운 인간성 및 새로운 생활방식으로 이끄는 현존에 대한 탄성인 것이다.

우리는 이제 이 하나님에 대한 체험 곧 온전함을 가져다주는 체험을 전제로 십자가 이야기를 다시 한 번 살펴보기로 하자. 십자가 처형이 잔인한 세계의 잔인한 처형형태였기 때문에 그 잔인성은 감소되지 않는다. 그러나 복음서 저자들이 그린 예수의 초상화는 우리의 신앙심이 상상한 것 이상으로 많은 것을 드러내 보여준다.

십자가 이야기 가운데 어떤 자세한 내용이 역사적으로 정확한지 아닌지는 나에게 중요하지 않다. 나는 이미 주장한 바와 같이, 복음서들은 목격자들의 증언이 아니라 고대 히브리 자료에 근거하여 예배용으로 편집된 문서라고 보기 때문에, 십자가 이야기의 자세한 내용들은 역사적으로 정확한 사실이 아니라는 것을 나는 오래 전부터 확신하고 있었다. 그럼에도 불구하고 그 십자가 이야기들은 나사렛 예수에 대한 기억, 곧 나를 여전히 놀라게 만드는 초상화를 보여주고 있다.

우리는 우선 오늘날 여전히 수난주간에 읽는 예수 이야기부터 살펴보기로 하자. 예수는 승리자처럼 예루살렘 속으로 행진해가고 있다. 분위기는 축제와 같다. 큰 무리가 모인다. 그 메시아적 상징은 스가랴에서 따온 것이 뚜렷하다(슥 9:9-10).

그는 왕으로 오지만 권력의 상징은 없다. 마커스 보그와 존 도미닉

크로산은 그들의 저서 『예수의 마지막 일주일』(*The Last Week*)[4])에서, 예수의 행진과 똑같은 시기에 있었던 빌라도의 행진(유월절에 발생할지도 모를 테러 행위를 진압하기 위해 가이사랴에서 예루살렘으로 오고 있는)을 비교하고 있다. 권력자는 나귀를 타지 않는다! 권력자는 비무장이 아니다. 복음서들은 많은 사람들이 길가에서 그에게 자기들의 옷을 던졌다고 전한다. 어떤 사람들은 들에서 꺾은 잎이 무성한 나뭇가지를 길에 깔았다. 모두 승리의 노래를 불렀다. "호산나! 복되시다! 주님의 이름으로 오시는 분! 복되다! 다가오는 우리의 조상 다윗의 나라여! 더 없이 높은 곳에서, 호산나!"(마가 11:1-10). 복음서 저자들이 전하는 메시아적 열망에는 잘못이 없다. 무리는 예수를 자신들의 왕으로 삼고자 한다. 이것은 사람을 환장하게 만드는 고차원적인 말이다. 불안한 인간에게는 사람들의 칭송만큼 달콤한 마약 이상으로 매혹적인 것은 없다. 그러나 온전한 인간인 예수는 그런 유혹을 받지 않는다. 그는 자신의 정체를 알고 있다. 그는 온전해지기 위해 인간의 환호를 필요로 하지 않는다. 그는 환장하지 않는다. 그는 계속 나귀를 타고 간다.

복음서 저자들이 그 마지막 주간의 날들을 빠르게 지나가는 것으로 묘사하는 동안 예수의 행진은 냉혹하게 이동해간다. 베다니를 거쳐 예루살렘으로 다시 돌아가서 대결하게 된 성전에 이른다. 성전이 다시 천명된다. 즉 성전은 제도종교를 후원하기 위해 모인 강도들의 소굴일 수는 없다. 성전은 모든 민족들이 기도하는 집이다. 온 우주에 편재하는 하나님으로부터 어떤 민족이든 분리시키는 장벽이란 없어야 마땅하다. 그 하나님은 인간의 손으로 건설한 성소, 곧 하나님의 존

---

[4]) Borg and Crossan, *The Last Week: A Day-by-Day Account of Jesus's Final Week in Jerusalem*, 오희천 옮김, 『예수의 마지막 일주일』(중심, 2007).

재 전체가 임재한다는 공간에 한정될 수 없기 때문이다.

복음서들은 그 한 주간 동안에 긴장이 조성되고 있는 것으로 묘사한다. 종교 지도자들이 포도밭 주인의 아들을 죽이려고 한다는 비유가 언급된다. 위로를 찾기에는 그 비유가 너무나 가깝다. 종교 지도자들이 예수를 거부하는 행동에서 자신들은 마치 하나님을 대변하는 것처럼 위선을 떨고 있지만, 결국에는 예수를 새로 세워질 건물의 초석으로 삼는 데만 성공했다고 마가는 암시한다.

그 다음에 예수는 당시 종교가 규정한 경계선과 전통적 종교 규칙들과 대결한다. 그는 그 모든 것들이 인간성을 속박하고 우리를 자유롭게 풀어주지 못한다고 주장한다. 누가 하늘나라에서 결혼하는가? 죽은 자가 살아나는가? 가장 위대한 계명은 무엇인가? 예수는 이런 질문들을 모두 회피한다. 그는 다른 비전을 보고 있는 것이다. 즉 이 세상의 규칙은 하늘나라에서 적용되지 않는다는 말이다. 하나님은 죽은 자의 하나님이 아니라 산 자의 하나님이다. 계명의 본질은 사랑이다. "다윗의 자손"은 그리스도 생명(the Christ life)에 대한 정의가 아니다. 참 종교는 신분에 저촉되지 않는다. 인간의 삶은 그의 존재와 직결된다. 거짓 그리스도와 그리스도에 대한 거짓 정의는 무성할 것이다. 종교적 규칙들은 극복되어야만 한다. 하나님을 발견하는 곳은 권력이 아니라 무력함에 있다. 항상 준비하여라. 주 하나님은 기대하지 않을 때 삶 속에 도래한다. 하나님은 속박되지 않는 무한대의 사랑이다. 이것이 사람들이 기억한 나사렛 예수가 말하고 살아낸 강력한 메시지다.

그 다음에 예수의 드라마는, 일종의 신적인 필연성을 지닌 채, 그의 죽음으로 이어진다. 한 여인이 장례를 위해 그에게 기름을 붓는다. 배신행위가 발생한다. 유월절 만찬이 준비되고 거행된다. 빵 조각과 포도주의 상징은 그의 찢긴 몸과 흘린 피의 전조가 된다. 제자들의 나약함이 묘사된다. 그들은 자랑하고 잠자고 도망치고 드디어 부인한다. 예수는 체포된다. 그는 홀로 있다. 그의 운명은 결정된다. 그의 삶은 종말로 다가선다. 여기서 복음서 저자들이 그의 마지막 모습을 그린 초상화를 응시하고 관찰해 보자. 그는 배신당했으나 배신자를 사랑했다. 그는 저버림을 당했으나 저버린 자들을 사랑했다. 그의 체포자들은 저지당했으나 그는 방어자들에게 칼을 거두도록 명령했다. 그는 허위로 고발당했으나 고발자들 앞에서 침묵했다. 그는 자신을 전혀 방어하려 하지 않았다. 그는 심지어 조롱당하고 고문당할 때도 조롱하는 자들과 고문하는 자들을 사랑했다. 그는 채찍을 맞았으나 그들을 사랑했다. 그는 부인 당했으나 부인하는 자를 사랑했다. 그는 십자가에 못 박혔으나 살인자들을 사랑했다. 그러나 증오와 거부, 학대와 죽음, 이런 것들조차도 그의 인간성을 축소시키지는 못했다.

이것은 결코 미워하거나 해칠 필요가 없는 완전한 인간의 초상화다. 사람이 부당하게 죽게 될 때 생명에 집착하는 것, 즉 한 순간이라도 생명을 연장할 수 있는 기회를 노리는 것이 인간의 성향이다. 인간의 존엄성은 인간의 모든 노력 가운데 가장 오래된 것, 곧 생존투쟁 앞에서 허망하게 끝장난다. 즉 피해자들은 저주하고 싸우고 침 뱉고 자신의 운명에 저항한다. 이것이 통하지 않을 때 그들은 빌고 간청하고 흐느끼고 기도한다. 어떤 식으로든 살아날 기회가 있다면 사람들은 필사적으로 덤비게 마련이다. 그러나 복음서 저자들이 예수 체험의 기억을 파악하려고 애쓰면서 그의 죽음에 관해 그린 초상화는 전혀 그와 같은 것이 아니다.

복음서 저자들은 오히려 예수가 온전한 인간 곧 그의 생명을 온전히 소유했기 때문에 그것을 내어줄 수 있었던 사람으로 기억했다. 힘없는 자들에게 보복을 자행하는 강자들에 대해 예수는 힘없는 사람으로서 폭력으로 드러나는 그들의 파괴된 인간성을 목자로서 돌보았다. 예수는 "아버지, 저 사람들을 용서하여 주십시오"(누가 23:34)라고 말한 것으로 기록되었다. 비록 로마의 압제자들은 이 사람을 더러운 유대인 종교적 광신자로서 아무런 궁극적 가치가 없는 자에 불과하다고 간주했으나, 그는 존재의 능력(the gift of being) 곧 학대자들에게 항상 깃들어 있게 마련인 억압된 죄책감을 승화하기에 충분한 능력을 갖고 있었다. 그러므로 죽어가는 이 피해자는 그들의 무딘 영혼들을 향해 용서의 말을 던졌다. 무리들은 그에게 욕설을 퍼부었으나 그는 연민으로 응답했다. 그와 함께 죽는 강도는 그에게 희망의 손을 뻗쳤으며 예수는 "너는 오늘 나와 함께 낙원에 있을 것이다"(누가 23:43)는 약속으로 대했다. 요한복음만이 사실상 예수의 어머니가 십자가 곁에 있는 것으로 기록하고, 거기서 예수는 어머니를 사랑하는 제자에게 부탁하는 것으로 묘사되어 있다(19:26).

이 그림을 그대로 받아들이자. 나는 이 그림의 역사적 정확성에 관해서는 회의적이다. 그러나 그것은 확실히 예수의 존재를 기억한 초상화이고, 따라서 예수의 인격과 예수 체험의 본질에 대한 통찰로 가득 차 있다. 예수의 삶은 그토록 온전하고 자유로운 삶이었기 때문에 그는 목숨에 집착할 필요가 없었다. 이것은 자의식을 갖고 있는 모든 인간들의 징표인 생존의식(survival mentality)을 초월한 분의 모습이다. 사람은 자기가 소유하지 않은 것을 내어줄 수 없다. 예수는 자기 자신을 소유했고 자기의 생명을 내주었다. 십자가는 결코 하나님의 정의가 신의 아들의 고난을 통해 충족되는 곳이 아니다. 십자가는 완전한 삶의 소유자가 자기의 존재 전체를 다른 사람들에게 내어주는 곳인 동시에, 이 행위로 인해 우리가 "하나님"이란 말로 뜻하는 바 모든 것이 가시화되는 곳이다.

완전한 인간성에는 하나님의 징표와 의미가 주어진다. 완전한 인간성은 신적 실재 속으로 유입한다. 신성은 인간성의 궁극적인 깊이가 되며 또한 그 궁극적인 깊이다(Divinity becomes and is the ultimate depth of humanity.). 하나님은 세계나 인간성 위에 있는 어떤 초자연적 능력이 아니다. 하나님의 의미와 실재는, 우리의 존재 전체를 통해서 생명을 내어주는 방식으로 흐르는 인간의 완전성에 대한 체험에서 발견된다. 하나님 체험은 삶이 초월적 타자에게 개방될 때, 즉 우리의 삶이 모든 장벽을 넘어 더욱 극대화되는 인간성 속으로 초청될 때 이루어지는 것이다. 1세기 예수 체험은 사람들이 예수 안에서 하나님을 만났다는 매우 단순한 것이었다. 그들은 "하나님이 그리스도 안에 계셨다"고 말했고, 우리가 또한 그들의 말에 동의하는 것은 예수의 완전한 인간성을 통해서 생명, 사랑 및 존재가 표출되었기 때문이다.

이런 관점에서 볼 때 십자가는 고문과 죽음의 장소가 아니다. 십자가는 한 사람이 자기의 존재 전체와 자기 소유 전체를 내어줄 수 있을 때 드러나는 하나님의 사랑에 대한 묘사이다. 그러므로 십자가는 하나님의 현존의 상징이 되어 우리로 하여금 그렇게 살고 사랑하고 존재하도록 촉구한다. 십자가는 인종, 부족, 국가, 성별, 성적인 성향, 왼손잡이, 오른 손잡이, 그 밖의 삶 속에서 볼 수 있는 인간적 다양성 모두를 포용하는 사랑을 뜻한다. 그리스도 안에서 체험되는 하나님의 이런 요청은 단순히 우리 각자가 온전한 존재가 되도록 촉구하는 것이다. 즉 그것은 우리 인간성을 통해, 모든 인간이 보다 완전한 삶을 영위할 수 있는 세계를 건설함으로써, 모든 사람들이 더욱 무진장하게 사랑하고 자신들의 능력을 더욱 잘 발휘할 수 있는 용기를 갖게 되도록, 하나님의 선물을 제공하라는 요청이다. 이것이 우리가 하나님의 현존을 살아내는 방법이다. 하나님은 사는 것, 사랑하는 것 그리고 존재하는 것에 관한 것이다. 이처럼 예수의 초청은 종교로의 초청이 아니다. 그것은 삶의 고통을 회피하고, 안전을 추구하며, 마음의 평화를 소유하라는 초청이 아니다. 이 모든 것들은 생명-파괴적인 우상숭배로 초청하는 것이다. 예수를 통한 하나님의 초청은 완전한 인간이 되고, 방어벽을 쌓지 않고 위험을 감수하며, 마음의 평화가 없는 것을 인간성의 필요조건으로 용납하라는 것이다. 그것은 곧 확대된 인간성의 맨끝에서 만나는 생명, 사랑 및 존재의 체험이 하나님이라는 사실을 깨닫는 것이다. 이것이 요한복음서 저자가 예수의 목적에 대해서 "나는, 양들이 생명을 얻고 또 더 넘치게 얻게 하려고 왔다"(10:10)고 선포한 것을 인용할 때 그가 분명히 뜻했던 것이다.

기독교라는 종교는 확대된 세계관의 사상자로서 죽어가고 있다. 예수 안에서의 하나님 체험, 곧 기독교의 초석이었던 그 체험은 새롭게 동터오고 있으며, 조만간에 새로운 형태들을 창조하여 그 새로운 형태들을 통해 그 새로운 비전이 약동할 수 있을 것이다. 일단 예수가 종교의 감옥에서 풀려나면, 갱신과 개혁은 가능하다. 비종교인들을 위한 예수가 출현하는 것이다.

나의 위대한 선생이자 친구인 존 하인스(John E. Hines)가 내게 말한 것과 같이, "당신은 담대한 일을 할 때 당신의 담대함에 대해 전율하지 않는다."

나는 인간의 의식 속에서 예수의 새로운 폭발을 예상하며 또한 기다리고 있다.

에필로그

그리스도 능력

오래 전, 1974년에 나는 버지니아 주 리치먼드에 있는 성 바울교회에서 설교한 적이 있었는데, 그것이 나 자신의 돌파구(breakthrough)였음을 한참 후에야 깨닫게 되었다. 성 바울교회는 한때 남부연방 수도였던 유서 깊은 대도시 중심에 위치하고 있었다. 로버트 E. 리와 제퍼슨 데이비스가 남북전쟁의 암흑기에 이 교회에서 정기적으로 예배드렸던 것이다. 그 때도 나는 예수, 곧 나의 신앙 전통의 중심적 상징인 동시에 그의 이미지와 끊임없이 씨름하고 있었던 예수에 대해서 새로운 이해 방법을 찾고 있었다. 나의 내적 갈등과 그것이 낳는 긴장은 일상적인 것이 되있다. 지금과 마찬가지로 그 때 나는 예수의 인격에 대해 강렬하고도 불가항력적으로 매료되었었다. 나는 또한 예수를 에워싼 왜곡시키는 신화들(distorting myths)로 인해 괴로워하다 견딜 수 없게 되었으며, 그를 독점한 전통 교회에 의해 목이 졸리고 있었다. 나의 좌절의 수위가 얼마나 높았던지 예수의 의미나 그의 능력을 거의 감지할 수 없었던 때가 있었다. 나는 여러 면에서 내가 헌신하고 있던 교회와 돈독한 관계를 유지하는 것에 대해 회의를 느꼈다. 이런 마음이 그 일요일의 설교에 반영되었는데 그것은 통상적으로는 사람들이 듣고 곧 잊어버릴(나 자신이 그럴지도 모를) 그런 종류의 것이었다. 설교의

413

"수명"은 실로 짧다. 그것이 비록 길다고 할지라도 그것을 들은 후 사람들의 마음에는 남아있지 않는 것이다.

그러나 루시 뉴톤 보스웰 네거스(Lucy Newton Boswell Negus)라는 리치몬드의 탁월한 시인은 그 날 나의 설교의 핵심 메시지를 그의 자유시에 담았다. 그녀는 그것에 "그리스도 능력"(Christpower)이라는 제목을 붙였다. 그녀는 내가 성 바울교회에서 한 다른 설교들을 근거로 나중에 창작한 시집 앞머리에 그 설교에 관한 시를 배열했다. 이 시가 그 시집의 제목이 되었고, 그 이후 "그리스도 능력"이란 말이 다른 말들과 함께 나의 어휘와 의식을 지배하게 되었다.

내가 이 책을 집필할 때 항상 그 시를 내 앞에 놔두었다.

그러므로 그 때 내가 표현했고 루시 네거스가 오래 전인 1974년에 엮은 말로 이 예수 연구를 결론 맺고자 한다. 내가 그렇게 하는 이유는 궁극적으로 이 책을 낳은 씨앗들이 그 시 안에 있을 뿐만 아니라 그것은 여러 가지 면에서 지난 30년 간 내 연구의 초점이었기 때문이다. 이 연구가 나의 인생과 경력을 형성했다고 말하는 것이 옳을 것이다. 나는 과거에 예수의 본질과 그의 삶의 의미에 대해 개론적인 이해 밖에 없었으나 이제 마른 뼈와 같은 것에 살을 붙이게 됨으로써 만족감에 사로잡혀 있다. 나의 방향은 변하지 않았으나 나의 이해는 심화되었고 따라서 나의 순례는 이 책으로 완결되는 동시에 원(圓)은 완성된 셈이다.

그리스도 능력

그를 보라!
그의 신성을 보지 말고,

오히려 그의 자유를 보라.
그의 능력에 대해 부풀린 이야기를 보지 말고,
오히려 자기 자신을 내어주는 그의 무한한 능력을 보라.
그를 에워싼 1세기 신화를 보지 말고,
오히려 그의 존재의 용기, 그의 삶의 능력 그리고
그의 사랑의 감화력을 보라.
당신은 광신적 탐구를 중단하라!
잠잠하고 이것이 하나님임을 알라.
이 사랑,
이 자유,
이 생명,
이 존재,
그리고
당신이 받아들여질 때 당신 자신을 받아들이라.
당신이 용서받을 때 당신 자신을 용서하라.
당신이 사랑 받을 때 당신 자신을 사랑하라.
그 그리스도 능력을 붙잡으라
그리고 담대하게 당신 자신이 되라!

나는 이것이 하나님, 곧 내가 그 심오한 인간 예수에게서 만난 하나님으로 향하는 좁은 길이라고 믿는다.
샬롬!

존 쉘비 스퐁

참고도서

Altizer, Thomas, and William J. Hamilton. *Radical Theology and the Death of God.* Indianapolis: Bobbs-Merrill, 1966.

Armstrong, Karen. *The Battle for God.* New York: Knopf, 1993.

_____. *Beginning the World.* New York: St. Martin's Press, 1983.

_____. *A History of God.* New York: Ballantine Books, 1993. 『신의 역사』

_____. *Holy War: The Crusade and Their Impact on Today's World.* New York: Anchor Bppls, 1988.

_____. *One City, Three Faiths.* New York: St. Martins's Press, 1995.

_____. *The Spiral Straircase: My Climb Out of Darkness.* New York: Knopf, 2004. 『마음의 진보』

_____. *Through the Narrow Gate.* New York: St, Martin's Press, 1980.

Bonhoeffer, Dietrich. Letters and Papers from Prison. Edited by Eberhard Bethge. London: SCM Press, 1991; New York: Macmillan, 1997.

Book of Common Prayer. New York: Domestic and Foreign Missionary Society of the Protestant Episcopal Church, 1928, 1979.

Borg, Marcus. *The Heart of Christianity.* San Francisco: HarperCollins, 2004.

_____. *Meeting Jesus Again for the First Time.* San Francisco: HarperCollins, 1994. 『미팅 지저스』

Borg, Marcus, and John Dominic Crossan. *The Last Week: A Day-by-Day Account of Jesus' Final Week in Jerusalem.* San Francisco: HarperCollins, 2006. 『예수의 마지막 일주일』

Boswell, John. *Christianity, Social Tradition and Homosexuality.* Chicago: Univ. of Chicago Press, 1980.

Bowker, John. *Problems of Suffering in Religions of the World.* Cambridge:

Cambridge Univ. Press, 1975.
Bridge, Anthony. *The Crusades*. New York: Watts, 1982.
Brown, Raymond. *The Birth of the Messiah*. Garden City, NY: Doubleday, 1977.
_____. *The Death of the Messiah*. Garden City, NY: Doubleday, 1994.
Buber, Martin. *I and Thou*. Translated by Walter Kaufman, New York: Scriber, 1970. 『나와 너』
_____. *The Legend of Baal-Shem*. Translated by Maurice Friedman. New York: Harper & Brothers, 1955.
_____. *On the Bible: Eighteen Studies*. New York: Schocken Books, 1968.
Buchanan, George Wesley. *To the Hebrews*. Garden City, NY: Doubleday, Anchor Bible Series, 1972.
Bultmann, Rudolf. *The Gospel of John: A Commentary*. Translated by G. R. Beasley-Murray. Oxford: Oxford Univ. Press, 1971.
_____. *Jesus and the Word*. Translated by Louise Pettibone Smith. New York: Scribner, 1958.
Caird, George B. *St. Luke: A Commentary*. Baltimore, MD: Penguin Books, 1963.
Campbell, Joseph. *The Hero with a Thousand Faces*. New York: Pantheon Books, 1949.
_____. *The Power of Myth* (with Bill Moyers). Garden City, NY: Doubleday, 1988. 『신화의 힘』
Childs, Brevard. *The Book of Exodus: A Critical Theological Commentary*. Philadelphia: Westminster Press, 1974.
Chilton, Bruce. *Judaic Approaches to the Gospels*. Atlanta: Scholars Press, 1994.
_____. *Rabbi Jesus*. New York: Doubleday, 2000.
Conzelmann, Hans. *The Theology of Luke*. London: Faber & Faber, 1960.
Cornwall, John. *Hitler's Pope: The Secret History of Pius XII*. New York: Viking Press, 1999.
Crossan, John Dominic. *Jesus: A Revolutionary Biography*. San Francisco: Harper Collins, 1994. 『예수: 사회적 혁명가의 전기』
_____. *Who Killed Jesus?* San Francisco: HarperCollins, 1995.
Cupitt, Don. *After God: The Future of Religion*. London: Wiedefield & Nicholson, 1997. 『신, 그 이후』
_____. *Christ and the Hiddenness of God*. London: SCM Press, 1985.
_____. *The Great Questions of Life*. Santa Rosa, CA: Polebridge Press, 2006.

_____. *Mysticism and Modernity*. Oxford: Blackwell Press, 1998.
_____. *Radicals and the Future of the Church*. London: SCM Press, 1989.
_____. *The Religion of Being*. London: SCM Press, 1998.
_____. *The Sea of Faith: Christianity in Change*. London: BBC Publishing, 1984.
_____. *Solar Ethics*. London: Xpress, 1993.
_____. *Taking Leave of God*. London: SCM Press, 1980. 『떠나보낸 하느님』
Darwin, Charles Robert. *On the Origin of Species by Means of Natural Selection*. London: Penguin, 1989 (originally published in 1859). 『종의 기원』
Davies, Paul. *God the New Physics*. London: Dent, 1984; New York: Simon & Schuster, 1992.
_____. *The Mind of God*. New York: Simon & Schuster, 1992.
Dawkins, Richard. *The Blind Watchmaker*. London: Hammondsworth, 1991; New York: Norton, 1996.
_____. *The God Delusion*. New York: W. W. Norton, 2006. 『만들어진 신』
_____. *The Selfish Gene*. London: Granada, 1978; New York: Oxford Univ. Press, 1990. 『이기적 유전자』
Dodd, Charles H. *The Epistle of Paul to the Romans*. London: Hodder & Stoughton, 1949.
_____. *The Interpretation of the Fourth Gospel*. Cambridge: Cambridge Univ. Press, 1953.
Dollar, James. *The Evolution of the Idea of God and Other Essays*. Greensboro, NC: Outland Press, 2000.
Eakin, Frank E., Jr. *The Religion and Culture of Israel: An Introduction to Old Testament Thought*. Allyn & Bacon, 1971.
Ehrman, Bart. *Lost Christianities/Lost Scriptures*. New York: Oxford Univ. Press, 2003. 『잃어버린 기독교의 비밀』
_____. *Misquoting Jesus: The Story Behind Who Changed the Bible and Why*. New York: HarperCollis, 2005. 『성경 왜곡의 역사』
Eliade, Mircea. *The Sacred and the Profane*. New York: Harcourt-Brace, 1959.
Evans, Craig A., and Donald A. Hagner, eds. *Anti-Semitism and Early Christianity: Issues of Polemic and Faith*. Minneaplis: Fortress Press, 1993.
Fineberg, Solomon A. *Overcoming Anti-Semitism*. New York and London: Harper & Brothers, 1943.

Fox, Matthew. *The Coming of the Cosmic Christ*. San Francisco: HarperCollins, 1988. 『우주 그리스도의 도래』

_____. *One River, Many Wells: How Deepening Ecumenism Awakens Our Imaginations with Spiritual Visions*. New York: Jeremy Tarcher/Putnam, 2000.

_____. *Original Blessing: A Primer in Creation Spirituality*. Santa Fe: Bear Publishing, 1983. 『원복』

Freke, Timothy, and Peter Gandy. *The Jesus Mysteries: Was the Original Jesus a Pagan God?* New York and London: Random House, 2001. 『예수는 신화다』

Freud, Sigmund. *The Future of an Illusion*. Translated by James Strackey. New York: Norton, 1975.

_____. *Moses and Monotheism*. Translated by Katherine Jones. New York: Vantage Books, 1967.

_____. *Totem and Taboo*. New York: Norton, 1956.

Fromm, Eric. *The Dogma of Christ*. New York: Holt Rinehart & Winston, 1963.

Funk, Robert. *Honest to Jesus: Jesus for the New Millennium*. San Francisco: HarperCollins, 1996. 『예수에게 솔직히』

Funk, Robert, and Roy Hoover, eds. *The Five Gospels: What Did Jesus Really Say?* New York: Macmillan, 1993.

Geering, Lloyd G. *Christianity Without God*. Santa Rosa, CA: Polebridge Press, 2000.

_____. *Tomorrow's God*. Wellington, New Zealand. Bridgett Williams Books, 1994.

Goldman, Ari. *The Search for God at Harvard*. New York: Ballantine Books, 1991.

Gomes, Peter. *The Good Book*. New York: William Morrow, 1996.

Goulder, Michael Donald. *The Evangelist's Calendar*. London: SPCK, 1978.

_____. *Luke: A New Paradigm*. Sheffield, UK: Sheffield Academic Press, 1989.

_____. *Midrash and Lection in Matthew*. London: SPCK Press, 1974.

_____. *A Tale of Two Missions*. London: SCM Press, 1994.

Goulder, Michael D., and John Kick. *Why Believe in God?* London: SCM Press, 1983.

Haenchen, Ernst. *The Acts of the Apostles: A Commentary*. Philadelphia:

Westminster Press, 1971.
Hahn, Thich Nhat. *Living Buddha, Living Christ.* New York: Riverhead Books, 1995.
Halberstam, David. *The Children.* New York: Random House, 1998.
Haley, Alex. *Queen: The Story of an American Family.* New York: William Morrow, 1993.
_____. *Roots: The Saga of an American Family.* Garden City, NY: Doubleday, 1976.
Hall, Douglas John. *The End of Christendom and the Future of Christianity.* Harrisburg, PA: Trinity Press, 1995.
Hamilton, William. *The New Essence of Christianity.* London: Darton, Longman & Todd, 1966.
Hampson, Daphne. *After Christianity.* London: SCM Press, 1996; Harrisburg, PA: Trinity Press, 1997.
Harnack, Adolph. *The Mission and Expansion of Christianity in the First Three Centuries.* Translated by James Moffatt. Freeport, NY: Books for Libraries Press, 1959.
Harris, Sam. *The End of Faith: Religion, Terror, and the Future of Religion.* New York: W. W. Norton, 2005.
_____. *Letter to a Christian Nation.* New York: Knopf, 2006.
Harpur, Tom. *The Pagan Christ.* Toronto: Thomas Allen, 2004.
Hartshorne, Charles. *Man's Vision of God and the Logic of Theism.* New York: Harper & Brothers, 1941.
Hick, John. *God and the Universe of Faith.* London: Macmillan, 1993.
_____. *The Myth of Christian Uniqueness.* London: SCM Press, 1987.
Holloway, Richard. *Godless Morality.* Edinburgh: Canongate Press, 1999.
Hoskyns, Edwin. *The Fourth Gospel.* London: Faber & Faber, 1939.
James, Fleming. *Personalities of the Old Testament.* New York: Scribner, 1955.
James, William. *The Varieties of Religious Experience.* New York: Random House, 1999.
Josephus. *The New Complete Works of Josephus.* Translated by William Whiston. Grand Rapids, MI: Kregel Press, 1999.
Jung, Carl G. *Aion: Researches into the Phenomenology of the Self.* Princeton, NJ: Princeton Univ. Press, Bollingen Series, 1959.

_____. *Answer to Job.* London: Routledge, Kegan & Paul, 1954.
_____. *Memoirs, Dreams and Reflections.* New York: Vintage Press, 1965.
_____. *On Evil.* Princeton, NJ: Princeton Univ. Press, 1998.
_____. *Psychology and Religion, East and West.* New York: Pantheon Books, Bollingen Series, *Collected Works of C. G. Jung*, 1958.
_____. *Psychology and Western Religion.* New Haven, CT: Yale Univ. Press, 1960.
Justin. *Dialogue of Justin, Philosopher and Martyr, with Trypho the Jew.*
Kempis, Thomas a. *The Imitation of Christ.* Garden City, NY: Image Books, 1955.
King, Karen. *The Gospel of Mary.* Santa Rosa, CA: Polebridge Press, 2004.
Kloppenborg, John S. *The Formation of Q: Trajectories in Ancient Wisdom Collections.* Philadelphia: Fortress Press, 1977.
Kübler-Ross, Elizabeth. *On Death and Dying.* New York: Simon & Schuster, 1969.
Küng, Hans. *Does God Exist?* London: Collins, 1980.
_____. *On Being a Christian.* New York: Doubleday, 1976.
Latourette, Kenneth Scott. *Christianity in a Revolutionary Age: The 19th Century, 1800-1914.* New York: Harper & Brothers, 1943.
Laughlin, Paul Alan. *Putting the Historical Jesus in His Place.* Santa Rosa, CA: Polebridge Press, 2006.
Luther, Martin. *Lectures on Romans.* Vol. 25 in *Luther's Works.* Edited by Hilton C. Oswald. St. Louis, MO: Concordia, 1972.
Mack, Burton. *The Lost Gospel: The Book of Q.* San Francisco: HarperCollins, 1993. 『잃어버린 복음서』
_____. *Who Wrote the New Testament? The Making of the Christian Myth.* San Francisco: HarperCollins, 1995.
MacLeish, Archibald, *J.B.: A Play in Verse.* New York and London: Samuel French, 1956.
Mann, Jacob. *The Bible as Read and Preached in the Old Synagogue.* New York: KATV Publishing, 1971.
Meier, John P. *A Marginal Jew: Rethinking the Historical Jesus.* New York: Doubleday, 1991.
Meredith, Lawrence. *Life Before Death: A Spiritual Journey of Mind and Body.* Atlanta: Atlanta Humanics Publishing, 2000.
Milgram, Abraham E. *Jewish Worship.* Philadelphia: Jewish Publication Society of

America, 1991.
Mitchell, Stephen. *The God Who Is Everywhere*. London: John Hunt Publishers, 2005.
Moltmann, Jürgen. *God in Creation: A New Theology of Creation and the Spirit of God*. San Francisco: Harper & Row, 1985.
Moule, Charles F. D. *The Origins of Christology*. Cambridge: Cambridge Univ. Press, 1977.
Mountford, Brian. *Why Liberal Christianity Might Be the Faith You've Been Looking For*. Ropley, UK: O Books, 2005.
Nelson, James B. "Reuniting Sexuality and Spirituality," *The Christian Century* 104, no. 8 (Feb. 1987): 187-190.
Ogden, Schubert M. *Christ Without Myth*. New York: Harper & Brothers, 1961.
Pagels, Elaine. *Beyond Belief*. New York: Random House, 2004.
_____. *The Gnostic Gospels*. New York: Random House, 1979.
Pannenberg, Wolfhart. *The Apostles' Creed*. London: SCM Press, 1972. 『사도신경해설』
Pelikan, Jaroslav. *The Emergence of the Catholic Traidition(100-600)*. Vols. 1-6. Chicago and London: Univ. of Chicago Press, 1971.
Pike, James A. *If This Be Heresy*. New York: Harper & Row, 1967.
_____. *A Time for Christian Candor*. New York: Harper & Row, 1964.
Richardson, Herbert W. T. *Nun, Witch and Playmate: The Americanization of Sex*. New York: Edwin Mellen Press, 1971.
Robinson, John A. T. *Explorations into God*. London: SCM Press, 1962.
_____. *Honest to God*. Philadelphia: Westminster Press, 1963. 『신에게 솔직히』.
_____. *The Human Face of God*. Philadelphia: Westminster Press, 1973.
Sanders, E. P. *Jesus and Judaism*. Philadelphia: Fortress Press, 1985.
Sandmel, Samuel. *The Genius of Paul*. New York: Farrar, Straus & Cudahy, 1958.
_____. *Judaism and Christian Beginnings*. Oxford: Oxford Univ. Press, 1979.
_____. *We Jews and Jesus*. New York: Schocken Books, 1970.
Schillebeeckx, Edward. *Christ: The Experience of Jesus*. New York: Seabury Press, 1980.
_____. *Jesus: An Experiment in Christology*. New York: Seabury Press, 1979.
Schleiermacher, Friedrich. *The Christian Faith*. London: T. & T. Clark, 1908.
_____. *The Experience of Jesus as Lord*. New York: Seabury Press, 1980.

Sheehan, Thomas. *The First Coming: How the Kingdom of God Became Christianity.* New York: Random House, 1986.

Spong, John Shelby, *The Bishop's Voice: Selected Essays.* Compiled and edited by Christine Mary Spong. New York: Crossroad Press, 1999.

_____. *Born of a Woman: A Bishop Rethinks the Virgin Birth and the Treatment of Women in a Male-Dominated Church.* San Francisco: Harper Collins, 1992.

_____. *Christpower.* Richmond, VA: Thomas Hale Co., 1975. Reprint in 2007 by St. Johann's Press, Haworth, New Jersey.

_____. *Liberating the Gospels: Reading the Bible with Jewish Eyes.* San Francisco: HarperCollins, 1996. 『예수를 해방시켜라』.

_____. *Living in Sin? A Bishop Rethinks Human Sexuality.* San Francisco: HarperCollins, 1988.

_____. *A New Christianity for a New World: Why Traditional Faith is Dying and How an New Faith is Being Born.* San Francisco: HarperCollins, 2001. 『새 시대를 위한 새 기독교』.

_____. *Rescuing the Bible from Fundamentalism: A Bishop Rethinks the Meaning of Scripture.* San Francisco: HarperCollins, 1991. 『성경을 해방시켜라』.

_____. *Resurrection: Myth or Reality? A Bishop Rethinks the Meaning of Easter.* San Francisco: HarperCollins, 1994.

_____. *The Sins of Scripture: Exposing the Bible's Texts of Hate to Reveal the God of Love.* San Francisco: HarperCollins, 2005. 『성경의 시대착오적인 폭력들』.

_____. *The Hebrew Lord: A Bishop Rethinks the Meaning of Jesus.* San Francisco: HarperCollins, 1973, 1988, 1993.

_____. *Why Christianity Must Change or Die: A Bishop Speaks to Believers in Exile.* San Francisco:HarperCollins, 1998. 『기독교 변하지 않으면 죽는다』.

Spong, John Shelby, and Jack Daniel Spiro, *Dialogue in Search of Jewish-Christian Understanding.* New York: Seabury Press, 1974. 『그리스도교 신앙의 뿌리와 날개』.

Steinbeck, John. *East of Eden.* New York: Viking Press, 1952.

Stendahl, Krister. *Paul Among the Jews and Gentiles.* Philadelphia: Fortress Press, 1996.

Strauss, David Friedrich. *Leben Jesus: The Life of Jesus Critically Examined.* 1836. Reprint, London: SCM Press, 1973.
Tacy, David. *The Spirituality Revolution.* Sydney: HarperCollins, 2003.
Taussig, Hal. *A New Spiritual Home.* Santa Rosa, CA: Polebridge Press, 2006.
Taylor, Barbara Brown. *Leaving Church.* San Francisco: HarperCollins, 2006.
Taylor, John V. *The Go-Between God.* Philadelphia: Fortress Press, 1973.
Teihard de Chardin, Pierre. *Science and Christ.* London: Collins, 1939.
Terrien, Samuel. *The Psalms and Their Meaning for Today.* Indianapolis and New York: Bobbs-Merril, 1953.
Tillich, Paul. *The Courage to Be.* New Haven, CT: Yale Univ. Press, 1952.
_____. *The Eternal Now.* New York: Scribner, 1963.
_____. *The New Being.* New York: Scribner, 1935.
_____. *The Protestant Era.* Translated by James Luther Adams. Chicago: Univ. of Chicago Press, 1948.
_____. *The Shaking of the Foundations.* New York: Scribner, 1948.
_____. *Systematic Theology*, vols. 1, 2, and 3. Chicago: Univ. of Chicago Press, 1951-1963.
Toynbee, Arnold J. *Christianity Among the Religions of the World.* New York: Scribner, 1977.
Van Buren, Paul. *The Secular Meaning of the Gospel.* London: SCM Prss, 1963.
Vermes, Geza. *The Challenging Faces of Jesus.* New York and London: Penguin Books, 2001.
_____. *Jesus, the Jew.* New York: Macmillan, 1973.
Von Rad, Gerhard. *Genesis.* Philadelphia: Westminster Press, 1972.
_____. *Old Testament Theology.* San Francisco: Harper & Row, 1965.
Warner, Marina. *Alone of All Her Sex.* New York: Knopf, 1976.
Wemple, Suzanne. *Women in Frankish Society: Marriage and Cloister, 500-900.* Philadelphia: Univ. of Pennsylvania Press, 1982.

저자의 인터넷 홈페이지 WWW.JOHNSHELBYSPONG.COM/HSF